Gero Fischer, Maria Wölflingseder (Hrsg.)

BIOLOGISMUS – RASSISMUS – NATIONALISMUS

Gero Fischer

Maria Wölflingseder

(Hrsg.)

BIOLOGISMUS
RASSISMUS
NATIONALISMUS

Rechte Ideologien im Vormarsch

PROMEDIA

Die deutsche Bibliothek – CIP-Einheitsaufnahme

Biologismus, Rassismus, Nationalismus:
rechte Ideologien im Vormarsch /
Gero Fischer; Maria Wölflingseder (Hrsg.). –
Wien: Promedia 1995
ISBN 3-900478-97-X
NE: Fischer, Gero [Hrsg.]

Umschlaggestaltung: Gisela Scheubmayr
Lektorat: Bernhard Gaul
Druck: WB-Druck, Rieden
Printed in Germany
ISBN 3-900478-97-X

Inhaltsverzeichnis

Vorwort ... 7

Natur versus Mensch

Rolf Löther
Der Mensch – Natur- und Gesellschaftswesen ... 11

Maria Wölflingseder
Biologismus – „Natur als Politik“. New-Age und Neue Rechte als Vorreiter einer (wieder) etablierten Ideologie ... 22

Hans-Walter Leonhard
Diktat der Gene? Eine Kritik der Soziobiologie ... 37

Gert Dressel
Der postmoderne Roll-back der egoistischen Gene. Männlichkeit und Weiblichkeit im Spiegel der Soziobiologie ... 53

Ralph Sichler
Ganzheitliche Naturerfahrung oder kreative Naturpolitik? Eine Kritik moderner Fluchtbewegungen ins verlorene Weltganze ... 63

Lisbeth N. Trallori
„Verbesserung“ und Vernichtung. Zum Selektionsparadigma in der Humangenetik ... 75

Mensch – Barbar – Tier

Imanuel Geiss
Rassismus ... 91

Brigitte Fuchs, Gabriele Habinger
Die „Natur“ der Differenzen. Zum Zusammenwirken von „Rasse“ und „Geschlecht“ im westlichen Diskurs und im modernen Weltsystem ... 108

Martin Potschka
Abschied vom IQ ... 121

Susanne Schultz
Bevölkerungspolitik. Hegemoniale Diskurse im Umfeld der Weltbevölkerungskonferenz ... 134

Nationale Frage

Hannes Hofbauer
Nationalismus als Ideologie der Moderne ... 145

Gero Fischer
Die Abschaffung der Nation ... 153

Friedhelm Kröll
Der Zauber des Nationalen.
Notiz zur politischen Mythologie der Moderne ... 162

Franz Schandl
Nation. Überlegungen zur Kategorisierung eines Begriffs ... 175

Immanuel Wallerstein
Die unüberwindlichen Widersprüche des Liberalismus. Menschenrechte und Völkerrechte in der Geokultur des modernen Weltsystems ... 184

Ernst Lohoff
Weltmarkt und Nationalstaat.
Zur politischen Ökonomie des Neonationalismus ... 200

Manfred Wagner
Regionalkultur – Nationalkultur – internationale Kultur ... 208

Karl Stuhlpfarrer
Nation – Identität – Multikulturalität ... 215

Walter Baier
„Sogar Südtirol ...". Anmerkungen zu
Nation und Nationalismus in Österreich ... 224

Gerhard Scheit
Dekonstruktion des deutsch-österreichischen
Volkscharakters. „Austronationalismus" und Kulturbegriff ... 236

Winfried R. Garscha
Linker Patriotismus. Über kommunistischen Antifaschismus,
den österreichischen Opfer-Mythos und mögliche Perspektiven
antifaschistischer Politik ... 249

Die Autorinnen und Autoren ... 259

Quellennachweis ... 262

Vorwort

Der Rechtsruck findet nicht nur auf der politischen Ebene statt.

Den Wissenschaften fällt die Rolle zu, die politische Praxis ideologisch zu untermauern. Sie betreiben dies – in „vorauseilendem Gehorsam“ – mehr oder weniger subtil oder sehr vehement. Wissenschaftlich längst obsolete Theorien sind wieder en vogue, alte rechte Theorien werden oftmals modernisiert und die Gentechnologie liefert ganz neue Möglichkeiten, „alte Differenzen“ zwischen Menschen zu rechtfertigen.

In politisch turbulenten Zeiten ist das Bedürfnis, komplexe gesellschaftliche Zusammenhänge und Widersprüchlichkeiten zu simplifizieren, sehr groß. Historisch-dialektische wissenschaftliche und politische Analysen mit dem Ziel emanzipatorischer Veränderung sind nicht gefragt. Gefragt sind vielmehr vereinfachende, „beruhigende“, dualistische, mitunter moralisierende Antworten. Rassismus und Nationalismus liefern diese. Sie hinterfragen bestehende gesellschaftliche Mißstände nicht, sondern schaffen und zementieren sie.

So dient etwa Biologismus, politisch betrachtet, dazu, Differenzen zwischen Menschen als wissenschaftlich erwiesen zu rechtfertigen.

Biologismus ist das Übertragen von aus dem Tierreich bzw. aus der „Natur“ abgeleiteten Gesetzen auf Mensch und Gesellschaft. Menschliche und gesellschaftliche Belange, Mißstände – von der ökologischen Krise bis zur Migration – sowie die Behebung dieser Mißstände werden biologistisch und naturalistisch interpretiert. Die Erde mitsamt den Menschen wird in dieser Sichtweise als lebendiger Organismus bezeichnet.

Im vorliegenden Buch soll vornehmlich an Hand der Humanwissenschaften aufgezeigt werden, welche ideologische Rolle diese spielen – in welcher Form sie an der biologistischen Rechtfertigung und Festschreibung von sozialen, geschlechtlichen, „nationalen“ und „rassischen“ oder „ethnischen“ Differenzen beteiligt sind.

Der erste Teil *Natur versus Mensch* steht unter dem Gesichtspunkt Biologismus als neue Leit„wissenschaft“. Wir gehen dabei der Frage um die Anwendung biologistischer Kategorien in verschiedenen Humanwissenschaften und ihr Wirken auf das Alltagsbewußtsein als Ausdruck rechter ideologischer Hegemonie nach.

Der zweite Teil *Mensch-Barbar-Tier* befaßt sich mit der neuen Aktualität rassistischer Strömungen bzw. mit deren wissenschaftlichem Background, mit den Folgen der Tier-Mensch-Projektionen, mit Rassismus und Geschlechterdifferenz sowie mit der rassistischen „Überbevölkerungstheorie“.

Im dritten Teil *Nationale Frage* geht es um den Aspekt der Nationswerdung unter historischen, ökonomischen, politischen und linguistischen Gesichtspunkten, um den Begriff der Nationalkultur, um das Verhältnis von Nation und

Modernisierung, um Perspektiven der Nation sowie um eine grundlegende Kritik am Nationsbegriff. In weiteren Beiträgen wird schließlich die Debatte um die österreichische Identität aufgegriffen.

Entstehungshintergrund dieses Buches sind zwei Symposien – „Biologismus – Rassismus – Nationalismus" und „Nation = Nationalismus?" –, die im November 1994 und im Juni 1995 in Wien stattgefunden haben. Sie wurden von den Redaktionen der Zeitschriften »Weg und Ziel«, »Forum«, »Volksstimme«, dem WUK (Werkstätten- und Kulturhaus) sowie der Gesellschaft für New-Age-, Esoterik- und Biologismus-Kritik organisiert. Die AutorInnen setzen sich teilweise aus den ReferentInnen der Symposien zusammen, teilweise aus WissenschafterInnen und PublizistInnen, die wir einluden, für diesen Band einen Beitrag zu schreiben.

Da bereits die Symposien als kontroversielle Diskussion konzipiert waren, findet diese im vorliegenden Buch ihre Fortsetzung. Es soll als Beitrag für eine weitreichende Auseinandersetzung mit diesem Themenkomplex dienen.

An dieser Stelle sei, neben vielen anderen, ganz besonders *Julius Mende* gedankt, der maßgeblich an der Durchführung obengenannter Symposien und somit auch an der Buchherausgabe beteiligt war.

Fast genauso vielfältig wie die Beiträge selbst war die Zitierweise der AutorInnen. Wir haben sie aus Gründen der Originalität weitgehend beibehalten.

Gero Fischer
Maria Wölflingseder

Wien, im August 1995

Teil 1

Natur versus Mensch

ROLF LÖTHER

Der Mensch – Natur- und Gesellschaftswesen

Die Natur war vor dem Menschen da. Durch Hunderttausende von Jahren eigener Arbeit – die viele Millionen Jahre stammesgeschichtlicher Entwicklung der Tiere voraussetzte – hat sich die Gattung Mensch aus der Natur herausgehoben. Sie hat ihre eigene Welt der gesellschaftlichen Verhältnisse und Institutionen, der materiellen und geistigen Kultur geschaffen. Die Natur aber wurde zur Bedingung des gesellschaftlichen Daseins der Menschen und seiner Entwicklung. Die Menschheit bleibt in aller sozio-kulturellen Evolution durch tausendfältige Beziehungen unlösbar mit der Natur verbunden, die sie und ihre Werke umgibt. Und auch in seinem individuellen Entwicklungsgang, wie im Bau und den Leistungen seines Körpers, einschließlich der Grundlagen seines Verhaltens, bleibt der Mensch seinem natürlichen Ursprung und dessen Gesetzen unlösbar verbunden. Mit der Menschwerdung des Affen wurde die umgebende Natur zur äußeren Naturbedingung des gesellschaftlichen Lebens der Menschen und die natürliche Bedingtheit und Bestimmtheit der menschlichen Individuen zu dessen innerer Naturbedingung.

Einheit und Mannigfaltigkeit der Menschheit

Die Menschheit in der Mannigfaltigkeit ihrer nach Milliarden zählenden Individuen und ihren vielfältigen Untergliederungen ist ein sich entwickelndes Ganzes. Sie hat eine gemeinsame Vergangenheit, ist durch erdweite Wechselbeziehungen miteinander verbunden und hat nur gemeinsam eine Zukunft, die sie sich erringen muß. Die gemeinsame Vergangenheit der Menschheit umfaßt ihre Stammesgeschichte und ihre selbstgemachte Geschichte, ihre biotische und ihre sozio-kulturelle Evolution. Sie manifestiert sich auf drei Ebenen: auf der Ebene der Gene, auf der Ebene der Sprachen und auf der Ebene der materiellen Kultur als Inbegriff des durch die menschliche Arbeit Erzeugten.

Gene und sozio-kulturelle Traditionen verbinden die Menschen in der Aufeinanderfolge ihrer Generationen. Der Informationsfluß der sozio-kulturellen Traditionen beruht auf sprachvermitteltem Lehren und Lernen – Leistungen des menschlichen Organismus, die durch die genetische Ausstattung der Menschheit ermöglicht werden. Die voranschreitende sozio-kulturelle Evolution der Menschheit wirkt auf ihre biotische Evolution zurück. „In der Biologie ergibt nichts Sinn, wenn man es nicht im Lichte der Evolution betrachtet“, schrieb der große Evolutionsbiologe Th. Dobzhansky. Sein Schüler R. Lewontin ergänzte, daß „nichts in der Evolution des Menschen Sinn ergibt, wenn man es nicht im Lichte der Geschichte betrachtet".[1]

Aufgrund ihrer Abkunft von tierlichen, äffischen Vorfahren ist die Menschheit, nach zoologischer Nomenklatur die Spezies Homo sapiens L., stammesgeschichtlich in abgestufter Weise mit allen anderen heute auf der Erde lebenden Organismenarten verwandt. Sie ist die letzte überlebende Art aus der Primatenfamilie der Homoniden und hat in den Menschaffen ihre nächsten rezenten Verwandten, wobei ihr die Bonobos am nächsten stehen dürften. Man nennt sie auch „Zwergschimpansen", doch sind die Bonobos weder Zwerge noch Schimpansen, sondern eine eigene Menschenaffenart. Der Anthropologe H. Bach hat darauf hingewiesen, „daß sich beim gegenwärtigen Forschungsstand kein eindeutiger ‚Rubikon' zwischen Tier und Mensch erkennen läßt, allein schon, weil die für das Menschsein wesentlichen Entwicklungsschritte über Jahrmillionen verstreut sind."[2]

Man könne, so Bach, auch nicht mehr den zweifellos bestehenden ungeheuren Abstand zwischen Tier und Mensch durch eine evolutive Summierung von Einzelmerkmalen beschreiben, sondern müsse ihn wohl als Ergebnis basaler Potentialsteigerungen von Evolutionstrends der Primaten ansehen, die in ihrem Zusammenspiel neue Qualitäten und zuvor nicht gegebene Existenz- und Entwicklungsbedingungen hervorgebracht haben. Wobei die Herausbildung der physischen, psychischen und sozialen Spezifik des Gegenwartsmenschen als verschiedene Seiten des einen Vorgangs der Menschwerdung zu begreifen sind. Die Entstehung und Entwicklung der Arbeit aus tierlichem Werkzeugverhalten[3] im sozialen Verband war zweifellos der Kernprozeß der Menschwerdung. Die Rassendifferenzierung der Menschheit, speziell die in die Haupt- oder Großrassen (Europide, Mongolide, Negride), scheint ein Effekt räumlicher Isolierung der Menschenpopulationen durch die Eisbarrieren der Würm-Kaltzeit, die vor etwa 70.000 Jahren einsetzte und vor etwa 10.000 Jahren zu Ende ging, in Eurasien zu sein. Ursprünglich war die Rassendifferenzierung der Menschheit Ausdruck der regionalen, geographischen Variabilität innerhalb der erdweit verbreiteten Spezies Homo sapiens, aus der unterschiedliche Genhäufigkeiten in Populationen resultierte.

Dabei sind die äußerlich sichtbaren Rassenmerkmale wesentlich mit den unterschiedlichen klimatischen Verhältnissen der von Menschen besiedelten Naturräume zwischen den Polargebieten und den Tropen verbunden. „Die Gene, die auf das Klima reagieren, beeinflussen die äußeren Merkmale des Körpers, weil die Anpassung an das Klima vor allem eine Veränderung der Körperoberfläche erforderlich macht (die sozusagen die Schnittstelle zwischen unserem Organismus und der Außenwelt darstellt)", bemerkt der Humangenetiker L. Cavalli-Sforza[4] und betont, daß sich die Menschen nur oberflächlich (buchstäblich und im übertragenen Sinne) durch die ins Auge fallenden Rassenmerkmale unterscheiden, während Unterschiede der übrigen genetischen Konstitution geringfügig sind.

Der ursprüngliche Zusammenhang zwischen geographischer Verbreitung und Genhäufigkeit ist allerdings durch großräumige Wanderungsbewegungen und Genaustausch zwischen Populationen vielfach überlagert worden und nur schwierig historisch zu rekonstruieren. Darin zeichnet sich bereits die aus der soziokulturellen Evolution der Menschheit resultierende Tendenz ab, die die Menschenrassen auf lange Sicht als unterscheidbare Gruppen verschwinden läßt. Und „reine", „höhere" und „niedere" Menschenrassen gibt es nicht und hat es nie gegeben, ebensowenig wie eine „arische" und eine „jüdische" Rasse.

An der genetischen Differenziertheit der Menschheit hat die Rassendifferenzierung nur einen bescheidenen Anteil. Nach Lewontin findet man etwa 85 Prozent der gesamten genetischen Variation der menschlichen Art zwischen den Individuen innerhalb einer Nation oder eines Stammes, unabhängig von deren Zuordnung zu Rassen.

Die verbleibende Variation verteilt sich gleichmäßig auf die zwischen Populationen innerhalb einer Rasse und die zwischen den Hauptrassen. „Um es einmal kraß auszudrücken: Sollten nach einer möglichen Weltkatastrophe nur die Afrikaner überleben, blieben immerhin 93 Prozent der genetischen Vielfalt der menschlichen Art erhalten, auch wenn die Art als Ganzes dann von dunklerer Hautfarbe wäre. Wenn es noch schlimmer käme und lediglich das Volk der Xhosa an der Südspitze Afrikas überlebte, blieben immer noch 80 Prozent der menschlichen genetischen Variation bewahrt – vor dem Hintergrund der Evolution unserer Art eine kaum nennenswerte Einbuße", schreibt Lewontin.[5]

Manche Analyse und Kritik des Rassismus könnte an Genauigkeit und Überzeugungskraft gewinnen, wenn ihre AutorInnen sich nicht nur in politisch-ideologischen und soziologischen Gedankengängen bewegen würden, in denen nicht nur rassistische Auffassungen, sondern schon die natürliche und mit naturwissenschaftlichen Methoden faßbare Rassendifferenzierung der Menschheit als bloßes ideologisches Konstrukt erscheint. Dergleichen zeugt von einem gestörten Verhältnis zur Naturwissenschaft und verzichtet auf die Argumente, die dem Rassismus die Grundlage entziehen, soweit er sich auf Wissenschaft beruft und in scheinwissenschaftlicher Gestalt offeriert wird. Alle Erfahrungen der Auseinandersetzung mit dem Rassismus wie mit anderen Biologismen lehren, daß Biologismus generell von seriöser Biologie nicht gestützt wird, sondern sich im Widerspruch zu ihr befindet.

Die Rassendifferenzierung ist nur eine von sehr vielen Differenzierungen innerhalb der Menschheit. Teils sind es, so die Rassendifferenzierung oder auch die Differenzierung nach Alter und Geschlecht, natürliche Differenzierungen. Sie sind unabhängig davon vorhanden, in welcher Gesellschaftsordnung und Kultur die Menschen leben, werden aber historisch sozio-kulturell modifiziert und können mit sozialen Differenzierungen verbunden sein, einschließlich sozialer Ungleichheit. Dazu gehören Rassendiskriminierung, Patriarchat und die massenhafte soziale

Ausgrenzung der Alten, deren Arbeits- und Kaufkraft für das Kapital nicht interessant ist, in kapitalistischen Gesellschaften.

Zum anderen bringt die sozio-kulturelle Evolution eigene Differenzierungen in der Menschheit hervor: ökonomische, ethnische, nationale, kulturelle, religiöse und weltanschauliche, ethisch-moralische, politische und andere Unterschiede zwischen den Menschen, die geschichtlich geworden und vergänglich sind. Ein besonderes Kapitel stellt schließlich die sprachliche Differenzierung der Menschheit dar; etwa 5000 Sprachen werden derzeit auf der Erde gesprochen. Das natürlich differenzierte menschliche Individuum ist zugleich gesellschaftlich, sozio-kulturell differenziertes Individuum, wobei die Fülle der individuellen Kombinationen natürlicher und sozio-kultureller Differenzierungsmerkmale unerschöpflich ist.

Letztlich gleicht kein Mensch dem anderen. Schon hinsichtlich der Genkombination, die seiner Individualentwicklung zugrundeliegt, ist jeder Mensch – von monozygoten Zwillingen einmal abgesehen – einmalig im Universum. Diese Sachlage relativiert jede Klassifizierung von Menschen und läßt jede sich darauf berufende Wertung des einzelnen fragwürdig werden.

Biologischer oder sozio-kultureller Determinismus?

Auf die natürliche und gesellschaftliche Differenziertheit der Menschen beziehen sich andauernde Kontroversen über die Bedeutung natürlicher und soziokultureller Faktoren, von Erbanlagen und Umwelt, Angeborenem und Erworbenem in der Bedingtheit und Bestimmtheit der Menschen, über ihre biotisch-genetische und/oder sozio-kulturelle Determiniertheit.

Währenddessen zeichnet sich in der Wissenschaftsentwicklung ein Vorgang ab, der zu neuen Positionsbestimmungen auch in diesen Kontroversen drängt. Er resultiert aus der Selbstorganisationsforschung (einschließlich der Synergetik und der Chaosforschung) mit ihren Konsequenzen für modernes Struktur-, System-, Prozeß- und Entwicklungsdenken.

Der Biophysiker M. W. Wolkenstein führt die Reichweite des neuen Zugangs zu den tatsächlichen Gegebenheiten vom Kochtopf bis zum Kosmos vor Augen: „Von einheitlichen Standpunkten aus werden Bènard-Effekt, Laserstrahlung, periodische chemische Prozesse, Morphogenese und Herzflimmern untersucht. Auf den gleichen Grundlagen erforscht die Synergetik die Strukturbildung im Plasma, im Wasser – überall ‚am Himmel und auf Erden'. Ja, in der Tat: Die periodischen Bilder, die wir an Wolken beobachten, ihre besonderen Strukturen und ebenso das Leuchten der Polarlichter – all dies sind Erscheinungsformen ein und derselben Naturgesetze, der Entstehung von Ordnung und Chaos, des Stattfindens von Nichtgleichgewichts-Phasenübergängen. Die ganze Kosmologie ist letzten Endes Physik dissipativer Strukturen."[6]

Kontroversen über biotisch-genetische und/oder sozio-kulturelle Determiniertheit des Menschen aber fanden und finden weitgehend auf dem Boden des mit der klassischen Physik und der von ihr begriffenen Naturgesetzlichkeit verbundenen Konzeption des sogenannten mechanischen, klassischen, strengen oder Laplaceschen Determinismus statt. Für diese Determinismus-Konzeption ist alles Geschehen notwendig und damit die Zukunft vorherbestimmt und vorhersagbar, die Annahme von Zufällen ohne Endzwecken aber Ausdruck von Unwissenheit.

Die Vorstellung vom Laplaceschen Dämon als anzustrebendes, aber nie zu erreichendes, übermenschliches Ideal menschlicher Wahrheitssuche illustriert diese Determinismuskonzeption: „Eine Intelligenz, welche für einen gewissen Augenblick alle in der Natur wirkenden Kräfte sowie die gegenseitige Lage der sie zusammensetzenden Elemente kennte, und überdies umfassend genug wäre, um diese gegebenen Größen der Analysis zu unterwerfen, würde in derselben Formel die Bewegungen der größten Weltkörper wie des leichtesten Atoms umschließen; nichts würde ihr ungewiß sein und Zukunft wie Vergangenheit würden ihr offen vor Augen liegen", schrieb Laplace.[7]

Die Konzeption der Selbstorganisation aber wendet sich gegen alle Auffassungen mechanisch-deterministischer wie teleologisch-finalistischer Art von zwangsläufiger Vorherbestimmtheit (und daraus resultierender Vorhersehbarkeit) des Geschehens und außermenschlicher Sinngebung in der Geschichte von Natur und Gesellschaft oder den Ereignissen des menschlichen Lebens. Zu den Konsequenzen der Selbstorganisationsforschung gehört, daß es keine vom Niederen zum Höheren führenden Einbahnstraßen kosmischer, biotischer oder sozio-kultureller Evolution gibt und nichts und niemanden, das oder der auf sie gesandt wird, um eine historische Mission zu erfüllen.

Alle überlieferten Auffassungen über die Determiniertheit oder Finalität des Geschehens wie alle Gegenargumentationen bedürfen auf neuer Grundlage der kritischen Prüfung und Revision. Das, was geschieht, wird weder vorhersehbarer noch beherrschbarer, aber es wird einsichtig, warum das so ist. Die Welt wird verständlicher. Sie zeigt sich auch in dem, was die Wissenschaft über sie sagt, als unsicher und riskant, als chancenhaltig und zukunftsoffen, während die Wissenschaft Möglichkeiten zeigen kann, damit zurechtzukommen. Nicht zuletzt läßt sie Natur, Gesellschaft und Kultur, Erbanlagen und Umwelt, Angeborenes und Erworbenes prinzipiell nicht länger als schicksalhafte Bestimmungen des Menschen sehen.

Die Problematik und die Kontroversen darüber sind älter als die Wissenschaften, auf die man sich heute beruft und deren Erkenntnisstand präsentiert werden soll. Die Anfänge der Betrachtungsweise, die „Biologismus" oder „biologischer Determinismus" genannt wird, finden sich schon bei Platon im „Staat" und in den „Gesetzen" und später in der aristokratischen Einbildung, daß in der gottgegebenen Weltordnung die soziale Ungleichheit der Menschen im feudalen Ständestaat aus ihrer Geburt folge, die soziale Stellung, Stand und Rang begründe. Mit sensualistischer Erkenntnistheorie und an sie anknüpfender „sozialer Milieutheorie“ der bürgerlichen Aufklärung, die ebenfalls Vorgänger im Altertum haben, beginnt die Genealogie der als „Soziologismus“ oder „sozialer“ bzw. „kultureller Determinismus“ bezeichneten Betrachtungsweise.

Seit alters ist Biologismus ideologisch der Erhaltung des gesellschaftlichen Status quo verpflichtet und bezieht daraus auch seine derzeitige Aktualität. „[...] welch bessere Entschuldigung gäbe es für unsere enttäuschende Unfähigkeit, die bestehenden inneren Krisen und internationalen Probleme zu lösen, als die Idee, daß die Menschheit durch eine alte und unausrottbare Erbschaft von den Tieren her getrieben werde? Unfähig, unsere Bedingungen zu erleichtern, wenden wir uns wieder einmal biologischen Erklärungen zu, genauso wie die Generation vor uns den Status quo durch einen sozialen Darwinismus rationalisierte“, bemerkte der Anthropologe I. De Vore.[8]

Und der Zoologe und Begründer der Soziobiologie E. O. Wilson schrieb ironisch: „Die gegenwärtige Popularität von Tier-Verhaltensforschern stammt zu einem guten Teil aus dem Trost und der Beruhigung, welche ihre Entdeckungen der Menschheit bieten. Schließlich ist es tröstlich zu überlegen, daß unsere Sünden lediglich tierische Sünden sind (Erbsünden, wenn man will) und daß wir nicht mehr sind als nackte Affen, die im Augenblick durch ihre schlampig gebaute Zivilisation desorientiert werden.“[9]

Soziologismus ist der reformerischen und revolutionären Veränderung gesellschaftlicher Zustände und Verhältnisse verbunden, deren Mißerfolge dann auch regelmäßig als sein praktisches Scheitern gedeutet zu werden pflegen. Das ist seit der Zeit der Fall, als die von der französischen Revolution veränderten Umstände nicht zur erwarteten Freiheit, Gleichheit und Brüderlichkeit führten.

So sieht der biologistisch-rechtslastig ideologiesierende Verhaltensbiologe I. Eibl-Eibesfeldt das Scheitern des Staatssozialismus stalinistisch-sowjetischen Modells zugleich als Scheitern des Soziologismus. „Eine Irrlehre beherrschte [...] dieses Jahrhundert und obgleich sie im Osten Europas nach siebzigjähriger Herrschaft gescheitert ist, hält sie sich zäh in zahlreichen Hirnen. Es handelt sich um jene Variante der Milieutheorie, die von der Annahme ausgeht, daß wir Menschen als völlig unbeschriebene Blätter zur Welt kämen und alles, was wir zum Leben brauchen, erst lernen würden.

Der Standpunkt ist natürlich längst überholt. Wir wissen, daß unser Denken, Wahrnehmen und Handeln in ganz entscheidendem Ausmaße durch das Angeborene – stammesgeschichtlich Angepaßte – vorprogrammierte ist“, versichert er.[10] Auf die inhaltliche Problematik dieser Behauptung wird im nächsten Abschnitt zurückzukommen sein.

Seit dem 19. Jahrhundert traten beide Betrachtungsweisen in wechselseitige Beziehungen mit Anthropologie (Humanbiologie), Psychologie, Völkerkunde und anderen Fachwissenschaften. Dazu gehört, daß man sich auf diesen Wissenschaften entnommene Argumente beruft (die auch nur das Echo von Vor-Urteilen sein können), Fachwissenschaftler biologistische und soziologistische Konzeptionen entwickeln und ganze Wissenschaftsdisziplinen unter deren Einfluß geraten können.

Biologismen wie Sexismus, Malthusianismus, Rassismus, Sozialdarwinismus und eugenisch-rassenhygienische Doktrinen der Menschenzüchtung und -vernichtung erschienen im 19. und 20. Jahrhundert, besonders nach der Entstehung von biologischer Evolutionslehre und Genetik, in scheinwissenschaftlicher Verkleidung. In Deutschland gingen sie in die hitlerfaschistische Ideologie der Menschenvernichtung ein.

Kontrovers diskutiert und dabei von manchen Kritikern auch pauschal dem biologischen Determinismus zugeordnet werden seit rund zwei Jahrzehnten die jüngsten Sprößlinge biologischen Evolutionsdenkens in ihrer Anwendung auf den Menschen: Human-Ethologie und Human-Soziobiologie, evolutionäre Erkenntnistheorie und evolutionäre Ethik, die sich mit den stammesgeschichtlich entstandenen angeborenen biotischen Grundlagen des Verhaltens und des Erkenntnisvermögens, der „Rückseite des Spiegels" (K. Lorenz), befassen.

Doch die wissenschaftliche Legitimität dessen, was die genannten Forschungsrichtungen zu ihren Gegenständen gewählt haben, und die heuristische Fruchtbarkeit, die ihre Fragestellungen zumindest bei nicht-menschlichen Lebewesen erwiesen haben, sollte jedenfalls außer Zweifel stehen. Weise bemerkte der Biologe J.-M. Legay: „Die einzige gesunde Reaktion auf die entstandenen Diskussionen kann nur die Aussage sein, daß die Sozialbiologie eine Wissenschaft ist und daß sie nur leben und sich entwickeln wird, wenn ihre Fehler und Irrwege schonungslos kritisiert werden."[11] Das könnte ebenso für Humanethologie, evolutionäre Erkenntnistheorie und auch evolutionäre Ethik gesagt worden sein. Dabei ist vorausgesetzt, daß es auf diesen Gebieten nicht nur Fehler und Irrwege gibt, sondern objektive Realitäten zutage gefördert werden.

Darin sollte man sich weder durch die Berufung von Politikern und Ideologen vom rechten Rand des politischen Spektrums auf diese Gebiete und manche ihrer Autoritäten, noch durch Geschichten über den Egoismus der Gene oder über verhaltensdominierende genetische Programme, die die Evolution dem Menschen während der Steinzeit einverleibt hat, beirren lassen – Geschichten, die die kritische Situation der Gegenwartsmenschheit mit Hilfe von Vorgängen zu deuten suchen, die man – mit G. W. F. Hegel formuliert – „um sie deutlicher zu machen, in das Dunkel der Vergangenheit zurückgelegt hat".[12]

Biopsychosoziale Einheit Mensch

In Auseinandersetzung mit Biologismus und Soziologismus, speziell mit der Auslegung der mehrdeutigen Marxschen Formel vom menschlichen Wesen als

„Ensemble der gesellschaftlichen Verhältnisse“[13] zum sozialen Determinismus und Glauben an die Allmacht von Umwelt und Erziehung (und gar von realsozialistischer Agitation und Propaganda im Widerspruch zur realen Umwelt), entstand die Forschungskonzeption vom Menschen als „bio-psychosozialer Einheit“.[14]

Aus ihrer Sicht liegt bei biologischem wie bei sozialem und kulturellem Determinismus ein in verschiedene Richtungen gehender Reduktionismus vor. Vorhandene Bestimmungen und Komponenten des Menschseins werden gedanklich aus ihrer Integration in ein sich entwickelndes systemisches Gefüge, das der Mensch in seiner Umwelt ist, gelöst, verabsolutiert, mehr oder weniger mit phantastischen Eigenschaften versehen und zu zugrundeliegenden Ursachen linearer Kausalität erklärt. Als paradigmatische Antworten auf die Fragen nach der Bedingtheit und Bestimmtheit des Menschen und seines Verhaltens sind biologischer wie sozialer und kultureller Determinismus Varianten des überholten mechanischen Determinismus mit seinem Erkenntnisideal, dem Laplaceschen Dämon. Wahrheitsfindung über den Menschen und sein Verhalten kann deshalb auch über keinen „goldenen Mittelweg“ zwischen ihnen und in Prozentzahlen ausgedrücktem „Sowohl-als-auch“ – nach dem Strickmuster „80 Prozent Vererbung und 20 Prozent Umwelt“ – zum Ziel führen. Vielmehr sind darüber hinausweisende Sichtweisen, Problemstellungen und Konzeptionen gefragt.

Dazu gehört es, die menschlichen Individuen in ihrer Selbstbestimmung und -bewegung, in der evolutionär gewordenen Eigenart ihrer individuellen Entwicklung (Ontogenese) und in der unerschöpflichen Mannigfaltigkeit ihrer Individualität zu begreifen. Als theoretisches Schlüsselproblem für die Überwindung des auf den Menschen angewandten mechanischen Determinismus zum Verständnis menschlicher Selbstbestimmung und -bewegung zeichnet sich das alte Problem des Willens und der Willensfreiheit ab. Bilden doch angeborene und erlernte Bedingungen und Bestimmungen des Verhaltens ein Feld alternativer und sich ergänzender Möglichkeiten, wobei der Willen den Ausschlag dafür gibt, was jeweils in einer Situation getan wird.

Freiheit sei „das Vermögen, einen Zustand von selbst anzufangen“, definierte I. Kant.[15] Darauf bezieht sich der Philosoph J. Erpenbeck und legt dar, daß sich auf der Basis des Selbstorganisationsgedankens erstmals eine Erklärung des Willensphänomens erwarten läßt, die nicht reduktionistisch ist und die auch nicht zu rein geistigen Konstruktionen Zuflucht nimmt. „Nur wenn wir verstehen, wie durch sich selbst organisierende Strukturbildungen im menschlichen Gehirn Denk- und Handlungsmöglichkeiten kreativ entstehen, die noch nie da, die auf keine Weise vorherzusehen waren, begreifen wir einzelwissenschaftlich das ‚Vermögen, einen Zustand von selbst anzufangen‘! Nur wenn wir erfassen, wie sich in der Gesellschaft Strukturen kreativ selbst organisieren und verändern, ohne von ‚außen‘ oder von ‚oben‘ angeordnet zu sein, begreifen wir das ‚Vermögen, einen Zustand von selbst anzufangen‘ auch für diesen Bereich. Damit begreifen wir den Willen als Schöpfungswillen: jede Willensleistung umfaßt Kreativität, jede kreative Leistung besitzt willentliche Momente."[16]

Die Evolution der Individualentwicklung bei den Primaten und besonders der Entwicklung der Individuen mitsamt ihren Gehirnen während der Hominisation fand im Konnex der Evolution von Lebensstrategien statt, für die K-Selektion maßgebend war, das heißt von Lebensstrategien, die es ermöglichen, begrenzte Ressourcen effektiv zu nutzen. Dabei waren unter anderem längeres Lernen, Sozialisation und intellektuelle Leistungsfähigkeit im sozialen Verband überlebenswichtig. Das führte zur Retardation der Individualentwicklung und Neotenie, womit Cerebralisation und Evolution der Sozialstrukturen in den Populationen einhergehen. Beim Menschen sticht die „Verjugendlichung" von Individualentwicklung und Körpergestalt besonders hervor.[17] Der Anthropologe A. Montagu vermerkt zu dieser evolutionär entstandenen Spezifik der menschlichen Individualentwicklung: „Anthropologen, Psychologen, Sozialwissenschaftler anderer Disziplinen und selbst einige Erzieher erkennen allmählich, daß Kinder nun einmal nicht kleine und unvollkommene Erwachsene sind, die so früh wie möglich in die Welt und die Verhaltensmuster der Erwachsenen hineingetrieben werden müssen. Wir wissen, daß Kinder menschliche Wesen sind, die in der Entwicklung stehen und sich ihr Leben lang weiterentwickeln werden, wenn man sie nicht daran hindert. Und jetzt erkennen wir allmählich, daß das Ziel des Lebens darin besteht, ‚jung' zu sterben – und zwar so spät wie möglich."[18]

Das lebenslänglich vorhandene, aber zumeist durch die Lebensumstände deformierte Entwicklungspotential der menschlichen Individuen existiert in der unerschöpflichen Mannigfaltigkeit der menschlichen Individualität. Aus der Einsicht in die Einheit der Menschheit und die Verschiedenheit jedes Menschen von jedem anderen gibt es nur eine Schlußfolgerung: gleiche Rechte und gleiche Chancen für alle. Eben das ist der vernünftige Sinn dessen, wenn von menschlicher Gleichheit die Rede ist. Dabei sind, wie Dobzhansky herausgearbeitet hat, zwei Aspekte zu beachten: „Die Fähigkeit, frei sein Lebensziel und die Richtigkeit seines Strebens zu wählen, und die freie Verfügbarkeit über eine Vielzahl von Umwelten, Erziehungs- und Ausbildungsmöglichkeiten, die zu den unterschiedlichen Anlagen der verschiedenen Menschen passen."[19]

Das ist gewiß ein Ideal, das noch nirgendwo verwirklicht wurde. In dieser Hinsicht unterscheiden sich die derzeitigen wie die vorangegangenen Gesellschaften nur dadurch, wie weit sie davon entfernt waren und sind. Doch da wir gewiß nicht in der besten der denkbaren und auch nicht in der besten der möglichen Gesellschaften leben, kann es wohl gelingen, sich ihm so weit anzunähern, wie fehlbare Menschen dies tun können. Ein endzeitliches Paradies auf Erden ist damit gewiß nicht anvisiert und ist in einer Welt, die widerspruchsgetrieben evolviert, auch nicht zu etablieren. Vielmehr geht es um die Emanzipation des Menschen und der Menschheit hin zu Bedingungen, unter denen sie selbst ihren weiteren Weg festlegen und dafür tätig sein können – ein Weg, der aus der Vergangenheit, aus Naturgeschichte und Menschheitsgeschichte kommt, ohne von der Vergangenheit für die Zukunft vorgezeichnet zu sein. Unter allen globalen Problemen für das Überleben und Vorankommen der Menschheit dürfte dies das größte und entscheidende sein: Milliarden Menschen, die derzeit keine Chance haben, für die Überwindung dieser Krise zu denken, zu fühlen, zu wollen und zu arbeiten.

Als generelles Fazit aus der Selbstorganisationskonzeption im Hinblick auf den Menschen zeichnet sich ab, wozu der Paläontologe S. J. Gould auf anderem Wege als durch die Selbstorganisationsforschung, nämlich bei der Untersuchung eines frühen, 530 Millionen Jahre zurückliegenden Stadiums in der Geschichte des Lebens gelangte (einer Geschichte, die allerdings Selbstorganisation par excellence ist): „Wir sind das Ergebnis von Geschichte, und wir müssen selbst unsere Wege festlegen in diesem vielfältigsten und interessantesten aller denkbaren Universen, einem Universum, das gleichgültig ist gegen unsere Leiden und uns daher die größte Freiheit gewährt, zu gedeihen oder zu scheitern auf diese Weise, die wir gewählt haben.“[20]

Anmerkungen

1 Lewontin 1986, S.175.
2 Bach 1985, S.274.
3 Vgl. Becker 1993.
4 Cavalli-Svorza 1994, S.203.
5 Lewontin 1986, S.127f.
6 Wolkenstein 1990, S.163.
7 Laplace 1932, S.1f.
8 De Vore 1974, S.194.
9 Wilson 1974, S.261.
10 Eibl-Eibesfeldt 1992, S.11.
11 Legay 1984, S.76.
12 Hegel 1994, S.205.
13 Marx 1958, S.6.
14 Vgl. Biopsychosoziale Einheit Mensch 1987. Geißler; Hörz 1988. Löther 1992.
15 Kant 1971, S.603.
16 Erpenbeck 1991, S.34. Vgl. Erpenbeck 1993. Hörz 1994.
17 Vgl. Montagu 1991.
18 Montagu 1991, S.19f.
19 Dobzhansky, S.55.
20 Gould 1991, S.365.

Literatur

Bach, H.: Optimierung der Umwelt des Menschen als wesentliche Voraussetzung für Leistungssteigerung, Gesunderhaltung und Wohlbefinden.– In: »Biologische Rundschau« 23 (1985) 5.

Becker, P. R.: Werkzeuggebrauch im Tierreich. Wie Tiere hämmern, bohren, streichen.– Stuttgart 1993.

Biopsychosoziale Einheit Mensch.– In: »Wissenschafliche Zeitschrift der Humboldt-Universität zu Berlin.« Mathematisch-naturwissenschaftliche Reihe 36 (1987) 7.

Cavalli-Sforza, L. und F.: Verschieden und doch gleich. Ein Genetiker entzieht dem Rassismus die Grundlage.– München 1994.

Claussen, D.: Was heißt Rassismus?– Darmstadt 1994.

De Vore, I: Die Evolution der menschlichen Gesellschaft.– In: W. Schmidbauer (Hg.): Evolutionstheorie und Verhaltensforschung.– Hamburg 1974.

Dobzhansky, Th.: Intelligenz – Vererbung und Umwelt.– München 1975.

Eibl-Eibesfeldt, I.: Ist der Mensch paradiesfähig? – Antwort.– In: »Berliner INITIAL« H. 2/1992.

Erpenbeck, J.: Wille und Selbstorganisation.– In: »academie spectrum« 22 (1991) 7.

Erpenbeck, J.: Wollen und Werden. Ein psychologisch-philosphischer Essay über Willensfreiheit, Freiheitswillen und Selbstorganisation.– Konstanz 1993.

Fagan, B. M.: Ausbruch aus dem Paradies. Ursprung und frühe Geschichte des Menschen.– München 1991.

Geißler, E.; H. Hörz (Hg.): Vom Gen zum Verhalten. Der Mensch als biopsychosoziale Einheit.– Berlin 1988.

Gould, S. J.: Zufall Mensch. Das Wunder des Lebens als Spiel der Natur.– München und Wien 1991.

Hegel, G. W. F.: Encyclopädie der philosophischen Wissenschaften.–Leipzig 1949.

Hörz, H.: Selbstorganisation sozialer Systeme. Ein Verhaltensmodell zum Freiheitsgewinn.– Münster und Hamburg 1994.

Hollitscher, W. u. Mitarb. von R. Löther: Lebewesen Mensch.– Wien 1985.

Kant, I.: Kritik der reinen Vernunft.– Leipzig 1971.

Laplace, P. S. de: Philosophischer Versuch über die Wahrscheinlichkeit (1814).– Leipzig 1932.

Legay, J.-M.: Wer hat Angst vor der Wissenschaft? Über Wissenschaftler, Politik und Gesellschaft.– Leipzig, Jena, Berlin 1984.

Lewontin, R.: Menschen. Genetische, kulturelle und soziale Gemeinsamkeiten.– Heidelberg 1986.

Löther, R.: Der unvollkommene Mensch. Philosophische Anthropologie und biologische Evolutionstheorie.– Berlin 1992.

Marx, K.: Thesen über Feuerbach.– In: K. Marx, F. Engels: Werke. Bd.3.– Berlin 1958.

Montagu, A.: Zum Kind reifen.– Stuttgart 1991.

Wilson, E. O.: Wettbewerb und Aggression im Verhalten von Tier und Mensch.– In: W. Schmidbauer (Hg.): Evolutionstheorie und Verhaltensforschung.– Hamburg 1974.

Wobus, A. M. und U. (Hg.): Genetik – Zwischen Furcht und Hoffnung.– Leipzig, Jena, Berlin 1991.

Wolkenstein, M. W.: Entropie und Information.– Berlin 1990.

MARIA WÖLFLINGSEDER

Biologismus – „Natur als Politik"

New-Age und Neue Rechte als Vorreiter einer (wieder) etablierten Ideologie

Die Verkündigung eines neuen, harmonischen, goldenen Zeitalters hat es in der Geschichte immer wieder gegeben. Der Bedarf an schnell konsumierbarem Sinn, der Bedarf an simplen beruhigenden Antworten ist aktuell wieder sehr hoch. Die Bereitschaft hingegen, die Ursachen für gegenwärtige und zukünftige menschenverachtende, menschen- und lebensvernichtende Umstände und Bedrohungen kritisch denkend zu eruieren und diese zu verändern, ist verschwindend klein.

Seit gut zehn Jahren boomt die Esoterik- und New-Age-Ideologie. Seit knapp zehn Jahren ist rechtsextreme, rassistische Ideologie und Politik wieder salonfähig. Biologismus ist die Grundlage, ist durchgängiges Prinzip beider Ideologien.

Beide Strömungen sind keine Extrempositionen (mehr), sondern ihre Ideologien haben sich weitgehend im gesellschaftlichen, sprich: politischen, wissenschaftlichen Mainstream sowie im Alltag etabliert. Es kommt sozusagen immer mehr zu einer *Integration des rechten Lagers.*

New Age ist einerseits eine Reaktion auf den Spätkapitalismus, andererseits aber wirkt New-Age-Ideologie nunmehr eminent auf die Gesellschaft zurück. Der Zukunftsforscher John Naisbitt konstatiert für die USA: was einmal typische New-Age-Ideen gewesen sind, wird nun zunehmend Gemeingut. Im deutschsprachigen Raum ist bereits derselbe Trend zu verzeichnen: ein Blick in Volkshochschulprogramme, in das Programm von Bildungshäusern – sowohl kirchlicher als auch anderer Provenienz –, ein Ohr den einst kritischen Wissenschaftssendungen im Radio auf Ö1 – vom Fernsehen ganz zu schweigen –, ein Auge auf bis dato linksliberale Publikationen genügen. Viele – vor allem auch Linke – ignorieren die New-Age- und Esoterik-Bewegung jedoch immer noch als irrelevante, vernachlässigbare Kuriosität, als „harmlose Spinnerei".

In diesem Beitrag sollen also die ideologischen Väter und Mütter des aktuellen Biologismus durchleuchtet und die Zusammenhänge zwischen New Age und Neuer Rechter aufgezeigt werden – ergänzt durch Beispiele der Etablierung biologistischer und rassistischer Ideologie.

In trauter Eintracht

Der „Alte Jahreszeitweiser“[1], umfang- und textreicher, esoterischer Mondkalender mit unverblümten ausländerfeindlichen, deutschnationalen, rassistischen und germanentümelnden Inhalten sowie Gedichten von Gerd Honsik, Lobeshymne auf Rudolf Heß und Empfehlungen von Büchern über die Waffen-SS und solchen von Alt- und Neonazis, ziert in immer mehr Biobauern- und New-Age-Haushalten Küchenwände.

Im Begleitbuch zur ZDF-New-Age-Serie steht neben Farbbildern von SlumbewohnerInnen und Eingeborenendörfern geschrieben: „Überbevölkerung ist nicht nur gegen die Menschlichkeit, sie ist im tiefsten lebensfeindlich. Das eigentliche Umweltproblem ist die Überbevölkerung, [...] weil auf der Erde kein Platz ist für beliebig viele Menschen. Überbevölkerung ist ein Verbrechen gegen die Humanität. Gut erzogene Menschen werden die Umwelt nicht unnötig verschmutzen. Doch wie will man viereinhalb Milliarden Menschen so gut erziehen. Denn von Natur aus ist der Mensch unordentlich und schmutzig. Die meisten der vier Milliarden Menschen [...] erzeugen ihre Nachkommen nicht nach hohen Idealen oder weltpolitischen Interessen, sondern nach dem jeweiligen Stand ihrer Hormonspiegel – und aus Egoismus!“[2]

Der Kärntner „Agathenhof“, ein gesundheitsfarmähnliches New-Age-Zentrum, dessen Hochglanzwerbeprospekte auf keiner Wiener Esoterik-Messe fehlen, ist sowohl Ort des Festivals „Visionen des Friedens“ – mit den New-Age-Granden Professor Arnold Keyserling, Bruder David Steindl-Rast, Zsuzsanna Budapest, Kaye Hoffmann, Penny McLean, Peter Schellenbaum und vielen anderen[3] – als auch Kontaktadresse für Andreas Thierry[4], einem mehrfach verurteilten Aktivisten in der Kärntner Neonazi-Szene.

Diese drei Beispiele zeugen von offensichtlichen Gemeinsamkeiten zwischen New-Age- und Esoterik-Bewegung einerseits und rechtsextremen/faschistischen Strömungen andererseits. Viele andere Gemeinsamkeiten springen jedoch nicht so deutlich ins Auge.

Berührungspunkte bzw. Identisches gibt es nahezu auf allen Ebenen – sowohl auf der ideologischen als auch auf der organisatorischen und personellen Ebene, bis hin zu gemeinsamen historischen Wurzeln.

Biologismus

Biologismus ist eines der weitreichendsten gemeinsamen Merkmale zwischen New-Age-/Esoterik-Bewegung und rechten/rechtsextremen Strömungen. Gemeinsam ist ihnen ein Welt- und Menschenbild, das aus Gesetzen aus der Natur, dem

Kosmos oder von „Gott“ abgeleitet wird. *Biologismus* nennt man jene soziologische und geschichtsphilosophische Strömung, die Staat und Gesellschaft analog dem menschlichen Organismus betrachtet und behauptet, daß Staat und Gesellschaft in ihrer Entwicklung vornehmlich biologischen Gesetzen folgen. Der Begriff Biologismus wird auch verwendet, wenn Beobachtungen aus der Tier- und Pflanzenwelt auf den Menschen und auf die Gesellschaft übertragen werden – weshalb der Begriff Biologismus um den Begriff Naturalismus erweitert wird. Gesellschaft, soziale Ordnung, die ökologische Krise und der Weg aus dieser Krise werden biologistisch/naturalistisch gedeutet: Das Ziel des (politischen) Handelns ist ein von außen – von der Natur, vom Kosmos, vom Universum – fest vorgegebenes, es ist in Naturgegebenheiten, in Naturgesetzen und kosmischen Gesetzen fixiert, die nur erkannt werden müssen und nach denen man sich zu richten habe.

Die wissenschaftlich ohnehin völlig unzulässige Übertragung von naturwissenschaftlichen Kategorien auf Mensch und Gesellschaft erfolgt jedoch meist nocheinmal verquer: Eine adäquat erscheinende soziale Praxis – etwa die Dichotomie von Mann und Frau, oder eine angeblich angeborene Angst vor „Fremden“ – werden in die Natur hineinprojiziert um dann in einem nächsten Schritt auf die Gesellschaft zurückprojiziert zu werden.

Biologismus und Naturalismus berücksichtigen nicht, daß der Mensch im Gegensatz zu Tieren und Pflanzen fähig ist zur Selbstreflexion, zur Selbstbestimmung und zu Befreiung. Der Mensch hat einen freien Willen und gewinnt Identität durch Vergegenständlichung, durch Arbeit.

Biologismus/Naturalismus, dieses bedeutendste gemeinsame Grundprinzip von New-Age-Ideologie und jener von Rechtsextremen, wird auch in New-Age-kritischer Literatur zuwenig beachtet. Es wird meist nur darauf hingewiesen, man müsse sich im New Age lediglich von allem rechts- oder faschismuslastigen Gedankengut distanzieren; gesehen wird dabei nicht – darauf sei besonders hingewiesen –, daß *die „Rechtslastigkeit“ der New-Age-Ideologie immanent* ist.

An konkreten Beispielen soll nun biologistisches/naturalistisches Denken im New Age und im Rechtsextremismus erläutert werden.

Biologistisches/naturalistisches Welt- und Menschenbild im New Age

Die New-Age-Ideologie möchte ich anhand der Thesen des Vordenkers Fritjof Capra verdeutlichen. Capra hat nicht nur wesentlich zur Verbreitung und Etablierung des „neuen Denkens“, der „neuen Zeit“ (vor allem auch in Wissenschaft, Technik und Management) beigetragen, er ist auch aller vordergründigen Rechtslastigkeit unverdächtig. Viele – auch die New-Age-Kritiker Eduard Gugenberger und Roman Schweidlenka – bezeichnen Capra als „politisch-emanzipativen Vertreter dieser Richtung“ (dem New Age, M. W.), der „dabei auf dem Boden der gesellschaftspolitischen Realität bleibt“.[5] Was die ideologische und wissenschaftliche Einschätzung der New-Age-Bewegung im allgemeinen und Capras im besonderen betrifft, gehe ich mit Gugenberger und Schweidlenka, die zweifelsohne viel Wichtiges aus der New-Age- und Esoterik-Szene ans Licht der Öffentlichkeit gebracht haben[6], nicht konform. Bei meiner ausführlichen Untersuchung[7] bin ich genau zum gegenteiligen Ergebnis gekommen: Capra ist alles andere als ein „politisch-emanzipativer Vertreter“ der New-Age-Bewegung: Capras Weltbild, seine Sicht von geschichtlicher Entwicklung ist geprägt von der evolutionären Zyklentheorie Toynbees und Sorokins, dem I Ging und dem Yin/Yang. Demnach nehmen „alle Vorgänge, die wir beobachten, an [einem] kosmischen Prozeß“ teil und sind „auf diese Weise von Natur aus dynamisch“. „Wandel ist nicht die Folge irgendeiner Kraft, sondern eine natürliche Tendenz, die allen Dingen und Situationen von vorneherein innewohnt.“ Capra erläutert die Einmaligkeit des Wandlungsprozesses, den wir zur Zeit erleben: Wir dürfen uns ihm „nicht entgegenstellen“, wir müssen ihn einfach zulassen; er passiert ganz von selbst, „von innen heraus“ – durch „kosmische, evolutionäre, natürliche Tendenzen“. Deshalb kann eine „evolutionäre Wandlung solcher Größenordnung durch kurzfristige politische Aktivitäten nicht verhindert werden“.[8] Das heißt, *die politische Realität, das handelnde Subjekt, insbesondere herrschende Macht- und Ausbeutungsstrukturen sind für ihn irrelevant.*

Das Menschenbild, das Capra aus seinem biologistischen/naturalistischen Welt- und Geschichtsbild ableitet, ist geprägt vom „kosmischen Geist“, von der „planetarischen Ebene des Bewußtseins“ und vom „göttlichen Bewußtsein, das sich als Wesen des Universums“ im Menschen manifestiere.[9] Die Aufgabe des Menschen sei es, sich lediglich hinzugeben, einzufügen und unterzuordnen unter die Gesetzesstrukturen des Universums. „In sämtlichen modernen Gesellschaftsentwürfen steht der handelnde – Mensch im Mittelpunkt. Die Geschichte wird von Menschen gemacht – so lautet die Losung bei Karl Marx, bei Gandhi und auch für den Club of Rome. Bei ihnen – Herr Capra – aber soll sich der Mensch unterordnen unter die mächtigen Gesetzesstrukturen der Natur und des Kosmos.“ Capra: „Da haben sie mich richtig verstanden“.[10]

Und noch deutlicher: Er schreibt ausführlich über die Irrelevanz des freien Willens, weil wir untrennbare Teile des Kosmos sind. Das handelnde Subjekt wurde eliminiert, was sich in der Gesellschaft offenbart, ist ein den Subjekten von der „Natur“, vom Kosmos vorausgesetzter Wille. Das heißt, ein allgewaltiges Prinzip hält die Welt zusammen, durchdringt und strukturiert sie. In historischen Lebensäußerungen, Verhältnissen und Konflikten offenbart sich immer dieses eine Prinzip. Es hat den Charakter eines allgemein gültigen Gesetzes. „Wenn ich das ganze Universum *bin*, dann kann es keine Einflüsse von ‚außen‘ geben, und alle meine

Handlungen sind spontan und frei. Vom Standpunkt der Mystiker aus ist der Begriff des freien Willens relativ, begrenzt und [...] illusorisch wie alle anderen Begriffe, die wir bei unseren verstandesmäßigen Beschreibungen der Wirklichkeit gebrauchen."[11]

Capras Ideologie ist ein geradezu *klassisches Beispiel* für biologistisches/naturalistisches Denken. Capra setzt nicht nur Kosmos und Individuum gleich, sondern auch Individuum mit Tier und Pflanze („alle lebenden Organismen lassen Individualität erkennen"[12]) und er bezeichnet die Natur als Ökosystem, das „natürlich wächst und vergeht", das „sich selbst reguliert", weil es „intelligent ist". Vom Ökosystem der Natur schließt Capra auf das Ökosystem Gesellschaft. So bezeichnet er etwa die Stadt Bombay als Beispiel für ein lebendiges Ökosystem, oder die Art und Weise wie Menschen miteinander in Beziehung stehen als Organismus: „Extreme Beispiele für eng verknüpfte Gemeinschaften von größerer Komplexität sind Insekten: Bienen, Wespen, Termiten und andere bilden Kolonien, deren Mitglieder so sehr voneinander abhängig sind und in so engem Kontakt miteinander stehen, daß das ganze System einem riesigen, aus vielen Kreaturen bestehenden Organismus ähnelt. Bienen und Ameisen können in Isolation nicht existieren; in großer Zahl handeln sie jedoch fast wie die Zellen eines komplexen Organismus mit einer kollektiven Intelligenz und einer Anpassungsfähigkeit, die der ihrer einzelnen Mitglieder weit überlegen ist. Dieses Phänomen von Tieren, die sich zusammenschließen, um größere Organismen zu bilden, ist nicht auf Insekten beschränkt, sondern läßt sich auch bei anderen Arten beobachten, Menschen eingeschlossen."[13]

Capra schließt hier – für das „neue" Ganzheitsdenkens typisch – nahtlos an die Ideologie der Lebensphilosophie der Zwischenkriegszeit, an die Tradition konservativer Kultur- und Zivilisationskritik an. (Zivilisationskritik beispielsweise der Frankfurter Schule ist für Capra nicht relevant. Er beruft sich vornehmlich auf biologistische und spiritualistische Vorläufer seiner Ideologie – wobei die offensichtlichen Bezüge zur esoterischen Bewegung der Zwischenkriegszeit tunlichst verschwiegen werden.) Ein auffallend starkes ideologisches Nahverhältnis besteht etwa zwischen Capra und dem Wiener Ständestaattheoretiker Othmar Spann. Wie Capra will dieser „das Uralte und Ganzneue" vereinen, einen Kampf führen „gegen das ursächlich-mechanistische Verfahren", weil „das Metaphysische die wahre Grundlage alles Wissens und Handelns bildet", „der göttliche Einfluß grundsätzlich immer stattfindet" und „ein neuer Geist von unserer Kultur nur Besitz ergreifen kann, wenn eine religiöse Neubelebung gelingt".[14] Und die Bezeichnung „lebendiger Organismus" für die Gesellschaft und für gesellschaftliche Zusammenhänge war im nationalsozialistischen Ganzheitsdenken („Du bist nichts, Dein Volk ist alles") und in der Ständestaattheorie von Spann genauso obligat, wie dies nun im New Age der Fall ist. Capras Ideologie bietet sich ebenso wie jene der Lebensphilosophie an, um („natürliche") Hierarchie und soziale Ungleichheit zwischen Menschen oder „Rassen" zu rechtfertigen.

Als weiteres wesentliches Moment von Biologismus kann der Verlust der Idee des Individuums und seiner gesellschaftlichen Perspektive bezeichnet werden: Das Individuum diene nur mehr der Arterhaltung, es gibt insofern keine individuelle Freiheit mehr (die auch Capra in Frage stellt). Der Sozialdarwinismus folgte der selben Argumentation. Das Individuum habe sich in seinem politischen Handeln an dem zu orientieren, was von der Natur, vom Kosmos vorgegeben wird. Die herrschenden kapitalistischen Systemzwänge, Besitzverhältnisse, Macht- und Entscheidungsstrukturen werden nicht in Frage gestellt, das Austragen von Konflikten und Kämpfen wird strikt abgelehnt, Harmonie propagiert. Capras bevorzugtes Gesellschaftsterrain ist das der TopmanagerInnen und WissenschafterInnen – sie seien die HoffnungsträgerInnen des „neuen Bewußtseins". Das heißt, die Verhältnisse können ruhig so bleiben wie sie sind, das Rettungskonzept bestehe einzig und allein darin, daß sich die MachthaberInnen und EntscheidungsträgerInnen vom „kosmischen Wandel" inspirieren lassen und ihr Bewußtsein dahingehend verändern.

„Uralte Gleichsetzung von Frau und Natur"

Nicht gerade neu oder gar emanzipatorisch sieht auch das Frauenbild im New Age aus. Capra wird nicht müde zu betonen, daß der wichtigste der drei Hauptaspekte des kosmischen Wandels – neben dem Ende des Zeitalters der fossilen Brennstoffe und dem Paradigmenwechsel bezüglich kultureller Werte – der „Verfall des Patriarchats" sei. Capra sieht, wie Frauen in allen Bereichen die Führung übernommen hätten. „Spirituellen Öko-Feminismus" nennt er – bezugnehmend auf führende New-Age-Denkerinnen – die gute yin-betonte Alternative zum yangbetonten, bösen, männlich-kartesianisch-mechanistischen Weltbild, das alle Mißstände verursacht habe.

„Der spirituelle Gehalt der ökologischen Weltanschauung findet seinen idealen Ausdruck in der von der Frauenbewegung befürworteten feministischen Spiritualität – was angesichts der naturgegebenen Verwandtschaft zwischen Feminismus und Ökologie, die in uralter Gleichsetzung von Frau und Natur wurzelt, zu erwarten ist."[15]

Capra reduziert die Frauen auf die – alten – weiblichen Werte: Spiritualität, Ganzheitlichkeit, Intuition, das Bewahrende, das Nicht-Aggressive, Demut, Empfänglichkeit, Fürsorge und Friedfertigkeit. Den Frauen wird Befreiung versprochen, ja sie werden sogar zu den Verantwortlichen des neuen harmonischen, erleuchteten Zeitalters stilisiert, um aber gleichzeitig wieder auf ihre alten „weiblichen Tugenden" und Rollen fixiert zu werden.

Auf hervorragende Weise analysiert Sonja Distler in ihrem Buch „Mütter, Amazonen, dreifältige Göttinnen"[16] die äußerst unterschiedliche emanzipatorische versus biologistisch-mythologisch-idealistische Matriarchatsdiskussion. Anstatt einer Gegengeschichte wird eine Gegenmythologie geschaffen.

Die Behauptung Capras, Frauen hätten überall die Führung übernommen, kann nicht verifiziert werden. Und daß die Etablierung dieses Frauenbildes etwas mit Zielen des ökonomischen und politischen Mainstreams, Frauen wieder um bereits *erkämpfte* Rechte und Positionen zu bringen, zu tun haben könnte – dies erkennen zu können, dazu fehlt Capra das nötige politische Analysevermögen.

New Age als Stillhalte-Politik

Abschließend sei zur Darstellung Capras Ideologie respektive der des New Age noch darauf hingewiesen, daß biologistische/naturalistische Welt- und Menschenbilder schon immer dazu dienten, herrschende, hierarchische Macht- und Ausbeutungsstrukturen zu rechtfertigen und zu legitimieren. Ich unterstelle Capra nicht die Absicht, dies tun zu wollen, sein Welt- und Menschenbild führt jedoch geradewegs dazu. Nicht zufällig sind Capra und die New-Age-Verheißungen gerade auch im Establishment so beliebt. Egon Becker fragt, ob nun „die technokratischen Eliten des globalen Krisenmanagements und die Szene der Ökofreaks eine gemeinsame Philosophie bekommen und die krisengeschüttelten Gesellschaften des Westens eine neue klassenübergreifende kulturelle Erneuerungsbewegung."[17] Und Hans A. Pestalozzi fragt gar, ob New Age nicht „ein superraffinierter Trick jener Kreise" sei, „die ihr möglichstes tun, um die sich anbahnende Rebellion des Volkes zu unterlaufen. Capra, Ferguson und wie sie alle heißen, als Agenten der militärisch-industriellen Mafia? Ist die Vorstellung so absurd?"[18]

Vom Biologismus ist es sodann nicht weit, sondern eigentliche eine logische Fortsetzung zum Karma- und Wiedergeburtsglauben, mittels dessen immer mehr Menschen – jedoch nicht Capra – die individuelle Situation eines Menschen erklären und rechtfertigen: vor allem die von Verhungernden in der Dritten Welt, von radioaktiv Verstrahlten oder von Kindern, die sich die Familie, in die sie geboren werden, selbst aussuchen.

Es sei kurz skizziert, wie eine Alternative zu biologistischen/naturalistischen Welt- und Menschenbildern aussieht: Die Welt wird als eine gesehen, die von *Menschen* gemacht wird und auch nur von diesen verändert werden kann. Als wesentlich werden die gegebenen materiellen und strukturellen Verhältnisse erachtet, die geschichtlich entstanden sind und auch nur auf diesem Wege – von den konkreten Menschen – verändert werden können: historisch-materialistisches Welt- und Menschenbild. Bei Capra und der New-Age-Bewegung sind hingegen abstrakte, zeitlose Ideen und Ideale, die aus der Natur und aus dem Kosmos abgeleitet werden, bestimmend: überzeitlich-idealistisch-spirituelles Welt- und Menschenbild.

Die Alternative zum biologistischen/naturalistischen (herrschaftsstabilisierenden) Welt- und Menschenbild ist ein systemkritisches – mit dem Ziel der Emanzipation des Menschen.

Biologistisches/naturalistisches Welt- und Menschenbild im Rechtsextremismus

Im folgenden sollen die Versuche der sogenannten Neuen Rechten, von Rechtsextremen und Neofaschisten aufgezeigt werden, Rassismus wissenschaftlich zu begründen; vor allem darin wird ihr biologistisches/naturalistisches Welt- und Menschenbild sichtbar. Biologistisches/naturalistisches Denken ist aber auch Merkmal von öko-konservativen Strömungen.[19]

Überleiten vom New Age zum Rechtsextremismus möchte ich mit Beispielen sogenannter „Ökologie von rechts", die ein Bindeglied zwischen Teilen der New-Age-, Esoterik-, spiritueller-, ökologischer- und der rechtsextremen Bewegung darstellt. Dazu gehört etwa das eingangs zitierte Beispiel aus einem New-Age-Buch von der Überbevölkerung als dem wahren Umweltproblem. Wie noch zu zeigen sein wird, geht es dabei konkret um die „Angst", die Deutschen oder die Franzosen würden von Einwanderern verdrängt oder „umgevolkt" – wie es in rechtsextremer Diktion heißt – oder das „deutsche Volk werde abgetrieben".

Zentrales Merkmal der „Ökologie von rechts" ist vor allem die Darstellung von „AusländerInnen" (die bestimmter Herkunft) als das wahre Umweltproblem. Seit den siebziger Jahren haben fast alle rechtsextremen Gruppierungen in der BRD von der Neuen Rechten bis zur Nationaldemokratischen Partei Deutschlands die Ökologieproblematik in ihre Programme aufgenommen, um über diese Themen an neue Zielgruppen (auch an Grüne und Linke) zu kommen. Es erfolgte eine sogenannte „ökologische Modernisierung des Rechtsextremismus".[20] Dies geschah nicht bloß aus taktischen Überlegungen, sondern es wurde versucht, mittels Erkenntnissen aus der Evolutions- und Verhaltensforschung und der Genetik Rassismus wissenschaftlich zu erklären.

Die Schweizer „Nationale Aktion – Partei der Schweizer" warb bereits Mitte der achtziger Jahre „für mehr Umweltschutz und weniger Ausländer". Ökologische Probleme dienen in erster Linie als Anlaß, rassistische, nationalistische und antidemokratische Positionen populär zu machen. Wie weit sich diese Positionen etabliert haben – sie reichen bereits weit in den politischen Mainstream, in die Ökologie- und New-Age-Bewegung (*Integration des rechten Lagers*) – zeigen folgende Beispiele:

Die Wiesbadener Ausländerbehörde weigerte sich, einem Iraner die Aufenthaltsgenehmigung zu verlängern. Sie begründete dies mit folgenden Worten: „Die hohe Bevölkerungsdichte in der BRD und die hieraus resultierenden Umweltbelastungen gebieten es, den Zuzug von Ausländern zu begrenzen." Und das Düsseldorfer Verwaltungsgericht sprach sich unter Berufung auf das Baunutzungsrecht dagegen aus, Asylbewerber in reinen Wohngebieten unterzubringen, da von Asylunterkünften Emissionen ausgingen, gegen die den Anrainern ein nachbarrechtliches Abwehrrecht zusteht.[21]

Es wird also vielerorts programmatisch und politisch an einer wirksamen Verknüpfung von völkisch-konservativem Denken, Rassismus, Nationalismus und Ökologie sowie Lebensschutzfundamentalismus und Spiritualismus gearbeitet. Die Neue Rechte ist – wie die New-Age- und Esoterik-Bewegung großteils auch – eine elitäre, intellektuelle Sammelbewegung, der es vorerst nicht um politische Machtergreifung geht, sondern um kulturelle und ideologische Hegemonie – was ihr zweifellos gelingt.

Die Grundlagen des neurechten Versuchs, Rassismus wissenschaftlich zu begründen, die im folgenden dargestellt werden – sie kennzeichnen das biologistische/naturalistische Welt- und Menschenbild der Neuen Rechten –, tauchen auch vermehrt in der Ökologie- und New-Age-/Esoterik-Bewegung auf. Dazu haben beispielsweise Personen wie Konrad Lorenz beigetragen, der durch die Benennung des Volksbegehrens nach ihm zur Rettung der Hainburger Au (1985) zu neuer Popularität gelangte, oder wie der öko-rechtsextreme Herbert Gruhl, den Capra wegen seines Beitrags „zur Synthese des ganzheitlich-ökologischen Weltbildes" lobend hervorhebt.[22]

Rassismus wird „wissenschaftlich" begründet

Die Neue Rechte versucht in erster Linie mit der gesamten Entwicklung seit der Französischen Revolution radikal zu brechen. Ihre ideologischen Gegner sind sowohl Christentum und Liberalismus als auch Marxismus und Psychoanalyse sowie Demokratie. Zur Ideologie der Neuen Rechten gehören vier wesentliche Punkte bzw. sind diese Punkte wichtige Grundlage für ihre rassistische Politik:[23]

1. *Der Grundsatz der Gleichheit der Menschen wird nicht anerkannt.* Sie behaupten, der Begriff „Mensch" oder „Menschheit" täusche eine Gleichheit vor, die aus natürlichen und kulturellen Gründen aber nicht gegeben sei. Daher sei der Begriff „Menschheit" im Sinne des Nominalismus als unwissenschaftlich abzulehen. *Nominalismus* ist eine philosophische Lehre, nach der die allgemeinen Begriffe nur Namen – Nomina – sind und nichts Wirkliches.

2. Für die Neue Rechte gibt es also keine „Menschheit", sondern für sie gibt es nur *verschiedene Völker* und *verschiedene Rassen.* Sowohl unter den Angehörigen eines Volkes oder einer Rasse als auch unter den verschiedenen Rassen gibt es eine *natürliche Hierarchie.*

3. Abgeleitet aus dieser natürlichen Hierarchie sieht die Neue Rechte in der *Meritokratie* die beste und sozial gerechteste Herrschaftsform. Die Meritokratie ist eine Herrschaftsform, die auf der Auswahl der Verdienstvollsten beruht. (Wer allerdings diese als solche bestätigt, wird nicht erläutert.) Die Idee von der Meritokratie dürfte jedoch bereits weiter als nur in rechtsextremen Kreisen verbreitet sein. Auch konservative Politiker fordern eine *„Führung der besten Köpfe"*.

In diesem Sinne ist oft von Eliten die Rede bzw. von einer speziellen Hochbegabtenförderung an Schulen. Letztere wird mit der wieder hoch im Kurs stehenden Theorie von der angeborenen Intelligenz untermauert. Franz Schönhuber meint, „was wir brauchen sind Eliten und keine Gewerkschaftsparlamente". Jörg Haider sagt, „eine Gesellschaft ohne Eliten gehe an der geistigen Mittelmäßigkeit zugrunde".[24]

4. Rassismus ist die Grundlage jeder rechtsextremen Ideologie. Mit Hilfe der Aussagen des Verhaltensforschers Konrad Lorenz, seines Schülers Irenäus Eibl-Eibesfeldt, des Psychologen Hans Jürgen Eysenck und des Erziehungswissenschaftlers Arthur B. Jensen und anderen soll rassistische Politik begründet werden. Die Verhaltensforschung spielt die größte Rolle im Versuch der Neuen Rechten, Rassismus „wissenschaftlich" zu erklären. Verhaltensforscher behaupten, dem Menschen sind in seinem sozialen Verhalten biologische Grenzen gesetzt. Er hat aus dem Tierreich erbbiologisch übernommene Verhaltensweisen, die nur modifiziert, aber nicht aufgehoben werden können. Diese These wird aus dem Tierreich abgeleitet. Wobei, wie eingangs bereits erwähnt, oftmals etwas in die Natur hineininterpretiert wird, um es in einem nächsten Schritt auf die Menschen, auf die Gesellschaft zurückzuprojizieren.

Verhaltensforschung als Politik

Laut Verhaltensforschung unterliegt der Mensch sechs fundamentalen Trieben: dem Territorialtrieb, dem Dominanztrieb, dem Besitztrieb, dem Aggressionstrieb, dem Gemeinschaftstrieb und dem Sexualtrieb. Jeder dieser Triebe wird mit konkreten politischen und sozialen Aussagen verknüpft:

- Aufgrund des *Territorialtriebs* beansprucht und verteidigt jeder Mensch und jedes Volk ein bestimmtes Gebiet. Durch die Notwendigkeit, dieses Gebiet gegenüber anderen Völkern zu verteidigen, entsteht eine Volkssolidarität, ein Volkskörper. Daraus folgt, daß die *nationale* Identität der *biologischen* Identität entspricht. Das heißt, ein Mensch gehört nicht zu jener Nation, in der er oder sie geboren wird oder lebt, sondern zu jener Nation, von der er oder sie abstammt.

Dazu zwei Zitate, die die politische Verwertbarkeit dieser aus dem Tierreich abgeleiteten Erkenntnis, die nahtlos auf den Menschen übertragen wird, zeigen: *Die französische Neue Rechte* meint, „der Mensch ist in der Tat ein territoriales Tier.

Die Stärke des territorialen Instinkts gibt es bei vielen Arten einschließlich des Menschen. Diese, Tiere wie Mensch, verteidigen ihr Territorium."[25]

Eibl-Eibesfeldt, Professor und Leiter der Max-Planck-Forschungsstelle für Humanethologie: „So wie viele höhere Wirbeltiere Revierfremde als Eindringlinge vertreiben, so reagieren auch wir Menschen auf Zuwanderer in ein bereits besetztes Gebiet mit archaischen Abwehrreaktionen."[26]

- Aufgrund des *Dominanztriebs* ergibt sich eine natürliche Hierarchie. Eine natürliche Hierarchie innerhalb der Menschen eines Volkes und innerhalb der verschiedenen Völker. Daß daraus abgeleitet wird, daß die Stärkeren, die Klügeren, die Tüchtigeren – kurz die Verdienstvollsten – die Führung zu übernehmen hätten, wurde bereits erwähnt.
- Der *Besitztrieb* dient der Förderung des „Überlebens der Verdienstvollsten" und trägt zur Stärkung des Volkes im Konkurrenzkampf mit anderen Völkern bei.
- Der *Aggressionstrieb* dient der Verteidigung des Territoriums eines Volkes.
- Der *Gemeinschaftstrieb* dient der Bewahrung des Volkes und der Familie.
- Der *Sexualtrieb* dient der Förderung der *biologischen Evolution* durch Zeugung von Kindern.

In diesem Zusammenhang möchte ich noch einmal auf die Befürchtung der Neuen Rechten vor der „Umvolkung" der Deutschen hinweisen. Andreas Mölzer von der F versucht, den rassistischen Begriff „umvolken" wieder zu etablieren. Dazu wird Eibl-Eibesfeldt in zahlreichen rechtsextremen Zeitschriften zitiert: Etwa im »Sieg« meint er, „Menschheit (als abstrakter Begriff) ist eine Erfindung des europäischen Geistes. [...] Die Menschheit als biologische Einheit gibt es nicht. Zwar können sich alle Menschen miteinander kreuzen, aber als natürliche Einheiten sind nun einmal verschiedene, sich voneinander abgrenzende Populationen gegeben."[27] Die Neue Rechte kritisiert die Zeugungsfreudigkeit vornehmlich der Türkinnen und den Geburtenrückgang bei deutschen und französischen Frauen. Eibl-Eibesfeldt weiter: „Nächstenliebe hört dann auf Nächstenliebe zu sein, wenn wir die Fortpflanzungschancen unserer eigenen Enkel dabei gefährden. Und das, was wir einleiten oder was aus gutem Willen eingeleitet wurde, ist unter Umständen ein schwerer Konflikt und auch unter Umständen die Umvolkung von weiten Teilen Europas."[28]

Eibl-Eibesfeldt gehört keiner Partei an, er ist Wissenschaftler und genau *das* macht ihn für die Neue Rechte so attraktiv, wenn es darum geht, ihre Ideologie wissenschaftlich objektiv beweisen zu wollen.

Vom Wiener Journalisten Peter Mitterhuber darauf angesprochen, meint Eibl-Eibesfeldt, er möchte nichts mit extremen Nationalisten zu tun haben. Er arbeite in Österreich sehr gut mit den Sozialisten zusammen und in Deutschland mit der CDU und CSU. Gegen Immigration sei er jedoch aus ökologischen Gründen! Auf Anfrage des „Dokumentationsarchivs des österreichischen Widerstands" zu Eibl-Eibesfeldts

Verwendung des Begriffs „Umvolkung“, meint dieser, er hätte nicht gewußt, daß dieser Begriff belastet sei. Deshalb werde er in Hinkunft den Ausdruck „Bevölkerungswandel“ verwenden, weil ihm dieser neutraler erscheine, obgleich er im Grunde das gleiche aussagt.[29]

Ganz so, als ginge es um tierische oder pflanzliche Arterhaltung, stellt Eibl-Eibesfeldt besorgt fest, daß deutsche Frauen im Durchschnitt nur 1,3 Kinder gebären, während türkische Frauen durchschnittlich 3,5 Kinder zur Welt bringen. „Hält dieser Trend an, dann kommt es unausweichlich zur Verdrängung des eigenen biologischen Erbes.“ Er warnt „den Europäer“ davor, durch Einwanderung aus Afrika und aus Asien, „die Fortpflanzungschancen der Kinder und Enkel seiner eigenen Gruppe einzuschränken“. Denn so bestehe die Gefahr, „daß wir uns aus der Evolution verabschieden“.[30]

Deshalb diene, wie erwähnt, der sechste Trieb des Menschen, der Sexualtrieb, der „Förderung der biologischen Evolution“ durch Zeugung von Kindern.

Angst vor „Umvolkung" und der § 218

Genau vor diesem Hintergrund wird die neu aufgeflammte internationale Schwangerschaftsunterbrechungsdebatte verständlich. Immer mehr rechtsextreme Gruppierungen formieren sich zu sogenannten „Lebensschützern“. Es geht dabei nicht zuletzt um die Rettung des deutschen oder des französischen Volkes. Es geht um die Bannung der „Gefahr“ der „Umvolkung“ – oder des „Bevölkerungswandels“. Das deutsche Verfassungsgerichtsurteil bezüglich des § 218 vom Mai 1993 steht nicht nur zeitlich in engem Zusammenhang mit der Grundgesetzänderung zum Asylrecht. „Zynische Umsetzung einer rassistischen und patriarchalen Bevölkerungspolitik“, nennt es Barbara Ritter: „Die CDU/CSU und die bayrische Landesregierung haben mit Hilfe von organisierten ‚Lebensrechts-Juristen‘ ihre politische Niederlage vom Juni letzten Jahres (1992) endlich in einen Etappensieg umgewandelt. Ihr Zeter- und Mordio-Geschrei wird nicht aufhören. Höchstens vorübergehend werden jene selbsternannten ‚Lebensschützer‘ zufriedengestellt sein, die den ‚Volkstod der Deutschen‘ als Folge des ‚Kindermassenmordes‘ und der ‚Asylantenflut‘ fürchten.“[31]

Dazu einige Zitate, die die Problematik verdeutlichen: „Nur eigene Kinder sind die alleinige Grundlage der deutschen und europäischen Zukunft. Gegenüber der zur Erhaltung unseres Volkes notwendigen Zahl von Kindern werden jetzt jährlich kaum mehr als die Hälfte geboren.“ Dies schreiben die 15 deutschen Professoren im sogenannten Heidelberger Manifest 1981.

Im Programm der Front National von Le Pen heißt es 1985: „Das demographische Überleben des französischen Volkes sichern, das bedeutet, die französische Fruchtbarkeit, nicht die ausländische Fruchtbarkeit zu ermutigen.“ Le Pen stellt

1984 fest: „Legalisierung der Abtreibung ist französischer Völkermord." Und in der »Nationalzeitung« wird 1992 gefragt, ob nun das deutsche Volk abgetrieben werde".[32]

Daß auch in Grün-, Öko- und New-Age-Kreisen seit einigen Jahren immer mehr die Neue Mütterlichkeit qua Biologie, qua Geschlecht zu einer Ideologie erhoben wird und viele zur „Lebenschützerfront" gewechselt sind, ist nicht zu übersehen. Der politische Roll-back bezüglich Schwangerschaftsunterbrechungsgesetze ist – sicher stark ökonomisch bedingt – weltweit zu verzeichnen: sei er deutsch-national motiviert, US-amerikanisch prüde oder esoterisch-ganzheitlich-kosmisch. In einer auflagenstarken New-Age-Zeitschrift heißt es zum Thema Abtreibung: „Wer abtreibt oder schweigend zustimmt, nimmt sich und dem Ungeborenen eine der wichtigsten Entwicklungsmöglichkeiten in diesem Leben. Mit jeder Abtreibung verliert die Menschheit eine Chance der gemeinsamen Bewußtseinsentwicklung. Denn nur, wenn wir gemeinsam unsere karmischen Verstrickungen lösen und aufarbeiten, können wir uns auf die nächste Ebene hochentwickeln. [...] Wer Leben bewußt tötet, wird sehr bald nach der Abtreibung, spätestens in der Mitte seines Lebens, merken, daß er ein großes Stück seiner Gefühle, seiner Partnerschaft, seiner Sexualität, seiner Entwicklung und seines Selbst getötet hat."[33]

Primat der Natur

Zusammenfassend sei nochmals erwähnt: Auf theoretischer Ebene liegen mögliche Berührungspunkte zwischen ökologischen, konservativen und rechtsextremen Argumentationen zunächst allgemein in einer gemeinsamen Nähe zu und Anfälligkeit für naturalistische oder natur-metaphorische Deutungsmuster von Gesellschaft, sozialer Ordnung und ökologischer Krise. In einer zugespitzten These formuliert Peter Dudek: „Rechtsextremen gelingt deshalb der Anschluß an den ökologischen Diskurs so glatt, weil ihre zentralen Deutungsmuster an den Primat der Natur gebunden sind." Aus diesem Grund ist auch, wie Dudek betont, das rechtsextreme Gesellschafts- und Geschichtsbild nicht per se wissenschaftsfeindlich, sondern „basiert auf der Anerkennung des Primats der Naturgesetze. Überall dort, wo Ökologie als *Leitwissenschaft* ausgegeben und *Natur als Politik* propagiert wird (Amery: Natur als Politik, 1976), liegt eine strukturelle Nähe zu rechtsökologischen Argumentationsmustern vor – auch wenn damit jeweils ganz verschiedene politische Intentionen verfolgt werden."[34]

Solch biologistische/naturalistische Ideologien sind einer logisch-rationalen, kritischen Auseinandersetzung nicht zugänglich; sie werden als Zirkelschlüsse oder Glaubensfragen der Kritik entzogen. Sie sind generell der diskursiven Infragestellung enthoben, weil sie als „natürlich", als nicht hinterfragbar angesehen werden. Natur erzeugt in dieser Betrachtungsweise eine naturalisierte Totalität.

Anmerkungen

1 »Alter Jahreszeitweiser« 1992 und 1993. Kalender. Hg. von Ewald Friesacher.– Maria Saal, Kärnten.
2 Günter Myrell, Walther Schwandt, Jürgen Voigt: Neues Denken – alte Geister.– Niederhausen 1987, S15ff.
3 Ankündigung in der Broschüre: »Bewußtsein«. Hg. vom Wiener Arbeitskreis für Metaphysik e. V., 91/1993. (Diese monatlich erscheinende Broschüre beinhaltet Veranstaltungshinweise und Anzeigen für esoterisch/spirituelle/astrologische usw. Seminare, Therapien usw. Sie liegt in sämtlichen Bioläden und vielen Buchhandlungen zur Gratisentnahme auf.)
4 Andreas Thierry zeichnete 1991 für den »Alten Jahreszeitweiser« mitverantwortlich.
Vgl auch: Ankündigung eines Runen-Urlaubs (16.2. bis 1.3.1992) und eines Lehrgangs für Stammesfürsten (24.2. bis 1.3.1992) am Agathenhof.– In: »Huginn Muninn«. Deutschsprachige MIDGART-Zeitung für europäische Religion, Kultur und Mysterien. Hg. von der Arbeitsgemeinschaft naturreligiöser Stammesverbände Europas.
5 Eduard Gugenberger, Roman Schweidlenka: Mutter Erde – Magie und Politik. Zwischen Faschismus und neuer Gesellschaft.– Wien 1987, S.154.
6 Ebd.
Roman Schweidlenka: Altes blüht aus den Ruinen.– Wien 1989.
7 Maria Wölflingseder: Gesellschaftliche Veränderung – von oben oder von unten? Eine Studie über gesellschaftliche Veränderung aus der Sicht Paulo Freires und Fritjof Capras unter besonderer Berücksichtigung gegenwärtiger New-Age-Strömungen.–Linz 1992.
8 Fritjof Capra: Wendezeit.– Bern, München, Wien 1986, S.28-39 und S.474.
9 Ebd., S.329f. und S.417.
10 Capra-Interview von Michael Haller, Harald Wieser.– In: »Der Spiegel« 10/1984, S. 187-203.
11 Capra 1986, S.299.
12 Ebd., S.305.
13 Ebd., S.307.
14 Othmar Spann: Erkenne dich selbst – Eine Geistesphilosophie als Lehre vom Menschen und seiner Weltstellung.– Jana 1935, S.4.
Ders.: Ständisches Leben – Blätter für organische Gesellschafts- und Wirtschaftslehre, 3.Jg./8.Heft 1933.– Wien, Berlin, S.442 und S.431.
Ders.: Dasselbe, 3.Jg./7.Heft 1933, S.338.
15 Capra 1986, S.469.
16 Sonja Distler: Mütter, Amazonen, dreifältige Göttinnen.– Wien 1989.
17 Egon Becker: Natur als Politik?– In: Thomas Kluge (Hg.): Grüne Politik.– Frankfurt 1984.
18 Hans A. Pestalozzi: Die sanfte Verblödung. Gegen falsche New-Age-Heilslehren und ihre Überbringer.– Düsseldorf 1985. S.56f.
19 Thomas Jahn, Peter Wehling: Ökologie von rechts.– Frankfurt 1991.
20 Hans-Gerd Jaschke: Natur- und „Lebensschutz“. Ökologische Positionen des Rechtsextremismus.– In: Materialien zur Politischen Bildung, 4/1992, S.48.
21 Zit. nach: »Die Zeit« 7.12.1990.
22 Capra 1986, S.481.
23 Vgl. Michael Billig: Die rassistische Internationale.– Frankfurt 1981.
Vgl. Iring Fetscher: Die neuen Rechtsdenker.– In: »Zukunft« 5/1985.
24 Zit. nach: Manfred Henle u.a.: (R)Ausländer aus. Argumente gegen Rechtsextremismus und Rassismus.– Köln 1993, S.69.
25 Ebd., S.47.
26 Irenäus Eibl-Eibesfeldt.– In: Magazin der »Süddeutschen Zeitung« 6/1992.
27 Irenäus Eibl-Eibesfeldt: Der Mensch – das riskierte Wesen.– München 1988, zit. nach: »Sieg« 4/1991, S.22.
28 Irenäus Eibl-Eibesfeldt.– In: »Salzburger Nachrichten«, zit. nach: Andreas Mölzer: Österreich als Einwanderungsland?– In: »Aula« 11/1991.
29 Peter Mitterhuber: Kampf um deutsche Wiegen.– In: »Südwind-Magazin« 5/1993, S.4-5.
30 Irenäus Eibl-Eibesfeldt, zit. nach: Ebd.

31 Barbara Ritter: Karlsruher Pfingstbotschaft.– In: »ak« Juni 1993, zit. nach: »Die Alternative« 7/8/1993, S.34.
32 Alle Zitate nach: Henle u.a. 1993, S.109, S.112, S.122, S.126.
33 Hannelore Knöpfler: Abtreibung – das Leid kommt erst lange danach.– In: »Die andere Realität« 4/1992.
34 Peter Dudek zit. nach: Thomas Jahn, Peter Wehling , S.25.
Vgl. Thomas Kluge: Biologistische Tendenzen im New Age – ein neuer Konservatismus?– In: Klagenfurter Beiträge zur Technikdiskussion Nr. 31, o. J.
Vgl. Peter Dudek: Konservatismus, Rechtsextremismus und die „Philosophie der Grünen".– In: Kluge (Hg.) 1984.
Vgl. Becker 1984.

Hans-Walter Leonhard

Diktat der Gene?
Eine Kritik der Soziobiologie

Die Soziobiologie gewinnt in Publikationen, die sich an das wissenschaftliche oder das wissenschaftlich interessierte Publikum wenden, zunehmend Einfluß, so zum Beispiel in den Studienbriefen des Funkkollegs *Der Mensch – Anthropologie heute* oder denen des Funkkollegs *Psychobiologie – Verhalten bei Mensch und Tier*. Im Einleitungstext des Funkkollegs Anthropologie ist zu lesen: „Um die Eigenheiten des Menschen herauszufinden und zu verstehen, muß man ihn mit den Tieren vergleichen und seine evolutive Vergangenheit kennen. Deshalb ist das gesamte Funkkolleg stark evolutionsbiologisch ausgerichtet" (Schiefenhövel; Vogel; Vollmer 1992, S.5). Christian Vogel, Direktor des Instituts für Anthropologie an der Universität Göttingen und einer der führenden Soziobiologen Deutschlands, war bei beiden Funkkollegs Mitglied des wissenschaftlichen Teams und trat mehrfach selbst als Autor auf. Auch andere Beiträge stammen von renommierten Biologen, die dem soziobiologischen Gedankengut verpflichtet sind.

In den allgemeinen Printmedien findet die Soziobiologie ebenfalls zunehmend Beachtung, vor allem – wen wundert es –, wenn es um Fragen im Zusammenhang der menschlichen Sexualität geht (vgl. »Stern« 34/1994 oder »Der Spiegel« 16/1995).

Die Soziobiologie ist jedoch durchaus umstritten und sieht sich auch vielfältigen Angriffen ausgesetzt. Bei meiner eigenen kritischen Auseinandersetzung bevorzuge ich nun, wie auch sonst, die zunächst rein immanente Kritik, die innere Schwachstellen aufzuspüren und den wissenschaftlichen Kontrahenten auf seinem eigenen Feld zu schlagen versucht, statt von alternativen Annahmen auszugehen, die für sich durchaus, und manchmal sogar besser begründet sein mögen. Deshalb akzeptiere ich auch die Begrifflichkeit der Biologie und verwende sie weitgehend in diesem Text, obwohl ich sie in vielen Fällen vor allem dann für problematisch halte, wenn Homo sapiens zum Gegenstand der Betrachtung wird. Außerdem werde ich, soweit ich kritische Argumente anderer Wissenschaftler aufnehme, mich fast ausnahmslos auf Biologen und Genetiker stützen. Durch diese Vorgehensweise möchte ich es der Soziobiologie erschweren, ihren beliebten (und leider manchmal zutreffenden) Vorwurf zu erheben, Kontrahenten aus dem geistes- und sozialwissenschaftlichen Bereich würden zumeist ohne zureichende Sachkenntnis pauschalisierende Kritik üben.

Wegen der gebotenen Kürze meines Beitrages muß ich mich auf die *wissenschafts-kritische* Diskussion beschränken und auf die ebenfalls – oder sogar vor allem! –

notwendige *ideologiekritische* Diskussion verzichten. Wissenschaftslogisch setzt letztere jedoch die immanente Kritik als systematische Grundlage voraus, zu der ich hier einen Beitrag liefern will.

Grundsätze der darwinistischen Evolutionstheorie

In anthropologischer Hinsicht geht es in der Biologie um die Frage nach der Natur des Menschen. Der Begriff „menschliche Natur" kann nun Verschiedenes bedeuten: Einerseits „das Wesen des Menschen", andererseits die natürlichen Anlagen des Menschen, in biologischer Sprache den Genotyp. Meine Ausführungen im folgenden Text zielen vor allem auf Aussagen über die Natur des Menschen in diesem zweiten Sinn.

Die Biologie hat nun verschiedene Verfahrensweisen entwickelt, um solche Aussagen treffen zu können; Markl nennt in dieser Hinsicht die Genetik, die biometrische Populationsstatistik, die Analyse von Verhaltensentwicklungen, die kulturvergleichende Betrachtung und die evolutionstheoretischen Ableitungen. Er betont dabei ausdrücklich, daß nur die Genetik „wirklich ganz harte, im streng naturwissenschaftlichen Sinn beweiskräftige Aussagen machen" (Markl 1983, S.26) kann, während die Aussagen bei den anderen Verfahrensweisen nur auf mehr oder weniger plausiblen Schlußfolgerungen oder Modellanalogien beruhten (ebd.).

Auch die Aussagen der Soziobiologie beruhen auf Schlußfolgerungen, und zwar aus der darwinistischen Evolutionstheorie. Deshalb möchte ich zunächst an einige ihrer zentralen Aussagen erinnern und kurz auf ihre Erklärungsweise eingehen, an die die Soziobiologie anknüpft. Der Kern der darwinistischen Evolutionstheorie läßt sich in drei Aussagen zusammenfassen:

1. Es gibt genetisch bedingte Variationen innerhalb der Organismen und diese können an die jeweilige Nachkommenschaft weitergegeben werden.
2. Die Organismen vermehren sich und erzeugen mehr Nachkommenschaft als überleben kann.
3. Es werden deshalb langfristig die Organismen überleben und sich vermehren, die mit den vorgefundenen Umweltbedingungen vergleichsweise besser zurechtkommen.

Einige kurze Erläuterungen zu diesen Aussagen: Die genetische Variabilität entsteht vor allem durch

- Mutationen, also zufälligen Änderungen im genetischem Code der Keimzellen, die beispielsweise durch Strahlungen oder durch Kopierfehler bei der Entstehung der Keimzellen hervorgerufen werden, und
- durch die Rekombination der Gene bei der Vereinigung zweier Keimzellen mit je einem halben Chromosomensatz zu einer neuen Zelle.

Damit eine Art sich am Leben erhält, muß im Durchschnitt in einer Folgegeneration mindestens die Anzahl von Lebewesen bis zur Geschlechtsreife gelangen (und wieder für Nachwuchs sorgen), die der Zahl der Lebewesen in der jeweiligen Elterngeneration entspricht. Diese Reproduktionsfähigkeit, die auf vielen Einzelmerkmalen beruht, wird in der Evolutionsbiologie auch als *Fitneß* bezeichnet.

Nun gelangt aber nicht jedes neu geborene Lebewesen bis zur Geschlechtsreife bzw. der Erzeugung vieler eigener Nachkommen. Die Gründe sind vielfältig: Krankheit, natürliche Feinde, denen sie als Lebensmittel dienen usw. Das bedeutet jedoch: Damit die Folgegenerationen mindestens ebensoviele geschlechtsreife Lebewesen enthalten wie die Ausgangsgenerationen, muß die Zahl der Nachkommen *größer* sein als die Zahl der Eltern. Wenn nun die obengenannte „natürliche Reduktion" geringer ist als dieser „Überschuß", kommt es zu einer Vermehrung der Lebewesen einer Art. Sie kann dazu führen, daß die zur Verfügung stehenden Lebensmittel (zu) knapp werden und eine *Konkurrenz* auftritt, die auch dann entstehen kann, wenn die Lebensmittel aus natürlichen, zum Beispiel klimaten Ursachen geringer werden. Diese Konkurrenz kann *innerhalb* einer Art stattfinden und *zwischen* den Arten, die die gleichen Lebensmittel benötigen.

Eine solche Konkurrenz um Lebensmittel ist die erste Voraussetzung der *Selektion*, ihre zweite die oben beschriebene genetische Variabilität: Es werden die Lebewesen mit erhöhter Wahrscheinlichkeit zur Geschlechtsreife gelangen und Nachkommen haben, die auf Grund ihrer genetischen Austattung vergleichsweise besser vor Gefahren geschützt sind oder sich die benötigten Lebensmittel effektiver beschaffen können. Beim Auftreten neuer Merkmale (oder Merkmalskombinationen) durch Mutationen oder Rekombinationen bedeutet dies: Wenn dadurch ein Lebewesen vergleichsweise besser in seiner Umwelt zurechtkommt, erhöht sich, verglichen mit den anderen Organismen der Art, die Wahrscheinlichkeit, daß es Nachkommen hat. Dies wird in der Evolutionsbiologie auch als *Anpassung* bezeichnet; ihr wesentliches Kriterium ist also der jeweilige Fortpflanzungserfolg.

Verhelfen neue Merkmale zu einem größeren Fortpflanzungserfolg, dann breiten sich die Träger dieses Merkmals innerhalb der Art aus, während die Zahl der anderen Lebewesen zurückgeht und schließlich ganz verschwindet. Dieser sogenannte „Kampf ums Dasein" ist dabei nur ausnahmsweise ein direkter Kampf, sondern im Prinzip ein Wettbewerb, der durch die Zahl der jeweiligen Nachkommen entschieden wird. Die Selektion ist also vor allem ein *statistischer* Vorgang, der auf der unterschiedlichen Reproduktionswahrscheinlichkeit beruht.

Nach diesen kurzen Hinweisen kann jetzt die Fragestellung und Erklärungsweise der Evolutionsbiologie genauer erläutert werden. Sie stellt die Frage: „Warum gibt es die Merkmale von Lebewesen in ihrer jeweils besonderen Gestalt?", und beantwortet sie zunächst dadurch, daß sie nach dem Nutzen dieser Merkmale sucht. Wenn es die Merkmale gibt, wurden sie in der Selektion belohnt und müssen deshalb in irgendeiner Hinsicht nützlich sein, lautet ihre Annahme, und diesen Nutzen gilt es zu finden. In verkürzter Redeweise geht es also bei den Erklärungen der

Evolutionsbiologie um den Zweck der untersuchten Merkmale (vgl. Lorenz 1982): Wozu hat die Katze Krallen? Zum Mäusefangen! Sie nennt diese Erklärungsweise *teleonomisch,* um sich vom Konzept der Teleologie abzugrenzen.

Teleologische (bzw. finale) Erklärungsweisen suchen als Grund eines beobachteten Phänomens ebenfalls nach seinem Zweck (darin die Ähnlichkeit zur Teleonomie), gehen aber davon aus, daß dieser Zweck bereits für das Entstehen des untersuchten Phänomens und seine besondere Gestalt verantwortlich war: Warum gibt es das Haus X? Weil es jemand gebaut hat, um darin zu wohnen! Während also in der teleologischen Erklärung vorausgesetzt wird, daß das fragliche Phänomen von vorneherein zweckhaft gestaltet wurde, beharrt die teleonomische Interpretation des Evolutionsgeschehens darauf, daß die Entstehung der verschiedenen genetischen Merkmale rein zufällig erfolgt und die Zweckhaftigkeit nur ein post festum beobachtbares Phänomen ist, die Wirkung eines natürlichen Auslesevorgangs, der aus der ursprünglichen Vielfalt das heraussonderte, was sich als zweckhaft für die Fortpflanzung erwies. Die große Leistung der Evolutionstheorie besteht also darin, die Zweckhaftigkeit in der lebendigen Natur zu erklären, ohne eine zweckstiftende Instanz anzunehmen.

Die teleonomische Erklärungsweise zielt dabei ausschließlich auf die sogenannten *ultimaten* oder Fernursachen, die von den sogenannten *proximaten* oder Nahursachen wie folgt abgegrenzt werden: „‚Proximat‘ sind diejenigen Ursachen, die im Leben jedes Individuums aktuell wirken. ‚Ultimat‘ heißen dagegen die in der Geschichte einer Art selektiv wirksamen Ursachen, die für die Herausbildung und Erhaltung eines bestimmten Merkmals verantwortlich sind“ (Sauer 1986, S.53).

Ein kleines Beispiel (vgl. Mayr 1978, S.189f.): Der Aufbruch von Zugvögeln im Herbst wird unter anderem durch die abnehmende Tageslichtdauer bewirkt. Dies ist, zusammen mit den physiologischen Vorgängen, die dadurch ausgelöst werden, die proximate Ursache des Vogelzugs. Seine ultimate Ursache ist das Faktum, daß während der Winterzeit das Nahrungsangebot im Norden schwindet und deshalb die Vögel eine erhöhte Reproduktionschance hatten, die in südliche Winterquartiere auswichen. Die ultimate Ursache bezeichnet also den phylogenetischen Grund für die Ausbildung bzw. Vervollkommnung eines proximaten Mechanismus, und nur darüber kann die teleonomische Erklärungsweise Aussagen treffen. Die proximaten Ursachen sind, wie Sauer anmerkt, Gegenstand beispielsweise der Physiologie oder Psychologie.

Das Konzept der Soziobiologie

Die Evolutionstheoretiker standen lange vor dem Problem, wie das Entstehen sozialer und kooperativer, zum Beispiel altruistische Verhaltensweisen durch ultimate Ursachen erklärt werden kann. Altruismus bedeutet in evolutionsbiologischer

Sicht, daß ein Lebewesen durch eine Hilfeleistung für ein anderes Lebewesen die eigenen Reproduktionschancen verringert und die des anderen vergrößert. Die klassische Verhaltensbiologie sprach hier von einem Dienst oder gar „Opfer" zugunsten anderer Lebewesen oder für die Art. Aber unter der Annahme, daß auch altruistisches Verhalten auf genetischen Programmen beruht, entsteht die Frage, warum Lebewesen mit solchen Eigenschaften in der Selektion nicht den „Egoisten", die keine solchen Nachteile in Kauf nehmen, unterlagen.

Die Soziobiologie bietet für dieses Problem eine Lösung an: Sie argumentiert, daß sich in der Selektion genau genommen nicht Lebewesen durchsetzen und vermehren, sondern genetische Programme, denn diese würden von Generation zu Generation weitergegeben und seien deshalb das Übergreifende, sich Erhaltende und Vermehrende. Dabei müsse bedacht werden, daß beispielsweise Eltern und Kinder oder Geschwister im Durchschnitt die Hälfte ihrer Gene, Vettern ein Achtel usw., gemeinsam haben. Entscheidend für den Selektionserfolg sei deshalb nicht, wie Darwin annahm, die persönliche Fitneß (Individual fitness), das heißt der Reproduktionserfolg eines einzelnen Lebewesens, sondern die sogenannte Gesamtfitneß (Inclusive fitness), das heißt der persönliche Reproduktionserfolg plus dem Reproduktionserfolg aller Verwandten, gewichtet nach dem Grad der Verwandtschaft.

Für die proximate Erklärung altruistischen Verhaltens gilt dann die sogenannte Hamilton-Ungleichung $K < r \times N$, die besagt: Wenn ein Verhalten dazu führt, daß die eigenen Kosten (K) geringer sind als der mit dem Grad der Verwandtschaft (r) multiplizierte Nutzen (N) der Verwandten, dann wird dieses Verhalten durch die Selektion belohnt. „Kosten" und „Nutzen" beziehen sich bei dieser Formel immer auf die Zahl der Nachkommen.

Beispiel: Wenn jemand sich für drei Geschwister opfert, die ansonsten sterben müßten, dann wird der 100prozentige Verlust der eigenen Gene mehr als aufgewogen durch die 3 × 50 Prozent der eigenen Gene, die bei den Geschwistern vorhanden sind. Da nun die Mitglieder einer Gruppe meist auch untereinander verwandt sind, wird unter bestimmten Bedingungen, die die Soziobiologie spieltheoretisch genau berechnet, altruistisches Verhalten gegenüber Gruppenmitgliedern in der Selektion belohnt.

Dieses Prinzip der sogenannten *Verwandtenselektion* (Kin selection) wurde dann noch durch das Prinzip des sogenannten *reziproken Altruismus* ergänzt: Wenn ein Lebewesen damit rechnen kann, daß ein anderes Lebewesen, dem Hilfe zuteil wurde, sich dafür mit einer Gegenleistung revanchiert, dann kann sich als Ergebnis einer Vorteils-Nachteilsrechnung durchaus ein eigener Nutzen herausstellen. In all diesen Fällen erweist sich ein phänotypischer Altruismus als ein genotypischer Egoismus; und die Quintessenz der Soziobiologen lautet deshalb: *Der wahre Egoist kooperiert*, und zwar, weil dadurch die Ausbreitungschancen seiner Gene größer werden.

Nach dem soziobiologischen Ansatz geht es in der Evolution und Selektion also primär nicht um den Erhalt und die Vermehrung von Lebewesen, sondern um den Erhalt und die Vermehrung der Gene. Die Gene sind sozusagen das Subjekt der Evolutionsgeschichte, und die Organismen sind, wie bei Dawkins, dem neben Wilson wichtigsten Theoretiker der Soziobiologie zu lesen ist, reine „Überlebensmaschinen" (Dawkins 1978, S.25), die von den Genen geschaffen und für die Aufgabe programmiert wurden, für eine optimale Verbreitung der Gene zu sorgen (vgl. ebd., S.117). Fitneßmaximierung bedeutet die möglichst effektive Zurichtung für diese Aufgabe.

Damit vollzieht die Soziobiologie eine radikale Umkehrung der üblichen Sicht des Verhältnisses von Lebewesen und ihrer Fähigkeit, Keimzellen auszubilden: Die Keimzellen mit den in ihnen enthaltenen Genen gelten gemeinhin als das Mittel der Individuen, sich fortzupflanzen.

Die Soziobiologie sieht es genau umgekehrt: Die Lebewesen gelten ihr als das Mittel der genetischen Programme, sich zu vermehren. Um diese Sichtweise auf eine Kurzformel zu bringen: Hühnereier gelten nicht mehr als das Mittel, durch das die Hühner sich reproduzieren, sondern die Hühner sind das Vehikel, mit dem ein Ei ein anderes Ei herstellt.

Betrachtet man das soziobiologische Konzept zusammenfassend, so bietet es eine elegante theoretische Lösung an, wie vorher rätselhafte soziale Verhaltensweisen im Einklang mit der Evolutionstheorie erklärbar sind. Als Beispiel kann der Verzicht bestimmter Einzelwesen in Insektenstaaten auf eigene Fortpflanzung genannt werden. Wohl nicht zufällig ist das biologische Spezialgebiet von Wilson, dem Autor des 1975 erschienenen und bahnbrechenden Buches „Soziobiologie – Die neue Synthese", die Erforschung von Ameisen. Während der größte Teil dieses Buches interessierte bis zustimmende Aufnahme fand, wurde das letzte Kapitel in- und außerhalb der Biologie vielfach zum Ärgernis. Wilson versucht darin, auch die Entstehung und Verbreitung kooperativer und altruistischer Verhaltensweisen der Menschen auf einen genetischen Egoismus zurückzuführen, ganz im Sinne seiner programmatischen Definition: „Soziobiologie ist die Wissenschaft von der biologischen Grundlage *jeglicher* Form des sozialen Verhaltens bei *allen* Arten von Organismen einschließlich des *Menschen*" (Wilson 1975, S.595, Hervorhebung durch H.-W. L.).

Kritische Diskussion

Die folgende kritische Diskussion zielt vor allem auf die soziobiologische Interpretation des menschlichen Verhaltens. Gegen die soziobiologische Theorie kann man viele Einwände vorbringen; wegen der hier gebotenen Kürze muß ich mich auf drei, aber meiner Ansicht nach zentrale Fragen beschränken, wobei die erste eine über die Soziobiologie hinausweisende Bedeutung hat. Meine Fragen lauten:

- Sind *alle* Merkmale und Eigenschaften rezenter Lebewesen optimale Anpassungen im Dienste der genetischen Fitneß?
- Welchen Einfluß können Gene auf das Verhalten des Menschen ausüben?
- Kann Fitneßmaximierung als die ultimate Ursache menschlichen Handelns betrachtet werden?

Sind *alle* Merkmale und Eigenschaften rezenter Lebewesen optimale Anpassungen im Dienste der genetischen Fitneß?

In einem Beitrag des Funkkollegs Anthropologie steht: „*Reproduktion* – das ist das zentrale Stichwort der Evolutionsbiologie. [...] Dabei wird von der Grundannahme ausgegangen, daß alle Organismen im Laufe der Stammesgeschichte auf einen möglichst großen Fortpflanzungserfolg hin ‚modelliert' wurden. Dieser Prozeß ist zwangsläufig: Es gibt nur Lebewesen, deren Vorfahren diesen ‚biogenetischen Imperativ' erfolgreich in die Tat umgesetzt haben – Organismen, die sich nicht fortpflanzen, sterben aus. [...] Dieser Prozeß der biologischen *Anpassung* bewirkt, daß *alle Facetten der Lebensgestaltung* eine reproduktive Zweckdienlichkeit erkennen lassen" (Vogel; Sommer 1992, S.7 f, Hervorhebung durch H.-W. L.). Dazu einige grundsätzliche Überlegungen:

Die Merkmale eines Lebewesens sind das *Resultat einer Entwicklung*, und das bedeutet, daß jede Neuentwicklung an der vorhergehenden Stufe ihre Voraussetzung hat und nie gänzlich neu ist. Wenn nun etwa Teile des Skeletts für neue Aufgaben tauglich werden sollen, so muß die Umwandlung an der vorhandenen Form ansetzen und diese verändern. Konrad Lorenz (1982) verdeutlicht diesen Sachverhalt durch folgenden Vergleich: Die jeweilige Gestalt eines Lebewesens entspreche nicht dem funktional geplanten Neubau eines Hauses, sondern einem Anwesen, das zuerst nur aus einer notdürftigen Behausung bestand und dann stetig erweitert und umgebaut wurde, mit entsprechenden Zweckänderungen alter Räume. Ohne die Kenntnis der Entstehungsgeschichte eines derartigen Anwesens sei es deshalb unmöglich, das Warum der gegenwärtigen Gestalt zu ergründen. Auch die je aktuelle Ausprägung der Merkmale eines Lebewesens sei in diesem Sinne nicht allein durch ihren Nutzen bestimmt, sondern gleichzeitig durch ihre Voraussetzungen.

Der renommierte amerikanische Evolutionstheoretiker Stephen Jay Gould betont ebenfalls, daß es ein Fehler wäre, jedes vorhandene Merkmal als eine von der Selektion belohnte Anpassungsleistung zu interpretieren. Er sagt, unsere Welt sei keineswegs nach den allmächtigen Gesetzen der Selektion optimal und sorgfältig abgestimmt, sondern „eine quirlige Masse von Unvollkommenheiten, die gut genug (häufig bewundernswert) funktionieren; eine behelfsmäßige Notausstattung mit

Adaptionen, die hervorgegangen sind aus den seltsamsten, im Verlauf der Geschichte in unterschiedlichsten Kontexten erworbenen Teilen“ (Gould 1989, S.44; vgl. dazu auch Reichholf 1994).

Aus der Tatsache, daß ein Lebewesen in der Selektion überlebte und den „Tauglichkeitstest“ bestand, kann deshalb nicht abgeleitet werden, daß *alle Facetten der Lebensgestaltung* eine reproduktive Zweckdienlichkeit aufweisen, wie Vogel und Sommer in der oben zitierten Aussage behaupten. Evolution ist auch post festum betrachtet nicht immer zielgerichtet, sondern viele Entwicklungen sind kontingent.

Auch der bedeutende Genetiker Cavalli-Sforza betont diesen Sachverhalt: „Die Evolution ist nicht nur das Überleben des Tauglichsten, wie Darwin meinte, sondern auch das Überleben dessen, der am meisten Glück hat, wie der japanische Genetiker Motoo Kimura behauptet, der sich mehr als jeder andere mit dem Einfluß des Zufalls auf die Evolution beschäftigt hat“ (Cavalli-Sforza 1994, S.169).

Wenn aber in der Evolution auch Zufälle usw. eine Rolle spielen, dann kann nicht generell eine teleonomische Erklärbarkeit beobachteter Phänomene vorausgesetzt werden.

Welchen Einfluß können Gene auf das Verhalten des Menschen ausüben?

Es gibt jedoch noch ein weiteres Problem bei der Teleonomie, das erkennbar wird, wenn man die folgende Aussage genauer betrachtet: „Teleonomisch bedeutet [...] Durch genetische Programme gesteuert laufen Vorgänge ab, die durch natürliche Selektion im Sinne der Zweckmäßigkeit ausgesucht wurden“ (Schievenhöfel; Vogel; Vollmer 1992, S.25).

Dazu möchte ich zunächst kurz erläutern, was ganz allgemein unter einem *Programm* zu verstehen ist, gleichgültig, ob es sich um ein Tagungsprogramm oder ein Fernsehprogramm, ein Parteiprogramm oder ein Computerprogramm usw. handelt: Ein Programm ist eine Ansammlung oder eine Abfolge von Ankündigungen, Vorschriften, Regeln, Anweisungen usw., die angeben oder festlegen, was in einer örtlich oder auch zeitlich bestimmten Situation, gegebenenfalls unter Angabe bestimmter Bedingungen oder Voraussetzungen, erfolgen wird, soll oder muß. Wird das Programm ausgeführt, so entsteht eine Isomorphie, also eine Entsprechung von Anweisung und Ereignis. Ein Ereignis, dem keine solche Anweisung vorausgeht, ist nicht programmatisch.

Was sind nun *genetische* Programme? Im Funkkolleg liest man dazu als Erläuterung, das „genetische Programm eines Individuums“ enthalte „die genetische Information, welche die Ausbildung von Merkmalen steuert; auch Verhaltensprogramme beruhen auf genetischen Informationen“ (Schievenhöfel; Vogel; Vollmer 1992, S.55). Wir müssen also unterscheiden zwischen genetischen Programmen,

Verhaltensprogrammen und dem Verhalten selbst, und die jetzt zu prüfende Frage lautet: Inwiefern und wie weit können genetische Programme tatsächlich das Verhalten bestimmen?

Genetische Programme bestehen in den Informationen, die in den Genen selbst enthalten sind. Was ist ein Gen? Es ist, wie McFarland sagt, „einfach ein Stück DNA, welches die vollständige Nukleotidsequenz für *ein* Protein enthält" (McFarland 1989, S.23). Die DNA besteht, vereinfacht gesagt, aus zwei spiralig angeordneten Ketten, die sich aus den Nukleotiden, also den organischen Basen Adenin, Tymin, Cytosin und Guanin zusammensetzen. Durch die jeweilige Abfolge dieser Nukleotide entsteht ein bestimmter Code, und ein „genetisches Programm" ist nichts anderes als die Gesamtheit dieser Codierungen, also die Gesamtheit von Anweisungen zur Produktion von Proteinen.

Im engen, strengen Sinne sorgt das genetische Programm also nur für die Produktion unterschiedlicher Proteine; in einem erweiterten Sinn kann man sagen, daß es, vermittelt über die Proteine, auch Anweisungen für die Entwicklung unter anderem des Gehirns, sozusagen seinen Bauplan oder allgemeine Struktur, enthält. Die morphologische Feindifferenzierungen jedoch sind nicht mehr durch die Gene bestimmt, und zwar schon aus rein quantitativen Gründen nicht, wie der Genetiker Fischer betont: Die „100 000 000 000 000 Synapsen des menschlichen Gehirns können beim besten Willen und bei geschicktester Zerstückelung des Materials nicht von den Genen bestimmt und gelenkt werden. Es gibt einfach nicht genug Gene, um allein mit ihnen die Komplexität zu erklären, die wir im Zentralnervensystem – also im Gehirn – finden" (Fischer 1988, S.183).

Grundlage des menschlichen Verhaltens ist nun neben dem hormonellen System und dem autonomen Nervensystem vor allem das Zentralnervensystem (vgl. Asendorpf 1988, S.185), und soweit es *Verhaltensprogramme* gibt, bestehen sie in Informationen und Anweisungen, die im Gehirn gespeichert sind. Verhaltensprogramme können nun in zweierlei Hinsicht mehr oder weniger flexibel sein, nämlich sowohl, was ihre Entstehung betrifft, und als auch, was ihren Ablauf betrifft. Bei der *Entstehung* ist das Kriterium, wie sehr ihre Gestalt durch die neuronalen Strukturen festgelegt ist, die auf Grundlage der genetischen Programme in der Ontogenese des Gehirns gebildet werden bzw. wie weit Informationen aufgenommen und gespeichert werden, die aus individuellen Erfahrungs- und Lernprozessen des Lebewesens stammen. Beim *Ablauf* ist das Kriterium, inwieweit es in Verhaltensstereotypien besteht, die durch feststehende Signale ausgelöst werden bzw. inwieweit sowohl bei der Auslösung als auch bei der Ausführung eine Flexibilität vorhanden ist, die den jeweils vorgefundenen Bedingungen Rechnung trägt. Entsprechend unterscheidet man zwischen *geschlossenen* und *offenen* Verhaltensprogrammen.

Genetische Informationen können also das Verhalten niemals direkt, sondern nur indirekt beeinflussen, und dieser Einfluß ist umso größer, je geringer die

Flexibilität bei der Entstehung von Verhaltensprogrammen ist und je geschlossener sie sind. Und umgekehrt: Je mehr Informationen, die aus Erfahrung und Lernvorgängen stammen, bei der Bildung von Programmen eine Rolle spielen, und je mehr die aktuellen Informationen aus der Umwelt ihren Ablauf modifizieren können, desto geringer ist der Einfluß der Gene auf das Verhalten.

Betrachtet man nun das Verhalten und Handeln der Menschen in dieser Hinsicht, so fällt auf: Es gibt zwar bei den einzelnen Menschen sicherlich relativ gleichförmige Verhaltens- oder Handlungsmuster, die in gleichen oder ähnlichen Situationen immer wieder auftauchen und somit auf ein „Programm" hindeuten – man könnte sie phänomenologisch als Gewohnheiten, Konditionierungen oder Habitualisierungen bezeichnen –, die Informationen aber, auf denen solche „Programme" beruhen, müssen in der Regel auf der Grundlage von Erfahrung und Aneignung *erworben* werden. Dies geschieht, wie an den individuell sehr unterschiedlichen Ergebnissen, also den individuell sehr unterschiedlich ausgeprägten „Programmen" erkennbar ist, in sehr unterschiedlicher Art und Weise. Auch wenn vielleicht durch die neuronalen Grundlagen, die für jedes Programm vorausgesetzt werden müssen, gewisse Vorstrukturierungen gegeben sein mögen, zeigt die Variabilität individueller „Programme", daß ihre Entstehung letztlich kein genetisch-programmatisches, sondern ein individuell-historisches Ereignis ist.

Zudem lehrt die Erfahrung erstens, daß es zumeist möglich ist, bewußt und willentlich in den Ablauf solcher „Programme" einzugreifen, den üblichen Ablauf anzuhalten oder zu ändern. Und zweitens lehrt sie, daß es ebenfalls zumeist möglich ist, die „Programme" bewußt und willentlich zu ändern, auch wenn das Anstrengung und Zeit kosten mag. Eine möglicherweise vorhandene Unfähigkeit zu solchen Eingriffen oder Änderungen gilt gemeinhin nicht etwa als der menschliche Normalfall, sondern als Zeichen neurotischer Zwangserkrankungen.

Berücksichtigt man nun alle diese Fakten, auf die ich hingewiesen habe, so muß man die soziobiologische Rede vom Menschen als einer „genetisch programmierten Überlebensmaschine" als schlichten Unsinn bezeichnen: Von Programmen, die *ohne* Lernen beim Menschen vorhanden sind und sein Verhalten bestimmen, ohne bewußt und willentlich beeinflußbar zu sein, ist kaum etwas zu spüren.

Und selbst wenn viele der soziobiologischen Analysen, die besagen, daß die vorhandenen Verhaltensmuster oder -programme zur Fitneß beitragen, zutreffen sollten, erlauben sie nicht den Schluß auf eine genetische Determination. Der Grund, in den Worten von Markl: „Es ist durchaus möglich, daß bei vielen Aspekten menschlichen Verhaltens eine soziobiologisch-genetische Erklärung in die(se) Phänokopiefalle läuft und etwas, weil es auch biologisch angepaßt wirkt, deshalb für genetisch angepaßt hält" (Markl 1982, S.43f.).

Dazu, diesen Punkt abschließend, ein kleines Beispiel. In einem Buch mit dem Titel „Natur und Moral" sagt Heinz Mohr, daß Großeltern sich gegenüber Enkeln selbstloser verhalten als Enkel gegenüber den Großeltern und erklärt dies so: „Weil

Enkel die größere Lebenserwartung besitzen, verfügen die Gene für den Egoismus der Enkel gegenüber den Großeltern über einen größeren selektiven Vorteil als die Gene für den Egoismus der Großeltern gegenüber den Enkeln" (Mohr 1987, S.82). Daß dieser unterschiedliche Egoismus, wenn er denn tatsächlich bestehen sollte, zum Beispiel durch die unterschiedlichen Lebenserfahrungen bedingt sein könnte, kommt Mohr nicht in den Sinn. Und die Annahme, daß es ein spezifisches und zudem das Verhalten bestimmendes Enkel→Großeltern-Egoismus-Gen bzw. Großeltern→Enkel-Egoismus-Gen gibt, würde jeder Genetiker für schlicht abstrus erklären.

Kann Fitneßmaximierung als die ultimate Ursache menschlichen Handelns betrachtet werden?

Nun leugnen die Soziobiologen ja keineswegs die menschlichen Lernfähigkeiten und Lernmöglichkeiten, und auch sie wissen von der unterschiedlichen Art des Erwerbs und der Weitergabe von Informationen, wenn sie von einer *bio*genetischen und *tradi*genetischen Evolution sprechen. Im Funkkolleg *Psychobiologie* steht dazu:

„*Biogenetische Evolution*: Information wird in Form von Desoxyribonucleinsäure (DNS) verschlüsselt und gespeichert [...]. Die Weitergabe erfolgt als genetische Vererbung von Generation zu Generation und unterliegt den Selektionsmechanismen der biologischen Evolution.

Tradigenetische Evolution: [...] Die individuell erworbene Erfahrung wird im Gehirn gespeichert, sie kann dort individuell verarbeitet, schöpferisch variiert und schließlich über Lehr- und Lernvorgänge an andere Individuen weitergegeben werden. In einer geeigneten Umwelt können sich so Traditionen entwickeln" (Vogel; Voland 1986, S.45).

Angesichts dieser Aussagen müßte man eigentlich annehmen, daß der Geltungsbereich teleonomischer Erklärungen auf die biogenetische Evolution beschränkt ist. Die Soziobiologen dehnen ihn jedoch auch auf die tradigenetische Evolution aus, indem sie postulieren: „Auch der tradigenetische Informationsfluß unterliegt den Selektionsmechanismen der biologischen Evolution" (Vogel; Voland 1986, S.45). Auf Grundlage dieses Postulats können sie sowohl behaupten: „Langfristig breiten sich solche kulturellen Verhaltensweisen aus, welche die genetische Fitneß der entsprechend handelnden Individuen erhöhen" (Vogel; Voland 1986, S.45), als auch: „Aus dem Imperativ der biogenetischen Fitneß-Maximierung entstammt die Dynamik für den Wandel kulturellen Lebens. Kulturelle Neuerung ist die Übernahme einer anderen Verhaltensstrategie bei gleichbleibender ‚Zwecksetzung': höchstmögliche Fortpflanzung" (Vogel; Voland 1986, S.75). Was „höchstmögliche Fortpflanzung" als Zwecksetzung bedeutet, sprechen Schiefenhövel, Vogel und Vollmer sehr deutlich aus: „Verhalte dich so, daß deine Gene die größtmögliche Chance erhalten, in der nachfolgenden Generation gegenüber den Genen deiner unmittelbaren Konkurrenten [...] überproportional vertreten zu sein!" (Schiefenhövel; Vogel; Vollmer 1992, S.32). Um dieses Zitat nicht mißzuverstehen: Die Autoren plädieren damit nicht etwa dafür, daß man sich für einen solchen Lebenszweck *bewußt entscheiden* solle. Vielmehr behaupten sie, es handele sich dabei um einen „biologischen Imperativ", der „allen Organismen über die natürliche Selektion – und selbstverständlich ganz unbewußt – [...] genetisch eingepflanzt ist" (Schiefenhövel; Vogel; Vollmer 1992, S.32), und damit um einen „genetisch eingepflanzten Reproduktionszwang aller Organismen (einschließlich des Menschen) [...]" (Schiefenhövel; Vogel; Vollmer 1992, S.34).

Als ersten Punkt der Kritik werde ich nun die Frage diskutieren: Gibt es bei Homo sapiens tatsächlich einen genetisch eingepflanzten biologischen Imperativ zur höchstmöglichen Kinder- bzw. Kindeskinderzahl als Hauptzweck des Lebens?

Zunächst fällt auf: Mit der Behauptung dieses Imperativs verläßt die Soziobiologie die Ebene ultimater Ursachen und begibt sich auf die Ebene der proximaten Ursachen, denn die Zurückführung eines Verhaltens auf einen genetisch eingepflanzten Imperativ ist, wenn es ihn denn geben sollte, eine Verhaltenserklärung durch eine proximate, unmittelbar wirkende Ursache. Und obwohl die Soziobiologen ansonsten betonen, daß für Nahursachen das teleonomische Erklärungskonzept nicht zuständig ist, weil ultimate Erklärungen die evolutionäre Genese, nicht aber die aktuell wirkenden Ursachen bezeichnen, postulieren sie hier eine Identität: Die Erhöhung der Reproduktionsrate als ultimate Ursache für die evolutive Ausbildung bestimmter Merkmale wird hier zugleich als genetischer Imperativ und damit als eine unmittelbare Verhaltensursache behauptet.

Um zu klären, ob es diesen Imperativ tatsächlich gibt, bedarf es eines genaueren Blicks auf die Art und Weise, wie es bei höheren Lebewesen, einschließlich des Menschen, zu Nachwuchs kommt, also eines Blicks auf die Sexualität. Bemerkenswerterweise liefern Schievenhöfel, Vogel und Vollmer selbst den entscheidenden Hinweis, der sie widerlegt. Sie sagen: „Evolutionsbiologen betrachten [...] die Freude an erotischer Liebe (Lust am Sex) als den *proximaten Mechanismus*, der dem ultimaten Ziel dient, sich zu reproduzieren" (Schievenhöfel; Vogel; Vollmer, S.37). Dieser Aussage stimme ich zu: Es gibt ein Bedürfnis nach sexueller Lust oder auch einen Sexualtrieb als proximate Ursache für Handlungen, die zur Begattung und zu Nachkommen führen können – die ultimate Ursache für ihre Existenz.

Das bedeutet jedoch: Biologisch-genetisch ist der Mensch mit der Fähigkeit zu und dem Bedürfnis nach sexueller Lust ausgestattet. Als Wirkung sexueller Betätigung, die auf dieser Lust beruht, entstehen (zuweilen) Nachkommen, ohne daß es dazu eines gesonderten genetischen Imperativs bedarf.

Außerdem zeigt die unvoreingenommene Betrachtung der menschlichen Sexualität, daß ihre Funktion offenbar nicht allein darin liegt, der Fortpflanzung zu dienen, wie auch folgender Vergleich belegt: Im Tierreich wird der Sexualtrieb beim

Weibchen vorzugsweise nur geweckt, wenn es empfängnisbereit ist (Eisprung), was sich äußerlich durch bestimmte zeitlich begrenzte Merkmale kundgibt (zum Beispiel optische oder geruchliche Signale); beim Männchen erwacht er dann, wenn es solche Signale bemerkt. Bei den Frauen der Gattung Homo sapiens hingegen ist das sexuelle Begehren und die Fähigkeit zu sexueller Lust nicht an die Zeiten des Eisprungs gebunden, und es gibt keine spezifischen Signale ihrer Empfängnisbereitschaft; entsprechend bedürfen die Männer nicht mehr solcher spezifischen Signale, um Geschlechtslust entwickeln zu können. Unter dem Gesichtspunkt der Zeugung von Nachkommen betrachtet, ist die menschliche Form der Sexualität also vergleichsweise ineffektiv.

Solange kein Wissen über die Vorgänge beim Menstruationszyklus und über den Zeitpunkt Ovulation vorhanden war – ein Wissen, für das die Namen von Knaus und Ogino stehen und das erst einige Generationen alt ist –, bedurfte es relativ kontinuierlicher sexueller Betätigung, damit dabei auch Nachkommen gezeugt werden, denn die Möglichkeit einer Befruchtung beschränkt sich durchschnittlich auf etwa drei von achtundzwanzig Tagen. Allein am Kriterium der Fortpflanzung gemessen sind die „tierischen" Formen der Sexualität wesentlich effektiver und die menschlichen Formen vielfache Verschwendung von Zeit und Energie.

Dies läßt evolutionsbiologisch betrachtet die Hypothese zu, daß die Sexualität in der Stammesgeschichte des Menschen noch weitere Funktionen erfüllte. Die Erklärungen, die dazu gegeben werden, reichen von der Stärkung der Paarbindung bei monogamer Sexualität (vgl. Eibl-Eibesfeldt 1982, 1986) bis zur Verhinderung oder dem Abbau von Aggressionen innerhalb von Gruppen bei promisker Sexualität (vgl. de Waal 1989. Harris 1992). – Ich kann hier darauf nicht genauer eingehen, sondern wende mich weiteren Beobachtungen und Tatsachen zu, die gegen die These eines genetisch eingepflanzten Reproduktions*zwangs* sprechen:

Seitdem der Zusammenhang zwischen Sexualität und Zeugung von Nachkommen bekannt ist, kann der in der außermenschlichen Natur existente Zusammenhang zwischen sexueller Betätigung und Nachkommenschaft unterbunden werden. Die Menschen tun dies in vielfältiger Weise, je nach Wissensstand und moralischen Normen: Angefangen von den vielfältigen Methoden der Empfängnisverhütung bis zu Abtreibung und Kindesmord. Wie könnten sie das, wenn es tatsächlich einen genetischen Imperativ zur Zeugung möglichst vieler Kinder und Kindeskinder gäbe?

Auch die individuellen Kinderzahlen und die Formen des Bevölkerungswachstums widersprechen der Annahme dieses Imperativs:

- Betrachtet man die Kinderzahl einzelner Menschen, so fällt auf, daß im Durchschnitt gerade die Menschen mit einem vergleichsweise hohen Einkommen vergleichsweise wenig Kinder haben, obwohl sie auf Grund ihrer ökonomischen Vorausetzungen viel mehr Kinder großziehen könnten als die einkommensschwachen Menschen. Soziobiologisch wird dies dadurch zu erklären versucht, daß sie in die Ausbildung ihrer Kinder viel mehr investieren und dadurch deren Reproduktionsfähigkeit steigern. Stichhaltig wäre dieses Argument jedoch nur, wenn dann diese Kinder ihrerseits um so mehr Kinder in die Welt setzten – doch dafür gibt es keinerlei empirischen Beleg.

- Betrachtet man das allgemeine Bevölkerungswachstum, so ist hier in der Regel ebenfalls beobachtbar: Obwohl in den reichen Nationen viel bessere Bedingungen für die maximale Ausbreitung der Gene bestehen, wächst hier die Bevölkerung viel langsamer als in den armen Nationen.

Ich komme nun zum letzten Punkt meiner Kritik, der allein schon genügen würde, den Anspruch der Soziobiologie aus den Angeln zu heben, *jegliche* Form des sozialen Verhaltens, einschließlich derjenigen des *Menschen*, erklären zu wollen. In der sozio-kulturellen Evolution, die seit nunmehr mindestens zehntausend Jahren die Entwicklung der Menschheit bestimmt, entscheidet sich nicht mehr durch die jeweilige Zahl der Nachkommen, welche kulturellen Errungenschaften, Normen, Werte und Verhaltensweisen usw. sich durchsetzen und verbreiten. Für die natürliche und die kulturelle Evolution gelten keineswegs dieselben Selektionskriterien, wie der amerikanische Anthropologe Melvin Harris zu recht betont: „Ist der kulturelle Durchbruch geschafft und die kulturelle Auslese voll in Gang gekommen, so hört der größere oder geringere Fortpflanzungserfolg auf, das Selektionskriterium für die Spielarten der Verhaltensweisen und Vorstellungen zu sein“ (Harris 1992, S.124).

Dies hat den schlichten und einfachen und eigentlich auch den Soziobiologen wohlbekannten Grund, daß die entsprechenden Informationen nicht genetisch gespeichert und verbreitet werden können, sondern in Gehirnen gespeichert sind und kommunikativ, vor allem durch Sprache und Schrift, weitergegeben werden müssen.

Der Erfolg in der kulturellen Auslese hängt deshalb allein davon ab, wie Vermittlung und Aneignung bestimmter Inhalte erfolgen. Bei der Frage nach den Auswahlkriterien und damit der erfolgreichen Verbreitung dieser Inhalte können viele verschiedene Gründe angegeben werden, die jeweils im einzelnen zu untersuchen wären, beispielsweise ökonomische, politische oder religiöse. Auch der Wunsch, viele Kindern zeugen und aufziehen zu können, kann als Grund eine Rolle spielen, aber allenfalls als *ein* Motiv unter vielen anderen, das zudem kulturabhängig stark variiert. Zwar können Verhaltensweisen und Normen, die die Reproduktion der Menschen verhindern, bei Strafe des Untergangs der Menschheit, nicht von allen übernommen werden; soll das Menschengeschlecht überleben, muß auch eine Reproduktion der Gene gewährleistet sein. Aber es hat ein Wandel stattgefunden, den die Soziobiologen nicht wahrhaben wollen: Die Reproduktion der Gene wurde vom wesentlichen Erfolgskriterium für die Ausbreitung neuer Merkmale, das es in der biologischen Evolution zum Menschen war, zur notwendigen Voraussetzung sozio-kultureller Evolution, in der sich jedoch die Frage des Erfolges neuer Errungenschaften nach anderen Kriterien entscheidet.

Ergebnis

Bedenkt man die verschiedenen Argumente, die ich gegen die soziobiologischen Thesen vorgebracht habe, nämlich

- die Einwände gegen die These, daß alle evolutionären Erscheinungen zwangsläufig optimale Anpassungen zum Zweck der Fitneßmaximierung sind,
- die Analyse, daß die Gene allenfalls indirekt und nur sehr beschränkt das menschliche Verhalten beeinflussen können, sowie
- die Fehler, einen genetischen Imperativ zur Reproduktion anzunehmen und soziokulturelle Phänomene aus den Gesetzen der natürlichen Selektionsmechanismen Evolution ableiten zu wollen,

dann kann meiner Ansicht nach getrost gesagt werden: Das soziobiologische Erklärungskonzept ist im Bereich des Humanen nicht haltbar.

Um dabei nicht mißverstanden zu werden: Ich wende mich mit meiner Kritik nicht gegen die Biologie überhaupt, sondern gegen den überzogenen Geltungsanspruch der Soziobiologie, die postuliert, alle Verhaltensmerkmale und Verhaltensweisen von Homo sapiens seien als Methoden der optimalen Verbreitung eigener Gene zu deuten und die kulturelle Evolution sei nur die Fortsetzung der biologischen Evolution mit anderen Mitteln. Und ich votiere mit meiner Kritik der Soziobiologie auch nicht für die These von der Allmacht der Erziehung in dem Sinne, daß der Mensch als eine Tabula rasa auf die Welt kommt und alles, was er wird, durch Erziehung wird. Ebenso wenig, wie behauptet werden kann, daß der Mensch unter dem Diktat seiner Gene steht, darf geleugnet werden, daß er nicht nur Geistwesen, sondern auch Naturwesen ist.

Solange die Biologie jedoch keine präzisen und stichhaltigen Auskünfte zu geben vermag, worin auf Grund der biologischen Natur des Menschen seine Erziehbarkeit ihre Grenzen findet, verdanken sich alle Behauptungen über biologische Determinationen ideologischen Zwecken. Gegen biologische Determinationen sprechen zudem viele Hinweise aus der Biologie selbst, daß gerade der Mensch sich durch die Offenheit seiner Verhaltensprogramme auszeichnet. Die Biologie sollte deshalb, wie Markl, selbst ein Biologe, fordert, diese Offenheit und ihre Bedingungen viel mehr als bisher zum Gegenstand biologischer Forschungen machen, statt vorzugsweise nach Schranken der menschlichen Freiheit zu suchen. Die Spekulationen über die Natur des Menschen und die Suche nach determinierenden Faktoren im Verhalten seien, so Markl, womöglich von vorneherein der falsche Ansatz, denn viel wichtiger sei es, zu verstehen, worin die Anpassungsvorteile einer Daseinsform liegen, die biologisch betrachtet nur unzureichend bestimmt sei: „Die wichtigste Aufgabe der Humanbiologie und Humansoziologie wäre es dann, die Ursachen der Befreiung des menschlichen Verhaltens von angeborenen Programmen aufzuklären [...] und nicht etwa, die letzten Spuren solcher biologischen Fesseln aufzuspüren“ (Markl 1986, S.68).

Literatur

Asendorpf, J.: Keiner wie der andere. Wie Persönlichkeitsunterschiede entstehen.– München 1988.

Cavalli-Sforza, L.: Verschieden und doch gleich. Ein Genetiker entzieht dem Rassismus die Grundlage.– München 1994.

Dawkins, R.: Das egoistische Gen.– Berlin, Heidelberg, New York 1978.

Eibl-Eibesfeldt, I.: Liebe und Haß.– München 1982.

Eibl-Eibesfeldt, I.: Die Biologie des menschlichen Verhaltens. Grundriß der Humanethologie.– München 1986 (2. Aufl.).

Fischer, E., P.: Gene sind anders. Erstaunliche Einsichten einer Jahrhundertwissenschaft.– Hamburg 1988.

Gould, S. J.: Das Lächeln des Flamingos. Betrachtungen zur Naturgeschichte.– Basel, Boston, Berlin 1989.

Harris, M.: Menschen. Wie wir wurden, was wir sind.– Stuttgart 1992.

Lorenz, K.: Vergleichende Verhaltensforschung.– München 1982.

Markl, H.: Wie unfrei ist der Mensch. Von der Natur in der Geschichte.– In: H. Markl (Hg.): Natur und Geschichte.– Oldenburg, München, Wien 1983.

Markl, H.: Biologie und menschliches Verhalten: Dispositionen, Grenzen, Zwänge.– In: Evolution, Genetik und menschliches Verhalten.– München, Zürich 1986.

Mayr, E.: Evolution und die Vielfalt des Lebens.– Berlin, Heidelberg 1979.

McFarland, D.: Biologie des Verhaltens. Evolution, Physiologie, Psychobiologie.– Weinheim 1989.

Mohr, H.: Kultur und Moral. Ethik in der Biologie.– Darmstadt 1987.

Reichholf, J. A.: Der schöpferische Impuls. Eine neue Sicht der Evolution.– München 1994.

Sauer, K., P.: Grundzüge der Evolution.– In: Funkkolleg Psychobiologie. Verhalten bei Mensch und Tier. Studienbegleitbrief 1. Hg. vom Deutschen Institut für Fernstudien an der Universität Tübingen (DIFF).– Tübingen 1986.

Schiefenhövel, W.; Ch.Vogel; G. Vollmer: Von der Wiege bis zur Bahre. Was uns am Menschen interessiert.– In: Funkkolleg: Der Mensch. Anthropologie heute. Studienbrief 1. Hg. vom Deutschen Institut für Fernstudien an der Universität Tübingen (DIFF).– Tübingen 1992.

»Der Spiegel« 16/1995: Die Natur der Untreue (Cover).

»Stern« 34/1994: Verhaltensbiologen über Gene und Treue – Warum wir fremdgehen (Cover).

Vogel Ch.; V. Sommer: Drum prüfe, wer sich ewig bindet.– In: Funkkolleg: Der Mensch. Anthropologie heute. Studienbrief 3. Hg. vom Deutschen Institut für Fernstudien an der Universität Tübingen (DIFF).– Tübingen 1992.

Vogel, Ch.; E. Voland: Evolution und Kultur.– In: Funkkolleg: Psychobiologie. Verhalten bei Mensch und Tier. Studienbegleitbrief 2. Hg. vom Deutschen Institut für Fernstudien an der Universität Tübingen (DIFF).– Tübingen 1986.

de Waal, F.: Wilde Diplomaten. Versöhnung und Entspannungspolitik bei Affen und Menschen.– München 1989.

Wilson, E. O.: Sociobiology: The new Synthesis.– Cambridge/Mass.: Harvard University Press 1975.

GERT DRESSEL

Der postmoderne Roll-back der egoistischen Gene

Männlichkeit und Weiblichkeit im Spiegel der Soziobiologie

„Männer können durch Paarung mit verschiedenen Frauen ihren Reproduktionserfolg erheblich steigern. Frauen hingegen können ihr von vornherein wesentlich limitierteres Reproduktionspotential durch häufig wechselnden Geschlechtsverkehr quantitativ nicht erhöhen. [...] Frauen können ihren Reproduktionserfolg am effektivsten verbessern, indem sie durch optimale Versorgung ihrer Kinder deren Sterblichkeit senken. Deshalb ist zu erwarten, daß Frauen in der Auswahl ihrer Partner zurückhaltender und kritischer als Männer sind, und daß sie dabei besonders auf deren Willigkeit und Fähigkeit zur Investition in allfällige Nachkommen achten.“[1]

Dieses Zitat stammt von Christian Vogel und Volker Sommer, beide sind am Institut für Anthropologie in Göttingen tätig und Vertreter der sogenannten Soziobiologie. Die Soziobiologie steht für den noch relativ jungen Versuch einer biologischen Anthropologie, die gesamte menschliche Existenz – Wahrnehmungs- und Verhaltensweisen, kulturelle Praktiken, soziale Systeme, politische Strukturen usw. – auf eine (angenommene) zentrale Strategie der organischen Evolution, auf die Strategie eines maximalen Fortpflanzungserfolges zurückzuführen. In einer Weiterführung der Evolutions- und Selektionstheorie Charles Darwins lokalisiert die Soziobiologie das Konkurrenzrennen aller Lebewesen um die Reproduktion in dem individuellen Genreservoir. Die Gene seien die eigentlichen Triebkräfte der Evolution und der Fortpflanzung, das entsprechend dazu gehörige Lebewesen nur deren Funktionsträger bzw., wie es ein Pionier der Soziobiologie, Richard Dawkins, formuliert hat, „eine von ihren eigennützigen Genen blind programmierte Maschine.“[2] „Das egoistische Gen“, so auch der Titel von Dawkins Buch, habe jegliches menschliche Individuum dahin „modelliert“, den „biogenetischen Imperativ“[3] des größtmöglichen Fortpflanzungserfolgs zu erzielen; und es habe dazu über viele Generationen hinweg optimale Strategien entwickelt, die sich in der Konkurrenz mit anderen Genpoolen und deren TrägerInnen durchgesetzt hätten. Und diese Strategien seien eben bei Männern und Frauen sehr unterschiedlich.

Die Tatsache allein, daß männliche Wissenschaftler ihren Geschlechtsgenossen eine ausgeprägte sexuelle Potenz und daher eine Neigung zur Promiskuität, den Frauen dagegen den Hang zum monogamen Familienleben unterstellen, ist noch nicht unbedingt spektakulär und nicht beängstigender als die Existenz struktureller und physischer männlicher Gewalt in unserer Gesellschaft insgesamt. Das, was eine soziobiologische Anthropologie so brisant macht, ist deren ausgeprägte Präsenz in den Medien und in breitangelegten Bildungs- und Weiterbildungsprogrammen. So veranstalteten die Radioanstalten der ARD in Verbindung mit den deutschen Volkshochschulen vom Herbst 1992 bis Sommer 1993 ein Funkkolleg „Der Mensch – Anthropologie heute". Etwa 20.000 KollegiatInnen, meist MultiplikatorInnen, nahmen daran teil. Das eingangs erwähnte Zitat ist den Studienbeiheften dieses Kollegs entnommen.[4]

Gerade diese starke öffentliche Präsenz der Soziobiologie macht die Auseinandersetzung mit ihr notwendig. Dabei wollen wir hier keine naturwissenschaftliche Diskussion um die Plausibilität soziobiologischer Methodologie und Forschungsergebnisse führen; das ist in diesem Buch bereits an anderer Stelle geschehen (siehe den Beitrag von Hans-Walter Leonhard). Was uns an dieser Stelle interessiert, ist vielmehr der gesellschaftliche Kontext, in dessen Rahmen sich eine Soziobiologie konstituiert, eine ausgesprochen intensive öffentliche Rezeption erfährt und letztendlich von Teilen der Gesellschaft als ein attraktives Erklärungsangebot bewertet wird. Zu guter Letzt wollen wir auch die Frage stellen, wie der Attraktivität der Soziobiologie konstruktiv begegnet werden kann. Nach Jahrzehnten Wissenschaftstheorie, nach Fleck, Luckmann, Foucault und anderen mag es nur mehr banal klingen – und doch kann es nicht oft genug wiederholt werden: Wissenschaften, einschließlich aller Naturwissenschaften, sind zunächst einmal Deutungssysteme. Und Deutungssysteme werden von Menschen gemacht, sie entwickeln sich in einem spezifischen gesellschaftlichen (zeitlichen, politischen, sozialen, wirtschaftlichen, geistigen) Kontext. Auch Soziobiologen können nur im Rahmen jenes Sinnsystems handeln, das sie sich in einem bestimmten Umfeld angeeignet haben. Das heißt, die daraus entstehende spezifische Perspektivität und auch die politischen Interessen eines konkreten Wissenschaftlers beeinflussen dessen wissenschaftliche Fragestellung und ausgewählten Untersuchungsgegenstand, dessen Interpretationsverfahren und die Ergebnisse.

Die Soziobiologie als Restaurationsversuch

Trotz vieler Unzulänglichkeiten hat sich die gesellschaftliche Praxis von Männlichkeit und Weiblichkeit in Europa im Verlauf der vergangenen Jahrzehnte in die Richtung Gleichberechtigung der Geschlechter gewandelt. Das anhaltende Wirken einer Frauenbewegung steht ebenso dafür wie beispielsweise (frauen-)politische Maßnahmen und der größere Handlungsspielraum, der vielen Frauen bei der Gestaltung ihrer Biographie mittlerweile zur Verfügung steht. Viele Männer empfinden diesen Wandel freilich als eine Bedrohung. Auch wenn es mittlerweile für

Männer „chic“, manchmal gar politisch notwendig geworden ist, frauenpolitische Anliegen zu unterstützen, so hat dies doch weniger mit einem aktiven Engagement als vielmehr mit einem Reflex auf veränderte Rahmenbedingungen zu tun. Die eigene Geschlechteridentität und -rolle wird nur in kleinen ghettoisierten Zirkeln und dann auch meist nur in Männergruppen mit Privatcharakter reflektiert.[5] Statt die gesellschaftlichen Veränderungsprozesse auch für einen eigenen positiven Veränderungsschub zu nutzen (man denke da nur an massive physische und psychische Folgen männlichen Konkurrenzverhaltens), statt sich auch eigenständig und öffentlich gegen strukturelle und physische männliche Gewalt zu engagieren, erleben wir mittlerweile eine Konjunktur verschiedenster Roll-back-Strategien zur Restauration vergangener Zustände. Sektenhafte Gruppierungen, wie die die „wahre Männlichkeit“ wiederentdeckenden „Eisenhänse“[6] gehören ebenso dazu wie verschiedenste wissenschaftliche Anstrengungen, denen auch die Soziobiologie zuzurechnen ist.

Kommen wir noch einmal auf das angesprochene Funkkolleg und die Autoren Vogel und Sommer zurück: „Ein gravierendes Problem stellt die Sicherung der eigenen Vaterschaft dar. Denn während jede Frau absolut gewiß sein kann, daß sie selbst die genetische Mutter jedes von ihr geborenen Kindes ist, kann ein Mann nie absolut sicher sein, daß ein zur Welt gekommenes Kind auch von ihm gezeugt wurde. [...] Männer werden deshalb Systeme zur Überwachung der Partnerinnen entwicklen. Diese Geschlechtsunterschiede beeinflussen nicht nur die Beziehungen zwischen Männern und Frauen. Sie wirken strukturierend auf die sozialen Organisationsformen aller Säugetierarten – mit denen der Homo sapiens ja einen Großteil der Evolutionsgeschichte teilt.“[7] Wenn wir uns dazu auch noch einmal das Zitat am Beginn meines Beitrags in Erinnerung rufen, so ergibt sich folgendes soziobiologische Szenario: Monogame Frauen und sex- und konkurrenz-bessene Männer sowie rigide Zulassungsbeschränkung für Frauen im öffentlichen Bereich sind zentrale anthropologische Strategien zur Erfüllung des Fortpflanzungssolls. (Zur Erinnerung: „Was in der Evolution zählt, ist nur die Bilanz der Fortpflanzungserfolge.“[8]) Die Soziobiologie biologisiert patriarchale gesellschaftliche Strukturen, Männerphantasien und insgesamt eine männlich-chauvinistische Lebenspraxis, erklärt sie zum „biogenetischen Imperativ“, zum natürlichen Grundgesetz und damit zum Um und Auf des Überlebens. Dabei scheut man nicht vor Verdrehungen von Ursache und Wirkung zurück, indem die weiblichen Gene als dunkle Macht über männliche Verhaltensweisen identifiziert werden: „Indem Frauen (gerade auch mittels der heimlichen Ovulation) Fruchtbarkeit und Paarungsbereitschaft signalisieren, verschärfen sie den Konkurrenzkampf unter Männern und ‚züchten‘ auf diese Weise geradezu eine Elite von Männern mit entsprechenden Merkmalen heran.“[9]

Solche Modelle sind nur dann zu konstruieren, wenn Männer und Frauen als zwei dichotome Körper gedacht werden, als „Mann“ und „Frau“ – eben im Singular: „Biologisch gesehen wäre es realistischer, männliche und weibliche Wesen als zwei verschiedene Arten aufzufassen, die zu einer Symbiose gezwungen sind, weil sie zum Überleben durch Fortpflanzung aufeinander angewiesen sind“, schreibt der Verhaltensbiologe Wolfgang Wickler.[10] Wir können hier nicht auf jene, unter anderem von der Soziologin Carol Hagemann-White und dann auch von der Biologin Anne Fausto-Sterling ausgelöste Diskussion eingehen,[11] die darauf hinweist, daß wir es bezüglich der Geschlechter nicht mit zwei sich gegenüberstehenden Polen, sondern mit einem körperlichen Kontinuum zu tun haben. Die biologischen Differenzen zwischen Männern und Frauen sind fließend (beispielsweise hat jeder Mann Östrogene, jede Frau Testosterone, und schon gar nicht haben alle Menschen den gleichen Hormonspiegel). Was in unserem Zusammenhang mehr interessiert ist , daß aus der gedachten körperlichen Dichotomie von „Mann“ und „Frau“ bipolare, biologisch fixierte „Geschlechtscharaktere“ abgeleitet werden, von wo aus wiederum der Bogen zu einer dichotomen gesellschaftlichen Arbeitsteilung und zu gegensätzlichen Lebensweisen der Geschlechter gespannt wird.

Diese bio-logische Verfahrensweise ist nicht neu. Seit dem 18. Jahrhundert haben Wissenschaftler, zunächst waren es noch Philiosophen, die gewünschte Arbeitsteilung der bürgerlichen Gesellschaft mit dem gedachten „naturhaften“ gegensätzlichen „Wesen“ der Geschlechter gerechtfertigt: „der Mann“ als der Aktive, der Rationale, der Strebende; dagegen „die Frau“ als die Passive, die Emotionale, die Bewahrende.[12] Die Biologie der Geschlechter wurde gerade dann bemüht, wenn es darum ging, Ansätze eines gesellschaftlichen Prozesses der Gleichberechtigung im Geschlechterverhältnis zu untergraben und in einem Rollback die alten Zustände wiederherzustellen. Im 20. Jahrhundert war dies im deutschsprachigen Raum gerade in Nachkriegszeiten der Fall. Sowohl der Erste als auch der Zweite Weltkrieg haben – so zynisch das klingen mag – Emanzipationsschübe ausgelöst. Die durch Fronteinsatz und Kriegsgefangenschaft bedingte Abwesenheit vieler Männer eröffnete neue Handlungsräume für Frauen: Frauen wurden zum Familienoberhaupt und trugen die Verantwortung für die Sicherstellung der Existenz – ob durch Erwerbsarbeit, ob am Schwarzmarkt, ob beim „Hamstern“ oder anderswo. Von der Front und Kriegsgefangenschaft zurückgekehrt, gingen die Männer daran, das zwischenzeitlich verlorengegangene Terrain im Familien- und Arbeitsleben zurückzuerobern. „Die Heimkehrer“, so befinden die beiden Wiener Historiker Siegfried Mattl und Karl Stuhlpfarrer, „suchten ihre Identität nicht als ‚Österreicher‘ oder als ‚Deutsche‘, sondern sie such(t)en ihr Selbst als ‚Mann‘, die Wiedereroberung ihrer Autorität gegenüber Frauen und Kindern.“[13] Politische Maßnahmen halfen ihnen dabei, aber eben auch eine ganze Palette biologistischer Roll-back-Strategien, die wiederum den jeweils neuen Gesetzen und Verordnungen das Prädikat der wissenschaftlichen Richtigkeit verliehen.

An dieser Stelle können wir nur einige wenige Beispiele herausgreifen. Etwa jenes des Wiener Gynäkologen und Eugenikers Robert Hofstätter, der 1924 schrieb: „Die Lebensfreude der Frau kann immer nur die Erfüllung ihrer weiblichen

Bestimmung sein. Die Architektur des weiblichen Körpers und Geistes weist der Frau mit absoluter Klarheit den Weg zu ihrem Glücke: Kind, Gattin und Mutter zu sein.“[14] In eine ähnliche Kerbe schlug 1950 der Münchner Ordinarius für Psychologie, Philipp Lersch, indem er auf Basis der jeweiligen Beschaffenheit der männlichen und weiblichen Geschlechtsorgane „die Frau“ als „Hüterin und Wahrerin des Lebens“ bewertete, während „sich der Mann mehr als die Frau von formellen Grundsätzen und Maximen praktischer, ethischer und juristischer Art leiten läßt, daß er tut, was nach Maßgabe allgemeiner Regeln und Vorschriften (Zweckmäßigkeit), der Moral und des Rechts in diesem Fall zu tun ist.“[15]

Ein kleines Zwischenresümee: In jenen historischen Phasen, in denen sich Tendenzen zu mehr Gleichberechtigung in der gesellschaftlichen Praxis der Geschlechter zeigen, haben biologistische Restaurationsversuche Hochkonjunktur. Dies gilt für die beiden Nachkriegsperioden im 20. Jahrhundert, und dies gilt auch für die Gegenwart. Zum Roll-back der Geschlechterverhältnisse wird eine gewünschte dichotome gesellschaftliche Praxis von Männern und Frauen in die „Natur“ hineinprojiziert und dann in einem nächsten Schritt auf die Gesellschaft zurückprojiziert. Damit wird eine bipolare Praxis der Geschlechter in allen gesellschaftlichen Bereichen zu einem nicht nur „naturhaften“ Phänomen, sondern quasi zu einer von der „Natur“ vorgeschriebenen Notwendigkeit.

Die Soziobiologie als eine postmoderne Erscheinung

Kehren wir nach diesem kurzen historischen Diskurs zur Soziobiologie zurück, und beschäftigen wir uns mit einem weiteren Kennzeichen der Wissenschaft von den „egoistischen Genen“. Über die zuvor dargelegten männlich-chauvinistischen Tendenzen hinaus denkt und arbeitet die Soziobiologie in Begriffen, Vorstellungen und Tendenzen der partikularistischen Postmoderne: Die Bedeutung, die mittlerweile der Individualität, einer individuellen Identität, eben dem Ego, in vielen gesellschaftlichen Gruppen zukommt, findet in der Soziobiologie den Niederschlag in einem angenommenen egoistischen Gen.

Biologischen Parametern menschliche Mentalitäten und Verhaltensweisen zu unterstellen ist abstrus, weil nichts so historisch ist wie das menschliche Fühlen, Denken und Handeln. Das Konzept des Individuums, darauf hat vor allem die französische Sozialgeschichtsschreibung hingewiesen, ist ein Phänomen, das sich seit dem spätmittelalterlichen Europa zunächst einmal innerhalb einer kleinen gesellschaftlichen Elite von Intellektuellen, Kaufleuten und Klerikern langsam konstituiert hat.[16] Erst in der Gegenwart kommt dieses Konzept in den europäischen Gesellschaften zur vollen Entfaltung.

Das führt uns zu einem interessanten Paradigmenwechsel, der in den vergangenen Jahren in der verhaltensbiologischen Wissenschaften stattgefunden hat.

Die vergleichende Verhaltensforschung (Ethologie) eines Konrad Lorenz und eines Irenäus Eibl-Eibesfeldt interpretiert menschliche wie auch tierische Verhaltensweisen noch unter dem Primat der Erhaltung der „Art". Menschen leben, damit die Gemeinschaft überlebt – die Gemeinschaft ist, wie etwa beim Evolutionsbiologen Franz K. Wuketits[17], der „Homo sapiens" schlechthin; sie war und ist im Kontext einer „Volksgemeinschaft"-Ideologie aber immer wieder auch das „Volk" oder die „Rasse". „Eine Ethnie, die einer anderen, nicht integrationsbereiten in größerer Zahl Zuwanderung erlaubt, tritt damit zugleich Land an sie ab. Sie schwächt ihre Fortpflanzungsmöglichkeiten zugunsten eines anderen Volkes", schreibt Eibl-Eibesfeldt, „1981 entfielen auf eine verheiratete türkische Frau (in der BRD, G. D.) statistisch 3,5 Kinder, auf eine verheiratete deutsche Frau 1,3 Kinder. Hält dieser Trend an, dann kommt es unausweichlich zur Verdrängung des eigenen biologischen Erbes."[18] Im Vergleich zu den Soziobiologen haben die Ethologen in den vergangenen Jahren aber massiv an Attraktivität eingebüßt. Freilich ist ein Eibl-Eibesfeldt immer noch nicht müde geworden, den Kampf der ethnischen Wiegen weiterhin zu beschwören. Das politische Umfeld allerdings, in dem sich Eibl-Eibesfeldt gelegentlich bewegt und das sich regelmäßig seiner Thesen zur Untermauerung politischer Forderungen bedient, ist eindeutig am rechtsextremen Rand zu finden: In Österreich beispielsweise ist das die „Freiheitliche Partei" (FPÖ) des Jörg Haider, mittlerweile nur mehr kurz „Die Freiheitlichen" (F) genannt. Einerseits publiziert Eibl-Eibesfeldt in von der F herausgegebenen Publikationen,[19] andererseits bedient sich die Haider-Partei seiner Thesen, um eine rassistische AusländerInnen-Politik zu legitimieren – wie beim Volksbegehren im Januar 1993 geschehen.[20]

Die Attraktivität der Soziobiologie geht aber mittlerweile weit darüber hinaus. An die Stelle der – wie auch immer definierten – „Art" (Gemeinschaft) sind hier die Gene der einzelnen Individuen getreten, die aus egoistischen Motiven heraus zu überleben wünschen. Und das spricht derzeit weit mehr Menschen an, als jene, die sich in nationalistischen und rassistischen Kreisen zusammenfinden. Indikator dafür ist die außerordentliche Publizität, die die Soziobiologie vor allem in jenen Medien genießt, die zunächst einmal nicht im Verdacht stehen, rechtsextreme Positionen zu vertreten: So hat das Fernsehprogramm des Österreichischen Rundfunks (ORF) bereits mehrere Dokumentationen des britischen Soziobiologen Dennis Morris ausgestrahlt (zum Beispiel „Gene auf Brautschau"); das Hamburger Nachrichtenmagazin »Der Spiegel« hat der von den Soziobiologen behaupteten unterschiedlichen Programmierung männlicher und weiblicher Fortpflanzungsstrategien eine – unreflektierte – Titelgeschichte gewidmet, die Illustrierte »Stern« gleich eine ganze Serie.[21] Das ARD-Funkkolleg „Der Mensch – Anthropologie heute" ist ja bereits erwähnt worden – die gegenwärtige Verunsicherung der Männer macht schließlich vor keinen herkömmlichen weltanschaulichen Grenzen halt.

Die Soziobiologie hat etwas Paradoxes, denn in ihr drücken sich einerseits postmoderne Tendenzen der Selbstbezogenheit aus, andererseits bietet sie, was in den letzten Jahren selten geworden ist, ein neues anthropologisches Universalmodell an, das Aussagen über den Menschen schlechthin trifft. Und genau diese Verknüpfung macht die Soziobiologie so attraktiv. Sie scheint in der Lage zu sein, die „Pluralität" der Postmoderne, die für die Menschen neue Freiheiten und Möglichkeiten, aber auch große Verunsicherung gebracht hat, in einem allgemeinen Modell, das zugleich einfach, übersichtlich und nachvollziehbar ist, zu ordnen. Denn die (positiv besetzte) Vielfältigkeit der Gesellschaft, die zunächst den vergrößerten Handlungsspielraum für die Mitglieder einer Gesellschaft kennzeichnet, ist für Individuen und soziale Gruppen immer auch Verlust und Unübersichtlichkeit. Die Möglichkeit der Identifikation mit größeren Einheiten, seien es Parteien, Gewerkschaften oder der Staat, sind geringer geworden,[22] gleichzeitig sind damit die Anforderungen an die Individuen zur Selbstgestaltung ihrer Biographie gestiegen: „Individuen müssen heute – offensichtlich mehr als je zuvor – die Balance zwischen objektiven Anforderungen und subjektiven Eigenarten selbst herstellen.", schreibt der Bremer Bildungswissenschaftler Peter Alheit.[23] Dies gilt für die verschiedensten Lebensbereiche: für Ausbildung und Berufskarriere ebenso wie für Lebens- und Partnerschaftsformen – und damit auch für die Gestaltung der eigenen geschlechtlichen Identität.

Konstruktive und plausible Gegenmodelle

Der gegenwärtige Zustand der Sozial- und Geisteswissenschaften spiegelt diese postmodernen Tendenzen wider. Makroorientierte, universelle Modelle, wie zum Beispiel die Historische Sozialwissenschaft oder der Historische Materialismus sowie Gesamtdarstellungen haben massiv an Überzeugungskraft verloren; ins Zentrum des Erkenntnisinteresses sind, wie beispielsweise bei der Alltagsgeschichte oder der Historischen Anthropologie, unterschiedliche und eben vielfältige historische Lebenswelten gerückt sowie die Erfahrungen und Handlungen der unterschiedlichen Individuen und Kollektive in diesen Lebenswelten.[24] Nicht zuletzt haben sich unter anderem die Psychologie, Soziologie, Pädagogik, Ethnologie bzw. Kulturanthropologie und Geschichtswissenschaft in einen Prozeß begeben, der die Interaktion zwischen den ForscherInnen und den Erforschten, sei es direkt im Feld oder auch in einem Text, intensiv reflektiert und dabei den Subjektcharakter und damit die Perspektivität hervorhebt und diese in die Analyse miteinbezieht.[25] Damit hat sich auch der Anspruch sozial- und geisteswissenschaftlicher Forschung auf Objektivität und Wahrheit relativiert.

Diese Entwicklung ist nicht von vornhinein eine Sackgasse – ganz im Gegenteil: So wie die mikrohistorische Orientierung in der Lage ist, gesellschaftliche Wirkungszusammenhänge in den Blick zu bekommen, die einer historisch-sozialwissenschaftlichen oder historisch-materialistischen Zugangsweise verborgen geblieben sind,[26] so richtet sich der neue selbstreflexive Charakter der Sozial- und Geisteswissenschaften tendenziell gegen eine Instrumentalisierung wissenschaftlichen Wissens gerade für konservative bis reaktionäre Anliegen.

Diese Entwicklung der Sozial- und Geisteswissenschaften ist allerdings dann eine Sackgasse, wenn erstens in der öffentlichen Rezeption von Wissenschaft einfache biologistische Modelle wie die Soziobiologie weiterhin als unbestechliches, objektives und wahrheitsgetreues Expertenwissen behandelt werden; und wenn zweitens die Sozial- und Geisteswissenschaften – und auch die mittlerweile große Anzahl selbstkritischer Naturwissenschaften[27] – nicht in der Lage sind, dieser öffentlichen Präsentation speziell einer Soziobiologie plausible Gegenmodelle ebenso öffentlich gegenüberzustellen.

Geistes- und Sozialwissenschaften sind derzeit in einer Weise mit sich selbst beschäftigt, daß sie auf einen Wissenstransfer völlig vergessen. Dabei bietet sich gerade einer mikroskopischen Kulturanthropologie und Geschichtswissenschaft allein schon von ihrem Forschungsobjekt her – den kleinen Lebenswelten – die Möglichkeit, ihre Ergebnisse einer breiteren Öffentlichkeit bekannt zu machen; denn gerade die Vermittlung komplexer Wirkungszusammenhänge am Beispiel eines überschaubaren sozialen Feldes, wie zum Beispiel eines Dorfes oder städtischen Quartiers, ist anschaulicher als theoretische Makromodelle ohne offensichtlichen Bezug zur Lebenswelt der RezipientInnen. In diesem Zusammenhang bekommen auch theoretische Arbeiten von konstruktivistischen AutorInnen, wie etwa von Hayden White, der die Geschichtsschreibung insgesamt nur mehr als eine Form schriftlicher Erzählungen bewertet,[28] eine neue, von ihm selbst nicht beabsichtigte Relevanz, nämlich in dem Sinn, daß Geschichtsschreibung auch für Laien in einer Weise plausibel sein muß, daß sie immer wieder anregend, spannend und auch lustvoll erzählen muß. Das tun Romane, das tun aber auch die Vertreter eines neuen biologistischen Determinismus. Um nicht mißverstanden zu werden: Nicht eine neue geistes- und sozialwissenschaftliche Banalität wird hier eingefordert. Plausible konstruktive Gegenmodelle zur Soziobiologie und zu anderen biologistischen Roll-back-Versuchen bedeuten nicht den Verzicht auf Theorie und komplexe Zusammenhänge. Daher können und dürfen bei einer solchen Vermittlung auch keine einfachen und glatten Universalien im Mittelpunkt stehen, sondern eben – in Kontrast zu biologischen Determinismen – kompliziertere und vielschichtigere Wirkungsweisen und kulturelle Praktiken.

Ein gelungenes Beispiel dafür, das gerade unser Thema „Geschlecht" betrifft, soll hier zum Abschluß genannt sein: In ihrem ausgesprochen gut, wie eine Erzählung lesbaren Buch „Frauen in Männerkleidern" konkretisieren die beiden niederländischen HistorikerInnen Rudolf Dekker und Lotte van der Pol die kulturelle Dimension von Geschlecht am Beispiel weiblicher Transvestiten im Holland des 17. und 18. Jahrhunderts.[29] 120 Fälle haben sie rekonstruiert, in denen Frauen

Männerkleidung trugen und mit Hilfe dieser Männerkleidung zunächst unerkannt damals spezifische männliche Tätigkeiten ausübten und in ausschießlich Männern vorbehaltenen Räumen aktiv wurden. Am besten bekannt ist der Fall der Maria von Antwerpen, der weitgehend durch ihre Autobiographie und zahlreiche Gerichtsakten belegt ist. Maria von Antwerpen war zweimal mit einer Frau verheiratet, wobei nur in einem Fall die Ehepartnerin von der „wahren biologischen" Identität Marias wußte. Maria nannte sich Jan van Ant; sie trank ausgiebig in Wirtshäusern und rauchte. Bereits im Alter von 16 Jahren wurde sie Soldat in der Armee. Über den Fall der Maria von Antwerpen hinaus erzählen die AutorInnen von zahlreichen Frauen, die mit Hilfe von Männerkleidern zur Armee oder Marine gingen. Oft wurde ihr „biologisches Geschlecht" erst nach dem Tod bekannt. Maria wurde erst in jenem Moment enttarnt, als sie von einer Person wiedererkannt wurde, die sie aus der Zeit ihrer widerspruchsfreien weiblichen Identität kannte.

Solche Forschungen – und die gute Aufarbeitung und Vermittlung der Ergebnisse – widerlegen natürlich nicht die Soziobiologie als Ganzes. Aber sie können einfache und glatte biologistische Modelle verunsichern, weil sie anschaulich differenzierte und komplexe Zusammenhänge vermitteln. Sie zeigen anhand eines überschaubaren sozialen Feldes auf, daß sich Geschlecht nicht auf ein bipolares biologisches Phänomen reduzieren läßt, daß „Männlichkeit" und „Weiblichkeit" weder historisch noch kulturell und schon gar nicht biologisch einheitliche und statische Konzeptionen sind und daß unsere alltägliche Wahrnehmung von dem, was „Mann" und männlich ist und von dem, was „Frau" und weiblich ist, vor allem auf der Grundlage kulturspezifischer Symbole und Zeichen funktioniert – auch die Wahrnehmung der Soziobiologen.

Anmerkungen

1 Christian Vogel; Volker Sommer: Drum prüfe, wer sich ewig bindet... Mann und Frau.– Funkkolleg „Der Mensch – Anthropologie heute": Studieneinheit 8.– Tübingen 1992, S.15.

2 Richard Dawkins: Das egoistische Gen.– Berlin, Heidelberg, New York 1978, S.165. Einführend zur Soziobiologie siehe auch: Edward O. Wilson: Biologie als Schicksal. Die soziobiologischen Grundlagen menschlichen Verhaltens.– Frankfurt / Main, Berlin, Wien 1980. Richard D. Alexander: Über die Interessen der Menschen und die Evolution von Lebensabläufen.– In: Heinrich Meier (Hg.): Die Herausforderung der Evolutionsbiologie.– München, Zürich 1988, S.129-171. Wolfgang Wickler; Uta Seibt: Das Prinzip Eigennutz. Zur Evolution sozialen Verhaltens.– München, Zürich 1991.

3 Vogel; Sommer, S.6.

4 Eine ausführliche Kritik des Funkkollegs „Der Mensch – Anthropologie heute" findet sich bei: Christina Schües; Elke Ostbomk-Fischer: Das Menschenbild im Schatten der Soziobiologie.– In: »Zeitschrift für wissenschaftliche Gesprächspsychotherapie« (GWG), März 1993, S.14-18.

5 Ein positives Gegenbeispiel sei hier genannt: Georg Tillner; Siegfried Kaltenecker: Offensichtlich männlich. Zur aktuellen Kritik der heterosexuellen Männlichkeit.– In: »Texte zur Kunst« Nr.17: Männer, 5(1995), S.37-47.

6 Siehe dazu bspw.: „Ich bin der Teufel". Interview mit John Bellicchi.– In: »Moritz. Zeitschrift antisexistischer Männer« 24/Januar 1995, S.10-12.

7 Vogel; Sommer, S.15.

8 Peter Wirtz: Ansätze der Soziobiologie zum Verständnis der Evolution. Beispiele zur sexuellen Selektion und elterlicher Investition.– In: »Biologie in unserer Zeit« 21(1991), Heft 4, S.189-195, S.195.

9 Vogel; Sommer, S.19.

10 Wolfgang Wickler: Die Natur der Geschlechterrollen – Ursachen und Folgen der Sexualität.– In: Norbert A. Luytien (Hg.): Wesen und Sinn der Geschlechtlichkeit.– Freiburg i. Br. 1985, S.48.

11 Carol Hagemann-White: Sozialisation: Weiblich – männlich?– Opladen 1984. Anne Fausto-Sterling: Gefangene des Geschlechts? Was biologische Theorien über Mann und Frau sagen.– München, Zürich 1988.

12 Siehe dazu Karin Hausen: Die Polarisierung der „Geschlechtscharaktere". Eine Spiegelung der Dissoziation von Erwerbs- und Familienleben.– In: Werner Conze (Hg.): Sozialgeschichte der Familie in der Neuzeit Europas.– Stuttgart 1976, S.363-393.

13 Siegfried Mattl; Karl Stuhlpfarrer: Abwehr und Inszenierung im Labyrinth der Zweiten Republik.– In: Emmerich Tálos, Ernst Hanisch, Wolfgang Neugebauer (Hg.): NS-Herrschaft in Österreich 1938-1945.– Wien 1988, S.601-624, S.605.

14 Robert Hofstätter: Die rauchende Frau. Eine klinische, psychologische und soziale Studie.– Wien 1924, S.238.

15 Philipp Lersch: Vom Wesen der Geschlechter.– München, Basel 1959 (3. Aufl.), S.53 bzw. 75.

16 Siehe z.B. Jacques Le Goff: Die Geburt des Fegefeuers. Vom Wandel des Weltbildes im Mittelalter.– Stuttgart 1984.

17 Siehe z.B. Franz M. Wuketits: Verdammt zur Unmoral? Zur Naturgeschichte von Gut und Böse.– München 1993.

18 Irenäus Eibl-Eibesfeldt: Der Mensch – das riskierte Wesen. Zur Naturgeschichte menschlicher Unvernunft.– München 1988, S.187 bzw. 197.

19 R. Eder; I. Eibl-Eibesfeldt (Hg.): Einwanderungsland Europa?– Graz 1993.

20 Postwurfsendung der FPÖ: Österreich zuerst. Das kann ich unterschreiben.– Hg. von der Landesgruppe Wien der FPÖ.– Wien 1993.

21 „Urknall der Hormone".– In: »Der Spiegel« 16, 1995, S.176-191. „Signale der Liebe".– In: »Stern« 29.7.1993, 5.8.1993, 12.8.1993.

22 Christian Meier: Notizen zum Verhältnis von Makro- und Mikrogeschichte.– In: Karl Adam, Winfried Schulze (Hg.): Teil und Ganzes. Zum Verhältnis von Einzel- und Gesamtanalyse in Geschichts- und Sozialwissenschaften.– München 1990, S.111-140, S.120.

23 Peter Alheit: Transitorische Bildungsprozesse: Das „biographische Paradigma" in der Weiterbildung.– In: Wilhelm Mader (Hg.): Weiterbildung und Gesellschaft. Theoretische Modelle und politische Perspektiven.– Bremen 1993 (2.erw.Aufl.), S.343-416, S.354.

24 Siehe dazu bspw. Alf Lüdtke (Hg.): Alltagsgeschichte. Zur Rekonstruktion historischer Erfahrungen und Lebensweisen.– Frankfurt / Main, New York 1989. Reinhard Sieder: Sozialgeschichte auf dem Weg zu einer historischen Kulturwissenschaft?.– In: »Geschichte und Gesellschaft« 20(1994), Heft 3, S.445-468. Michael Mitterauer: Historische Anthropologie. Ein Paradigmenwechsel.– In: Oto Luthar u.a.: Pot na grmado. Historicni seminar 4.– Ljubljana 1994, S.57-70.

25 Siehe dazu besonders den immer noch aktuellen Band: Georges Devereux: Angst und Methode in den Verhaltenswissenschaften.– München 1973.

26 Siehe dazu Hans Medick: Mikro-Historie.– In: Winfried Schulze (Hg.): Sozialgeschichte, Alltagsgeschichte, Mikro-Historie.– Göttingen 1994, S.40-53.

27 Siehe z.B. Hansjörg Hemminger: Der Mensch – eine Marionette der Evolution? Eine Kritik an der Soziobiologie.– Frankfurt / Main 1983. Richard C. Lewontin; Steven Rose; Leon J. Kamin: Die Gene sind es nicht... Biologie, Ideologie und menschliche Natur.– München, Weinheim 1988. Stephen Jay Gould: Biologische Potentialität contra biologischer Determinismus.– In: Jost Herbig; Rainer Hohlfeld (Hg.): Die zweite Schöpfung. Geist und Ungeist der Biologie des 20. Jahrhunderts.– München 1990, S.132-142. Georgios Tsiakalos: Interkulturelle Beziehungen: steht ihnen die „Natur" entgegen?– In: Andreas Foitzik u.a. (Hg.): „Ein Herrenvolk von Untertanen". Rassismus – Nationalismus – Sexismus.– Duisburg 1992, S.193-219.

28 Hayden White: Der historische Text als Kunstwerk.– In: Ch. Conrad; M. Kessel (Hg.): Geschichte schreiben in der Postmoderne. Beiträge zur aktuellen Diskussion.– Stuttgart 1994, S. 123-157.

29 Rudolf Dekker; Lotte van der Pol: Frauen in Männerkleidern. Weibliche Transvestiten und ihre Geschichte.– Berlin 1990.

RALPH SICHLER

Ganzheitliche Naturerfahrung oder kreative Naturpolitik?

Eine Kritik moderner Fluchtbewegungen ins verlorene Weltganze

Ein ganzheitliches Verständnis von der Welt und ihren Erscheinungen hat schon seit längerem Konjunktur. Es durchzieht in mehr oder minder deutlicher Gestalt und Ausprägung nahezu alle Bereiche des modernen Lebens und findet sich in zahlreichen Konzepten und Praktiken wieder, ob es sich nun um ein ganzheitliches Welt- oder Menschenbild, um ganzheitliche Medizin, ganzheitliche Lebensstile oder auch um ganzheitliches Management handelt. In all diesen teils theoretisch, teils praxeologisch begründeten Vorhaben spiegelt sich eine Einstellung, oder besser: die mit aller Entschlossenheit eingenommene Absicht zu einer Einstellung wider, welche dem Weltganzen wieder näher oder zum ersten Mal definitiv auf die Spur kommen möchte.

Ich möchte hier nicht eigens den eklektizistischen Charakter solch ganzheitlicher Verständnisse und Einstellungen hervorheben. Eine Darstellung, die darauf abzielt, müßte sehr minutiös die teils sehr unterschiedlichen, verschiedenen Kulturkreisen entstammenden Hintergründe aufzeigen. Dies würde aber den mir hier zur Verfügung stehenden Rahmen sprengen. Stattdessen möchte ich mich auf den Impetus konzentrieren, welcher im skizzierten Sinn auf das Ganze zu gehen versucht. Auffällig ist, daß in nahezu allen Bereichen und Institutionen der gesellschaftlichen Öffentlichkeit sich diese Tendenz wiederfindet. Unabhängig von der jeweiligen Problem- und Fragestellung wagt es heute kaum jemand zu leugnen, daß eine *ganzheitliche Sicht* auf den entsprechenden Sachverhalt in jedem Fall sinnvoll ist. Auch wenn keiner so recht weiß, was darunter eigentlich zu verstehen ist, ein ganzheitliches Verständnis der jeweiligen Sachlage ist immer angemessen, ja es scheint angesichts der unsicheren Zeiten, in denen sich die Menschheit heute befindet, geradezu unentbehrlich zu sein. Die Frage, die sich hier in meinen Augen aber zunächst stellt, lautet: Woran liegt es, daß gerade in den letzten Jahren ganzheitliche Strömungen mittlerweile eine solche Breitenwirkung gefunden haben? Worin liegt der Reiz der holistischen Perspektive?

Wie bereits angedeutet, darf bei der Bearbeitung dieser Fragen nicht übersehen werden, daß mit dem Begriff *Ganzheitlichkeit* eine Vagheit verbunden ist, die nahezu Beliebiges darunter fallen läßt. Es ist hier wie mit allen Trends und Neuheiten, welche eine breite Wirkung entfalten. Wird etwas zur Mode und läßt sich dies mit einem treffenden Wort konzentriert zum Ausdruck bringen, so wird jedermann versuchen, eigene Vorhaben und Haltungen, die bislang von diesem Trend noch nicht tangiert wurden, im Lichte der neuen Bewegung erscheinen zu lassen oder darauf abzustellen. Ganzheitliches finden wir deshalb heute fast immer und überall, weil es irgendwie dem Zeitgeist entspricht. Daß dabei häufig oder möglicherweise sogar in den meisten Fällen das Wort die Praxis nur dekoriert, ist unbestritten. Die ganzheitliche Sicht auf die Welt zeigt sich somit in erster Linie am entsprechenden Jargon. Das konkrete Tun ändert sich nur in Ausnahmen. Zu vage und unbestimmt ist der Begriff der Ganzheitlichkeit, als daß sich daraus eine konkrete Handlungsanweisung ablesen ließe. Wer tatsächlich eine andere Praxis entweder wieder einführt oder neu zum Leben erweckt, wird von einer ganzheitlichen Theorie wenig Unterstützung erfahren. Denn um begreifen zu können, worin das jeweils Rekonstruktive oder Innovative besteht, bedarf es schon der konkreten und differenzierten Darstellung der betreffenden Techniken und Praktiken.

Trotz dieser Unbestimmheit ist es sinnvoll, nach dem Entstehungshintergrund ganzheitlicher Einstellungen zu fragen. Offenbar kommt es einer Vielzahl von Menschen unserer Zeit entgegen, die eigenen Lebensformen mit dieser Vokabel zu belegen, unabhängig davon, ob dies auch mit Änderungen im Verhalten verbunden ist. Offensichtlich ist der ausdrückliche Wille zum Ganzheitlichen mit einem Anliegen verbunden, das für die modernen Zeiten in besonderer Weise steht. Deutlicher noch möchte ich von einer *Sehnsucht nach dem Ganzen* sprechen, welche das Subjekt der Moderne angesichts fragmentierter Lebenswelten durchzieht. Der Mensch unserer Tage fühlt sich in der Welt, in der er lebt, nicht mehr heimisch, weil es keinen übergreifenden Sinn- und Handlungszusammenhang mehr gibt, der die eigene Existenz auf das Weltganze auf für jedermann einsichtige Weise bezieht. Die Welt ist unübersichtlich geworden, in zahllose Segmente zersplittert bietet sie weder Halt noch Schutz. Ganzheitliche Strömungen zielen deshalb noch einmal, vielleicht zum letzen Mal, auf das Weltganze ab, indem sie jenen Begriff nahezu beschwören, der in früheren Traditionen gar nicht der besonderen Erwähnung bedurfte, um das zu gewährleisten, was heute verzweifelt gesucht wird: das Ganze und die Erfahrung der Geborgenheit darin.

Die ganzheitliche Perspektive in den Naturwissenschaften

Natürlich kommt den Bestrebungen, die zu einer ganzheitlichen Sicht auf die Welt und den Menschen gelangen möchten, auch ein rationaler Kern zu. Dies erkennt man schon allein daran, daß sich solche Tendenzen auch in den Naturwissenschaften finden. Zweifellos findet man im Wissenschaftsbetrieb Sehnsüchte, die dem wissenschaftsimmanenten Logos nicht folgen. Gerade Wissenschaftler erträumten sich immer wieder jenes einheitliche Prinzip, das alle Erscheinungen und Prozesse im Kosmos zu erklären sucht. Dies hält auch heute noch an und wird durch die Integration von Traditionen außerhalb des europäischen Kulturkreises weitergeführt. So hat die Physik ihr Tao entdeckt und die anorganische Materie wird wieder organischer und damit auch ganzheitlicher gedacht. Die Tendenz zum Ganzen gerade in den Naturwissenschaften liegt aber nicht zuletzt auch darin begründet, daß das mechanistische Erkenntnismodell der Neuzeit immer deutlicher an seine Grenzen stößt. Besonders eindringlich zeigt sich dies an der Krise der modernen Medizin, deren mechanisches Modell vom menschlichen Körper immer weniger dazu geeignet ist, den Entstehungshintergrund all jener Erkrankungen und Störungen aufzuklären, die mit dem modernen Zivilisationsbetrieb einhergehen. Deshalb bemüht sich auch die Medizin um eine ganzheitliche Sicht auf den Menschen, ob nun noch etwas verhalten im Gewand der Psychosomatik oder radikaler in all jenen ganzheitlichen Heilkunden, von denen sich die Schulmedizin wegen ihres Wissenschaftsverständnisses noch distanzieren muß.

Für den Bereich der Naturwissenschaften kann damit der Begriff der *Ganzheitlichkeit* etwas konkreter gefaßt werden. Offenbar zeichnet sich in Abgrenzung zu den etablierten Theorien und Methoden der Naturwissenschaften, welche sich am mechanistischen Paradigma orientieren, eine neue Form der Naturerforschung ab. Ich möchte dafür den Terminus *ganzheitliche Naturerfahrung* einführen. *Ganzheitliche Naturerfahrung* gewinnt ihr Selbstverständnis durch die Ablehnung eines mechanistischen Naturverständnisses. Es beinhaltet damit einen kritischen Impetus, indem sich das daran gekoppelte Erkenntnisinteresse im Gegensatz zu den neuzeitlichen Naturwissenschaften in irgendeiner Weise auf das Ganze der Natur bezieht. Sehr konkret ist dies allerdings noch nicht. Ja mehr noch: Man könnte zurecht einwenden, daß auch eine mechanischen Prinzipien folgende Naturwissenschaft natürlich auf das Ganze der Natur geht. Ihr Erkenntnisziel wäre Wirken und Werk der Natur als Resultat der *machina mundi* zu begreifen, eines mechanischen Gesetzen folgenden Uhrwerks, das eben den gesamten Kosmos umfaßt. Worin unterscheidet sich demnach ganzheitliche Naturerkenntnis?

Mechanistische Naturerkenntnis

Der Unterschied liegt zum einen in der Methode, zum anderen in der Sache. Auf beide Aspekte muß ich kurz eingehen. Zunächst zum inhaltlichen Aspekt. Der Begriff der *mechanischen* Naturauffassung geht auf das griechische Wort *mechane* zurück.[1] Ursprünglich bedeutete es soviel wie „Kunstgriff" oder „List", im besonderen dann „die geschickte Anwendung von Werkzeugen" sowie das „Werkzeug" selbst. Im Unterschied zum *organon*, dem *einfachen* Werkzeug, bedeutet aber *mechane* zumeist das *zusammengesetzte Werkzeug*. Die *Mechanik* behandelte die Wirkungsweise solcher Werkzeuge wie Kriegsmaschinen, Hebevorrichtungen etc. Diese Bedeutung behielt sie bis zur Renaissance bei. Erst in der Neuzeit entstand die Idee, Mechanik als Theorie der Natur einzuführen. Dies führte zu der heute noch vorherrschenden mechanischen Naturauffassung, welche die Natur als zusammengesetztes, kompliziertes Werkzeug begreift, das mit Geschick, mit der List der Vernunft, wie es später bei Hegel heißt, in die Dienste des Menschen gestellt werden kann. Diese Sicht auf die Natur löste die ältere, *organische* Naturauffassung ab. Ihr zufolge waltet in der Natur ein einheitliches, belebendes Prinzip, welches ihre Erscheinungen hervorbringt. Dieses Prinzip liegt in der Natur selbst und kann nur durch Analogien erschlossen werden. Eine der ersten Analogien war die des Demiurgen, des göttlichen Baumeisters. In dessen Tätigkeit lag die Einheit der Natur begründet, ihr vielfältiges Ganze konnte so auf das Wirken eines Wesens bezogen werden. In diesem Sinne war die antike Naturauffassung *ganzheitlich*. Und in diesem Sinne wird auch heute wieder von ganzheitlicher Naturerfahrung gesprochen, sofern man das Wirken der Natur auf ein einheitliches, das lebendige Organon der Natur durchziehendes Wirkungsprinzip bezieht.

Der methodische Aspekt greift einen Teil des Sachaspekts auf. Ich hatte gesagt, daß die mechanische Naturauffassung Natur als zusammengesetztes Werkzeug begreift, welches in den Dienst der Menschheit gestellt werden kann. Um dies zu erreichen, müssen natürlich Aufbau und Funktionsweise dieses Werkzeugs untersucht werden. Doch wie läßt sich dies umsetzen? Es muß hierzu eine eigene Vorgehensweise herausgebildet werden. Ausformuliert findet sich diese neue Methodologie bei Descartes. Er sagt, daß jedes zu untersuchende Problem in so viele Teile zu zerlegen sei, wie es möglich ist und wie es nötig ist, um das Problem leichter zu lösen. Eine weitere Regel besagt, man solle in der richtigen Ordnung denken. Das heißt, „mit den einfachsten und am leichtesten zu durchschauenden Dingen zu beginnen, um so nach und nach, gleichsam über Stufen, bis zur Erkenntnis der zusammengesetztesten aufzusteigen“ (Descartes 1960, S.15). Verknüpft man beide Regeln, so erkennt man leicht die analytisch-synthetische Methodologie der modernen Naturwissenschaften wieder. Im Zuge der Abstraktion von den lebensweltlichen Naturvorgängen gelangt man zu einfachen Prinzipien und Naturgesetzen. Durch deren Zusammensetzung kann das Geschehen in der Natur erklärt werden. Auf diese Weise gelangte Newton zum Trägheitsgesetz, welches ja durch die Beobachtung an Naturvorgängen selbst in keiner Weise bestätigt wird. Hier würde eher Aristoteles Bewegungsgesetz greifen, welches besagt, daß zur Aufrechterhaltung einer geradlinigen, gleichförmigen Bewegung Kraft aufgewendet werden muß. Dies steht aber im direkten Widerspruch zum Trägheitsgesetz. Newtons Prinzip ermöglichte allerdings die Konstruktion von Maschinen. Naturwissenschaft ist damit zur Technologie, zur Technikwissenschaft geworden (vgl. Janich 1992). Hier zeigt sich die Stärke der neuen Methodologie von Descartes. Ihre Schwäche tritt an komplexen, „naturbelassenen“ Naturvorgängen zutage. So können wir weder das Wetter noch das Auftreten und Verschwinden von Krankheiten in der Weise erklären, wie es durch die sukzessive Anwendung analytischer und synthetischer Methodenschritte durch Descartes in Aussicht gestellt wird. An dieser Erkenntnis setzt nun ganzheitliche Naturerfahrung an. Die häufig zitierte Formel, nach der das Ganze mehr wäre als die Summe seiner Teile, spiegelt exakt jene Erfahrung, nach der sich Naturphänomene nicht durch die Synthese zuvor analytisch zergliederter Einzelaspekte erklären lassen. Ganzheitliche Naturerfahrung verweist deshalb auf die Notwendigkeit eines Konzepts vom Ganzen, bevor dessen Teile und möglicherweise das daraus synthetisierte Ganze betrachtet werden. Wir benötigen eine Vorstellung von der Natur im Ganzen, bevor wir ihr Wirken an einzelnen Phänomenen erforschen können. Ansonsten verkennt man sowohl die Natur im Ganzen als auch ihr Wirken in ihren Erscheinungen.

Holismus

Beide genannten Aspekte der ganzheitlichen Naturerfahrung wurden in unserem Jahrhundert durch den *Holismus* wieder ins Gespräch gebracht (vgl. Meyer-Abich 1989). Die Wirklichkeit wird dabei als Ganzes, mithin „gewaltiges universales Lebewesen begriffen“ (Meyer-Abich 1948, S.377). Ehe man an die wissenschaftliche Betrachtung natürlicher Einzelphänomene geht, ist deshalb zunächst dieser Gesamtzusammenhang zu beachten. Die Erkenntnisprinzipien des mechanistischen Paradigmas werden umgekehrt: Die Teile oder Elemente des Ganzen sind als organische Glieder des Gesamten von diesem her bestimmt, nicht umgekehrt das Ganze durch die summative Synthese der Teile. Gleichzeitig erhält das Lebendige den Vorrang vor dem Anorganischen. Das mechanistische Erkenntnisideal wird dem Lebendigen nicht gerecht: aus toter Substanz kann Leben nicht synthetisiert werden. Deshalb ist das Unbelebte neu vom Belebten her zu betrachten und zu begreifen.

Der dem Altgriechischen nachgebildete Neologismus *Holismus* deutet bereits darauf hin, daß sich hinter dem Begriff des Ganzen (und seiner Beziehung zu den Teilen) eine sehr alte philosophische Problemstellung verbirgt. Der vermeintlich moderne Gedanke, daß ein Teil nur in seiner Beziehung zum jeweiligen Ganzen verstanden werden kann, beschäftigte schon die antike griechische Philosophie. So vermittelte Platon Parmenides noch nicht bis in die letzten Konsequenzen durchdachte Idee der Identität des Ganzen und des Einen mit der Idee des Vielen, indem er das Ganze als die jeweils besondere Verbindung seiner Teile zu einer Einheit einführte. Das allumfassende Ganze ist im griechischen Weltbild der durch den Demiurgen geschaffene Kosmos, somit das geordnete Ganze, in welchem die einzelnen Glieder ihren jeweiligen Platz haben. Vor diesem Hintergrund erscheint der Kosmos als vollkommener Organismus, dessen Teile sich zu harmonischer Ganzheit und Einheit zusammenfügen. Die Natur stellt das sinnfällige Abbild dieser idealen Ordnung dar.

Die ganzheitlichen Naturauffassungen der Renaissance (Bruno) und des Idealismus (Schelling), aber auch in unserem Jahrhundert (Holismus) haben diese platonische Weltsicht in freilich unterschiedlicher Weise wieder zum Leben erweckt. Ihre Gemeinsamkeit besteht in der Abgrenzung von einer Naturauffassung, welche Natur aus mechanischen Prinzipien zu erklären, ihr Wirken auf experimentell herstellbare Operationen zu beschränken sucht. Bereits Platon und Aristoteles mußten sich mit materialistischen und elementaristischen Naturauffassungen auseinandersetzen. Doch die vorherrschende antike Naturauffassung, welche Natur als lebendiges, sich aus sich selbst heraus schaffendes und geschaffenes Organon begreift, konnte sich gegen die Vorstellung einer aus kleinsten, sich in unterschiedlichen Konstellationen im Vakuum zusammensetzenden Teilchen beschaffenen Natur damals noch durchsetzen. Dies änderte sich zu Beginn der Neuzeit, welche der *mechanistischen* Naturauffassung den endgültigen Durchbruch verschaffte. Dabei behielt man das Weltganze zunächst noch im Auge. Wie wir bereits gehört haben, ging Descartes davon aus, daß sich die Welt in ihrem gesetzesmäßigen Gesamtzusammenhang durch sukzessive Anwendung analytischer und synthetischer Methoden rekonstruieren lassen würde. Der Mensch der Neuzeit trat damit als Demiurg einer *zweiten Natur* auf die Bühne. Dieser Prozeß hält heute noch an, allerdings sind die geistigen Unternehmen, die auf das Ganze zielen, pragmatischen und technologischen Erklärungsansätzen gewichen, die sich auf das jeweils zu Erschließende und Besorgende in mehr und mehr sich separierenden Wissens- und Lebensbereichen beziehen.

An dieser die Moderne kennzeichnenden Lebenserfahrung kann auch das Konzept einer *ganzheitlichen Naturerfahrung* nicht vorübergehen. Sie kann es auch nicht einfach eleminieren, zumal das Analysieren und Synthetisieren in der Tat wesentliche Erkenntnisschritte in den Wissenschaften darstellen. Ohne diese Operationen werden auch sogenannte ganzheitliche Ansätze nicht auskommen. Mit ihrer Hilfe versucht der Mensch seine Stellung im Kosmos zu fixieren, wichtiger denn je wird deshalb die Reflexion auf die jeweiligen Grenzen operativer und konstruktiver Erkenntnisschritte. Das Ganze ist dabei im Auge zu behalten. Doch dieses Ganze schließt auch das Erkenntnissubjekt selbst mit ein. Dies scheint mir ein Aspekt zu sein, der in holistischen Ansätzen noch weitgehend fehlt. Ohne den Menschen als handelndes *und* erkennendes Wesen bleibt das Ganze der Natur ein ontologisches Abstraktum. Das Verhältnis des Ganzen zu seinen Teilen kann nicht ohne jene Instanz gedacht werden, die diese Kategorien zu zentralen Elementen des Erkenntnisprozesses erhebt. Erkennen beinhaltet immer auch die Zergliederung des Ganzen, während Denken die Einsicht in die damit verbundenen Grenzen befördert und damit neue oder vergessene Verbindungen zwischen den

Teilen und dem Ganzen herstellt. Daß sich damit wiederum neue Möglichkeiten der Analyse auftun, beweist, daß menschliche Erkenntnis und deren Reflexion nie zu einem Ende gelangen werden. Der Weg ist das Ziel. Dies ist vielleicht die entscheidende *ganzheitliche Einsicht*, doch die holistische Metaphysik des Ganzen projektiert allzu oft vollendete und damit auch beendete Erkenntnis.

Der verborgene Narzißmus in der ganzheitlichen Naturerfahrung

Der besondere Reiz ganzheitlicher Naturerfahrung besteht aber auch darin, daß sie trotz einer brüchig gewordenen Welt die Erkenntnis des Naturganzen in Aussicht stellt. In diesem Sinn habe ich auch eingangs die Sehnsucht nach dem Ganzen als Reflex des individuierten, vereinsamten *Subjekts der Moderne* begriffen. Auf der Suche nach dem verlorenen Gesamtzusammenhang in einer sich zersplitternden Welt werden Traditionen reanimiert, welche die Erfahrung des Ganzen wieder möglich machen sollen. Gesucht wird das Erlebnis, in dem man sich selbst wieder als Einheit fühlt *(ganzheitliche Körpererfahrung)* oder in dem man dem Ganzen als dem alles Übergreifenden unmittelbar begegnet *(ganzheitliche Naturerfahrung)*. Doch so sehr beide Formen des Welt- und Selbsterlebens dem modernen Individuum auch fehlen mögen, beinhaltet ihr aufs Ganze zielendes Wahre gerade jenes trügerische Moment, welches dem vermeintlich richtigen Leben im Falschen eben zukommt. Schon mit Kant könnte man sagen, daß sich hier etwas als Erkenntnis ausgibt, was nur in der Anschauung gegeben ist. Doch die Reflexion auf die Grenzen der eigenen Erkenntnis paßt nicht zu jenem Impetus, der auf das Ganze geht. Die durch den Begriff präformierte Naturerfahrung ist zwar heute zurecht in Mißkredit geraten, doch aus diesem Mißstand ein Programm zu machen, welches Erkenntnis mit dem spontanen und unmittelbaren Erleben seiner selbst im Ganzen der Natur identifiziert, produziert nichts anderes als Selbsttäuschung über die Stellung des Menschen zu sich selbst und zur Natur. Diese Täuschung ist bereits Teil des momentan herrschenden Naturverständnisses, *ganzheitliche Naturerfahrung* als Programm *intuitiver* Selbst- und Weltgewißheit schreibt sie allerdings in psychodynamisch verwickelter Weise fort.

Die Erfahrung des Ganzen der Natur im modernen Naturerleben kann als jener in der Mystik bereits vorgebildete, heute in weiten Teilen narzißtisch präformierte emotionale Grundzug des modernen Subjekts charakterisiert werden, das auf sich selbst zurückgeworfen wieder Halt und Geborgenheit in der allumfassenden, erlösenden *Mutter Natur* sucht. Vor diesem Hintergrund muß die seit drei Jahrhunderten anschwellende Sehnsucht nach unberührter, paradiesischer Natur gesehen werden, eine Sehnsucht, die heute in großen Mengen die Individuen der modernen

Zivilisation ergreift und durch den Massentourismus in fragwürdiger, aber offenbar zuträglicher Weise befriedigt wird. In dieser Suchbewegung ist der Mensch jedoch nicht der Natur auf der Spur, sondern verfällt seinem eigenen Schein von Größe, Schönheit und Vollkommenheit, den er in die unbekannten, ihm fremd gewordenen Gebilde der Natur projiziert. Natur entpuppt sich damit als Zerrspiegel des modernen Subjekts. Der dabei zustandekommende psychodynamische Prozeß umfaßt unterschiedliche Modi der *narzißtischen Spiegelübertragung* (vgl. Kohut 1973), welche den in der Neuzeit ins Leben gerufenen Herrschaftsanspruch über die Natur aufrechterhalten.

Die *idealisierende* Übertragung reaktiviert das idealisierte Elternimago. Dabei versucht das Selbst den Urzustand für sich aufrechtzuerhalten, indem es eine symbiotische Verbindung mit dem allmächtigen Objekt einzugehen versucht. Als dessen Teil partizipiert das Selbst an dessen Vollkommenheit. Bezieht man dieses Übertragungsgeschehen auf das menschliche Naturverhältnis, so erkennen wir darin all die Sehnsüchte nach Verschmelzung mit der Natur wieder, wie sie insbesondere für das Subjekt der Romantik charakteristisch sind. Die Trennung von der Natur wird dort als tiefe Kränkung empfunden. Ausgeworfen aus dem ursprünglichen Zusammenhang, sieht sich der romantisch empfindende Mensch isoliert im Kosmos und sehnt nichts dringlicher herbei, als ins All der Natur zurückzukehren.[2] Diesen Zustand inniger Verbundenheit mit dem Kosmos wenigstens ansatzweise oder zeitweise zu imaginieren, bewirken psychische Mechanismen. So ermöglicht etwa die Regression auf den Primärzustand die Illusion der Auflösung des Selbst in die grenzenlose Natur. Dabei ist es wichtig, daß das idealisierte Objekt purifiziert, das heißt als *reine* Natur erscheint. Abgrenzbare Einheiten oder gar Objekte mit menschlicher Kontur würden die Illusion der wiedererlangten Einheit mit der Natur empfindlich beeinträchtigen. Wir kennen das Erlebnis: Der Eindruck, man befände sich in wilder, unberührter Natur, wird meistens zerstört, wenn wir unvermittelt anderen Menschen begegnen. Dies rührt daher, daß die Illusion der Verschmelzung mit dem Weltganzen sich auf ein Stadium bezieht, in dem das Dasein noch im Sein aufgeht. Klar konturierte Objekte existieren zu diesem Zeitpunkt der psychischen Entwicklung noch nicht. Deshalb würden sie auch das romantisch empfindende Subjekt um das illusionäre Erlebnis bringen, im Zuge der Regression auf den Primärzustand wieder in den Schoß der Mutter Natur zurückgekehrt zu sein.

Im Falle der *Spiegelübertragung* instrumentalisiert das Größen-Selbst das Objekt, um sich seiner eigenen Grandiosität zu versichern. Alle drei bekannten Formen der Spiegelübertragung – die archaische Verschmelzung, die Alter-ego- oder Zwillingsübertragung sowie die Spiegelübertragung im engeren Sinn – können auf das moderne menschliche Naturverhältnis bezogen werden. Die *archaische Form der Verschmelzung durch Erweiterung des Größen-Selbst* finden wir in Phantasien und Sehnsüchten wieder, in denen das Subjekt in eigener Regie die Wiedervereinigung mit der Natur vollzieht. Oft fällt es schwer, die idealisierende, sozusagen selbstlose Form der Verschmelzung von der grandiosen zu trennen. Wir können aber davon ausgehen, daß abhängig von der psychischen Instanz, in der die Verschmelzung stattfindet, die eine oder andere Form vorherrscht. Bei Konzepten, in denen ein geistiges oder kognitives Prinzip die Einheit mit der Natur wieder herzustellen sucht, scheint die grandiose Form der Verschmelzung im Vordergrund zu stehen,[3] während das eher emotionale, vegetativ bestimmte Verlangen ins All der Natur zurückzukehren mit Phantasien des erlösenden Selbstverlusts einhergeht, somit durch die Verschmelzung als Auflösung in das allumfassende Objekt bestimmt ist.

Beide Formen der Verschmelzung, die idealisierende und die grandiose, sind mit den psychodynamischen Abwehrvorgängen der *Projektion* und *Introjektion* verbunden. Natur als das allmächtige Objekt, mit dem man die ursprüngliche Symbiose wieder herzustellen wünscht, wird in erster Linie als die gute Mutter imaginiert. Sie garantierte einst den harmonischen Urzustand inniger Verbundenheit mit der Welt. Die böse, versagende Mutter wird mit der städtischen Zivilisation identifiziert. Ihr versucht man ständig zu entkommen. Als Substitut dient die introjizierte, schöne und heile Natur, die im Inneren die Erinnerung an die Tage selbstloser Glückseligkeit ein Stück weit aufrecht zu erhalten und zu nähren weiß. Doch auch das Größen-Selbst introjiziert imaginierte Natur. Der Abwehrmechanismus bezieht sich dabei in erster Linie auf denjenigen Teil der Objektwelt, der die eigene Grandiosität bestätigt. Freilich ist auch diese Welt illusionär verkannte Realität, die Objekte mit ihren Größe und Vollkommenheit bescheinigenden Attributen sind Resultat selbstgefälliger Projektionen.

Die Verkettung projektiver und introjektiver Mechanismen läßt sich besonders deutlich an der *Zwillings-* oder *Alter-ego-Übertragung* aufweisen. Das Wechselspiel beider Abwehrmechanismen erlaubt die Wahrnehmung von natürlichen oder vermeintlich natürlichen Phänomenen als zweites, mehr oder minder identisches Ich. Nur eine illusionär verkannte Natur kann der gleichermaßen selbstherrlichen wie selbstgefälligen Selbststilisierung des modernen Subjekts gleichen. *Fremde* Natur, die die Selbsttäuschung über die eigene, vermeintliche Grandiosität ans Licht bringen könnte, darf die Reinheit der Spiegelung, die im Grunde narzißtische Selbstbespiegelung darstellt, nicht beeinträchtigen und wird deshalb aus dem Blickfeld hinter den Spiegel der Naturidylle verdrängt. Das Andere an der Natur, welches das narzißtischer Selbstbespiegelung zugrundeliegende, illusionäre Selbst- und Weltverhältnis offenlegen und demaskieren würde, bleibt damit unsichtbar.

Alle skizzierten Übertragungsvorgänge dienen der Aufrechterhaltung eines heroischen Selbst- und Weltverständnisses und einer entsprechenden emotionalen Grundbefindlichkeit. Das affektive Erleben in der narzißtischen Übertragung hat stets „die Qualität des Großartigen, Behaglichen, Sicheren, Rauschhaften. Narzißtische Objektbeziehungen vermitteln ein Hochgefühl, das an das Hochgefühl des Kleinkindes anknüpfen dürfte, für das die ganze Welt aus nichts als ihm selbst bzw.

in einer harmonischen Einheit bestand, oder an die Zeit, da es sich selbst als grandioses Wesen von hochidealen Objekten wähnte“ (Henseler 1982, S.461). Die typischen primärnarzißtischen Phantasien kreisen um kosmische Themen oder um die Beziehung zu den vier Elementen Erde, Feuer, Wasser und Luft, also um Sphären, die nach alltäglicher Auffassung mit der natürlichen Welt, ihren Erscheinungen und Vorgängen eng verbunden sind. „Es handelt sich dabei um die Urträume des Menschen, fliegen zu können, auf dem Wasser zu wandeln, durch Kontinente und Ozeane zu reisen oder sogar ins Weltall vorzustoßen“ (Argelander 1972, S.26). Die moderne Freizeitindustrie schafft Gelegenheiten, diese Urträume in mehr oder minder direkter Form wahr werden zu lassen. Segeln, Fliegen, Fallschirmspringen, Klettern oder auch eine Rallye durch Wüsten und Urwälder stellen solche Aktivitäten dar, die mit einem Gefühl inniger Verbundenheit mit dem jeweils tragenden Medium einhergehen. Die Übertragung wird dabei zumeist durch idealisierende, aber auch durch grandiose Momente stabilisiert. Die Gefahren dieser Aktivitäten werden häufig unterbewertet oder nicht ernst genommen, die eigenen Möglichkeiten hingegen überschätzt.

Kreative Naturpolitik

Um der darin beschlossenen *Entfremdung* von der Natur (vgl. Sichler 1995) entgegenwirken zu können, hat sich der Mensch auf jene *andere* Natur zurückzubesinnen, die er nicht zuletzt auch selbst ist. Denn in der Selbsttätigkeit des Leibes wirken jene Aspekte natürlicher Stoffwechselprozesse, die sich der zivilisierte Mensch vom Leib fernhält. Damit ist jene sich dem berechnenden Kalkül entziehende Natur angesprochen, welche sich in den sogenannten *technischen* Katastrophen, aber auch in der Widerspenstigkeit und Hinfälligkeit des Leibes zu erkennen gibt. Diese dem Allmachtsstreben Grenzen setzende Natur könnte dem Menschen unserer Tage jenes geläuterte, Besonnenheit und Gelassenheit einschließende Selbst- und Weltverhältnis vermitteln, welches die in der ökologischen Krise auftretende *Gegenrevolte der verdrängten Natur* in neue Formen der Gestaltung eines humanen Naturverhältnisses umzumünzen in der Lage wäre. Der Weg zurück zu einer ganzheitlichen Natur, welche den Menschen (wieder) in ein harmonisch aufeinander abgestimmtes Weltganzes einfügt, entspricht zwar einer psychologisch plausiblen Abkehr von der zivilisierten Welt zu den vermeintlichen Ursprungswelten, doch ein Zurück zur Natur, zum allumfassenden Weltganzen kann es als ernstzunehmendes Projekt nicht geben. Problematisch, ja fatal erscheint mir dabei, daß die Flucht ins vermeintliche Weltganze das herrschende Mensch-Natur-Verhältnis konserviert. Niemand fühlt sich gezwungen, etwas zu verändern, wenn die an den Rändern der modernen Zivilisation anzutreffende Rest-Natur das Selbstver ständnis des modernen Subjekts als der Natur gegenüber erhabener Herrscher nicht nur zurückspiegelt, sondern den Naturgenuß zugleich mit dem Glücksgefühl einer Droge paart.

Deshalb ist das illusionäre *retour à la nature* in ein Bestreben zu transformieren, welches Natur als unmittelbaren Lebensraum des Menschen zu erschließen sucht. Dies beinhaltet beispielsweise auch eine grundsätzliche Kehre im Verständnis des Stadt-Natur-Verhältnisses. Die Stadt sollte nicht als Gegensatz zur Natur, sondern selbst als eine bestimmte Erscheinungsform von Natur begriffen werden. „Mit der Stadt, das ist die tiefere ökologische Einsicht, erhebt sich der Mensch nicht über die Natur, noch ist es ihm möglich, sich aus der Natur auszugrenzen, vielmehr ist die Stadt eine bestimmte Weise des Menschen, in und mit der Natur zu leben. Die Stadt selbst ist und bleibt Natur, wenngleich ein Stück in besonderer Weise angeeigneter und gestalteter Natur" (Böhme 1989, S.71). In Erweiterung des menschlichen Leibes als die uns nächste Natur auf unsere Wohnstätten als die uns zweitnächste Natur ist die Stadt ein durch Pflanzen und *Bauten* neugeschaffener Naturraum, den der Mensch in Wechselwirkung mit der „Spontaneität der Natur durch seine Nutzung und Arbeit beständig reproduziert" (Böhme 1989, S.73f.). Genau dies wäre ein Beispiel für *kreative Naturpolitik,* die auch in diesem Fall an jener Natur anzusetzen hat, die der Mensch selbst ist oder auch sein könnte.

Anmerkungen

1 Zur folgenden Darstellung vgl. Mittelstraß (1981).

2 „Eines zu sein mit Allem, was lebt, in seliger Selbstvergessenheit wiederzukehren ins All der Natur, das ist der Gipfel der Gedanken und Freuden, das ist die heilige Bergeshöhe, der Ort der ewigen Ruhe, wo der Mittag seine Schwüle und der Donner seine Stimme verliert und das kochende Meer der Woge des Kornfelds gleicht" (Hölderlin 1979, S.13).

3 Paradigmatisch hierfür scheint mir die Philosophie Hegels zu sein, der die Antagonismen des Universums einschließlich der Entgegensetzung von Geist und Natur in der spekulativen Reflexion, in der Selbstbewegung des Begriffs auflöst (vgl. dazu Böhme; Böhme 1983, S.161ff.).

Literatur

Argelander, Hermann: Der Flieger. Eine charakteranalytische Fallstudie.– Frankfurt / Main 1972.

Böhme, Gernot: Für eine ökologische Naturästhetik.– Frankfurt / Main 1989.

Böhme, Gernot; Hartmut Böhme: Das Andere der Vernunft. Zur Entwicklung von Rationalitätsstrukturen am Beispiel Kants.– Frankfurt / Main1983.

Descartes, Rene : Von der Methode.– Hamburg 1960 (erstmals 1637).

Henseler, Heinz: Die Theorie des Narzißmus.– In : Dieter Eicke (Hg.): Tiefenpsychologie. Band 1: Sigmund Freud – Leben und Werk . – Weinheim 1982, S.453-471.

Hölderlin, Friedrich : Hyperion oder Der Eremit in Griechenland.– Frankfurt / Main 1979 (erstmals 1797 und 1799).

Janich, Peter : Grenzen der Naturwissenschaft. Erkennen als Handeln.– München 1992.

Kohut, Heinz: Narzißmus. Eine Theorie der psychoanalytischen Behandlung narzißtischer Persönlichkeitsstörungen.– Frankfurt / Main 1973.

Meyer-Abich, Adolf: Naturphilosophie auf neuen Wegen.– Stuttgart 1948.

Meyer-Abich, Klaus-Michael: Der Holismus im 20. Jahrhundert.– In: Gernot Böhme (Hg.): Klassiker der Naturphilosophie. Von den Vorsokratikern bis zur Kopenhagener Schule .– München 1989, S.313-329.

Mittelstraß, Jürgen: Das Wirken der Natur. Materialien zur Geschichte des Naturbegriffs.– In: Friedrich Rapp (Hg.): Naturverständnis und Naturbeherrschung. Philosophiegeschichtliche Entwicklung und gegenwärtiger Kontext.– München 1981, S.36-69.

Sichler, Ralph: Die Entfremdung des Menschen von der Natur.– Erscheint in: Alexander Dröschel (Hg.): Kinder – Umwelt – Zukunft.– Münster 1995.

LISBETH N. TRALLORI

„Verbesserung" und Vernichtung
Zum Selektionsparadigma in der Humangenetik

Spätestens seit dem Bau der ersten Atombombe, an dem „fortschrittliche" Physiker und erklärte Anti-Nazis mitgewirkt haben, seit dem atomaren Holocaust in Hiroshima und Nagasaki, hat die neuzeitliche Wissenschaft sichtbar ihre Unschuld verloren. Spätestens seit diesem Zeitpunkt kann das viel strapazierte Argument, die Grundlagenforschung sei von der Anwendung dieser Forschung zu trennen, nicht mehr hingenommen werden. Dasselbe gilt für die Gen- und Reproduktionstechniken.

Auch sie sind weder im leeren sozialen Raum entstanden noch wertneutral. Wie die feministische Wissenschaftskritik gezeigt hat, sind soziale Verhältnisse Teil jeder Technologie und spiegeln sich in ihr wider. Was von einer Technik brauchbar oder unbrauchbar, was gut oder schlecht ist, läßt sich nicht erst nach deren Einsatz abklären, wie es der herkömmliche naturwissenschaftliche Argumentationsstrang suggeriert. Vielmehr widerlegen die Gen- und Reproduktionstechniken diese ohnehin schon ausgedünnte Legitimierung. Entscheidend für beide Techniken ist die Aussonderung von erwünschten und unerwünschten Partikeln, Zellen und Genen sowie die Vernichtung des Unerwünschten. „In der Tat, Fortpflanzungs- und Gentechnik würde ohne diese Prinzipien der Selektion und Elimination keinen Sinn ergeben", konstatiert Maria Mies. „Warum sollte sich jemand für Genetik interessieren, wenn er nicht den Wunsch hätte, die schnellere Entwicklung des Typus voranzutreiben, den man als wertvoller als andere ansieht? Das stimmt sowohl für die Humangenetik als auch für die Tier- und Pflanzengenetik. Es ist gleichermaßen wahr für die Fortpflanzungstechnik, die auf der Selektion fruchtbarer Elemente (Spermien, Eier) und ihrer Kombination außerhalb des weiblichen Körpers beruht" (Mies 1992, S.54).

Ein weiteres Moment, das den kontextuellen Erkenntniszugang systematisch vernebelt, liegt in der vorherrschenden Geschichtslosigkeit. Ihr ist es zu verdanken, daß man nolens volens die Gen- und Reproduktionstechniken auseinanderdividiert, ihren Entstehungs- und Anwendungszusammenhang vielfach negiert. Was veranlaßte die Wissenschaftler überhaupt an Vererbung, Fortpflanzung und deren Gesetzmäßigkeiten zu forschen? War es männliche Entdeckungslust, Faszination des Wissens oder jene der Kontrollausübung und Macht? Oder waren sie vom Pathos der Optimierung durchdrungen, das ihnen die Realisierung der „Schönen Neuen Männerwelt" versprach?

Als Antwort darauf werde ich einige Schnittstellen bei der Herausbildung moderner Genetik herausarbeiten, an denen das selektionstheroretische Paradigma und die darauf beruhenden Anwendungsstrategien des „Human betterment" deutlich werden.

Von der Personenstufe zur Zellstufe

Um die Jahrhundertwende steckte die Genetik noch in ihren Anfängen und beruhte, etwas vereinfacht ausgedrückt, auf den Mendelschen Erbregeln, dem darwinistischen Evolutionskonzept und einem starren biologischen Determinismus, der besagte, daß sämtliche menschlichen Eigenschaften und Verhaltensweisen erblich gesteuert seien. Als Wissenschaft von der Vererbung war sie im Kontext mit dem Sozialdarwinismus entstanden und eng mit den eugenischen Prinzipien verknüpft (Weß 1989). Ausgehend von dem englischen Gelehrten Francis Galton verspricht die Eugenik, die Lehre von der guten Zeugung, auf rationaler Grundlage die menschliche Fortpflanzung planbar und lenkbar zu machen. In Deutschland greifen diese Lehre Wilhelm Schallmayer und vor allem Alfred Ploetz auf, der den Begriff „Rassenhygiene" (1895) dafür benutzt und später zum Politikberater im NS-Regime avanciert.

Die Eugenik erhebt für sich den Anspruch, einen kategorialen Bestimmungs- und Begriffsrahmen für die Definition der „guten" und „schlechten" Elemente des Reproduktionsvorgangs zu liefern. Das erklärte Ziel von Galton, die menschliche Fortpflanzung nach qualitativen Kriterien zu beurteilen und zu steuern, setzt eine Differenzierung und zugleich Bewertung in „fit" bzw. „unfit" voraus. Diese Einstufungen erweisen sich insofern folgenreich, als daran disziplinierende Handlungsanweisungen je nach dem Bewertungsgrad gekoppelt sind. Die sogenannte „positive" Eugenik strebte nach Verbesserung der menschlichen Reproduktion durch züchterische Planung, nach höherer Intelligenz, besserer körperlicher Konstitution, Schönheit, während die „negative" Eugenik auf die Ausschaltung all jener drängte, die diese einmal unterstellte Entwicklung zum „Höheren" hemmten. Von Beginn an war sie sozialtechnologisch orientiert (Weingart et al. 1988). Über das vererbungstheoretische und eugenische Deutungsmuster wurden soziale Probleme, wie zum Beispiel gesundheitsschädliche Folgen der Industrialisierung, Zuwanderungen in die städtischen Ballungszentren, Verarmung, Kriminalität und Wohnungsnot biologisiert, zum anderen sollten gerade diese Probleme mit sozialpolitischen Interventionen staatlicher Einrichtungen gelöst werden. Als Maßnahmen werden Eheverbote, Zwangsverwahrung, -sterilisierung und Kastration empfohlen.

Auf wissenschaftlicher Grundlage wurden faktisch politisch-ökonomische Säuberungen durchgeführt. Man hat Menschen mit gesellschaftlich unerwünschten

Merkmalen herausgegriffen, wie sozial Unangepaßte, Arme, Alte, Behinderte und Kranke, sie verwahrt, zwangssterilisiert[1] und zu einem späteren historischen Zeitpunkt, unter der NS-Herrschaft, den Rädern rassistischer Vernichtungspolitik preisgegeben.

Mit Alfred Ploetz, Initiator und einer der Leitfiguren der deutschen Rassenhygiene, begegnen wir einem Humanisten sozialistischer Prägung. Er war Mediziner, zählte Gerhart Hauptmann und Frank Wedekind ebenso zu seinen Freunden wie den Mitbegründer der sozialistischen Bewegung, August Bebel. In seinen Überlegungen ist bereits verankert, was die Gentechnik und Humangenetik später einlösen. Ploetz war von der Optimierbarkeit des Menschen überzeugt – allerdings unter der Voraussetzung, daß eine gesellschaftlich gesteuerte Selektion an die Stelle der „natürlichen" Selektion trete, nachdem diese durch den Zivilisationsfortschritt nicht mehr wirke.

In seinen „Grundlinien einer Rassenhygiene" (1895) empfiehlt Ploetz, Ehe und Fortpflanzung nur „hochwertigen" Paaren zu gestatten sowie eine medizinische Überwachung der Schwangerschaft und die Begutachtung jedes neugeborenen Babies, dem, wenn es „ein schwächliches oder mißgestaltetes Kind" ist, „ein sanfter Tod bereitet (wird), sagen wir durch eine kleine Dosis Morphium".[2] Ploetz ist sich darüber voll im klaren, daß diese „Ausjäte" – sein Begriff für den Tötungsakt – Teil einer „rücksichtslosen Rassenhygiene" und tunlichst zu vermeiden sei. Deshalb sein Vorschlag, diese „Ausjäte" auf das „Niveau der Keimzellen zu verschieben". Er appelliert an die wissenschaftliche Forschung, sie solle „Möglichkeiten der künstlichen Auslese der Keimzellen [...] entwickeln." Dezidiert spricht er über die „Abwälzung der Ausmerzung von der Personenstufe auf die Zellstufe". Und er kommt zu dem Schluß: „[...] wenn keine Schwachen mehr erzeugt werden, brauchen sie auch nicht mehr ausgemerzt werden". Sein Appell sollte Gehör finden.

Ausgangspunkt für die moderne Humangenetik war die Defektheitshypothese, auf darwinistischer Basis. Das Zustandsbild, das führende Experten und Wissenschaftler von der genetischen menschlichen Ausstattung zeichneten, fiel äußerst düster aus. Als Ursache für die von ihnen konstatierte Verschlechterung wurden die moderne Technik und soziale Einrichtungen bzw. der Wohlfahrtsstaat genannt. Die heutige Gesellschaft sei bereit, Hilfestellungen an die Schwächeren zu leisten, ohne die sie in früheren Zeiten nicht überlebt hätten. Dadurch haben sich die Bedingungen verändert, unter denen sich früher der existenzielle „Kampf ums Dasein" akzentuierte – so lautete der Tenor ihrer Aussagen (vgl. Jungk; Mundt 1966).

Auf Grundlage der Defektheitstheorie treten sie für die Methoden der Auslese von Ei- und Samenzellen ein, für die Lagerung von Keimzellen mittels Gefrierverfahren, für „klonische Fortpflanzung" und die außerkörperliche Befruchtung im Labor. Ihr Votum für Manipulationen am menschlichen Gen bzw. für künstliche Fortpflanzungstechniken entspringt dem Konstrukt, die Evolution im Sinne der geplanten Optimierung wissenschaftlich zu beschleunigen. Die seit den siebziger

Jahren rasant vor sich gegangene Entwicklung der Reproduktionsmedizin mit den Möglichkeiten der In-vitro-Fertilisierung, Experimenten an Embryonen, Gen-Analysen und pränataler Diagnostik hat erlaubt, die eugenische Selektion tatsächlich „von der Personenstufe auf die Zellstufe" umzupolen, sozusagen molekulare Eugenik zu betreiben.

Die führenden Genetiker waren sich bereits in den zwanziger und dreißiger Jahren darüber einig, daß die ständige Verschlechterung des menschlichen Genpools nicht effizient genug durch eine Ausmerze-Politik bekämpft werden konnte. Neue Erkenntnisse aus der Strahlen- und Populationsgenetik hatten zu diesem Konzept geführt, das den Erfassungsmodus wesentlich radikalisiert (Roth 1986). Die Voraussetzung für tatsächlich wirksame Eingriffe sahen sie nicht auf dem Boden der Klassengesellschaft. Zur Durchführung einer allumfassenden Selektion der gesamten menschlichen Erbsubstanzen müßten jedoch die Klassenschranken fallen und eine neue Gesellschaft auf demokratischer Basis errichtet werden. Das heißt, anstelle der politisch gesteuerten Selektion unter dem Nationalsozialismus, von dem sie sich mehrheitlich distanzierten, sollte eine „objektive", durch wissenschaftliche Erkenntnisse fundierte treten. Aus diesem Grund plädierten sie für eine rationale Geburtenplanung und den Aufbau der Humangenetik, die eine vorgeburtliche Selektion erlaubt.

Demokratisierung der Täter?

Eines war klar: Nach Auschwitz und den Nürnberger Prozessen konnte am Auslese- und Ausmerzeprogramm, an der Praxis der erbbiologischen Erfassung, Zwangssterilisierung und Euthanasie, wie unter dem Nationalsozialismus, nicht mehr unmittelbar festgehalten werden – trotz des Bedauerns mancher Forscher. Die Kontinuität der Eugenik und damit der Rassenhygiene manifestierte sich durch eine personelle Kontinuität ihrer Verfechter während und nach der Nazi-Ära. Denn mehrheitlich gelang es den NS-Wissenschaftlern, sich nach 1945 im akademischen Betrieb wieder zu integrieren. Es handelte sich um Wissenschaftler, die wesentlich an den Kriterien zur Auslese und rassistischen Verfolgungen beteiligt waren, die begutachteten, klassifizierten und mitunter die Aktionen zur Totalerfassung bis hin zu den Tötungen vorbereiteten.[3]

Der erste Lehrstuhlinhaber für Rassenhygiene in Deutschland, Fritz Lenz, erhielt bereits 1946 eine Professur in Göttingen, wo er am Institut für menschliche Erblehre wirkte. Er hatte entscheidend an den Beratungen zu den Euthanasiegesetzen teilgenommen und Euthanasie als einen Akt der „Humanität" bezeichnet (Müller-Hill 1984). Einer der führenden Rassenhygieniker und Erbbiologen im „Dritten Reich", Otmar von Verschuer, der unter anderem Zwillingsforschung betrieb, wechselte nach 1945 auf die Humangenetik über. Aus dem Vernichtungslager Auschwitz hatte ihm sein Assistent, niemand anderer als Josef Mengele, die für seine Forschungen nachgefragten „Organpräparate“ an das Berliner Kaiser-Wilhelm-Institut geliefert.

Eine beispiellose Karriere in der Nachkriegsgesellschaft konnte der „Biostatiker“ Siegfried Koller verzeichnen. Auf der Grundlage des populationsgenetischen Modells hatte er sich während der NS-Ära für die Erfassung sogenannter „Gemeinschaftsunfähiger“ eingesetzt – eine Diktion, die man vor allem auf Roma und Sinti anwandte. 1941 schätzte er die Anzahl der „Gemeinschaftsunfähigen“ auf rund eine Million. Mit seinen Arbeiten hatte er wesentlich an der Vorbereitung ihrer Deportation und Vernichtung mitgewirkt. Dieser Mann, ein Paradebeispiel für den Typus des „Schreibtischtäters“, arbeitete anschließend im Statistischen Bundesamt. Auf ihn gehen alle Erfassungs- und Datensysteme sowie Statistiken zur Bevölkerungs- und Gesundheitspolitik in Deutschland zurück. Von ihm wurde in den fünfziger Jahren der Mikrozensus entwickelt. Das „Schwergewicht des Mikrozensus lag auf der Bestandsaufnahme der sozialen Konfliktpunkte und der gesundheitlichen Verhältnisse, häufiger Wohnungswechsel, Gelegenheits- und Schwarzarbeit. Seit Oktober 1957 werden vierteljährlich umschichtig ein Prozent der bundesdeutschen Bevölkerung auf diese Weise totalerfaßt“ (»E.coli-bri«1988, S.26). Koller bewirkte auch eine Veränderung der Medizinalstatistik zu einer „Sozialpathologie“, womit ein wesentlicher Schritt zur angewandten Sozialbiologie erfolgt war. Für seine wissenschaftlichen Leistungen erhielt er 1982 das Verdienstkreuz 1. Klasse der Bundesrepublik, 1988 war er als „unbestechlich wissenschaftlicher Ratgeber“ gefeiert worden (Berndt 1994, S.101).

Ende der sechziger Jahre entstand der neue Begriff „Sozialgenetik“. Damit sollten die schweren politischen Belastungen, die mit der Eugenik, ihrer Bewertung, ihren Zielen und ihrer Praxis unter dem Nationalsozialismus verbunden waren, ausgeschaltet werden. Sozialgenetik präsentierte man als eine „wertfreie“ Wissenschaft. Auf dem Marburger Forum Philippinum (1969) traten für diese neue Disziplin vor allem der Humangenetiker Peter Emil Becker und der Bevölkerungswissenschaftler Hans Wilhelm Jürgens ein. Im Zuge des „Wiederaufbaus“ hatte sich Jürgens auf das Terrain der sozialbiologischen Begabungsforschung spezialisiert. Unter seiner Leitung wurden Untersuchungen an Schulkindern – zunächst in Kiel – und schließlich an rund einer halben Million Schülerinnen und Schülern im gesamten Bundesgebiet durchgeführt. Ziel war es einmal, die Begabten aus der Unterschicht zu erkennen, um sie damit zugleich politisch zu neutralisieren. Durch das Versprechen von Aufstieg und Bildung sollte ihnen ihr brisantes Potential genommen werden. „Jeder Aufstiegswillige kann die Schicht verlassen. In letzter Konsequenz kommen wir auf diese Weise zu einer sozialen und politischen Entmündigung der Unterschicht“, stellt Jürgens fest.[4]

Ein wichtiges Forschungsgebiet lag in der Beobachtung der Wanderbewegungen von Flüchtlingen und den ehemaligen Zwangsarbeitern, um soziale Zusammenballungen zu vermeiden. Der stetige Zustrom von Gastarbeitern und der Rückgang „nationaler" Geburten bildeten ein weiteres Untersuchungsthema. In einer Reihe von sozialanthropologischen Studien wurden vor allem diejenigen Bevölkerungsteile ins Visier genommen, die nicht in den Aufbau der Leistungsgesellschaft integriert werden konnten oder wollten, für die das Stigma der sogenannten „Asozialen" und „Gemeinschaftsunfähigen" wiederum bereitstand. Ihnen widmete Jürgens sein besonderes Interesse. Anfang der sechziger Jahre habilitierte er sich mit einem Werk über „Asozialität als biologisches und sozialbiologisches Problem", das im übrigen von der Deutschen Forschungsgemeinschaft finanziert wurde.

Darin schreibt er: „Da jede demokratische Lebensform an das Gemeinschaftsbewußtsein größere Anforderungen stellt, ergibt sich um der Gemeinschaft willen die Notwendigkeit, Menschen ohne soziales Gewissen, die sich in diesem Verband nicht einfügen, besonderes Augenmerk zu widmen" (Jürgens 1961, S.Vf.). Er stellt die Forderung nach einer sorgfältigen Erfassung dieses Personenkreises in den Jugend-, Fürsorge-, Gesundheits- und Arbeitsämtern auf. Zur stärkeren Bekämpfung der „Asozialität" schlägt er Verwahrung und Sterilisierungen vor, wobei er der letzteren Maßnahme den Vorzug gibt. Zumal er davon ausgeht, daß „im Zuge der Aufklärung weiter Volkskreise [...] in einigen Generationen auch die zwangsweise Sterilisierung für jeden Kulturstaat ähnlich selbstverständlich sein wird, wie gegenwärtig der Impfzwang" (1961, S.155f.). Anfang der siebziger Jahre arrivierte Hans Wilhelm Jürgens zum Direktor des Bundesinstituts für Bevölkerungsforschung in Wiesbaden.

Atomare Verseuchung und Humangenetik – ein vernachlässigter Zusammenhang

Entscheidend für die Etablierung der Neo-Eugenik waren die Auswirkungen der Atombombe. Humangenetiker haben den Atombombenabwurf auf Hiroshima und Nagasaki als riesiges Massenexperiment der Strahlenbiologie verstanden und ausgewertet (»E.coli-bri«1988). Bereits vor dem Abwurf war eine medizinische Analyse der Strahlenschäden geplant. Unter der Leitung von James V. Neel und durch Forschungsgelder des US-Militärs unterstützt, bildete sich eine Kommission, die mit dem genetischen Untersuchungsprogramm an den japanischen Bombenopfern und ihren Nachkommen begann. Für ihre wissenschaftliche Arbeit waren die Bedingungen günstig: „Die Furcht vor einer Schädigung der Kinder und die Aussicht auf medizinische Versorgung und eine zusätzliche Lebensmittelkarte brachte die meisten betroffenen Frauen dazu, sich von der Kommission untersuchen zu lassen. Bis 1954 wurden fast 80.000 Schwangere und 20.000 Säuglinge untersucht“ (Weß 1989, S.41). Fehlgeburten, Mißbildungen, Geburtsgewichte und Überlebensraten sollten Aufschlüsse über genetische Veränderungen geben. Heute ist auch bekannt, daß Einheiten der US-Infanterie ebenso wie die Bewohner der Südsee oder die australischen Ureinwohner „mit voller wissenschaftlicher Absicht der Strahlung und dem Fall-Out der Testbomben ausgesetzt wurden“ (»E.coli-bri«1988, S.27). Die 1946 gegründete Atomenergiekommission, in deren Kompetenz die Kontrolle über die zivile und militärische Nutzung der Atomtechnologie fiel, finanzierte bis in die sechziger Jahre den Aufbau der humangenetischen Forschungszentren in den USA.

Aufgrund des Atombombenabwurfs versuchte Hermann J. Muller 1949 sein Konzept von der „Genetischen Bürde“ („Genetic load“) zu formalisieren.[5] Daraus ergaben sich Schätzungen über die menschliche Mutationsrate, aber auch neue Fragen an die Humangenetiker: „Wie hoch war die Mutationsrate und war sie im Steigen begriffen? Welche Rate war tolerierbar und in welchem Maße schlug die natürliche Selektion noch zu?“ Auswertungen des genetischen Materials von Bombenopfern sollten darüber Aufschluß geben. Auf dem 1. Internationalen Kongreß für Humangenetik 1956 in Kopenhagen forderten die dort anwesenden Wissenschaftler im Hinblick auf die vorliegenden Ergebnisse nicht etwa ein Ende des atomaren Wettrüstens, den Atomstopp, sondern begleitende humangenetische Forschungsprogramme, zum anderen auch ein größeres Budget für die Grundlagenforschung.

Auf diesem Kongreß wie auch an einer im Anschluß daran stattfindenden Tagung – im übrigen von der WHO finanziert – nahm Otmar von Verschuer teil. Er tat dies stellvertretend für die deutschen Humangenetiker, aber auch offiziell im Auftrag des Bundesministeriums für Atomkernenergie und Wasserwirtschaft. Diese Allianz zwischen Humangenetikern und Atomministerium sollte während der nächsten Jahre der Motor für seine – Verschuers – Arbeit sein. Das Atomministerium nämlich finanzierte den Aufbau eines Genetik-Registers, mit dem Verschuer und seine Mitarbeiter 1957 begannen. Es ging dabei um die Durchforstung der Bewohner des Regierungsbezirkes Münster. Im Laufe der nächsten zehn Jahre wurden die Befunddokumentationen aus 149 Krankenhäusern und 16 Gesundheitsämtern durchgesehen. Dazu kamen Hebammenbücher, Totenscheine, Akte der Körperbehinderten- und psychiatrischen Fürsorge, der Mütterberatung und Schulgesundheitsbögen.

Fand sich auf diesen Dokumenten ein Hinweis auf eines von etwa 200 Erbmerkmalen (die Liste reichte von Lippen-Kiefer-Gaumenspalten über erbliche Stoffwechselstörungen bis hin zum „angeborenen Schwachsinn“), so wurde eine Karteikarte angelegt und die Daten auf Lochkarten verschlüsselt. 1961 waren insgesamt bereits 2,2 Millionen Befunde (aus den Jahren 1950-57) analysiert und die Ergebnisse auf 37.000 Lochkarten gespeichert. Dieses Register diente als Grundmaterial für Fallstudien über die Verbreitung bestimmter Krankheitssyndrome, und das

Fernziel davon war „eine möglichst lückenlose Erfassung aller Mutanten in einer bestimmten Bevölkerung“, wie es in einem Dokument dazu hieß. Verschuer legte Wert auf die neuesten Methoden und hatte seine Mitarbeiter ständig in die USA gesandt, in die Zentren der genetischen und epidemiologischen Forschung. Einer seiner wichtigsten Mitarbeiter, Hans Christian Ebbing, wurde danach Leiter des Referates für Statistik des Gesundheitswesens im Statistischen Bundesamt Wiesbaden.

Neben diesem lokalen Register wurde ein anderes bundesweites Modell zur Erfassung von Erbkranken gefördert, wiederum mit den Mitteln des Atom- und Gesundheitsministeriums. Es handelt sich dabei um das sogenannte „Marburger Modell“ unter der Leitung von Hans Nachtsheim, Georg Gerhard Wendt und Friedrich Vogel. Dieses Register umfaßte 1959 bereits über fünftausend Kranke, die mutmaßlich an Chorea Huntington litten, nebst zehntausend Verwandten. Während nach dem Tode von Verschuer die Arbeit faktisch eingestellt wurde, hat man das Register in Marburg weiter ausgebaut. Daraus haben sich dann die Konzepte für humangenetische Beratungsstellen entwickelt.

Germinal Choice

Mit dem Projekt zur Keimzellen-Auslese, wie es von Hermann J. Muller auf dem Zweiten Internationalen Kongreß für Humangenetik 1961 in Rom präsentiert wurde, deutete sich eine Wende von der sozialtechnologischen zur gentechnologischen Selektionsstrategie an. Nach seiner Berechnung der Mutationsrate drohte weiterhin die Gefahr der genetischen „Degeneration“, sodaß nicht bloß eine Verhinderung genetischer Defekte, wohl aber dic bewußte Förderung des genetischen Fortschritts angesagt war. Die technologische Revolutionierung seit den fünfziger Jahren bildete den Rahmen, innerhalb dessen sein Konzept realisierbar erschien und Keimzellen in gefrorenem Zustand über längere Zeit verfügbar waren. Daran schließt sich die Frage nach der Auswahl der Keimzellen, deren Qualität „hervorragend“ sein muß, aus Sorge um die nachfolgenden Generationen.

Die professionellen Weltverbesserungsideen sind auf die selektive Praxis angewiesen, deren Blick nicht mehr auf eine bestimmte Personengruppe im sozialdarwinistischen Sinne, sondern nur mehr auf deren „genetisches Material“ gerichtet ist. „Weshalb“, fragt Joshua Lederberg, „sollen wir uns jetzt mit der somatischen Selektion aufhalten, die in ihrer Wirkung so langsam ist? Mit einem Bruchteil dieser Anstrengung könnten wir bald die Manipulierung von Chromosomenploidität, Homozygosis, gametischer Selektion und die gesamte Diagnose von Heterozygoten lernen, um in ein oder zwei Generationen eugenischer Praxis das zu erreichen, wozu wir heute zehn oder hundert brauchen“ (1966, S.294).

Anlaß für den intellektuellen Austausch zwischen den Größen der Wissenschaftsgemeinde bot das Symposion über die „Zukunft des Menschen“, das am Beginn der sechziger Jahre in London stattfand. Unabhängig davon, ob es in ihren Konzepten darum ging, eine Elite zu produzieren, oder sie faktisch vom „Klonen“ sprachen, Krankheiten abschaffen wollten, oder ob sie selektive Praktiken zur Reproduktionskontrolle ersannen – all das zielte auf eine Optimierung, auf einen mit „besseren Genen“ ausgestatteten Menschen, ja auf einen Menschen, der befähigt ist, sich den radikalen Veränderungen in der Umwelt oder den Anforderungen des modernen Zeitalters, zum Beispiel der Raumfahrt, zu stellen (Jungk; Mundt 1966).

Zur Voraussetzung bei allen eugenisch-genetischen Erneuerungen wird jedoch eines: das Prinzip der Freiwilligkeit und der Demokratisierung. Dieses Prinzip gilt in erster Linie für die Bewohner der westlichen Hemisphäre. Für jene in den Ländern der Dritten Welt, wo das Anwachsen der Geburtenrate als bedrohlich empfunden wurde, gelten andere Kriterien. In Indien konnte man sich durchaus Zwangsmaßnahmen vorstellen, insbesondere dann, wenn es um eine „Eindämmung“ des Wachstums geht; deshalb werden rigorose Verhinderungsstrategien diskutiert. Gregory Pincus wünscht sich die Anwendung von „chemotherapeutischen Waffen“ – sprich Anti-Baby-Pille –, an deren Entwicklung er maßgeblich beteiligt war, generell für die Frauen der Dritten Welt.

Als eine der wichtigsten künftigen Aufgaben betrachtet Hermann J. Muller, die Wandlung der „sittlichen Anschauungen“ herbeizuführen und Vorurteile gegenüber den zur Auswahl stehenden Techniken abzubauen, die zur „Verbesserung des Menschen“ führen. „Wenn die Wahl nicht unter Einfluß, sondern freiwillig und demokratisch erfolgt, werden die gesunden Werte, die fast überall von der Menschheit geschätzt werden, als Hauptmotive die Richtung der Wahl bestimmen. Alle Menschen schätzen im Grunde schöpferische Kräfte, Weisheit, Brüderlichkeit, Freundlichkeit [...] Lebensbejahung, Mut, Willenskraft, Langlebigkeit. Wenn sie die Gelegenheit haben, ihre Kinder näher an diese Ziele heranzuführen, als es ihnen selbst gelang, werden sie diese Chance nicht verpassen“ (1966, S.289). Daß die von Muller genannten humanistischen Werte nichts anderes als soziale Wertkategorien sind, die wiederum ins Biologische rückübersetzt werden, wird spätestens bei der heutigen Praxis der Samenbanken und In-vitro-Fertilisierung klar.

Individualisierung humangenetischer Techniken

Was allerdings das Prinzip der Freiwilligkeit betrifft, so erlischt sein Glanz angesichts gesundheitsökonomischer Rationalisierung. Das Verhältnis zwischen gesellschaftlichen Werten und neuen Technologien wird bloß zu einem privaten Verhältnis verkürzt und die Problematik des selektionstheoretischen Paradigmas lediglich individualisiert.

Seit den sechziger Jahren forcierte man den Ausbau humangenetischer Techniken und Disziplinen. Genetic engineering, ein Begriff der Mitte des Jahrzehnts auftauchte, signalisierte dann den Übergang zum „Genetic fix", der Möglichkeit einer umfassenden genetischen Planung. Die Ära des Screenings zur Entdeckung bestimmter Defekte begann.

Inzwischen werden Neugeborene weltweit den verschiedenen Tests, die Stoffwechselstörungen oder vererbbare Krankheiten anzeigen, unterworfen.[6] In der Arbeitsmedizin finden Gen-Screenings als Routineuntersuchungen statt. Entwikkelt und verfeinert wurden die Methoden der pränatalen Diagnose, wodurch die genetische Beratung ein Instrument erhielt, mit dessen Hilfe zwar Krankheiten aufgespürt, aber nicht geheilt werden können.

Die stürmische Weiterentfaltung in den siebziger Jahren führte schließlich zur Genetic-marker-Technologie, durch welche die prädiktive Medizin entstand, das heißt, bereits bei der Geburt werden Dispositionen für bestimmte Krankheiten, die im späteren Erwachsenenalter auftreten (können), feststellbar. Die Verbreitung und Umsetzung dieser Techniken heute erfolgt nicht mehr zwanghaft durch Institutionen, mit „Gesetz und Beil", sondern erweckt eine große Nachfrage. Denn das Pathos von der optimierbaren Gesundheit, vom stetigen „Human betterment" sorgte dafür, daß es zunehmend schwieriger wird, sich den Technikangeboten zu entziehen. Die individualisierte Verantwortung für die Bewältigung von Sozial- und Umweltproblemen, von gesellschaftlichen Krisen mithilfe der Technik verschleiert aber das, was ehemals noch als Selektion „unwerten" Lebens galt.

Im Diskurs von Peter Singer und Helga Kuhse, die ihre Thesen am siebten Internationalen Kongreß für Humangenetik 1986 in Berlin vortrugen, wird das Selektionsparadigma nochmals grell erhellt: Dem Verbrauch, der Nutzung und Vernichtung von Keimzellen, embryonalen Zellen, Föten, kranken Kindern oder alten Menschen – kurzum der Aussonderung des „Unproduktiven" – bescheinigen sie insofern eine Unbedenklichkeit, als die Entscheidung darüber von Experten und Institutionen getragen wird. Festzuhalten bleibt: Mit der Integration der Humangenetik in das breite Feld der Medizin hat sich auch ihr Gegenstand von der Populationsgenetik zur Individualgenetik verschoben. Am selektionstheoretischen Charakter der bereitstehenden Technologien, auch wenn die Entscheidung darüber den Einzelnen überlassen ist, veränderte sich jedoch nichts.

Am deutlichsten ist er noch bei der pränatalen Diagnostik erkenntlich, wo deren Ergebnisse durch Amniozentese, Chorionbiopsie etc. stets an die fakultative Ausmerze zur Verhinderung von Defektheit gebunden ist. Defektheit umfaßt, wie es die vorgeburtliche Selektionspraxis in Ländern wie Indien und China zeigt, stets auch das weibliche Geschlecht. Dies alles deutet darauf hin, daß nicht der Imperativ der Entscheidungsstrukturen aufschlußreich für die Präsenz und Kontinuität des Selektionsparadigmas innerhalb der Humangenetik ist, sondern das wissenschaftstheoretische Fundament der Forschung, auf dem die angewandten Techniken beruhen.

Biologische Waffen

An einen anderen zerstörerischen Forschungs- und Praxiszusammenhang, in dem die Gentechnik steht, möchte ich abschließend erinnern. Durch das Vorantreiben des Genetic engineering in den siebziger Jahren erhielt die biologische Waffenforschung enormen Aufschwung. Gezielte Eingriffe in die Erbstruktur von Mikroorganismen mithilfe gentechnischer Verfahren und die Methode der Rekombination schufen die Voraussetzungen dafür. Aus der Kriegstechnik, die vor diesem Zeitpunkt liegt, ist die Verwendung von Viren, Bakterien oder Giften, die in der Natur vorkommen, bereits bekannt. Neu daran ist, daß mit der Gentechnik Bio-Waffen quasi „maßgeschneidert" im Labor hergestellt werden können.

Als im Jahre 1972 ein internationales Übereinkommen hinsichtlich der B-Waffen abgeschlossen wurde, verzichtete man auf deren Entwicklung, Herstellung und Lagerung. Dieser Verzicht dürfte den unterzeichneten Staaten nicht schwer gefallen sein, denn Lagerung und Transport solcher Kampfstoffe galten als äußerst problematisch. Ein Jahr nach Abschluß der Konvention wurde deutlich, in welcher Richtung sich die Genforschung entfalten würde. An der Universität Stanford gelang den beiden Molekularbiologen Herbert Boyer und Stanley Cohen erstmals die Herstellung genmanipulierter Bakterien im Labor. Die Möglichkeiten der Gentechnik öffneten die Büchse der Pandora, die Chance auf ein biotechnologisches Waffen-Design rückte damit näher. Nunmehr erschien eine gezielte Krankheits- und Seuchenverbreitung insofern praktizierbar, als die „eigene Truppe", das „eigene Volk" vor dem Einsatz dieser Biowaffen gezielt immunisiert werden konnte. Aufgrund der gentechnischen Perspektive veränderte sich die Haltung der Politiker grundlegend. Der ehemalige Unterstaatssekretär im US-Verteidigungsministerium, Douglas J. Feith (1986), brachte diese Kehrtwende rückblickend zum Ausdruck: „Das Verteidigungsministerium war seinerzeit mit Präsident Nixon der Meinung, daß biologische Waffen bei der damaligen Technologie militärisch bedeutungslos waren. Jetzt, mit der neuen Technologie, ist klar, daß Bio-Waffen militärisch von höchstem Interesse sind. Wir haben unsere Meinung über den militärischen Nutzen biologischer Waffen seither geändert."

Geändert hat sich auch die Diktion. Seither ist von der Entwicklung eines biologischen „Schutz"-Programms die Rede. Das war die Hintertür, die man sich bei dem B-Waffen-Abkommen offen gelassen hatte. Nicht mehr die kriegerische Offensive, wohl aber „Biological defense" gab die Folie für eine Intensivierung der Forschung ab. Zusammenhängend damit wurden 1980 drei militärische Projekte in den USA gestartet, 1983 sind bereits über 14 bekannt. Sprunghaft gestiegen sind die Investitionen zur Herstellung von Impfstoffen und Diagnostika gegen verschiedene „Bio-Agentien". Das Pentagon finanzierte diese Forschungen mit einem ständig ansteigenden Budget. Im Vergleich mit den Ausgaben für das Offensiv-Programm in den sechziger Jahren haben sich jene für die „Schutz"-Forschung nach der Konvention um 500 Prozent erhöht (Kiper; Streich 1990, S.38).

Auch Deutschland zog mit einem hochdotierten Forschungsprogramm für „wehrmedizinische Enwicklungsaufträge" nach. Gentechnische Institute arbeiten in direktem oder losem Zusammenhang mit den Wehrmedizinern. Inzwischen ist eine Reihe von Instituten bekannt, in denen „Schutz"-Forschungen durchgeführt und die Ergebnisse zuweilen experimentell an Tieren und Menschen getestet werden.[7] Woran wird geforscht? Prinzipiell kann die Gentechnik das genetische Material von hochpathogenen Mikroorganismen kopieren und es in tierische oder pflanzliche Zellen einschleusen. Im Rahmen des wehrmedizinischen Projekts „Herstellung monoklonaler Antikörper gegen Bakterien und Toxine" lag ein Schwerpunkt in der Arbeit mit den Erregern des Maltafiebers, der Tularämie (bekannt auch als Hasenpest oder Lemming-Fieber), an den Botulinusbakterien, die in winzigsten Dosen bereits tödliche Lebensmittelvergiftungen bei Menschen verursachen. Der Defensivcharakter solcher Untersuchungen wird von einigen Wissenschaftlern selbst in Frage gestellt. Man könne die „Herstellung eines Impfstoffes logistisch nicht vom Einsatz biologischer Waffen trennen", er sei nur Voraussetzung dafür – so der Virus-Experte John Collins (»Der Spiegel« 11/1987). Bereits 1974 schlugen einige der Wissenschaftler auf der Konferenz von Asilomar vor, grundsätzlich über Experimente der Gentechnik, ihre Anwendungen und Folgen nachzudenken. Seit den Entscheidungen des US-Amtes anfangs der achtziger Jahre, genmanipulierte Mikroorganismen patentrechtlich anzuerkennen, hat sich die Chance auf eine Nachdenkpause zerschlagen.

Biowaffen zielen auf die Vernichtung von Leben in den Kampfgebieten, lassen jedoch die ökonomisch-technischen Strukturen intakt, bewahren die Einrichtungen und Bauten. Als strategische Waffen sind sie den Nuklearwaffen zu bevorzugen, denn Landgewinn ohne technische Zerstörung erscheint aus militärischer Sicht vorteilhaft. Unter den vielen Varianten wird speziell der Pockenvirus als idealer biologischer Kampfstoff angesehen. „Er ist stabil, leicht einzusetzen, leicht zu züchten und [er verursacht] eine schreckliche Krankheit mit hoher Letalität" (Sipri 1985, S.131). Mit der rekombinierten Methode kann aus einem ansonst ganz harmlosen Bakterium, wie beispielsweise E.coli, das im menschlichen Körper eine wichtige Funktion übernimmt, eine Waffe werden. Wenn man diese nützlichen Bakterien als Wirtszellen benutzt, welche „die Produktion von krankheitserregenden Toxinen regulieren, dann können sie zu Fabriken von tödlich wirkenden Toxinen werden" (Piller; Yamamoto 1989, S.27). Militärs und Forscher interessiert vor allem die Frage, wie sich diverse Krankheitserreger, zum Beispiel bei Milzbrand, Pest oder Botulismus, unter „aerosolierten" Bedingungen verhalten (Kiper; Streich 1990, S.78), das heißt, wenn sie durch Sprüheinsätze verbreitet werden.

Aller Voraussicht nach ist die Nutzung des biotechnologischen Arsenals nicht nachweisbar. Biologische Waffen sind, so Douglas J. Feith (1986), „mit der neuen

Technologie leicht so zu gestalten, daß man sie nach dem Einsatz nicht mehr identifizieren kann. Ihre Effekte können so aussehen wie endemische Krankheiten. „Beispiele aus der Tumor-Virologie legen den Verdacht nahe, mit dieser Waffengattung könnte zweckgerichtet die Ausmerze ethnischer Gruppen künftig betrieben werden“ (Sipri 1985).

Szenarien dieser Art ließen sich noch beliebig fortsetzen, doch darum geht es nicht. Vielmehr darum, daß in den modernen Wissenschaften und Techniken die Idee des Fortschritts und der Verbesserung als untrennbare Einheit mit dem Vernichtungspotential und den Vernichtungsstrategien zu begreifen sind. Wie formulierte es doch Oppenheimer: „Es war technisch verlockend, wir mußten es einfach machen.“

Anmerkungen

1 Zur praktischen Anwendung der Eugenik in den Bundesstaaten der USA vgl. Gena Corea (1986).
2 Dokumentiert sind die „Grundlinien“ von Ploetz in dem von Ludger Weß herausgegebenen Band (1989), ebenso wie grundlegende Aussagen und Manifeste der Genetiker-Elite.
3 Ausführlich dazu vgl. Benno Müller-Hill (1984). Darin sind aufschlußreiche Interviews mit den Tätern oder ihren Nachkommen enthalten.
4 Eine umfassende Darstellung zu Hans Wilhelm Jürgens befindet sich in dem von Heidrun Kaupen-Haas herausgegebenen Sammelband (1986).
5 Im folgenden beziehe ich mich auf die Berichte in »E.col-ibri« 4/1988. Hermann J. Muller erhielt 1946 den Nobelpreis für seine Strahlen-Experimente an Fruchtfliegen.
6 Über Fehldiagnosen des Screening am Beispiel der auf PKU getesteten Kinder vgl. Etzioni (1977, S.29).
7 So geschehen am Institut für Medizinische Mikrobiologie, Infektions- und Seuchenmedizin an der Tierärztlichen Fakultät in München. Aufgrund einer Annonce hatten sich die Testpersonen „freiwillig“ gegen Honorar zur Impfung gemeldet. Über den Hintergrund der Tests, daß es sich dabei um einen Bundeswehrauftrag handelte, wurden sie nicht informiert. Vgl. Kiper; Streich 1990, S.70 ff.

Literatur

Berndt, Heide: „Wertefreie“ Sozialmedizin? Hans Schäfers Einfluß auf die akademische Sozialmedizin nach dem II. Weltkrieg.– In: Heidrun Kaupen-Haas; Christiane Rothmaler (Hg.): Naturwissenschaften und Eugenik.– Frankfurt / Main 1994.

Corea, Gena: MutterMaschine. Reproduktionstechnologien. Von der künstlichen Befruchtung zur künstlichen Gebärmutter.– Berlin 1986.

»Der Spiegel« 11/1987.

»E.col-ibri« Materialien gegen Bevölkerungspolitik und Gentechnologie, Nr. 4, Hamburg 1988.

Etzioni, Amitai: Die zweite Erschaffung des Menschen. Manipulationen der Erbtechnologie.– Opladen 1977.

Feith, Douglas J.: Testimony on Biological and Toxin Weapons Before the Subcommittee on Oversight and Evaluation of the House Permanent Select Committee on Intelligence, 8. August 1986.

Lederberg, Joshua: Die biologische Zukunft des Menschen.– In: Robert Jungk; Hans Josef Mundt (Hg.): Das umstrittene Experiment: Der Mensch. Elemente einer biologischen Revolution.– München 1966.

Kaupen-Haas, Heidrun (Hg.): Der Griff nach der Bevölkerung. Aktualität und Kontinuität nazistischer Bevölkerungspolitik.– Nördlingen 1986.

Kiper, Manuel; Jürgen Streich: Biologische Waffen: Die geplanten Seuchen. Gene, Gifte und Mikroben gegen Menschen.– Reinbek bei Hamburg 1990.

Jungk, Robert; Hans Josef Mundt (Hg.): Das umstrittene Experiment: Der Mensch. Elemente einer biologischen Revolution.– München 1966.

Jürgens, Hans Wilhelm: Asozialität als biologisches und sozialbiologisches Problem.– (Habilitationsschrift) Stuttgart 1961.

Mies, Maria: Wider die Industrialisierung des Lebens.– Pfaffenweiler 1992.

Muller, Hermann J.: Genetischer Fortschritt durch planmäßige Samenwahl.– In: Robert Jungk; Hans Josef Mundt (Hg.): Das umstrittene Experiment: Der Mensch. Elemente einer biologischen Revolution.– München 1966.

Müller-Hill, Benno: Tödliche Wissenschaft. Die Aussonderung von Juden, Zigeunern und Geisteskranken 1933-1945.– Reinbek bei Hamburg 1984.

Piller, Charles; Keith R. Yamamoto: Der Krieg der Gene. Das Militär und die Gentechnik.– Hamburg 1989.

Roth, Karl-Heinz: Schöner neuer Mensch. Der Paradigmenwechsel der klassischen Genetik und seine Auswirkungen auf die Bevölkerungsbiologie des „Dritten Reichs".– In: Heidrun Kaupen-Haas (Hg.): Der Griff nach der Bevölkerung. Aktualität und Kontinuität nazistischer Bevölkerungspolitik.– Nördlingen 1986.

Sipri (Stockholm International Peace Research Institute): Gentechnik als Waffe.– Reinbek bei Hamburg 1985.

Weingart, Peter et. al.: Rasse, Blut und Gene. Geschichte der Eugenik und Rassenhygiene in Deutschland.– Frankfurt / Main 1988.

Weß, Ludger (Hg.): Die Träume der Genetik. Gentechnische Utopien von sozialem Fortschritt.– Nördlingen 1989.

Teil 2

Mensch – Barbar – Tier

Imanuel Geiss

Rassismus

Als „Rassismus“ wird im Folgenden das Ensemble von Rassentheorien verstanden, im Unterschied zumal zu *Rassendiskriminierung* als praktiziertem Rassismus. Eine weitere Einschränkung ergibt sich daraus, daß für diesen Beitrag der *Antisemitismus* weitgehenden ausgeblendet bleibt.

Definition

Rassismus gehört zu den Begriffen unserer Zeit, die sich einer exakten, gar allseitig anerkannten Definition entziehen. Wie so oft hilft die Wortgeschichte zum Verständnis, denn Begriffe entstehen nicht aus gedanklicher Willkür, sondern reflektieren abstrahierend auch den Inhalt der Sache selbst. Das Wort „Rassismus“ entstand vor dem Zweiten Weltkrieg im demokratischen Westen als Protest gegen Theorie und Praxis des deutschen Nationalsozialismus, der sich im Dritten Reich positiv auf seine „Rassenlehre“ berief und sich gegen die polemische Spitze im Wort „Rassismus“ wehrte. Nach dem Untergang des Nationalsozialismus 1945 avancierte „Rassismus“ zu einer objektivierbaren Kategorie, obwohl es gleichzeitig auch politisch-ideologisches Schimpfwort wurde, um Andersdenkende zu diffamieren.

Der Sache nach läßt sich „Rassismus“ als theoretisches Gedankengebäude moderner Rassendiskriminierung verstehen, als handlungsleitende Theorie für rassistische Praxis: Grundaxiom ist die Vorstellung von unterschiedlichen, angeblich „höheren“ und „niederen“ Rassen. Rassismus behauptet die permanente, biologisch begründete Überlegenheit der eigenen „Rasse“. Streng genommen formierte sich Rassismus erst in der Neuzeit, genauer: seit der Aufklärung durch schriftliche Fixierung in Büchern, Aufsätzen, Artikeln und Gesetzen. Dennoch gab es vorher schon analoge Dispositionen und Praktiken, die sich als Proto-Rassismus bezeichnen lassen. War moderner Rassismus die Rechtfertigungsideologie der „Weißen“ für ihre tendenzielle Herrschaft über den Rest der Welt, so finden sich Proto-Rassismen überall und zu allen Zeiten, in denen es vergleichbare Überlegenheiten verschiedener Gruppen über Unterworfene gab. Proto-Rassismen blieben ohne intellektuelle Fixierung oder Systematisierung, unter anderem weil sie häufig religiöse Sanktionierung erhielten.

Über die Definition von „Rasse“ sind sich die Gelehrten notorisch uneinig, erst recht über ihre Zahl, wie schon Darwin 1859 spottete, indem er mit Namensnennung der Theoretiker die gehandelten Möglichkeiten durchging – 1, 2, 3, 4, 5, 6, 7,

8, 11, 15, 16, 22, 60, 63.[1] Die Willkür zur Definition von „Rassen" kennt keine Grenze. Auch hier hilft die Etymologie zur Erhellung der Sache selbst weiter. Unbestritten ist die Herkunft von „Rasse" aus romanischen Sprachen – spanisch „raza", portugiesisch „raça", italienisch „razza", französisch „race" –, von dort wurde der Begriff ins Englische und Deutsche übernommen. Alle weiteren Ableitungen sind umstrittene Hypothesen. Die plausibelste verweist auf das Arabische – „ras" = Kopf (adlige oder vornehme) Abstammung, gleichzeitig als genealogisch fundierter Nachweis der eigenen (edlen) Herkunft: Wer „Rasse hatte", hatte seine Abstammung („ras") im Kopf („ras"), kannte sie auswendig, unter Aufzählung möglichst vieler berühmter (männlicher) Vorfahren.

Solcher Adels- und Abstammungsstolz war besonders ausgeprägt bei den berberisch-arabischen Nomaden, die mit der Conquista ab 711 auf die iberische Halbinsel kamen. Ihr intimer und agonaler Kontakt mit Spaniern und Portugiesen könnte zur Übernahme des Begriffs „Rasse" in die iberischen Sprachen geführt haben. „Rasse" galt ursprünglich Menschen und Tieren, zum Beispiel den edlen „reinblütigen" Araberpferden. Zumindest seit Auschwitz verbietet sich die Anwendung auf Menschen, weshalb das Wort hier stets in Anführungszeichen erscheint. „Rasse" enthielt oft das Pochen auf besonders herausgehobene Abstammung gegenüber „minderwertigen" Unterlegenen: Wer „Rasse" im ursprünglichen Sinn hatte, konstituierte sich als angeblich überlegene „Rasse".

Mythos und Realität

Gleichwohl umschreibt „Rasse" auch objektive Fakten – die Einteilung der Menschheit in drei große Haupt„rassen" („Weiße", „Gelbe", „Schwarze"), die heute besser „Groß-Gruppen" heißen sollten, im Gegensatz zu kleineren, sonst schwerer zuzuordnenden Gruppen. Es wäre sinnlos, die Augen vor solchen ebenso realen wie elementaren Unterschieden zu verschließen. Nur muß sogleich folgen, daß „Rassen" nicht an besondere kollektive oder individuelle Werte gebunden sind, die eine „angeborene", „rassischbegründete", das heißt permanente Überlegenheit oder Unterlegenheit bedeuten. Vielmehr kommt es auf die Stellung von Groß-Gruppen („Rassen") im historischen Gesamtprozeß an, der sich als Teilnahme am Zivilisationsprozeß definiert. „Überlegenheit" hat nichts mit „Rasse" zu tun, sondern mit unterschiedlichem Zugang zu den Hauptzentren der Entwicklung, mit Kontakten und Kontaktmöglichkeiten, da komplexe Entwicklung in der Isolierung nicht oder nur begrenzt möglich ist.

Tatsächlich vorhandene Unterschiede zwischen Groß-Gruppen, die über bloß physische Merkmale (Hautfarbe, Beschaffenheit der Haare oder Form der Augen) hinausgehen, lassen sich daher aus Unterschieden im Entwicklungsniveau erklären, die zu einer wahren Hierarchie in der universalen „Rang- und Hackordnung" der Völker führen: Jeweils „Höherstehende“ verachten die unter ihnen Stehenden, zumal wenn sie für die „Höherstehenden“ arbeiten müssen, zum Beispiel als Sklaven, Leibeigene, Hörige, Heloten. So erscheint der moderne Rassismus als Rechtfertigungsideologie für die tatsächlich weltweite ökonomische Überlegenheit der Europäer („Weißen“) oder ihrer führenden Schichten an der Spitze der globalen Entwicklungspyramide. Die rationale Erklärung für Rassismus verweist daher auf sozioökonomische Prozesse, deren ideologische Verbrämung sich in Rassentheorien verselbständigt hat.

Elemente des Rassismus

Nimmt man zur umschreibenden Annäherung an den schwierigen Komplex die beiden Extreme dessen, was heute als Rassismus gilt, so drängen sich Auschwitz als symbolische Abkürzung für den Massenmord des Dritten Reiches im Zweiten Weltkrieg („Holocaust“, „Endlösung der Judenfrage“) und die Apartheid in Südafrika auf. Trotz ihres unterschiedlichen Niveaus der Gewaltanwendung sind sie extreme Varianten zweier Stränge von Rassismus, deren historische Voraussetzungen weitgehend unabhängig voneinander entstanden. Zuletzt liefen Antisemitismus und Anti-negrismus in Deutschland zusammen, in der Agitation der Völkischen Verbände seit etwa 1900, in der breiten Öffentlichkeit seit dem Ende des Ersten Weltkrieges: Während der anti-negride Strang des deutschen Rassismus weitgehend propagandistisch blieb und nur partiell in der besetzten Ruhrzone zum Ausbruch kam, avancierte der Antisemitismus zur offiziellen Staatsdoktrin des Nationalsozialismus im Dritten Reich.

An Auschwitz und Apartheid lassen sich am leichtesten zentrale Merkmale des Rassismus ablesen – Xenophobie, Endogamie als Verweigerung des Konnubiums gegenüber „Minderwertigen“, Adelsstolz auf angebliche „Blutsreinheit“, Herausbildung hoher und niedriger Kasten, Ethnozentrismus, Sklaverei, Hochmut aller Hochkulturen gegenüber „Barbaren“ und „Wilden“, der „Barbaren“ gegenüber „Wilden“, Verweigerung der Menschenrechte durch Verneinung des Status als Mensch, Verachtung der Angehörigen anderer Religionen.

Die fixe Idee der „Blutreinheit“ gebiert logisch das Problem der „Mischlinge“, die aus der tatsächlichen Vermischung verschiedener Gruppen entstanden. Ihre buchstäbliche Zwischenstellung konkretisiert und verschärft die Spannung zwischen dem Drang zur Gleichheit und ihrer Abwehr bis hin zur Diskriminierung oder gar Rassendiskriminierung. Im Komplex des Antijudaismus/Antisemitismus spielen „Conversos“, christianisierte Juden und ihre Nachfahren, eine analoge Rolle. Alle diese Elemente finden sich mit unterschiedlicher Intensität einzeln oder in wechselnden Kombinationen auch in den verschiedensten Proto-Rassismen, überall und zu allen Zeiten.

Erst der moderne Rassismus bündelte *alle* Einzelfaktoren der Proto-Rassismen und systematisierte sie zu theoretischen Konstrukten. Eine elementare, ideologisch meist verdrängte Voraussetzung zum Rassismus entspringt dem objektiven Entwicklungs- und Wohlstandsgefälle, das sich in subjektive Verachtungs- und Haßmechanismen umsetzt, in Überlegenheitsansprüche und aggresive Kompensation von Unterlegenheitskomplexen. Antijudaismus/Antisemitismus betraf mehr das Binnenverhältnis der „Weißen", da Juden als Semiten und „Kaukasier" ebenfalls zu den „Weißen" zählen. Der antike Antijudaismus auf dem Höhepunkt des Römischen Reiches hatte sich in einer realen sozioökonomischen und kulturellen Konkurrenzsituation zwischen zwei urbanisierten und hochzivilisierten Gruppen entzündet, den Griechen und Juden in den Städten des Römischen Ostens, die religiös durchschlug und sich durch Tradierung über die Jahrhunderte gar Jahrtausende verselbständigte, sodaß sich die Exponenten des Antijudaismus der ursprünglichen historischen Ausgangslage nicht mehr erinnerten. Dagegen speiste sich der Antijudaismus/Antisemitismus später eher aus ökonomischen, sozialen und kulturellen Minderwertigkeitskomplexen agrarischer, sich zuletzt auch industrialisierender Gesellschaften gegenüber den Juden. Als ältestes Buch- und Stadtvolk der Weltgeschichte repräsentierten sie seit dem Untergang der Antike stets auch ein Stück klassischer Kulturkontinuität gegenüber lange Zeit analphabetischen „Wirtsvölkern". Den Landbewohnern galten folglich die Juden als Stadtbewohner mit Kopfberufen als „Parasiten".

Anti-negrismus, stellvertretend für den Rassismus „Weißer", aber auch „Gelber" (Chinesen, Japaner), gründet sich auf der technisch-materiellen Überlegenheit der Europäer gegenüber andersfarbigen „Rassen" und bezieht sich auf das Außenverhältnis der „Weißen". Wesentliche historische Voraussetzung ist die Sklaverei: Seit dem Alten Orient stellte Schwarzafrika im Westen traditionell ein Hauptkontingent an Sklaven, so daß die meisten Menschen außerhalb Afrikas Afrikaner nur als Sklaven kannten. Die Transatlantische Sklaverei in der Neuen Welt reaktivierte, verstärkte und verbreiterte nur solche älteren Mechanismen für die Neuzeit.

Zusätzlich lud sich weißer Rassenstolz durch den „Arischen Mythos" auf – Indoeuropäer waren angeblich die einzigen oder ältesten Kulturschöpfer und -träger, nur weil unter einigen indoeuropäischen Völkern, wie den Indo-Ariern, Germanen und Kelten, in der Tat hellhäutige Blonde überwogen haben mögen. Andererseits ist die Herausbildung des indischen Kastenwesens das erste kontinuierlich praktizierte Beispiel einer institutionalisierten Apartheid. Es kam ohne theoretische, schriftlich fixierte Begründung aus, weil das Kastenwesen durch die Idee der Seelenwanderung religiös sanktioniert war und noch heute ist.

Alle älteren Gesellschaften, gleich auf welcher Entwicklungsstufe, sahen nur sich selbst (bzw. die Männer in ihr) als vollgültige Menschen, schlossen also Frauen, Leibeigene, Sklaven und kulturell Niedrigerstehende aus dem Kreis der Menschen aus. Die Verweigerung des Status als Mensch und damit der Menschenrechte war allgemein in der unreflektierten Praxis aller Gesellschaften: Der Fremde war ohnehin der Feind, war als Einzelner schutzlos und leichter zu versklaven. Als härteste Form gebundener Arbeit verewigte die Sklaverei die Verweigerung des Menschenstatus. Mit der Sklavenemanzipation übertrug sich die Verachtung von Sklaven als Nicht-Menschen auf deren Nachfahren, wenn sie sich, wie in Amerika, physisch, also „rassisch“ von der Umgebung abhoben: Der anti-negride Strang des modernen Rassismus entwickelte sich aus der Problematik der freigelassenen Ex-Sklaven: Rassendiskriminierung, vor allem in den USA, folgte der Sklavenemanzipation auf dem Fuß; ähnlich zog die Judenemanzipation den Antisemitismus nach sich, allerdings meist erst nach Generationen versuchter Assimilation.

Eine historische Skizze des Rassismus muß realgeschichtliche Faktoren mit geistesgeschichtlich-theoretischen verknüpfen. Die Aufzählung verschiedener Rassentheorien bleibt so vor der Gefahr bewahrt, zu einem theoretisierenden-scholastischen Selbstzweck zu erstarren. Theorien hatten bisher eine doppelte Funktion: Einerseits systematisierten und klärten sie das Wissen ihrer Zeit, ordneten es in vorhandene Denkstrukturen ein oder veränderten sie. Andererseits enthielten Theorien politische Handlungsanweisungen für eine ungewisse Zukunft, die das Denken der Eliten beeinflussen, früher oder später auch weitere Teile der Gesellschaft. Erst in der Neuzeit heben sich für die Rassentheorien individuell faßbare Autoren ab.

Ältere „Rassen“theorien

Ältere Versuche zur Erklärung der Unterteilung der Menschheit bewegten sich zunächst im Rahmen kollektiver Mythen oder religiöser Vorstellungen, also allgemeiner Welterklärung des Anfangs (Kosmogenese) und des Endes (Weltuntergang) samt der Stellung des Menschen im kosmischen Geschehen. Die ägyptische „Welt“anschauung unterschied nicht nach „Rassen“, weil im äußersten Süden Ägyptens seit der Eroberung Nubiens durch das Alte Reich Schwarze fest in die altägyptische Hochkultur integriert waren, also nicht nur als Sklaven bekannt waren. So verlief die Grenze zwischen der In-group und Außen, wie in allen Hochkulturen, zum Beispiel China oder den antiken Griechen, zwischen jeweiliger Hochkultur und „Chaos“ der „Barbarei“, unabhängig von der Hautfarbe der „Zivilisierten“ und „Barbaren“. Später übernahmen die Griechen den nicht-rassistischen Kulturbegriff vom alten Ägypten, selbst wenn ihr Kulturstolz in quasi- oder proto-rassistische Positionen umschlagen konnte.

Die ägyptisch-griechische Position wurde überlagert durch die mythische, religiös sanktionierte Erklärung der Unterteilung der Menschheit, wie sie im 1. Buch Mose („Genesis“) des Alten Testaments mit dem Noah-Fluch überliefert ist (9.24-27): „Verflucht sei Kanaan und sei ein Knecht (= Sklave) aller Knechte unser seinen Brüdern!“ Die Dreiteilung der Menschheit als Nachfahren der Noah-Söhne Japhet, Sem und Ham spiegelte die damals im Westen bekannten Groß-Gruppen wider – Weiße (Japhet), Semiten und die Nachfahren Hams, die (später) als Schwarze begriffen und schon auf ewig, also strukturell permanent, mit der Sklaverei assoziiert wurden. Christentum und Islam als Sezessionen vom Judentum übernahmen und verschärften diese Interpretation. Sie wurde später die Standard-Argumentation aller Vertreter des modernen Rassismus, soweit sie biblisch argumentierten. Der latent rassistischen Konsequenz des Noah-Fluchs entgegen stand jedoch das übergeordnete Prinzip der Gotteskindschaft aller Menschen am Eingang der Genesis: „Und Gott schuf den Menschen, sich zum Bilde“. Auf diese fundamentale Aussage stützten sich später alle nicht- oder anti-rassistischen Argumente, die Europa gegen seinen Rassismus auch hervorbrachte.

Erst die Expansion Europas in Übersee seit Columbus in Amerika 1492 und Vasco da Gama in Indien 1498 sprengte das bisherige, mediterran-europäische Welt- und Menschenbild Europas, da nun Menschengruppen ins Blickfeld traten, die nicht mehr in die biblische Unterteilung der Menschheit paßten. Neue Kategorien zur Definierung der eigenen Position in Abgrenzung von bisher unbekannten Anderen versuchten, die neue Lage auf den Begriff zu bringen. Sie waren zunächst noch immer kollektiv-anonym geschöpft, aber ihr erstes Auftauchen ist zeitlich gesichert und in sich instruktiv – „Neger“ (1516), also zu Beginn der Transatlantischen Sklaverei, „Mulatte“ (1604), „Kaste“ und „Mestize“ (1615), „Weiße“ in den englischen Kolonien Nordamerikas (etwa 1680), also zu Beginn der englischen Kolonialexpansion.

Moderne „Rassen"theorien

In der Entfaltung der moderenen Rassentheorien läßt sich die Wechselwirkung zwischen Realhistorie und Theorie besonders fruchtbar darstellen: Die wechselnden nationalen Schwerpunkte Europas in seiner Expansion in Übersee finden sich auch in der sie begleitenden Theoriegeschichte des Rassismus. Den Anfang machten Spanier mit ihren Kontroversen über die Stellung der in Amerika angetroffenen Indios und der aus Afrika als Sklaven eingeführten Schwarzen in der Menschheit. Mit dem kolonialpolitischen Abstieg der iberischen Halbinsel schoben sich Frankreich und England seit der Mitte des 17. Jahrhunderts in den Vordergrund der realen Kolonialexpansion wie der sie reflektierenden Rassentheorien. Entsprechend lieferten fortan Franzosen und Engländer bedeutende Beiträge zur theoretischen Verarbeitung der neuen Kenntnisse, zugleich als Reflex ihres wachsenden Anteils am transatlantischen Sklavenhandel und der auf Sklaverei beruhenden Zuckerproduktion in der Karibik. Erst seit dem späten 18. Jahrhundert begannen sich auch deutsche Autoren in die Debatte einzuschalten – frühe, zunächst nur akademisch-theoretische Vorboten der späteren Expansion des neugegründeten Deutschen Reiches um 1900 und der seitdem überragenden Bedeutung Deutschlands für den theoretischen, agitatorischen und praktizierten Rassismus bis 1945.

Ähnlich bleibt die Arbeitsteilung zwischen Alter und Neuer Welt für den anti-negriden Strang des Rassismus eindrucksvoll: Mit der Entdeckung der Neuen Welt entstanden erst die realhistorischen Voraussetzungen für den späteren anti-negriden Rassismus – Aufstieg der „weißen" Europäer zu Herren über schwarze Sklaven auf den Zuckerplantagen der Neuen Welt und zur faktischen Weltherrschaft einerseits, Degradierung der übrigen Welt zu Sklaven, Kolonien, Rohstoffquellen und Absätzmärkten der Europäer andererseits. Die intellektuelle Verarbeitung der in den Metropolen der Kolonialreiche zusammenströmenden Informationen über Land und Leute in der weiten Überseewelt erfolgte bis an die Schwelle des modernen Rassismus in den kolonialen Mutterländern, also in Europa. Ausgebrochen ist der Rassimus aber zuerst und am massivsten in den Kolonien der Neuen Welt. Von einem Zentrum der Zuckerproduktion auf der Basis der Sklaverei, Jamaica, sprang er 1788 zu Beginn des Abolitionismus und der Sklavenemanzipation auf die jungen USA über.

In der Alten Welt setzte sich unterdessen die schon ältere Tendenz zum Rassismus fort, verstärkt durch seine Reinformen in der Neuen Welt, wo mittlerweile Praxis (Sklaverei, Rassendiskriminierung) und Theorie zusammenfielen. Während die Alte Welt den anti-negriden Rassismus im wesentlichen nur theoretisch, vom Hörensagen, kannte, entfaltete sie mit dem vollen Durchbruch der Industrialisierung und des Nationalismus in der zweiten Hälfte des 19. Jahrhunderts auch den zweiten, historisch an sich älteren Strang des Rassismus, den Antisemitismus.

Noch in einem anderen Punkt kann die Geschichte der Rassentheorien ein besonderes Interesse beanspruchen, weit über das eigentliche Thema hinaus. Für eine Auffassung vom wissenschaftlichen Fortschritt ist die jeweils neueste, also modernste Theorie oder Konzeption „letzter Stand der Forschung" und gilt automatisch als schon die bessere gegenüber älteren. Die Geschichte der Rassentheorien beweist das Gegenteil: Indem sie sich ab 1774/85 anschickten, rassistisch zu argumentieren, gingen zwei Jahrhunderte lang Vertreter solcher scheinbar modernen, in Wirklichkeit nur modischen, „Wissenschaft" katastrophal in die Irre.

Innerhalb der allgemeinen Entfaltung des Rassismus läßt sich ein Punkt benennen, der diesen Aspekt im Kleinen noch einmal gut anschaulich macht: Im späten 18. Jahrhundert kam die Theorie von der Polygenese auf, wonach die Menschheit mehrfach an verschiedenen Stellen entstanden sei. Die Polygenese gab eine scheinbar plausible Antwort auf die altmodische biblische Einteilung der Menschheit nach dem Noah-Fluch und verarbeitete „wissenschaftlich" die neuen Informationen über die Existenz von Menschengruppen jenseits des biblischen Schemas. Der erste bedeutende Polygenist, der Engländer Lord Monboddo (1714-1799), begrüßte sogar den neuentdeckten Orang-Utang als „Bruder der Menschheit". Das war vielleicht im schwärmerischen Übereifer geschehen, aus Freude an der Wiederentdeckung der im Westen nach Aristoteles (der sie noch auf den Begriff gebracht hatte) vergessenen „Großen Kette der Wesen"[2], von der unbelebten, anorganischen Materie bis zum vollbewußten Menschen. Aber schon ein Jahr später griff Edward Long in der englischen Zucker- und Sklavenplantagenkolonie Jamaica beide Ideen – Polygenese und Zuordnung des Orang-Utang als „Bruder der Menschheit" – auf und gab ihnen eine eindeutige rassistische Wendung, indem er die „Kette der Wesen" unterhalb der Europäer unterbrach und die Schwarzen auf die Stufe des Orang-Utang stellte: Das Neueste ist nicht immer das Beste oder auch nur Richtige.

Frühe „Rassen"theoretiker

Der Zwang, die chaotische Flut neuer Kenntnisse zu verarbeiten, provozierte in den Metropolen der europäischen Expansion die Anfänge individuell formulierter „Rassen"theorien. 1684 benutzte der französische Arzt und Reisende François Bernier (1620-1688) erstmals den Schlüsselbegriff „Rasse" im modernen Sinn zur Unterteilung der Menschheit: „Nouvelle Division de la Terre par les différentes éspèces ou races d'homme qui l'habitent". Sein Buch war der erste selbständige, individuell nachweisbare Versuch, die neuen Fakten über die Erde in Übersee und ihre Bewohner über die biblische Einteilung hinaus in ein rationales System einzuordnen. Die neue Kategorie „Rasse" implizierte noch keine moralisierende Bewertung, war nicht „rassistisch" im späteren, engen Sinn, sondern quasinaturwissenschaftlich. Fast ein Jahrhundert lang dominierte ein nicht rassistischer „Rassen"begriff, der überwiegend der wissenschaftlichen Einteilung der Menschheit diente, die sich aus der Fülle der neuesten Entdeckungen als pragmatische Notwendigkeit aufdrängte. Gleichwohl stellte Bernier eine Kategorie bereit, die sich im weiteren Aufstieg Europas/Nordamerikas zur faktischen Weltherrschaft um 1775 mit rassistischen Inhalten auffüllte. Schritt für Schritt steuerten Autoren einzelne Faktoren bei, die später den Rassismus ausmachten. Indem Rassentheoretiker ihren Gesellschaften politische Handlungsanleitungen gaben, beeinflußten sie, wenn auch noch so indirekt, auch den realhistorischen Gang der Entwicklung. Andererseits werfen die Theorien ein aufklärendes Licht auf den realhistorischen Prozeß selbst, so daß sich Realhistorie und Theorien wechselseitig erklären. Das eine oder das andere bleibt ohne die jeweilige Entsprechung nur halbverständlich.

Mit Bernier beginnen moderne Rassentheorien im weiteren Sinne. Er eröffnete zugleich die Verwirrung um die wechselnde Zahl von „Rassen" und Kriterien zu ihrer Abgrenzung voneinander. Schon Bernier war sich nicht ganz sicher, ob es vier oder fünf „Rassen" gebe – Europäer (+ Ägypter und Inder); Afrikaner; Chinesen,

Japaner und Lappen; Indianer-Indios, die er jedoch in die Nähe der Europäer rückte. Wieder ein Arzt, Carl von Linné (1707-1778), lieferte den nächsten großen Entwurf im Rahmen seiner „Systema Naturae“ (1735). Zum ersten Mal seit Aristoteles ordnete Linné den Menschen wieder in das Naturgeschehen ein, als Teil des Tierreiches. Schon in der Namensgebung hielt er sich als erster an die „Hautfarbe“ – Weiße, Rote, Gelbe, Schwarze. Linné begann auch damit, „Rassen“ moralische Werte zuzuordnen – positive den Weißen, negative den Schwarzen.

Ambivalent stellte sich die europäische Aufklärung zur „Rassenfrage“, wie es ein Jahrhundert später allmählich hieß. Noch ganz im Einklang mit der älteren christlichen, nicht-rassistischen Auffassung betonte der Franzose G. L. L. Buffon (1707-1788) die grundsätzliche Einheit der Menschheit, die sich erst später in vielfältige „variétés“ aufgefächert habe. Gegen die neue These der Polygenese hielt er an der altmodischeren, aber humaneren Lehre von der Monogenese fest, der einmaligen Menschwerdung, die die moderne Wissenschaft inzwischen bestätigt hat. Mit einem Teil der deutschen Aufklärung (Herder) lehnte Buffon den Begriff der „Rasse“ konsequent ab. So wurde er später Ausgangspunkt einer dezidiert antirassistischen Minderheitsposition, vor allem in Frankreich und England, im Kontrast zum insgesamt dominierenden modernen Rassismus.

Dagegen führte der schottische Bischof und Rationalist David Hume (1711-1776) in seinen „Essays. Moral, Political and Literary“ (1741) mit einer Anmerkung zu einer späteren Auflage (1754) bereits komprimiert Argumente des modernen Rassismus ein: „Neger“ seien von Natur aus („naturally“) unterlegen („inferior“), ohne Zivilisation, zumindest in Jamaica ohne höheren Geist („ingenuity“). Immanuel Kant (1724-1804) übertrug den „Racen“begriff nach Deutschland („Von den verschiedenen Racen der Menschen“, 1775) – Weiße, Neger, mongolische oder kalmückische Rasse, Hindu-Rasse – noch immer ohne rassistische Untertöne.

Bereits auf der Kippe zum kommenden Rassismus stand dagegen der deutsche Anthropologe Johann Friedrich Blumenbach (1752-1840). Seine lateinisch geschriebene Abhandlung „De generis humanis varietate nativa“ (1775) wollte zwar die bisherige pragmatische Untergliederung der Menschheit fortsetzen – Kaukasier, Mongolen, Äthiopier, Amerikaner (= Indios/Indianer), Malayen. Aber er führte darüberhinaus eine Hierarchisierung der „Rassen“ unter ästhetischen Gesichtspunkten ein, in der natürlich die eigene Bezugsgruppe an oberster Stelle rangierte. Gewiß wider seinen Willen, denn als führender deutscher Abolitionist engagierte sich Blumenbach gegen die massivste Form des damaligen Rassismus, die Sklaverei, rutschte Blumenbach theoretisch in rassistische Konsequenzen. Auf ihn gehen ferner zwei einflußreiche Neuerungen zurück: Er erfand den Begriff „Kaukasier“, weil er den Kaukasus als Urheimat der Europäer vermutete, und er prägte als erster die Kategorie der „jüdischen Rasse“. In Blumenbach flossen somit auf theoretischem Gebiet die beiden Hauptstränge des modernen Rassismus zusammen, der antijüdisch/antisemitische und der anti-negride, ohne schon als Waffe zur Bekämpfung als feindlich gedachter Menschengruppen beabsichtigt gewesen zu sein. Gleichwohl konnten künftige Rassisten Blumenbachs Kategorien als Schlagwörter und Keulen gegen andere, „minderwertige" „Rassen" mißbrauchen.

Auch Rousseau und Voltaire glaubten wie Hume daran, daß „Neger" dem Europäer von Natur aus unterlegen seien. Überwiegend ablehnend, voll Verachtung sprach Voltaire über die Juden, für ihn nur verstockte Anhänger mittelalterlichen Aberglaubens. Voltaire repräsentierte somit am reinsten die Dialektik oder Gespaltenheit der Aufklärung – zwar Gleichheit für die Europäer untereinander, aber Überlegenheitsanspruch gegenüber den Schwarzen mit rassistischer Verachtung, gegenüber den Juden mit antisemitischen Konsequenzen. Die von Aufklärern betriebene Emanzipation der Sklaven verhalf dem anti-negriden Rassismus direkt, dem Antisemitismus indirekt zum Durchbruch, gegenüber den Juden auf subtilere Weise: Die Aufklärung wollte die Judenemanzipation nur unter der Bedingung gewähren, daß sich die Juden anschließend den aufgeklärten übrigen Europäern anpaßten, sich also durch Assimilation selbst aus der Welt schafften. Versagten sich die Juden der Assimilation oder verweigerten die „Wirtsvölker" die totale Assimilation, zum Beispiel durch erneute Diskriminierung, so war Antisemitismus die unerbittliche Folge.

Der Durchbruch des Rassismus

Inzwischen war der moderne Rassismus in der Neuen Welt schon in aller Form durchgebrochen, sozusagen an vorderster Stelle der „Rassenfront", wie es später hieß. Edward Long (1734-1813) schrieb in Jamaica, dem Zentrum der britischen Zuckerproduktion und Sklaverei in der Karibik, in seiner dreibändigen „History of Jamaica" (1774) im zweiten Band ein Kapitel, „Negroes", das ältere Vorurteile gegen Schwarze bündelte und mit der Aura intimer Kennerschaft, direkt vor Ort, „wissenschaftlich" systematisierte. Bei Long schlug die uralte Gleichsetzung von Sklaven und verachteten Schwarzen voll durch: Er kannte in Jamaica Schwarze im wesentlichen nur als Sklaven. In seiner Klassifizierung der „Rassen" ging er so grobschlächtig vor wie noch niemand zuvor. Für ihn gab es nur drei Arten (Species) der Gattung Mensch („Genus homo") – Europäer und Verwandte, Neger und die (erst kürzlich in Europa bekanntgewordenen) Orang-Utans bis hin zu allen schwanzlosen Affen. Long trieb also die Einbeziehung des Menschen in das Tierreich seit Linné bis zur absurden Konsequenz, Schwarze zwischen Weißen und Menschenaffen anzusiedeln. Seine Auffassung hielt sich in den Theorien der Rassisten noch rund ein Jahrhundert, in der noch weiter abgesunkenen Agitation bis ins 20. Jahrhundert.

Long vertrat die neue Polygenese-Theorie, die fortan nur noch als rassistisches Argument auftaucht. Von ihm stammt die Behauptung, „Mulatten" seien steril (so wie das Maultier, von dem sich das Wort „Mulatte" wahrscheinlich ableitet), obwohl der Augenschein Long tagtäglich hätte widerlegen können. Noch Hitler verbreitete in seinem „Mein Kampf" das Märchen von der Unfruchtbarkeit der Mischlingsbevölkerung, das im Rahmen seiner Rassen- und Bevölkerungspolitik wohl abschreckend wirken sollte. Mit dem Nachdruck des „Negroes"-Kapitel im New Yorker „Columbia Magazine" 1788 stieg Long zum einflußreichsten Kronzeugen für den nordamerikanischen Rassismus seit der Sklavenemanzipation auf.

Nur elf Jahre nach Longs wichtigem Beitrag zum sich formierenden Rassismus in der Neuen Welt brachen sich die neuen Ideen nach längerer Vorbereitung nun auch in der Alten Welt Bahn, jetzt auch schon in Deutschland. Es hatte zwar in seiner machtpolitisch diffusen Situation am Ausgang des Alten Reiches noch keine unmittelbaren Kolonialinteressen in Übersee, profitierte aber indirekt vom allgemeinen Wirtschaftsaufschwung, zu dem die Expansion Europas in Übersee seit nunmehr fast 300 Jahren beigetragen hatte. Es konnte und wollte sich den neuen Kenntnissen und Theorien nicht entziehen. Seine intellektuellen Vordenker wirkten damals an zwei Universitäten, die direkt oder indirekt mit den neuen Strömungen verbunden waren: Königsberg und Göttingen als 1734 gegründete Reformuniversität im mit England durch Personalunion verbundenen Kurfürstentum Hannover. Göttingen pflegte besonders die modernen Naturwissenschaften, deren Geist auch die übrigen Fakultäten durchdrang. Hier konstituierten Aufklärungshistoriker Geschichte als akademische Disziplin. Blumenbach lehrte als Anthropologe. Der Göttinger Philosoph Christoph Meiners (1747-1810) eröffnete mit seiner ersten Weltgeschichte vom Rassenstandpunkt aus – „Grundriß der Geschichte der Menschheit" (1785) – den Rassismus auch in Europa. Als erster präzisierte er in generalisierender Form die rassistischen Konsequenzen der Polygenese-These – „ursprünglich verschiedene Menschenrassen" mit „erblichen und unauslöschlichen Merkmalen" waren nach Werten hierarchisch abgestuft: Europäer (ausgenommen Slawen) waren allen anderen Völkern überlegen. Aus Meiners spricht ein rassistisch gewendeter, mit ästhetischen Kriterien argumentierender Dualismus: Er kannte nur noch eine „helle, schöne" und eine „dunkle, häßliche" „Rasse", zugespitzt zur Angst vor Vermischung der „edleren" mit der „unedleren" „Rasse", die zur „Entartung" der „edleren" führen würde. Bei Meiners finden sich schon wesentliche Elemente der Rassentheorie Gobineaus. Da Gobineau von Deutschland stark beeinflußt war und dort auch den stärksten Widerhall erlebte, legte Meiners die theoretischen Grundlagen zum europäischen Rassismus im engeren Sinn und eröffnete den sich kumulierenden Beitrag Deutschlands, der schließlich in Auschwitz endete.

Der Fairneß und intellektuellen Redlichkeit halber ist jedoch darauf zu verweisen, daß Meiners auch ein anderes Kategoriengerüst benutzte, das, bereinigt von pejorativen oder selbstglorifizierenden Zutaten, durchaus für eine rationale Analyse der Geschichte nützlich sein kann: „Wilde" (Jäger und Sammler) und „Barbaren", die Meiners nur mit Hirtennomaden gleichsetzte (anstatt auch noch die erste Stufe extensiven Ackerbaus darunter zu fassen), wären zu ergänzen durch „Zivilisation". Alle drei Begriffe hat Marx mit aller Unbefangenheit klassischer Bildung in einem objektivierenden Sinn gebraucht, als Kürzel zur Umschreibung komplexer sozialökonomischer Strukturen. Ohne eingebaute Verachtungsmechanismen, sondern als präzise definierte und dann objektivierend wirkende Kategorien, könnte die „Wildheit-Barbarei-Zivilisation"-Trias (wieder) sinnvoll werden, weil sie in der Tat wesentliche Entwicklungselemente der Menschheit umreißt. Umgekehrt hilft eine solche Objektivierung sonst leicht anrüchiger Begriffe, den Kern des Rassismus wenigstens theoretisch zu isolieren. Denn Rassismus speist sich wesentlich aus dem Kulturhochmut „Zivilisierter" gegenüber nicht oder weniger Zivilisierten.

Seit Meiners gab es kein Halten mehr in der Weiterentwicklung realer Konsequenzen aus dem rassistischen Dogma: Hierarchisierung der Menschheit und Degradierung der nicht-weißen „Rassen". Der holländische Anatom Peter Camper (1722-1789) erfand das Messen von Schädeln, um das „körperlich Schöne" im Profilwinkel des menschlischen Antlitzes zu quantifizieren – je steiler der Winkel vom Kinn zur Stirn, desto höher die „Rasse", vom Europäer abwärts über Kalmücken, „Neger" zum Affen. Jean-Joseph Virey (1775-1846) setzte in seiner „Histoire du genre humain" die Meiners-Linie konsequent fort – „schöne und weiße" gegen „häßliche und schwarze" „Rassen".

Lorenz Oken (1779-1815) adelte seinen Rassenbegriff durch die Kombination mit der klassischen Elementenlehre – die schwarze Rasse war für ihn „irdisch" oder „affenartig", die weiße „menschlich", charakterisiert durch das Feuer, die Mongolen waren mit der Luft, die Indianer mit dem Wasser assoziiert. In seiner zweibändigen „Anthropologie" (1822) ersetzte Henrik Steffens (1773-1845) „Rasse" durch das neue Kunstwort „Lei". Er variierte Oken nur leicht und ordnete die vier Elemente mit dazugehörigen „Leis" in aufsteigender Linie so an: Erde (Neger), Wasser (Indianer), Luft (mongolische Asiaten), Licht (Europäer). Carl Gustav Carus (1798-1868) unterschied in seinem Hauptwerk „Über die ungleiche Befähigung der verschiedenen Menschenstämme für höhere geistige Entwicklung" (1848) ebenfalls vier „Rassen" – Morgenrot (Gelbe), die Tagesrasse (Weiße), Dämmerung (Rote) und Nachtrasse (Schwarze).

Im Laufe des 19. Jahrhunderts wirkten sich verschiedene wissenschaftliche Neuerungen auch auf den Rassismus unterschiedlich aus. Alle gaben der seit der Aufklärung ohnehin schon angeschlagenen Welt-Erklärung durch das orthodoxe Christentum vollends den Rest. Chronologisch ergibt sich ungefähr folgende Reihenfolge:

Die Entdeckung der indoeuropäischen Sprachenfamilie, auf breite wissenschaftliche Grundlage gestellt vom deutschen Sprachforscher Franz Bopp (1791-1867) durch seine Forschungen ab 1816, lieferte den Stoff zum „Arischen Mythos", dem Aberglauben, alle höhere Kultur stamme von den mit den Ariern gleichgesetzten Indoeuropäern.[3] Zunächst konzentrierte sich das Interesse noch romantisch-nebulös auf Indien, das so in der Vorliebe für den Exotismus China seit dem späten 17. Jahrhundert ablöste. Gleichzeitig rückte das nur zu rekonstruierende Indoeuropäische zur Ur-Sprache der Menschheit schlechthin auf und verdrängte das Hebräische aus dieser Position. Später verengte sich der Ruhmestitel, einzige Schöpfer und Träger der Zivilisation gewesen zu sein, auf die nördlichen Indoeuropäer (im Deutschen: „Indogermanen"), auf Germanen, Kelten und Slawen (so noch bei H. St. Chamberlain), um sich später in Deutschland exklusiv auf die Germanen und deren Nachfahren, die Deutschen, zu beschränken: Blond, blauäugig und hellhäutig allein war edel und gut.

Die wissenschaftliche Bibelkritik seit David Strauß' „Das Leben Jesu" (1837) demolierte endgültig die Autorität der Bibel als direkte Offenbarung Gottes und schwächte die Position all derer, die sich an die Aussage des Schöpfungsberichtes mit seinen nicht-rassistischen Konsequenzen hielten: Vor Gott sind alle Menschen gleich. Die moderne Wissenschaft der Geologie entzog der biblischen Chronologie den Boden und öffnete weite Zeiträume für das Entstehen der Erde, der Pflanzen- und Tierwelt, erweitert durch die moderne Astronomie und Astrophysik auch für die Entstehung des Weltalls seit dem Urknall als der gegenwärtig plausibelsten Theorie zur Erklärung des Kosmos. Mit der Entdeckung des Neandertalers bei Düsseldorf (1856) begann die Wissenschaft von der Vorgeschichte, mithin die wissenschaftliche Erforschung der Menschwerdung, die in immer weitere Ferne rückte, je mehr der „Fortschritt der Wissenschaft" voranging.

Die „wissenschaftliche" Fundierung der „Rassen"theorien

Innerhalb weniger Jahre stellten zwei Autoren die Rassentheorien auf ganz neue Grundlagen scheinbar unanfechtbarer „wissenschaftlicher" Methoden – Gobineau (1853/55) stärker durch die Zusammenfassung älterer Theorien, Darwin durch die neue Idee der „Selektion". Der wichtigste Rassentheoretiker vor der Darwinschen Wende, der Franzose Arthur de Gobineau (1816-1882), brachte zwar wenig Neuerungen, bündelte aber bisher diffuse und in sich widersprüchliche Ideen des noch jungen Rassismus und spitzte sie weiter zu.

Der Titel seines zweibändigen Hauptwerkes verkündet schon sein ganzes Programm: „L'essai sur l'inégalité des races humaines" (1853/55). Obwohl als Katholik noch formal dem Schöpfungsbericht der Bibel folgend, löste er die biblische Monogenese durch die Erfindung eines „Urmenschen" („Adamiten") auf, der sich dann in die „Rassen" unterteilt hätte. Er trieb die Hierarchisierung der „Rassen" in „höhere" (weiße) und „niedere" (schwarze) weiter, gestand aber Schwarzen und Juden durchaus beachtliche Fähigkeiten zu. Unter den Weißen seien die „Arier" die eigentlichen Kulturschöpfer, solange sie sich „rein" hielten.

„Rassen“ könnten zwar durch Vermischung entstehen, aber „höhere“ müßten ihren neuen Status durch „Reinheit“ erhalten, sonst drohe der „Rassentod“ durch Degenerierung, gar das Erlöschen der Menschheit. Gobineaus menschheitsfeindlicher Pessimismus ließ sich später aktivistisch umdrehen: Die „höheren“ „Rassen“ müßten sich der „niederen“ erwehren, was nach außen zum „Rassenkrieg“, nach innen zu „Selektion“, „Rassenhygiene“ und Genozid führte.

Charles Darwin (1809-1892) beendete zwar, wie er richtig voraussagte, mit seiner Evolutionslehre im „The Origins of Species by Natural Selection“ (1859) den Streit um Monogenese und Polygenese zugunsten der Monogenese. Dennoch bot auch die Monogenese fortan Raum für rassistische Inhalte. Der von Herbert Spencer (1820-1903) eingeführte „Kampf ums Dasein“ (1863) zog im Sozialdarwinismus rassistische Konsequenzen aus dem Prinzip der Evolution durch Selektion: Die stärkere, tüchtigere „Rasse“ müsse die „niederen“, aber quantitativ überlegenen „Rassen“ im Zaume halten. Im Zeitalter des Imperialismus war klar, wer gemeint war, zumal Darwin selbst in „The Descent of Man“ (1871) von „Rassen in zahlreichen Charakteren“ sprach, was sich aus dem Zusammenhang nur als das verstehen läßt, was bald „Rasseneigenschaften“ hieß.

Darwins Vetter Francis Galton (1822-1911) entwickelte den Sozialdarwinismus weiter zur „Eugenik“, die sich um „Rassenhygiene“ bemühte. Jenseits der moralisch unanfechtbaren Fürsorge zur Verbesserung der Gesundheit und Lebensverhältnisse für die breiten Massen in den Industriestädten kam die Eugenik aus der Betonung des Erbfaktors gegenüber dem Milieu zur Forderung, erbkranke Glieder der Gesellschaft von der Fortpflanzung abzubringen. Von da war nur noch ein Schritt, sie zu isolieren und zu töten, wie es im Dritten Reich mit der „Euthanasie“-Aktion geschah. Galton war zwar Engländer, aber wie Gobineau hatte auch er seine größte Wirkung in Deutschland.

Mit Spencer, Darwin, Gobineau und Chamberlain wurde der Sozialdarwinismus eine so breite Massenströmung in Europa und Amerika, daß es schwer fällt, weitere Autoren zu isolieren. Als scheinbar wissenschaftlich begründete Rechtfertigungsideologie des weißen Imperialismus hatte der Sozialdarwinismus eine dreifache Stoßrichtung – gegen „niedere“ „Rassen“; zur Rechtfertigung nationaler Rivalitäten innerhalb des Europäischen Systems; angewandt auf soziale Klassen. Nichts anderes als klassenkämpferisch gewendeter Sozialdarwinismus war daher auch die Ideologie des aufsteigenden Sozialismus, der sich berechtigt fühlte, das kapitalistische Bürgertum auf den „Müllhaufen der Geschichte zu werfen“, wie es später die Kommunisten ausdrückten. Entsprechend fand auch der Antisemitismus Eingang in einen Teil der sozialistischen Bewegung, vor allem in Frankreich und Rußland, während ein anderer Flügel ihm von vornherein oder meistens widerstand, vor allem in Deutschland.

Rassismus in Deutschland

Aber am stärksten verbreitete sich der Sozialdarwinismus in seiner rassistischen Zuspitzung um 1900 in Deutschland, der geballtesten aufstrebenden Industriemacht mit ihrem Anspruch auf den Rang einer Weltmacht. Die Germanentümelei war schon als Reaktion gegen die Französische Revolution entstanden, eine deutsche Variante des antikisierenden-romantischen Rückgriffs auf die ältere Geschichtes des je eigenen Volkes (Gallier, Briten, Westgoten etc. bei Franzosen, Engländern und Spaniern usw.). Mit dem Arier-Komplex begann die quasirassistische Verengung auf die Germanen, die selbst andere Europäer, vor allem die Slawen, aus der Gemeinschaft der („indogermanischen") weißen Europäer ausschloß und sie zuletzt unter Hitler gar zu vernichtungswürdigen „Untermenschen" degradierte. Im Zeitalter des Imperialismus avancierte der arische Germanen-Mythos vollends zur Rechtfertigungsideologie des atemberaubenden Aufstiegs der Deutschen zur stärksten Macht auf dem Kontinent, die zweimal den sogenannten „Griff nach der Weltmacht" riskierte. Den deutschen Geistesblitzen in Gedanken ließen, wie Heinrich Heine in seiner „Geschichte der Religion und Philosophie in Deutschland" (1835) schon früh hellsichtig vorausgesagt hatte, die Deutschen in der Tat Blitz und Donner folgen, in zwei Weltkriegen mit ihren Untaten.

Gobineaus Wirkung war am stärksten in Deutschland, wo vor allem Richard Wagner und der Bayreuther Kreis seine Ideen förderte und verbreitete, bis hin zu Wagners Schwiegersohn Houston Stewart Chamberlain (1855-1927), dem eigentlichen Nachfolger Gobinaus. In seiner Wahlheimat Deutschland gab er seinem gebildeten Publikum auf der Höhe der neuesten wissenschaftlichen Forschung in vielen Gebieten eine auch literarisch bestechende „Welt-Anschauung", die dem „Weltpolitik"-Deutschen schmeicheln mußte. Erstmals kombinierte Chamberlain den Antisemitismus mit dem anti-negriden Strang des Rassismus: „Neger" sind zwar „eine untergeordnete, minderwertige, in sich selbst kulturunfähige Menschenunterart", aber der eigentliche Feind ist „Juda", ergänzt um „Rom". „Juda" macht dem „Germanen" (also dem „Deutschen") die ihm gebührende Weltherrschaft streitig und wird so zum eigentlichen Welt-Feind. Chamberlains Rassen-Dualismus spitzt sich ganz auf den globalen Endkonflikt zwischen „Gut" und „Böse" zu, zwischen „Germanen" und „Juda"/„Rom".

Bis zum Ersten Weltkrieg blieb der Rassismus, mit Schwerpunkt auf dem Antisemitismus, eine Unterströmung von Extremisten, die zuletzt aber schon bis in die höchsten Spitzen des Staates eindrang. Die globale Krise des Ersten Weltkrieges und der deutschen Niederlage im November 1918 gegen eine „Welt von Feinden" machte den Rassismus zu einer Art teutonischen Trotz-Ideologie, um den Wiederaufstieg Deutschlands zu neuer Macht zu rechtfertigen. Beim Fehlen von „Farbigen" in Deutschland wirkte die Besetzung des Ruhrgebiets unter anderem durch

Marokkaner und Afrikaner im Rahmen der französischen Armee 1923 besonders aufreizend („schwarze Schmach“).

Der deutsche Rassismus konzentrierte sich zunächst weiter auf Juden, warf sich zunehmend aber auch auf „minderwertige“ Europäer – Slawen und „verniggerte“ Franzosen, weniger Italiener, seitdem Italien faschistisch geworden war. Der Sieg des Nationalsozialismus gab der „Rassenlehre“ von der Überlegenheit des „arischen“, „nordischen Menschen“ offizielle Sanktion. Jenseits von Indoktrination und Agitation diente er im Zweiten Weltkrieg als Legitimationsideologie für Euthanasie nach innen, „Endlösung der Judenfrage“ nach außen durch millionenfachen Massenmord und Unterwerfung der Slawen als Heloten. Analog gab es auch einen japanischen Rassismus, während das verbündete faschistische Italien im Sinne keinen eigenen Rassismus entfaltete.

Nach dem Sieg über die Achsenmächte durch eine Welt-Koalition 1945 schien der Rassismus weltweit geächtet, ausgedrückt in verschiedenen Dokumenten der UNO und UNESCO. Die bisherige Minderheits-Position gegen den gemeineuropäischen Rassismus wurde jetzt in der Wissenschaft mehrheitsfähig. Aber in der Praxis hielt sich Rassismus immer noch in vielfältiger Form zur Rechtfertigung von Diskriminierung. In den USA blieb er bis 1965, in den Südstaaten und Washington auch staatlich sanktioniert, eine offene politische Realität, die seitdem mit immer noch explosiven Konsequenzen latent weiterwirkt. Die Ideologie der Apartheid in Südafrika kombinierte einen calvinistisch-biblisch argumentierenden Auserwähltenglauben, der seine „Selektion“ sozusagen positiv betrieb und in der Apartheid gegenüber den „Schwarzen“ landete. In seiner Parallelität zu den Südstaaten der USA entwickelte der Buren-Rassismus zugleich unverkennbare Affinitäten und Sympathien zum NS-Rassismus.

Andererseits brachen in weiten Teilen der Dritten Welt nach der Dekolonisation einheimische Proto-Rassismen handgreiflich durch, ohne große theoretische Verbrämung durch Rassentheorien, als praktizierte Diskriminierung im Rahmen meist interner Konflikte. Die Diskrepanz zwischen offiziell verpöntem Rassismus und praktizierter vielfältiger Diskriminierung bis hin zu Pogromen und Massakern in der gegenwärtigen Welt, seit der Agonie des Sowjetkommunismus auch im früheren Ostblock, bleibt bedrückend genug.

Rassismus ist auch keine abstruse Idee von Einzelnen, sondern grausige Konsequenz einer sich über Generationen aufbauenden „Rassenlehre“, gegründet auf einem sich einst für fortschrittlich haltenden Flügel moderner Wissenschaft: Was einer dachte, konnten auch andere denken. Was viele dachten, setzten andere später in die Tat um. In ihrem der Zukunft zugewandten Teilen hatten die Theorien zur Fundierung und Präzisierung des Rassimsus eine analoge Funktion wie die moderne Science fiction: Politische Handlungsanweisungen konkretisierten mit pseudo-szientischen Methoden Utopien, die in eine angeblich bessere „Brave new world“ führen sollten.

Anmerkungen

1 Charles Darwin: Die Abstammung des Menschen und die Zuchtwahl in geschlechtlicher Beziehung. Bd. I.– Leipzig 1903, S.261.
2 A. O. Lovejoy: The Great Chain of Being.– Cambridge/Mass. 1966.
3 Leon Poliakov: Der arische Mythos.

Literatur

Apostle, Richard A.; Charles Y. Glock: The Anatomy of Racial Attitudes. 1983.

Arendt, H.: Elemente und Ursprünge totaler Herrschaft. Antisemitismus, Imperialismus, Totalitarismus.– München 1986.

Barzun, J.: Race: A Study in Modern Superstition.– London 1938.

von den Berghe, P. L.: Race and Racism.– New York 1967.

Boas, F.: Race, Language, and Culture.– New York 1940.

Ders.: Rasse und Kultur.– Jena 1932.

Buenzod, J.: La formation de la pensée de Gobineau et l',,Essai sur l'inégalité des races humaines".– Paris 1967.

Chamberlain, H. St.: Grundlagen des 19. Jahrhunderts. 2 Bde., 1899ff.

Cashmore, E. E.: The Logic of Racism.– Winchester/Mass. 1986.

Coon, C. S.: The Origins of Races.– New York 1962.

Darwin, C.: The Origins of Species by Natural Selection.– London 1859.

Ders.: The Descent of Man.– London 1871.

Dovidio, J. D.; S. L. Gaertner: Prejudice, Discrimination and Racism. 1986.

de Fontette, F.: Le Racisme.– Paris 1981/1984.

Gobineau, A. de: Essai sur l'inégalité des races humaines.– Paris 1853/55.

Haller, J. S.: Outcasts form Evolution. Scientific Attitudes of Racial Inferiority 1859-1900.– London 1971.

Jones, J. M.: Prejudice and Racism.– Reading/Mass. 1972.

Kilian, L.: Zum Ursprung der Indogermanen. Forschungen aus Prähistorie und Anthropologie.– Bonn 1983.

Kovel, J.: White Racism. 1984.

Memmi, A.: Rassismus.– Frankfurt 1987.

Montagu, A. (Hg.): Statement on Race. An Annotated Elaboration and Exposition of the Four Statements on Race Issued by the United Nations Education Scientific, and Cultural Organisation.– New York 1972.

Mosse, G. L.: Toward the Final Solution. A History of European Racism. 1978.

Mühlmann, W. E.: Geschichte der Anthropologie.– Frankfurt 1968.

Neurohr, J. F.: Der Mythos vom Dritten Reich. Zur Geistesgeschichte des Nationalsozialismus.– Stuttgart 1957.

Newman, J.: Race: Migration and Integration.– Baltimore 1968.

Poliakov, L.: Der arische Mythos. Zu den Quellen von Rassismus und Nationalismus.– München 1977.

Richmond, A.H.: The Color Problem. A Study of Racial Relations.– Harmondsworth 1955/1961.

Snyder, L. L.: Macro-Nationalismus. A History of the Pan-Movements.– Westport/Conn. 1984.

Traber, M.: Rassismus und weiße Vorherrschaft.– Freiburg 1971.

von Zur Mühlen, P.: Rassenideologien.– Berlin 1977.

BRIGITTE FUCHS, GABRIELE HABINGER

Die „Natur" der Differenzen
Zum Zusammenwirken von „Rasse" und „Geschlecht" im westlichen Diskurs und im modernen Weltsystem

„... there is no doubt that the Negro's brain bears a great resemblance to a European female or child's brain and thus approaches the ape far more than the European, while the Negress approaches the ape still nearer."
James Hunt: On Negro's place in Nature (1869), zit. nach Fee 1979, S.421f.

Wissenschaft und Politik der Differenz

Die (Bio-)Politik der Differenz

In den Kultur- und Sozialwissenschaften steht mittlerweile außer Zweifel, daß „Geschlecht" und „Rasse" soziale „Konstruktionen" sind. Sandra Harding bezeichnet „Rasse", Klasse und „Geschlecht" als eine „Matrix von Privilegien", die sich auf allen diskursiven Ebenen – individuell, strukturell und symbolisch – niederschlägt. Innerhalb dieser „Matrix" wirken die sozialen Konstrukte „Rasse" und „Geschlecht" in vielfältiger Weise zusammen, sodaß mit Hilfe der Klassen- und Geschlechterdifferenz rassistische Hierarchien konstruiert und aufrechterhalten werden, ebenso wie Klassen- und Geschlechterkonstruktionen auf Rassenpolitik beruhen (Harding 1993, S.11). Die Frage, wie sich nun diese „Matrix von Pivilegien" konstituiert, drängt sich dabei auf: Die herrschende Ideologie konstruiert eine unveränderliche biologische oder kulturelle Unterlegenheit von „Frauen", „Rassen", „Nationen" und „Ethnien", die auf dem fortdauernden historischen Prozeß der „Naturalisierung" politischer, sozialer und ökonomischer Kräfteverhältnisse zwischen verschiedenen Menschengruppen beruht.

Dabei ist der Begriff „Rasse" – im Gegensatz zum Begriff „Geschlecht" – ein echter Anachronismus: Längst haben die Biowissenschaften, die physische Anthropologie und die Biologie, die die „Rassen" seit dem 18. Jahrhundert konstruieren, demonstriert, daß die Populationsgenetik die Konzepte feststehender „Bündel" biologischer Attribute ersetzen sollte und daß zwischen Individuen derselben „Rasse" oft größere Variabilität herrscht als zwischen Individuen verschiedener „Rassen". Während die Biowissenschaften in diesem Fall eine „falsche" Behauptung über den Platz bestimmter Menschengruppen in der „Natur" durch eine „richtige" ersetzt haben, bleibt der Platz der Frau in der „Natur", wo er immer war: Nicht nur in populärwissenschaftlichen Fernsehsendungen werden uns Affen-„Familien" vorgeführt, in der ein dynamisches, viriles Männchen einen „Harem" kontrolliert. Insbesondere die Verhaltensforschung, die auch in Österreich eine anerkannte Lehrmeinung ist, weist auf der Grundlage sexistischer Projektionen auf die naturhafte „Ursprünglichheit" von „Familie" und weiblicher Unterwerfung hin (vgl. Guillaumin 1992).

Es steht freilich nicht zur Diskussion, daß auch diese „Natur" ein Konstrukt ist. Das Konzept der „Natur", das seit der Aufklärung dem wissenschaftlichen wie dem populären Denken vorausgesetzt ist, ist nichts anderes als die „Fortsetzung der Politik mit anderen Mitteln" (vgl. Haraway 1995, S.145f.). Denn die Biowissenschaften, denen als Naturwissenschaften eine besondere gesellschaftliche Autorität eingeräumt wird, konstruieren die „Natur" stets in struktureller Übereinstimmung mit Patriarchat und Markt. Die „Natur" erscheint als produktives, expandierendes System von Produktion/Reproduktion, das in Begriffen von Funktionalität und Effizienz beschrieben wird. Das Resultat der Produktion wird dabei in derselben Weise der rationalen Kontrolle unterworfen wie vormals der Körper dem Geist. Das Eingreifen der Arbeitsteilung in die „Natur" wird als hierarchisches Prinzip interpretiert, das dem Tauschwert zugrundegelegt werden kann.[1]

Den Biowissenschaften fällt die Aufgabe zu, den unterschiedlichen „Wert" der menschlichen Körper zu bestimmen, um ihnen ihre „natürlichen" Plätze in der Hierarchie der nationalen wie der Weltökonomie zuzuweisen. Indem die sozialen Konstrukte „Geschlecht" und Hautfarbe/„Rasse" in biologische Tatsachen transformiert werden, werden sie zu Ressourcen gesellschaftlichen Handelns, wie allgemein in der Universalhistorie des Abendlands „Natur" durch Kultur angeeignet wird.

Die Mittel für diese „Bio-Politik der Differenzen" stellen vom 18. Jahrhundert bis in die Gegenwart die Anthropologie und Biologie zur Verfügung. Sie konstruieren die „Differenzen", indem sie die Universalhistorie des Abendlands, den Mythos der Evolution vom Primitiven zur Zivilisation, vom Affen zum Menschen, in wechselnden Versionen erzählen. Bereits die Geburt der Anthropologie, der Wissenschaft vom Menschen/Mann, ist verbunden mit der Unterscheidung zwischen „primitiv" und „zivilisiert", zwischen „Natur" und „Kultur", zwischen denen, die reisen und betrachen, und jenen, die zu Hause bleiben und betrachtet werden. Die Konstruktion des „anderen" als ein Objekt für Aneignung, Beobachtung, Visualisierung und Erklärung ist die Struktur, die die Bio-Politik der Differenzen hervorgebracht hat.[2]

Die Frau: zwischen Kind und Mann

Durch die „Erfindung“ neuer Klassifikationsschemata wird in der Aufklärung die „Natur“ sexistisch strukturiert. Als Hauptmerkmal der Zugehörigkeit der Menschen zur Klasse der Säugetiere wurde zwar ein „weibliches“ Kriterium – das Säugen der Jungen – gewählt (Schiebinger 1993, S.40f.); dennoch erscheint das „Weibliche“ immer sekundär und abgeleitet, so wie in der bürgerlichen Gesellschaft die Frau als Hausfrau und Mutter vom Vater/Ehemann abhängig bleibt.

Bachofen weist den Frauen in seiner Version der westlichen Universalhistorie ein eigenes Stadium zu: das zwischen „Wildheit“ und Zivilisation angesiedelte „Mutterrecht“. Die höhere, „geistige“ Stufe der Zivilisation nimmt also das „Patriarchat“ ein, das „Mutterrecht“ steht auf der Stufe zwischen Promiskuität und patriarchaler Kernfamilie, wobei der Frau das Verdienst der Überwindung des promiskuitiven „Urzustandes“ zukommt. Entsprechend wurde die Frau von den Anthropologen um 1870 gemäß ihrer Schädelgröße zwischen Männern und Kindern angesiedelt (Fee 1979, S.422ff.). Diese „mittlere“ Position zwischen Kind und Mann sollte auch Platz für die Aufwertung der Europäerin bis hin zur Fähigkeit zum wissenschaftlichen, wenn auch keineswegs zum naturwissenschaftlich-rationalen Denken lassen.

Im 18. und 19. Jahrhundert „erkannte“ eine Sonderanthropologie der Frau, die in die Gynäkologie münden sollte, in der weiblichen Anatomie das „natürliche“ Schicksal der Frau: die Mutterschaft.[3] Der Kern der Geschlechterdifferenz verweist also auf die Unterordnung der Frauen unter ihre Generativität. Es ist ihre „pathologische“ Schwäche, die die bürgerliche Frau auf die private Sphäre verweist, wodurch nicht nur ihr Ausschluß aus der Berufswelt erzielt wurde, sondern auch öffentliche Einflußnahme und Macht für sie verschlossen blieben (vgl. Breiter 1990). Sollte sie es jedoch wagen, in der öffentlichen Sphäre ihre Stimme zu erheben, waren im 19. Jahrhundert die Anthropologen zur Stelle, um die Frau mit dem verachteten „Neger“ gleichzusetzen.[4]

Der Wilde: zwischen Affe und Mensch

In der Aufklärung hatte sich als neues Subjekt der Geschichte der europäische bürgerliche Mann konstituiert: Er ließ seine Rede von der Freiheit und Gleichheit aller Menschen nur für sich selber gelten. Der Platz der „anderen“, der Frauen und Kolonisierten, in der „Natur“ wurde durch die Festlegung ihrer „Differenz“ zum Höhepunkt der Evolution, dem rationalen (intelligenten) Mann, der den Motor des technologischen Fortschritts im Sinne der Naturüberwindung verkörpert, definiert. Europa legitimierte seinen Herrschaftsanspruch über den „Rest der Welt“ durch die Konstruktion biologischer „Großrassen“. Am untersten Ende der Skala vom Affen zum Menschen rangierte im Sinne der Legitimation der Sklaverei stets der „Neger“.

Zu diesem Zweck konstruierte die physische Anthropologie seit dem 18. Jahrhundert immer neue, häufig wechselnde „naturwissenschaftliche“ Beweise, die sich vor allem auf körperliche, aber auch auf psychische oder kulturelle Merkmale bezogen: Im 18. und 19. Jahrhundert bewies der „Neger“ durch seinen kleineren Gesichtswinkel, im 19. Jahrhundert durch einen angeblich kleineren Schädel und der damit postulierten geringeren Hirnmasse seine Nähe zum Affen (Gould 1993).

Indem der „Neger“ seiner „Natur“ nach nicht nur keine Rechte hat, sondern auch nicht das Recht, darum zu kämpfen, verweist er auf andere Gruppen von Menschen, für die dasselbe gelten soll. Auch (europäische) Frauen galten für die Anthropologie in körperlicher Hinsicht als „primitiv“ und im Sinne der Evolution dem Affen näher als dem europäischen Mann (Fee 1979, S.418ff.). In psychischer Hinsicht aber wurden sie wie die „Neger“ als Kinder oder „Wilde“ eingestuft (vgl. Weigel 1987). Allerdings wurde immer nur die Europäerin mit „minderen Rassen“ gleichgesetzt, jedoch nicht umgekehrt der „Neger“ mit der europäischen Frau. Für die „Negerin“ zeigte die Anthropologie lange Zeit keinerlei Interesse, wurde doch das Geschlechterverhältnis ausschließlich auf die europäische Gesellschaft bezogen.[5]

Erst später trat die kolonisierte Frau auf den Plan, die als sexualisiertes „primitives“ Gegenbild der bürgerlichen Europäerin erscheint.[6] Daß die Frau im Diskurs über die „Rasse“ immer sekundär blieb, verweist auch darauf, daß die Differenz der „Rassen“ der Entwertung der kolonialen Arbeitskraft diente, die der „männlich“ definierten Produktionssphäre zugeordnet wurde. Die schwarze Frau, die Sklavin, erscheint dabei als Arbeitskraft und nicht eigentlich als „Frau“, arbeitet sie doch wie ein Mann.[7]

Vom Biologismus zum Kulturalismus

Um 1870 erreichte die Politik der „Zivilisierung des Primitiven“ eine neue Qualität. Aufbauend auf dem Prinzip der „natürlichen Selektion“ wurde in der Ära des Imperialismus „Rasse“ zum einzigen Erklärungsprinzip der Geschichte. Darwin wurde zu seiner Theorie der „natürlichen Selektion“ durch den klassischen Theoretiker Malthus inspiriert, der die mangelnden Subsistenzquellen für die „Armen“ als „natürliche“ Grenze menschlicher Reproduktion interpretierte. Diese „Überbevölkerung“ aber sei ihrem „natürlichen“ Untergang zu überlassen (Sieferle 1989, S.35ff.). Die sozialdarwinistische Interpretation dieser Theorien ließ die Diskriminierung und Unterwerfung bestimmter Menschengruppen – der Kolonisierten, der Unterschichten – als Produkt ihrer mangelnden „Eignung“ und daher einer „natürlichen“ Minderwertigkeit erscheinen. Im Zuge dieser Entwicklung wurden nicht nur die Unterschichten, die Kolonisierten und die Frauen, sondern auch Kriminielle, geistig und körperlich Behinderte und sonstige „Außenseiter“ auf eine niedrigere Stufe der Evolution gestellt. Die konsequente Biologisierung der Gesellschaft und die Verknüpfung von Klasse und „Rasse“ ist für den Imperialismus charakteristisch. Ganze Nationen verstand man nun als konkurrierende „Spezien" im „Kampf ums Dasein". Die nationalistische Propaganda legitimierte damit den Wettstreit um die Aufteilung der Welt und die Herrschaftsansprüche gegenüber anderen, daher notwendig als „minder" zu definierenden Nationen und „Rassen".

Die Idee einer für die Nation bedrohlichen „Degeneration", die insbesondere in einer zu geringen Natalität entdeckt wurde, und die in den achtziger Jahren des vergangenen Jahrhunderts entwickelte „Erbforschung" regten zum einen im Vorfeld des Nationalismus die Erforschung psychischer „rassenhafter" Merkmale an, die später als pseudowissenschaftlich verworfen wurde. Zum anderen basiert auch der in den USA entwickelte psychologische Intelligenztest auf diesen Prinzipien und stellt somit eine rassistisch inspirierte Methode dar: Bei der Messung des „Intelligenzquotienten" konnte mit Hilfe statistischer Methoden eine „geringere Intelligenz" bestimmer Menschengruppen über Generationen hinweg untermauert werden (Gould 1983, S.170ff.). Darüber hinaus mündete die Erforschung der Erblichkeit körperlicher Merkmale bereits in den dreißiger Jahren in die „Entdekkung" der Gene. Die Genetik, die den Kern menschlicher Differenz im Unsichtbaren ortet, stellt ein geeignetes wissenschaftliches Mittel zur Perpetuierung von Hierarchisierungen dar. Während die Genetik auch Argumente gegen den Rassismus liefern kann, kann genausogut auf eine „genetisch" fixierte Unterschiedlichkeit von Menschengruppen rekurriert werden.

Im wesentlichen kommt der Rassismus gegenwärtig auch ohne „Rassen" aus. Der „neue" oder „differentialistische" Rassismus begnügt sich mit der Hierarchisierung von „Kulturen" (Balibar 1990); dies entspricht den „klassischen" universalhistorischen Ranglisten. Wurde die Rechtlosigkeit der Kolonisierten lange Zeit in eine „natürliche Unterlegenheit" übersetzt, erscheint sie heute als „Rückständigkeit" der „Kultur" und Lebensweise bestimmter Gruppen von Menschen (vgl. Çinar 1990, S.8f.). Die Ablehnung einer „Kulturvermischung" ersetzt das Verbot der „Rassenmischung" und verknüpft sich mit der Behauptung einer „natürlichen" Tendenz aller menschlichen Gruppen (Ethnien, Nationen), ihre Traditionen und damit ihre „Identität" zu bewahren und sich gegen andere abzugrenzen.[8] Diese Rede von der Identität beruht auf der Annahme stationärer Kulturen, womit neuerlich die Machtbeziehungen im Weltsystem verschleiert werden.

Rassismus und Sexismus im Weltsystem

Das Prinzip der Hierarchisierung

Der rassistische und sexistische Diskurs ermöglichen es, in einem universalistischen System, das theoretisch auf Verdienst und Leistung basiert, Strukturen der Ungleichheit zu rechtfertigen. „Rasse" und „Geschlecht" dienen als ideologische

Basis der Reproduktion des kapitalistischen Systems. Wie sich in der westlichen Universalhistorie das „Zivilisierte“ das „Primitive“ aneignet, sodaß die Welt als universelles, aber hierarchisches System erscheint, brachte die kapitalistische Weltökonomie im Prozeß der Kolonisation die Hierarchie von Agrar- und Industrieländern, von „fortschrittlichen“ und „rückschrittlichen“ Staaten, Regionen und Menschen hervor.

Ein vorwiegend in den Industrieländern angesiedelter, hochkonzentrierter primärer Sektor mit stabilen Beschäftigungs- und relativ hohen Lohnmöglichkeiten beschäftigt vor allem euro-amerikanische Männer mit hoher beruflicher Qualifikation. Ein sekundärer Sektor in den Industrie- und Schwellenländern bietet unsichere Beschäftigung, schlechte Arbeitsbedingungen und niedrige Löhne, während ein marginaler tertiärer Sektor, der in den Agrarländern die wesentlichste, in den Industrieländern immer noch eine bedeutende Beschäftigungsmöglichkeit darstellt, mit unsicheren und flexiblen, von Saison und Konjunktur stark abhängigen Arbeitsbedingungen besonders unattraktiv erscheint. Gleichzeitig sind die beiden unteren Bereiche in männliche und weibliche Arbeitsbereiche gespalten, wobei die am niedrigsten entlohnten Tätigkeiten stets den Frauen zufallen: Denn die Frauen werden als abhängige „Hausfrauen“ definiert, die dazu angehalten sind, neben der unbezahlten Hausarbeit nur eine „Zubuße“ zum Einkommen des Ehemannes zu erwerben. Die Frauen sind daher per definitionem Teil der „industriellen Reservearmee“, die eine Voraussetzung für die kostengünstige Produktion und Profitmaximierung im Kapitalismus ist.

Die Frauen sind im Rahmen dieser strukturellen Unterdrückung auf zwei Ebenen betroffen. Aufgrund der besseren Arbeitsmarktchancen migrieren mehr Männer als Frauen aus Agrarländern (Chant 1992, S.5ff.); die Frauen, die im ländlichen Haushalt zurückbleiben, sind nicht nur zu Mehrarbeit gezwungen, sondern Haushalte und Frauen müssen auch die Reproduktionskosten für die Arbeitskräfte tragen. Andererseits sind auch die Frauen, die selbst migrieren, mehrfach ausgebeutet. Sie vergrößern nicht nur die Reserven billiger, anspruchsloser Arbeitskraft, sie leisten auch gratis die physiche und psychische Reproduktionsarbeit im marginalen MigrantInnenhaushalt. Dabei werden häufig auch noch ihre in den Zuwanderungsländern geborenen Nachkommen als „AusländerInnen“ rechtlich diskriminiert, wodurch ihre Anpassung an den Lebensstandard der Industrieländer und ihr sozialer Aufstieg dauerhaft verhindert werden. Dies unterstützt die von Wallerstein (1990b) konstatierte Tendenz zur „Ethnisierung“ der ArbeiterInnenschaft, die auf der hohen Übereinstimmung zwischen beruflicher Beschäftigung und Ethnizität beruht, und die vor allem durch den staatlichen „institutionellen Rassismus“ hervorgebracht und perpetuiert wird.

Ganze Gruppen von Menschen stehen so dem Kapital als billige Arbeitskräfte zur Verfügung, indem sie zuerst ausgegrenzt, auf einer untergeordneten Stufe aber wieder eingeschlossen werden. Erst das Zusammenwirken von Rassismus und

Sexismus gewährleistet, daß das System funktioniert: Die niedrigen Löhne können nur deshalb aufrechterhalten werden, weil MigrantInnen in häusliche Strukturen eingebunden sind, in denen die Einkünfte aus der Lohnarbeit nur einen Teil des gesamten Haushaltseinkommens bilden.[9]

Migration als geschlechtsspezifisches Phänomen

Gerade das Beispiel der europäischen Migrationspolitik nach 1945 zeigt, daß dabei nicht nur rassistische Prinzipien zur Anwendung kommen, sondern auch geschlechtsspezifische Faktoren zu berücksichtigen sind. Die fast ausschließliche, gezielte Anwerbung von Männern während des Nachkriegsbooms, die die „Inländer" auf den Arbeitsplätzen mit den schlechtesten Arbeitsbedingungen und niedrigsten Löhnen ersetzen mußten, sollte nicht zuletzt die Niederlassung der MigrantInnen verhindern. Die Rezession von 1973/74 führte zunächst in fast allen Ländern zu einer Einschränkung der Einwanderung. Als Konsequenz einer verstärkten Nachfrage nach weiblicher Arbeitskraft setzte eine Politik der „Familienzusammenführung" ein, sodaß der Anteil der Frauen in den europäischen AusländerInnenpopulationen entsprechend anstieg.

Grund für die verstärkte Nachfrage nach „Ausländerinnen" war die kontinuierliche Expansion des Dienstleistungssektors seit den siebziger Jahren, die zur vermehrten Beschäftigung von „inländischen" Frauen in bestimmten Bereichen (Bank-, Unterrichts-, Verkehrswesen) führte, während die „Ausländerinnen" die schlecht entlohnten Tätigkeiten mit niedrigem Sozialprestige in diesem Sektor (häusliche Dienste, Gastgewerbe) und in Handel und Leichtindustrie übernahmen.[10] Migrantinnen sind die am schlechtesten entlohnte Gruppe der Arbeitskräfte – nicht nur aufgrund mangelnder oder zu geringer Qualifikation, sondern auch aufgrund der Nichtanerkennung ihrer Qualifikation. So werden hochqualifizierte Migrantinnen aus Osteureuropa oder aus der „Dritten Welt" häufig unter dem Vorwand des Mangels an Sprachkenntnissen weit unter ihrer Qualifikation beschäftigt.

Migrantinnen sind eher als „Inländerinnen" dazu gezwungen, sehr schlechte Arbeitsbedingungen zu akzeptieren, und in einigen europäischen Ländern sind die Arbeitsmarktsegmente mit den schlechtesten Arbeitsbedingungen (Schichtarbeit, Nachtarbeit, Heimarbeit) bereits gänzlich mit Migrantinnen besetzt. „Ausländerinnen" müssen öfter als „Inländerinnen" Hausarbeit und Kindererziehung mit einer Vollzeitbeschäftigung vereinbaren.[11] Andererseits rechtfertigen die häufig fehlende oder bloß temporäre Beschäftigung in formalen Arbeitsverhältnissen und niedrige Löhne die rechtliche Definition der Migrantinnen als abhängige „Hausfrauen". Gemäß traditionellen Rollenvorstellungen ist das Aufenthaltsrecht für Frauen vielfach an das Bestehen einer heterosexuellen Paarbeziehung gebunden. Migrantinnen, die keine eigene Arbeitsgenehmigung besitzen, sind vom Aufenthaltsrecht ihrer Männer abhängig und daher häufig trotz einer untragbaren familiären Situation gezwungen, auf Scheidung zu verzichten (vgl. z.B. Kronsteiner 1994, S.83).

Auch die Migration aus politischen Gründen weist frauenspezifische Aspekte auf. So gelingt prozentuell relativ wenigen Frauen die Flucht nach Europa. Für sie ist es schwieriger, Asylanträge zu stellen, nicht zuletzt, da das Asylrecht sexistisch strukturiert ist: Geschlechtsspezifische Formen der Verfolgung und Unterdrückung von Frauen im Herkunftsland wie sexuelle Gewalt und Vergewaltigung, ihre Bedrohung aufgrund von normabweichendem Verhalten werden nicht als Asylgrund anerkannt. Es ist jedoch auffällig, daß in der Auseinandersetzung mit Migrationen die Kategorie Geschlecht meist nicht berücksichtigt wird, obwohl sich die europäische Asyl- und Einwanderungspolitik auf die Situation von Frauen in spezifischer Weise auswirkt (vgl. Hiller; Schunter-Kleemann 1992).

Die Verknüpfung von Rassismus und Sexismus wird also am Beispiel der Migrantinnen deutlich, wobei gerade bei nicht erwerbstätigen Frauen zusätzlich zur rechtlichen und ökonomischen Diskriminierung eine soziale hinzukommt. Migrantinnen, die meist mehr Zeit zu Hause verbringen als Männer, sind nicht nur mit wesentlich schlechteren Wohnverhältnissen konfrontiert als „inländische" Frauen, sie sind auch isoliert.[12] Die in den Arbeitsprozeß eingebundenen Männer und die Kinder stellen häufig für Frauen das einzige Bindeglied zur „fremden" Außenwelt dar. Mangelnde Sprachkenntnisse, fehlende Kontakte zu „InländerInnen" und das damit verbundene Gefühl der Nichtanerkennung tragen zu einer noch größeren Verunsicherung der Migrantinnen bei, die dann häufig verstärkt auf ihre traditionellen Wertvorstellungen zurückgreifen. Ihre Handlungs- und Entscheidungsfreiheit wird jedoch nicht nur durch die herrschende AusländerInnen- und Frauenfeindlichkeit beschränkt, sondern oft auch durch die Verhaltensweisen der eigenen Männer, die in der scheinbar größeren Freizügigkeit im Aufnahmeland eine Gefahr für die Integrität ihrer Frauen und Töchter sehen und deshalb die Einhaltung traditioneller Normen vehementer einfordern als in den Herkunftsländern (vgl. KAFÖ 1985). Die unter westlichen Frauen kursierenden Vorurteile gegenüber „fremden" Frauen, die entweder als „Exotikum" bestaunt oder als hilflose Opfer patriarchaler Gewalt bedauert werden, tragen ebenfalls zu ihrer Isolation bei.

Migrantinnen sind also in vielfacher Weise diskriminiert: Als Frauen verrichten sie unentlohnte Haus- und Reproduktionsarbeit, und sie haben darüber hinaus mit dem Rassismus zu kämpfen. Als Arbeiterinnen haben Migrantinnen Nachteile, weil sie Frauen und „Ausländerinnen" sind. Als „Ausländerinnen" teilen sie den prekären Status der Männer, wobei ihr Recht zum Bleiben oft vom Ehemann abhängig ist. Feministinnen und Wissenschaftlerinnen nichtdominanter Kulturen haben darauf hingewiesen, daß sich diese mehrfache Unterdrückung aufgrund von Geschlecht, „Rasse"/ethnischer Zugehörigkeit und Klasse nicht einfach addieren läßt. Vielmehr ergibt sich aus den gleichzeitig wirkenden Unterdrückungsmechanismen eine besondere Qualität der Unterdrückung.[13]

Frauen – Opfer oder Täterinnen?

Der Marginalisierungsprozeß, der Frauen aus der „Dritten Welt“ und Frauen, die „rassischen“, ethnischen und nationalen Minderheiten angehören, im besonderen trifft, bildet auch den Hintergrund zur Debatte um Differenzen und Machtverhältnisse zwischen Frauen, die zu Beginn der achtziger Jahre angeregt wurde. Feministinnen nichtdominanter Kulturen unterziehen den westlichen „weißen“ Feminismus seither einer umfassenden Kritik: Insbesondere das Paradigma einer „gemeinsamen“ Unterdrückung aller Frauen weltweit erschien ihnen als immer unakzeptabler. Die Frauenbewegung, die in den USA und in Westeuropa entstanden war, hatte die Probleme der in die private Sphäre verbannten Hausfrau der Industrieländer zum Ausgangspunkt für die Analyse sexistischer Unterdrückung gemacht: alle Frauen erschienen gleichermaßen als „Opfer“ des Patriarchats. Daraus ließ sich die Forderung nach universeller „Schwesterlichkeit“, der Solidarität unter Frauen jenseits von Klasse, „Rasse“ und Nation, ableiten, während alle anderen Formen der Unterdrückung als nebensächlich betrachtet wurden. Insbesondere wurden so die Machtbeziehungen zwischen Frauen durch den feministischen Diskurs verschleiert.[14] Feministinnen nichtdominanter Kulturen kritisieren die politischen Ziele und die Strategien der „westlichen“ Frauenbewegung als Resultate einer ganz spezifischen weiblichen Erfahrung: als Erfahrung „weißer“ Mittelschichtsfrauen, die „nur“ durch ihr Geschlecht von den Privilegien „weißer“ Mittelschichtsmänner getrennt sind. Die Tendenz westlicher Feministinnen, ihre historische Identität als allgemein gültig auf alle Frauen der Welt zu projizieren, wird als imperialistisch abgelehnt.[15]

Schwarze Feministinnen und Wissenschaftlerinnen entwickelten ein analytisches Instrumentarium, das die gleichzeitige und mehrfache Unterdrückung von Frauen erfassen soll. Diese ist in ihrer „multiplen“ Form in den Strukturen des herrschenden Systems begründet und setzt sich nicht aus sich addierenden einzelnen „Unterdrückungen“ zusammen (King 1988). Sie weisen auch die These zurück, daß der Kampf gegen die Unterdrückung als Frau gegenüber der Bekämpfung anderer Formen der Unterdrückung vorrangig sei.

Die Kritik am Rassismus der „weißen“ Frauenbewegung wurde lange Zeit nicht zur Kenntnis genommen, waren doch vor allem die Feministinnen der Meinung, sie selbst hätten keine Teilhabe an ausgrenzenden Praktiken und Diskursen. Die Vorstellung, Rassismus sei „Männersache“, die vorrangige Auseinandersetzung mit den Machtbeziehungen im Rahmen des Geschlechterverhältnisses und die daraus abgeleitete Gleichsetzung von Minderheiten und (westlichen) Frauen als Opfer männlicher/patriarchaler Gewalt verhinderten es, die Rolle von Frauen innerhalb der „Dominanzkultur“ einer Analyse zu unterziehen. Der Ausschluß von Frauen aus der Diskussion um Rassismus und Imperialismus hat Tradition: Die

Rolle der Europäerinnen im Zusammenhang mit Kolonialsmus, Imperialismus und Mission und ihr Beitrag zum kolonialen Diskurs wurde bis in die jüngste Vergangenheit kaum wahrgenommen und deshalb auch nicht analysiert, wurde ihnen doch eine aktive Beteiligung abgesprochen. Die Darstellung von Frauen im kolonialen Umfeld erfolgte vor allem auf romantisierende Weise, nicht aber unter dem Aspekt des Verhältnisses zwischen Kolonisierenden und Kolonisierten.[16] Ausgangspunkt der Überlegungen ist auch hier die Annahme, daß Frauen als „machtlose" Opfer des Patriarchats keine aktive Teilhabe an rassistischer Politik und Ausbeutung möglich war. In ähnlicher Form findet auch die Auseinandersetzung um die Beteiligung von Frauen an Nationalsozialismus und Rechtsextremismus statt.[17]

„Weiße" Frauen unterstützten und unterstützen jedoch aktiv und passiv ein Systems, von dem sie profitieren, indem es ein Machtgefälle zwischen ihnen und den „anderen" herstellt. Sie sind also im Rahmen des patriarchalen Systems Diskriminierte, gleichzeitig aber auch dominant. Dabei muß berücksichtigt werden, daß das komplexe Zusammenwirken von sexistischer Abwertung der westlichen Frauen und der Möglichkeit ihrer eigenen Aufwertung durch die rassistische Abwertung anderer eine herrschaftsstabilisierende Dynamik ergibt. Aus dieser „multiplen Identität" westlicher Frauen ergibt sich eine gewisse Spannung, der der westliche Feminismus gern entfliehen möchte.[18]

Die Rassismuskritik regte westliche Wissenschaftlerinnen und Feministinnen zum Überdenken ihrer eigenen Position an. Schließlich erfolgte ein Abrücken von der Annahme des universellen Opferstatus der Frauen, tauchte in den letzten Jahren doch zunehmend die Forderung auf, „die verliebte Sicht aufs weiße Opfer Frau in der westlichen Kultur und die schonende Selbstdefinition als Ohnmächtige und Handlungsunfähige aufzugeben" (Thürmer-Rohr 1993, S.203). Aber auch das Konzept der Mittäterschaft, bei dem Frauen vor allem als ungewollt an der Machtausübung teilhabende dargestellt werden, ihnen jedoch Motive zugestanden werden, die sich von jenen der Männer unterscheiden, greift zu kurz. Allmählich beginnt eine Auseinandersetzung nicht nur um die aktive Täterschaft von Frauen dominanter Kulturen, sondern auch um spezifisch weibliche Praktiken rassistischer und sexistischer Ausgrenzung. So ortet Rommelspacher eine spezifisch weibliche Form von Rassismus, die mit der Zuschreibung von geschlechtstypischen Eigenschaften und Verhaltensweisen in Einklang steht: „typisch weibliche" Eigenschaften wie Empathie und Mitgefühl werden nur Mitgliedern der eigenen Gesellschaft entgegengebracht, allen anderen jedoch entzogen. Eine weitere Form kulturellen Imperialismus, die gerne von Feministinnen angewandt wird, ist die Bewertung anderer Kulturen nach dem Grad ihrer angeblichen Frauenfeindlichkeit. Damit wird implizit die Höherwertigkeit der eigenen Kultur und Lebensform angenommen und die Ausgrenzung der Angehörigen dieser „sexistischen" Kulturen legitimiert.[19]

„Weiße" Frauen setzen sich nun zunehmend damit auseinander, in welcher Form Frauen zu faschistischer Ideologie, Nationalismus und Antisemitismus beitragen, und sie analysieren die Rolle der Frauen im Zusammenhang mit Rechtsextremismus und rassistischer Gewalt. Nur durch die sicherlich schmerzhaften Auseinandersetzungen mit solchen Fragenkomplexen können sich die westlichen Frauen endgültig von ihrer Rolle als „hilflose Opfer" befreien. Im Sinne einer umfassenden gesellschaftlichen Analyse müssen derartige Fragestellungen verstärkt die wissenschaftliche und politische Diskussion strukturieren.

Anmerkungen

1 Vgl. Haraway 1995, S.155. Dies. 1991.

2 Vgl. Haraway 1995, S.148f., S.160.

3 Vgl. z.B. Honegger 1991. Heintz; Honegger 1984.

4 Auch heute noch werden biologistische Argumentationsweisen etwa durch die Verhaltensforschung herangezogen, um Frauen, die sich gegen vorgegebene Rollenklischees auflehnen, in ihre Schranken zu weisen.

5 Zugleich machte die Anthropologie des 19. Jahrhunderts einen angeblichen Mangel der Geschlechterdifferenz bei außereuropäischen Gesellschaften zu einem Kriterium ihrer „Primitivität".

6 Dabei erfüllte dieser abwertende Gegenentwurf nicht nur die Funktion der Aufwertung des europäischen Weiblichkeitsideals und damit der europäischen Kultur, gleichzeitig wurde die Klischeevorstellung der unterdrückten, unfreien Frauen in den Kolonien von Mission und Kolonialverwaltung dafür eingesetzt, die eigenen Aktivitäten zu legitimieren, mit dem Hinweis, es gehe eigentlich um die Befreiung jener Frauen (vgl. z.B. Prodolliet 1987).

7 Beispiele dafür finden sich bei Davis 1982, S.9ff.

8 Vgl. Balibar 1990, S.32ff. Es wird auch postuliert, daß jeder Abbau „kultureller Distanz" Abwehrreaktionen und Aggressivität hervorruft; rassistisches Verhalten wird somit als „natürliche" Reaktion eingestuft.

9 Vgl. Wallerstein 1990a. Ders. 1990b. Çinar 1990.

10 Vgl. Castles 1987, S.25ff. Parnreiter 1992, S.82f.

11 Vgl. Morokvašić 1980, S.178f. Dies. 1987, S.119ff. Wie eine Studie in Frankreich zeigt, erreichen viele Migrantinnen neben ihrer Hausarbeit Wochenarbeitszeiten von 60 bis 80 Stunden, weil sie neben ihrer offiziell deklarierten Vollbeschäftigung noch einer oder mehreren anderen Beschäftigungen nachgehen.

12 Auch die Ausgrenzung und Diskriminierung von MigrantInnen wird zunehmend mit den Argumenten eines „neuen" Rassismus legitimiert. So erscheinen der Verweis der Migrantinnen auf Heim und Herd, aber auch die schlechte Wohnsituation oder der hohe Anteil „ausländischer" Kinder in Sonderschulen als notwendige Folge der mitgebrachten „rückständigen" Kultur und nicht als Ausdruck der schlechten strukturellen Bedingungen in den jeweiligen Aufnahmestaaten (vgl. Çinar 1990, S.8f.).

13 Vgl. z.B. Carby 1982. King 1988. Davis 1982.

14 Auch Frauen beuten im Rahmen eines rassistischen Machtgefälles Frauen aus: gutsituierte Frauen der Mittelschicht überlassen die Hausarbeit unterbezahlten Migrantinnen; die Konsumentinnen billiger Waren und Dienstleistungen in den Industrieländern tragen zumindest indirekt zur Ausbeutung und Unterdrückung der Frauen in den Weltmarktfabriken und im Tourismussektor der „Dritten Welt" bei. Wie das Beispiel der Migrantinnen zeigt, sind deren Lebensbedingungen aufgrund ihrer Herkunft oder ihrer ethnischen Zugehörigkeit häufig erheblich schlechter als jene der „inländischen" Frauen.

15 Vgl. z.B. Carby 1982. hooks 1990.

16 Vgl. Chaudhuri; Strobel 1990. Strobel 1991. Der Anteil der Europäerinnen an Kolonialismus und Mission wird vor allem im englischsprachigen Raum in zunehmendem Maß kritisch durchleuchtet, erst wenige deutschsprachige Autorinnen beschäftigen sich mit diesem Thema (vgl. z.B. Mamozai 1989. Prodolliet 1987).

17 Bei einer Befragung von Frauen in der BRD, wie sie die Rolle ihrer Eltern und Großeltern im Nationalsozialismus beurteilen, konnte Rommelspacher (1994b, S.95ff.) eine extrem polarisierte Darstellung der Geschlechter feststellen: Väter und Großväter waren in der Einschätzung der Befragten die Täter, während Müttern und Großmüttern die Rolle der Opfer zugedacht wurde, oder es wurde eine „widerständige Frauenkultur" angenommen.

18 Vgl. Rommelspacher 1994a, S.23f. Rommelspacher 1994b, S.110f. Hier wird das von Farbigen Frauen im Zuge ihrer Auseinandersetzung mit multipler Unterdrückung entwickelte Konzept einer „multiplen Identität" aufgegriffen (vgl. z.B. Minh-ha 1989).

19 Vgl. Rommelspacher 1994a, S.25ff., S.29.

Literatur

Balibar, Etienne: Gibt es einen „Neo-Rassismus"?– In: Ders.: Immanuel Wallerstein: Rasse Klasse Nation. Ambivalente Identitäten.– Berlin 1990, S.23-38.

Breiter, Marianne: Ausbruch ins Gefängnis? Zur Funktion weiblicher Krankheit im bürgerlichen Geschlechterarrangement.– In: Heide Dienst; Edith Saurer (Hg.): „Das Weib exisitiert nicht für sich": Geschlechterbeziehungen in der bürgerlichen Gesellschaft.– Wien 1990, S.64-81.

Carby, Hazel V.: White Woman Listen! Black Feminism and the Boundaries of Sisterhood.– In: Dies.: The Empire Strikes Back. Race and Racism in 70s Britain.– Birmingham 1982, S.212-235.

Castles, Stephen: Migration und Rassismus in Westeuropa.– Berlin 1987.

Chant, Sylvia: Gender and Migration in Developing Countries.– London, New York 1992.

Chauduri, Nupur; Margaret Strobel: Introduction.– In: Dieselben (Hg.): Western Women and Imperialism. Women's Studies International Forum. Vol. 13/4, 1990, S.289-293.

Çinar, Dilek: Rassismus und Sexismus im modernen Weltsystem.– Wien 1990 (Unveröff. Ms.).

Davis, Angela: Rassismus und Sexismus. Schwarze Frauen und Klassenkampf in den USA.– Berlin 1982.

Fee, Elizabeth: Nineteenth-Century Craniology: The Study of the Female Skull.– In: »Bulletin of the History of Medicine« 53, 1979, S.415-433.

Guillaumin, Colette: Les harengs et le tigres. Remarque sur l'éthologie.– In: Dies.: Sexe, Race et Pratique de Pouvoir.– Paris 1992, S.153-170.

Gould, Stephen Jay: Der falsch vermessene Mensch.– Basel, Boston, Stuttgart 1983.

Gould, Stephen Jay: American Polygeny and Craniometry before Darwin: Blacks and Indians as Separate, Inferior Species.– In: Sandra Harding (Hg.): The „Racial" Economy of Science. Toward a Democratic Future.– Bloomington, Indianapolis 1993, S.84-115.

Haraway, Donna: The Biological Enterprise: Sex, Mind, and Profit from Human Engineering to Sociobiology.– In: Dies. (Hg.): Simians, Cyborgs and Women. The Reinvention of Nature.– London 1991, S.43-68.

Haraway, Donna: Primatologie ist Politik mit anderen Mitteln.– In: Barbara Orland; Elvira Scheich (Hg.): Das Geschlecht der Natur. Feministische Beiträge zur Geschichte und Theorie der Naturwissenschaften.– Frankfurt / Main 1995, S.136-198.

Harding, Sandra: Introduction: Eurocentric Scientific Illiteracy – A Challenge for the World Community.– In: Dies. (Hg.): The „Racial" Economy of Science. Toward a Democratic Future.– Bloomington, Indianapolis 1993, S.1-22.

Heintz, Bettina; Claudia Honegger: Zum Strukturwandel weiblicher Widerstandsformen im 19. Jahrhundert.– In: Dieselben (Hg.): Listen der Ohnmacht. Zur Sozialgeschichte weiblicher Widerstandsformen.– Frankfurt / Main 1984, S.7-68.

hooks, bell: Schwesterlichkeit: Politische Solidarität unter Frauen.– In: beiträge zur feministischen theorie und praxis. Bd.27, 1990, S.77-92.

Hiller, Ulrike; Susanne Schunter-Kleemann: Leben zwischen den Grenzen. Europäische Asyl- und Einwanderungspolitik gegenüber Frauen.– In: Susanne Schunter-Kleemann (Hg.): Herrenhaus Europa – Geschlechterverhältnisse im Wohlfahrtsstaat.– Berlin 1992, S.107-139.

Honegger, Claudia: Die Ordnung der Geschlechter: die Wissenschaft vom Menschen und vom Weib.– Frankfurt / Main, New York 1991.

KAFÖ – Komitee für ein Ausländerfreundliches Österreich: Das höchste Gut der Frau ist ihr Schweigen. Zur Situation ausländischer Frauen in Österreich.– In: KAFÖ (Hg.): Oh, du gastlich Land ... Vom Leben der Ausländer/innen in Österreich.– Wien 1985 (2. Aufl.), S.115-123.

King, Deborah: Multiple Jeopardy, Multiple Consciousness: The Context of a Black Feminist Ideology.– In: Signs, Vol. 14/1, 1988, S.42-72.

Kronsteiner, Ruth: Fremdheit konstruiert per Gesetz. Gedanken zur „AusländerInnen"gesetzgebung in Österreich.– In: Miteinander Lernen – Birlikte Ögrenelim (Hg.): Frauen im Fremdland. Bildungsarbeit, Beratung und Psychotherapie mit Migrantinnen.– Wien 1995, S.76-86.

Mamozai, Martha: Schwarze Frau, weiße Herrin. Frauenleben in den deutschen Kolonien.– Reinbek bei Hamburg 1989.

Minh-ha, Trinh T.: Woman, Native, Other. Writing Postcoloniality and Feminism.– Bloomington, Indianapolis 1989.

Morokvašić, M.: Birds of Passage are also Women.– In: »International Migration Review« 18/4, 1984, S.886-907.

Morokvašić, Mirjana: Jugoslawische Frauen. Die Emigration – und danach.– Basel, Frankfurt / Main 1987.

Parnreiter, Christof: „... alle Arbeitskräfte des Erdrunds". Über den Import ausländischer Arbeitskräfte nach Österreich und ihren Nutzen für die Wirtschaft.– In: Thomas Prader (Hg.): Moderne Sklaven. Asyl- und Migrationspolitik in Österreich.– Wien 1992.

Prodolliet, Simone: Wider die Schamlosigkeit und das Elend der heidnischen Weiber. Die Basler Frauenmission und der Export des europäischen Frauenideals in die Kolonien.– Zürich 1987.

Rommelspacher, Birgit: Frauen in der Dominanzkultur.– In: Olga Uremović; Gundula Oerter (Hg.): Frauen zwischen Grenzen. Rassismus und Nationalsozialismus in der feministischen Diskussion.– Frankfurt / Main, New York 1994a, S.18-32.

Rommelspacher, Birgit: Frauen und Rassismus – Im Widerspruch zwischen Diskriminierung und Dominanz.– In: Institut für Sozialpädagogische Forschung Mainz e.V. (Hg.): Differenz und Differenzen: Zur Auseinandersetzung mit dem Eigenen und Fremden im Kontext von Macht und Rassismus bei Frauen.– Bielefeld 1994b, S.94-113.

Schiebinger, Londa: Nature's Body. Gender in the Making of Modern Science.– Boston 1993.

Sieferle, Rolf P.: Die Krise der menschlichen Natur. Zur Geschichte eines Konzeptes.– Frankfurt / Main 1989.

Strobel, Margaret: European Women and the Second British Empire.– Bloomington, Indianapolis 1991.

Thürmer-Rohr, Christina: Wir sind nicht Reisende ohne Gepäck. Fragen der letzten zwei Jahre an die weiße westliche Frauenbewegung.– In: Ika Hügel u.a. (Hg.): Entfernte Verbindungen. Rassismus Antisemitismus Klassenunterdrückung.– Berlin 1993, S.188-204.

Wallerstein, Immanuel: Ideologische Spannungsverhältnisse im Kapitalismus: Universalismus vs. Sexismus und Rassismus.– In: Etienne Balibar; Immanuel Wallerstein: Rasse Klasse Nation. Ambivalente Identitäten.– Berlin 1990a, S.39-48.

Wallerstein, Immanuel: Die Konstruktion von Völkern: Rassismus, Nationalismus, Ethnizität.– In: Etienne Balibar; Immanuel Wallerstein: Rasse Klasse Nation. Ambivalente Identitäten.– Berlin 1990b, S.87-106.

Weigel, Sigrid: Die nahe Fremde – das Territorium des ‚Weiblichen'. Zum Verhältnis von ‚Wilden' und ‚Frauen' im Diskurs der Aufklärung.– In: Thomas Koebner; Gerhart Pickerodt (Hg.): Die andere Welt. Studien zum Exotismus.– Frankfurt / Main 1987, S.171-199.

MARTIN POTSCHKA

Abschied vom IQ

Obwohl es den Intelligenzquotienten nun schon fast ein Jahrhundert lang gibt und jeder den Begriff kennt, sind die Hintergründe seiner Berechnung, ohne die man seine Aussagekraft nicht beurteilen kann, weitgehend unbekannt. Meist wird deshalb irrational und vorurteilshaft diskutiert und es wundert nicht, wenn alle paar Jahre dieselben alten Vorurteile wieder aufleben, deren Irrtum man gerade glaubte, bewiesen zu haben. Das gesellschaftliche Gedächtnis ist eben kurz und das Bedürfnis, die eignen Vorurteile zu „beweisen" – wenn möglich „wissenschaftlich" – ist beharrlich. Der folgende Beitrag beabsichtigt eine aktuelle Auseinandersetzung über die Grundlagen der Intelligenzmessung und ihre methodischen Grenzen, um daraus kulturvergleichende Schlußfolgerungen zu ziehen. Ferner wird auf die angeblichen genetischen Grundlagen der Intelligenz und damit der Behauptung, sie entziehe sich erzieherischen Maßnahmen, eingegangen.

Wer erinnert sich noch an 1971, als Hans Jürgen Eysenck in England behauptete, daß der IQ der Schwarzafrikaner im Durchschnitt niedriger sei als der der weißen Rasse. Noch weniger erinnern sich aber daran, daß damals diese Behauptung als methodischer Fehler entlarvt wurde. Damals setzte sich die Meinung durch, daß die Nachfahren der Negersklaven in den USA sozial benachteiligt sind, und auf Drängen der Bürgerrechtsbewegung wurden spezielle staatliche Förderprogramme eingerichtet.

Heute geht es in den USA nicht nur darum, diese Programme wieder abzuschaffen, sondern um den gänzlichen Sozialabbau auch für Weiße. Im Kern soll bewiesen werden, daß alle Hilfestellungen an sozial Benachteiligte reine Geldverschwendung sind. Zu diesem Zweck bemühen sich die Amerikaner Richard J. Herrnstein und Charles Murray ein wissenschaftlich erscheinendes Gebäude rund um den IQ zu errichten. Geschickt versuchen sie dabei, rassistische Bezüge zu vermeiden, indem ihr Augenmerk dem unausweichlichen Scheitern der unteren Klasse gilt; keine Rassengenetik sondern Klassengenetik. Ihr 1994 erschienener Bestseller „The Bell Curve: Intelligence and Class Structure in American Life" wurde in nur zwei Monaten 400.000 mal gekauft und ist medialer Dauerbrenner. Nicht weniger als 100 kritische Essays sind mittlerweile auch in Buchform erschienen. Selbst Zeitschriften wie »Scientific American« sehen sich gezwungen, kritische Gegendarstellungen zu verfassen. Die „besseren" Zeitungen sind sich darin einig, daß das Buch von Halbwahrheiten nur so strotzt und vieles geschickt verschwiegen wird; das Buch verdiene keinesfalls das Attribut wissenschaftlich, sei aber beeindruckend geschrieben. Die „schlechteren" Zeitungen wissen (weltweit) hingegen noch immer nicht, wie diese magisch wirkende IQ-Zahl zustande kommt, was sie tatsächlich aussagt, und was sie nicht auszusagen vermag. So dürfte es auch den meisten Lesern des Buches gehen. Der überwiegende Teil der im Detail geführten Auseinandersetzung mit Herrnstein und Murrays Buch erübrigt sich bereits bei Kenntnis einiger grundlegender Tatsachen.

Wie entsteht der Intelligenzquotient?

Der Intelligenzquotient ist eine Zahl, die aufgrund von Testfragen und Aufgaben ermittelt wird. Er beruht auf einer Reihe von Annahmen, die im folgenden diskutiert werden sollen und die unter Psychologen als umstritten gelten. Erstens, es existiere überhaupt so etwas wie eine allgemeine Intelligenz. Gegner dieser Annahme behaupten, es gäbe eine Reihe unterschiedlicher menschlicher Fähigkeiten und Intelligenzen. Doch davon später. Zweitens, der durchschnittliche IQ jeder Altersgruppe sei gleich. Da selbst dümmere Erwachsene Fragen beantworten können, mit denen auch ein intelligentes fünfjähriges Kind überfordert ist, bedeutet das, daß altersgerechte Aufgaben gestellt werden und das Testergebnis jedes Tests und jeder Altersstufe auf einen Mittelwert von 100 und eine Standardabweichung von 15 normiert wird. Deswegen heißt er auch Intelligenzquotient, ein absoluter Intelligenzwert ist überhaupt nicht meßbar. Drittens wird vom Test gefordert, daß diese generalisierte und normierte Intelligenz in der Bevölkerung „normal verteilt" sein solle. Etwas oberflächlich betrachtet bedeutet das, daß viele Menschen einen durchschnittlichen IQ besitzen, manche überdurchschnittlich „intelligent" sind, *gleich viele* dagegen im selben Umfang unterdurchschnittlich – „debil". Die Mengenverhältnisse der verschiedenen Intelligenzgruppen sind dabei genau festgelegt. Die Verteilung des IQs in der Bevölkerung entspricht einer sogenannten Glockenkurve, auf englisch Bell Curve; aber nur, weil der IQ so normiert wurde.

In Wirklichkeit gibt es drei Arten von Glockenkurven

Das dritte Postulat verdient, ausführlicher betrachtet zu werden. Herrnstein und Murray schreiben „Der Titel ‚Glockenkurve' [...] bezieht sich auf die allgemeine Weise, in der sich natürliche Phänomene ungefähr anordnen. Es ist einleuchtend, daß sich die meisten Dinge in Form von Glockenkurven anordnen. Extreme neigen dazu, seltener zu sein als der Durchschnitt." Diese Sprache ist charakteristisch für das Buch. Gänzlich unerwähnt bleibt nicht nur, daß es drei Arten von Glockenkurven gibt, sondern man mogelt auch noch mit der Autorität der jeweils anderen.

Einmal gibt es die *Fehlerverteilungskurve*. Um 1800 schlugen Gauss und andere Mathematiker ein plausibles Modell vor, wie sich der Fehler verteilt, den ein

Beobachter beim Ablesen eines Meßinstrumentes macht, zum Beispiel beim Ablesen der Position eines Himmelskörpers. Vorausgesetzt, die Messungen waren unvoreingenommen, ergab der Mittelwert der Messungen den tatsächlichen Wert – einen solchen gibt es hier – und die Abweichungen der einzelnen Messungen ergaben eine Glockenkurve rund um diesen tatsächlichen Wert.

Um 1850 beschrieb dann Quetelet die ersten *biometrischen Verteilungen*, zum Beispiel Körpergröße, Brustumfang etc. Hier wird durch wiederholte Messungen (an unterschiedlichen Personen) nicht mehr ein wirklich existierender Wert ermittelt, sondern die Einzelmessungen sind das wirklich existierende, der Mittelwert ist nur mehr eine statistische Größe. In vielen Fällen stellte sich heraus, daß sich die Einzelmessungen ebenfalls glockenförmig verteilen, aber Francis Galton warnte davor, dies auf alle biometrischen Verteilungen zu verallgemeinern und neue Beobachtungen einem mathematischen Vorurteil unterzuordnen. Wir können im Vorhinein nie wissen, ob sich ein bestimmter Parameter tatsächlich glockenförmig verteilt.

Karl Pearson (seit 1911 Galtons Nachfolger am Lehrstuhl für Eugenik in London) war hingegen von der Glockenkurve so überzeugt, daß er diese Verteilung sogar „normal“ nannte. Es wurde üblich – und das ist der dritte Typ von Glockenkurve – *Testresultate* einfach derart zu *normalisieren*, daß eine Glockenkurve herauskam. Im Unterschied zur biometrischen Verteilung, die exakt meßbar und bestätigbar ist, weil es eine von ihr unabhängige Meßvorschrift gibt, wird hier die Verteilung ein Teil der Meßvorschrift. Bereits die Feststellung, es gäbe genausoviel überdurchschnittliche Menschen wie im gleichen Umfang Minderbegabte, ist kein empirisches Ergebnis, sondern eine vorausgesetzte Annahme der IQ-Messung.

Dieser dritte Typ von Glockenkurve wurde übrigens erstmals bei der Intelligenzmessung eingeführt. Der klassische Intelligenz-Test stammt von den Franzosen Alfred Binet und Theodore Simon aus dem Jahre 1905; heutzutage sind Dutzende verschiedene Tests im Gebrauch. Da nun aber einmal der IQ in der geschilderten Weise definiert ist, besteht die Kunst jedes Testerfinders darin, die Fragen so auszuwählen, daß bei der Gesamtbevölkerung eine Glockenkurve herauskommt. Im Grunde genommen ist der Test nur innerhalb der vorgetesteten Bevölkerung gültig, nicht aber in anderen Ländern und Kulturen, wo er aufs Neue zu normieren wäre. Man ändert also die Fragen so lange, bis eine Glockenkurve herauskommt und auch die anderen Postulate des IQ erfüllt sind.

Frauen sind intelligenter

Der Name IQ stammt vom Amerikaner Lewis Terman, der 1917 die ersten großen Testreihen im Zuge der Musterung von Soldaten durchführte. Als Termans IQ-Test erstmals bei Frauen durchgeführt wurde, war der Schock groß: Frauen waren im Durchschnitt intelligenter. Also galt es, die Fragen herauszufiltern, bei denen Frauen besser abschnitten und sie durch andere Fragen zu ersetzen. Das vierte Postulat der IQ-Theorie lautet seither, daß der IQ nicht nur innerhalb der Gesamtbevölkerung normal verteilt sein muß, sondern auch bei Frauen und Männern gleichermaßen. Ob man den IQ Test wohl geändert hätte, wenn Frauen schlechter abgeschnitten hätten? Wäre dies nicht vielmehr der von vielen damals ersehnte Beweis gewesen, daß Frauen eben dümmer sind und nicht an die Hochschulen gehören. Immerhin ist es ja auch nicht mathematisch wegzukorrigieren, daß Frauen biometrisch im Durchschnitt kleiner sind als Männer. Genau das Fehlen dieses objektiven Maßstabs unterscheidet Testresultate von biometrischen Verteilungen.

Bald darauf bemerkte man, daß die Landbevölkerung schlechter abschnitt als die Städter. War die Landbevölkerung dümmer oder mißt der IQ typische Elemente städtischer Kultur? Man hat allerdings bis heute darauf verzichtet, diese und andere Unterschiede zwischen sozialen Gruppen wegzu„normalisieren". Hier wird es wichtig, zwischen einer einzelnen Testaufgabe und konstruierten Klassifikationen, wie zum Beispiel dem Begriff Intelligenz, zu unterscheiden. Zu einer bestimmten Testaufgabe kann zwar kein wahrer Wert, wohl aber eine biometrische Verteilung gefunden werden. Eine Größe wie der IQ ergibt sich hingegen aufgrund einer bestimmten Mischung von Test-Aufgaben; eine wahre Mischung gibt es nicht. Die auftretenden Einzelantworten lassen sich zwar vielfältig interpretieren, was überaus erhellend sein kann, bei der üblichen Anwendung von standardisierten Tests aber nicht getan wird. Hinter der scheinbar einfachen mathematischen Prozedur, die IQ-Zahl zu berechnen, verbirgt sich vielmehr ein komplexer Argumentationsprozeß. Die Frage, wie sich die einzelnen Test-Antworten zu solch undefinierbaren Phänomenen – wie zum Beispiel Intelligenz – zusammensetzen, beruht auf Werturteilen. Eine Kritik des IQ ist daher vor allem eine Kritik daran, daß er auf unthematisierten Werten beruht. Die komplexe Struktur von tatsächlich auftretenden Werturteilen zu untersuchen, könnte mit der heute so modernen sogenannten Fuzzy Logic erfolgen, wurde aber noch nie auf dieser Ebene systematisch analysiert.

Was bedeutet es also, daß der mittlere IQ der weißen Rasse 100 ist, jener der Afrikaner angeblich nur 75, während bei Ostasiaten Werte bis zu 115 angeführt werden. Vorausgesetzt, man kann grobe methodische Fehler ausschließen, heißt das vor allem, andere Fragen auswählen. Man müßte eigentlich ein weiteres Postulat einführen, nämlich, daß alle Rassen gleich abschneiden müssen, wie man es ja auch zwischen Männern und Frauen einfordert. Statt dessen glauben aber viele Menschen den Halbwahrheiten, die man ihnen vorsetzt, zumal sie eigene Vorurteile bestätigen; fortan gilt als „wissenschaftlich erwiesen", daß Afrikaner dumm sind.

Gerade bei diesem Beispiel wird ein hellhöriger und informierter Leser aber sofort skeptisch werden, ob das Behauptete überhaupt stimmen kann. Mit einem IQ unter 70 gilt man als schwachsinnig. In unserer Bevölkerung gibt es davon einige wenige Prozent, und man erkennt sie meist an ihrem auffälligen Verhalten. Stimmt die Behauptung über den mittleren IQ in Afrika, müßten dort etwa 40 Prozent der Bevölkerung schwachsinnig sein.

Die Beantwortung von Tests hängt von der jeweiligen Kultur ab

Die meisten Tests sind sprachgebunden, wurden in der Vergangenheit jedoch oftmals bei Personengruppen angewandt, die die Sprache des Tests – Englisch – entweder überhaupt nicht oder jedenfalls nur als Fremdsprache beherrschten. Als Owen seine Studie über Zulu-Afrikaner veröffentlichte, wies er darauf hin, daß die meisten seiner Tests gar nicht angewandt werden konnten. Herrnstein und Murray hingegen zitieren die Rohdaten von Owen ohne diesen Hinweis, fügen dafür im Gegenteil den entsprechenden IQ aufgrund eigener Auswertung hinzu; er war ganze 69 groß – kein Wunder, wenn man die Umstände kennt, die Herrnstein und Murray verschweigen. Auf Ellis Island, New York, wurden englischsprachige Tests aber auch lange Zeit bei Einwanderern mit mangelhaften Sprachkenntnissen durchgeführt; die Einwanderer schienen überdurchschnittlich dumm zu sein. In den USA dienten solche Argumente 1924 dazu, Einwanderer zu diskriminieren und die Grenzen dicht zu machen, wobei rassisch selektiv vorgegangen wurde.

Doch auch Bildertests haben ihre Tücken: Etwa wenn man Kindern in einem Dorf in Afrika, die noch nie einen Tennisplatz gesehen haben können, ein Bild mit einem Tennisplatz zeigt, auf dem das Netz fehlt und fragt: Was fehlt? Dasselbe gilt für westliche elektrische Haushaltsgeräte oder westliche Damenaccessoirs, allesamt Dinge, die es im ländlichen Afrika nicht gibt. Aber auch viele Eltern in Österreich wären nicht glücklich, wenn ihr Kind deshalb für dumm erklärt wird, weil es nicht erkennt, daß auf dem Bild eines Mannes die Krawatte fehlt. Solche Tests hat es aber gegeben.

Ein anderes Beispiel: Drei Bilder zeigen jeweils einen Hammer, einen Schraubenzieher und einen Nagel. Das Kind soll nun sagen, was nicht dazu gehört. Die richtige Antwort (für einen Test gibt es immer eine sogenannte richtige Antwort) lautet: Nagel, denn er ist kein Werkzeug. Ältere Kinder beantworten die Frage auch meist so. Jean Piaget konnte aber zeigen, daß besonders im Alter von 4 Jahren viele Kinder auf den Schraubenzieher zeigen, für kleinere Kinder gehören Hammer und Nagel einfach zusammen. Ist diese andere Kategorisierung, diese andere (unbewußte) Argumentationslinie wirklich so „dumm" ? Ein letztes Beispiel: „Was gehört hier nicht dazu?" Gezeigt werden nun Bilder von Kuh, Schwein, Hund, Elefant. Die „richtige" Antwort lautet Elefant, denn es ist kein europäisches Tier. Dieser Test ist offensichtlich für einen internationalen Kulturvergleich ungeeignet, aber er stellt auch türkische Kinder in Mitteleuropa vor Probleme: als Mohammedaner fällt ihnen vor allem auf, daß das Schwein ein unreines Tier ist. Falsch – wieder ein Punkt dümmer.

Viele österreichische Testpsychologen umgehen diese Probleme durch eigenmächtige Abweichungen von der Testanordnung. Entweder es werden Ersatzfragen gestellt oder die Antworten werden je nach kultureller Identität unterschiedlich gewertet. Diese Vorgangsweise ist zwar sinnvoll, läuft aber der eigentlichen Idee von standardisierten Tests zuwider, nämlich ihrer Vergleichbarkeit und Objektivität. Das Testritual verkommt da leicht zur pseudowissenschaftlichen Fassade. Da kann nur die Entwicklung eines neues Tests jene Transparenz bewahren, die nötig ist, um interkulturelle Vergleiche überhaupt zuzulassen.

Angesichts der offenkundigen Rolle der Kultur begannen manche Psychologen zu unterscheiden; einerseits kulturabhängige Intelligenz, wie Wortverständnis, Rechenfähigkeit oder andere trainierbare Fähigkeiten, andererseits vermeintlich kulturunabhängige Intelligenzen, wie Auffassungsgeschwindigkeit oder räumliche Auffassungsgabe – von ihnen für angeboren gehaltene, wenngleich mit dem Alter abnehmende Fähigkeiten. Die kulturelle Prägung unserer Wahrnehmung reicht aber weiter als viele vermuten. All jene abgrenzbaren Personengruppen (wie europäische Emigranten zu Beginn des 20. Jahrhunderts, amerikanische Landbevölkerung, Afroamerikaner etc.), die bei IQ-Tests schlecht abschneiden, tun dies besonders augenfällig bei abstrakten Fragen, zum Beispiel aus dem Bereich der räumlichen Wahrnehmungsfähigkeit. Herrnstein und Murray präsentieren dies fälschlich als rassische Eigenheit und (angeborenes) Defizit der Schwarzen.

Eine wesentliche Kritik am IQ ist der Umstand, daß er vor allem logisch-mathematische Fähigkeiten mißt, und zwar solche, die sich in der westlichen Kultur besonders entwickelt haben und in unserem Bildungssystem geschätzt werden, die aber nicht unbedingt die einzige mögliche Form zu Denken darstellen. Die Übereinstimmung des IQ mit Schulnoten und Studienerfolg ist übrigens ein explizites fünftes Postulat, das die Aufgabenmischung eines IQ-Testes erfüllen muß. Gesellschaftliche Gruppen, die am Bildungssystem weniger Anteil haben, sind daher allein aufgrund ihrer andersartigen kulturellen Sozialisation per Definition des IQ „dümmer". Es ist offensichtlich, daß es kulturelle Heterogenität innerhalb jedes Landes gibt, erst recht aber zwischen verschiedenen Regionen unserer Welt. Jeder kann daher selbst beurteilen, was von solchen internationalen Intelligenz-Vergleichen zu halten ist. Sprachwissenschaftler mutmaßen zu recht, daß Analphabeten andere Denkabläufe bevorzugen und daß umgekehrt bei Völkern mit Bilderschrift, wie zum Beispiel in China oder Japan, ebenfalls andere Denkmuster im Vordergrund stehen. Ein abweichendes Abschneiden solcher Kulturen bei einem IQ-Test, der ursprünglich nicht für sie entwickelt worden ist, kann daher viel über interkulturelle Unterschiede aussagen, aber wenig über Dummheit allgemein.

Vielleicht beruht das bessere Abschneiden der Ostasiaten tatsächlich auf solchen Unterschieden. Es soll aber nicht unerwähnt bleiben, daß auch die Studien, die einen solch höheren IQ in Teilen Asiens und bei asiatischen Einwanderern in die USA finden, von anderen Fachkollegen aus methodischen Gründen kritisiert werden, weil – im Gegensatz zu den umfangreichen Daten für Weiße – dort angeblich bevorzugt Kinder der Oberschicht untersucht wurden. Das bessere Abschneiden asiatischer Immigranten gilt aber genauso für Afrikaner; aus Afrika eingewanderte Absolventen amerikanischer Hochschulen sind nach anfänglichen Sprachschwierigkeiten viel besser als ihre in amerikanischen Slums aufgewachsenen „Landsleute“.

Es mag nun scheinen, daß man einerseits die Intelligenz zwischen verschiedenen Kulturen überhaupt nicht vergleichen kann. Andererseits könnte man sich resignierend damit abfinden, daß unsere westliche Zivilisation eben die höchste Kulturform darstellt, und daß der IQ eben nur die Entwicklungsstufe mißt, die man diesbezüglich einnimmt. Das muß aber nicht so sein: Ein häufig bei uns angeführtes Kriterium von Intelligenz ist die Unterscheidungsfähigkeit von Sinnesmerkmalen und in weiterer Folge differenziertes Denken. Nimmt man dieses Kriterium ernst, würden Europäer bei einem auf Afrikaner oder Indios maßgeschneiderten IQ-Test ihrerseits schlecht abschneiden. Wer kann bei uns schon 20 verschiedene Farbtöne von grün erkennen und unterscheiden; ein Kind, das im Urwald aufwächst, kann dagegen solche Aufgaben problemlos lösen.

Einer anderen Definition zufolge ist Intelligenz die Fähigkeit zu Denkprozessen, die eine erfolgreiche Auseinandersetzung mit der Umwelt ermöglichen. Da es in verschiedenen Teilen der Welt ganz unterschiedliche Umwelt- und Lebensbedingungen gibt, darf es eigentlich niemanden wundern, daß es auch unterschiedliche Kriterien für Intelligenz gibt. Sinngemäß gilt das auch für die Sozialisation unterschiedlicher Gruppen einer Region.

Die Kriterien des IQ sind auch innerhalb unserer „Hochkultur“ einseitig

Der Nachteil unserer Form von IQ-Tests ist ferner, daß auch außersprachliche Talente nur sprachgebunden abgefragt werden, und das in sehr spezifischer Form. Personen, die multiple-choice Prüfungen bevorzugen, schneiden auch beim IQ-Test besser ab; wer dagegen darin geschult ist, seine Gedanken frei zu formulieren, schlechter. Ist er deshalb dümmer? Viele Aspekte nonverbalen Talents werden zwar von sogenannten Leistungstests abgedeckt, nicht aber vom IQ-Test. Und auch diese Leistungstests lassen manches zu wünschen übrig. Die räumliche Orientierungsfähigkeit wird stets nur in zweidimensionalen Bildern erfragt. Körperbeherrschung beschränkt sich auf feinmotorische Fingertests, wobei man sich in der Regel mit Puzzles unterschiedlicher Größe begnügt. Warum werden keine Aufgaben der praktischen Gestaltungsfähigkeit und Werkzeugbeherrschung gestellt? Erst recht bittet niemand einen Probanden, er möge tanzen. Ist Körperbeherrschung keine Intelligenzleistung? Auch musikalische Leistungen werden nicht in der Ausübung derselben beurteilt, sondern, wenn überhaupt, in sprachlicher Artikulation darüber. Wenn es nämlich mehr als einen Intelligenzfaktor gibt, dann ist Sprachbeherrschung sicher nur einer davon.

Diese Vielfalt von Intelligenzen zeigt sich aber alleine in der Tatsache, daß verschiedene IQ-Tests miteinander nur mit einem Korrelationskoeffizienten von 0,6-0,8 übereinstimmen. Das, obwohl ein sechstes Postulat ausdrücklich fordert, daß neue Tests dieselben Resultate liefern müssen wie frühere. Ohne diese Forderung würden verschiedene Tests sicher noch weniger übereinstimmen. Durch diese formale Auflage an die Fragenauswahl wird überdies die Berücksichtigung neuerer Erkenntnisse der Intelligenzforschung zusätzlich erschwert. Letztlich sollen ja neue Tests doch nur die alten Ergebnisse reproduzieren, die mit noch mangelhaften und unausgereiften Testkonzepten erhalten wurden. Eigentlich stimmt also, daß „Intelligenz das ist, was der Intelligenztest mißt" (E. G. Boring). Nicht einmal die Intelligenztests sind sich aber einig, wie intelligent ein Mensch eigentlich wirklich ist.

Der Engländer Charles Spearman führte daraufhin 1927 den Begriff des g-Faktors ein und meint, daß der gemeinsame Nenner verschiedener Tests eine *generelle Intelligenz* zum Ausdruck bringe, dem spezifische weitere Intelligenztypen überlagert seien. Aufgrund umfangreicher Studien behauptet der Amerikaner Howard Gardner etwa folgende Vielfalt an Intelligenzen: Linguistische Intelligenz, musikalische Intelligenz, logisch-mathematische Intelligenz, Raumauffassung, körperlich-kinästhetische Intelligenz, Persönlichkeit.

Dem wäre als weiterer Faktor Geschwindigkeit hinzuzufügen. Tatsächlich sind manche Test ohne Zeitvorgaben konzipiert, viele jedoch berücksichtigen auch die Geschwindigkeit, mit der die Aufgaben beantwortet werden. Hier stellt sich sofort die Frage, wie diese Resultate gewichtet werden. Kommt es auf möglichst korrekte Antworten an oder auf möglichst schnelles Arbeiten. Diese widersprüchlichen Anforderungen kennt jeder aus seinem Berufsalltag; wir schätzen die Leistungen unterschiedlich je nach ihrem Zusammenhang, manchmal ist uns Tempo wichtiger, manchmal zählt nur Genauigkeit. Wir verwenden also unterschiedliche Maßstäbe. Zur quantitativen Auswertung eines Tests ist jedoch eine einheitliche willkürliche Normkurve erforderlich. Das Beispiel zeigt, wie bereits hier zwei unterschiedliche Faktoren beim IQ Test über einen Leisten geschlagen werden.

Die obige Liste ist aber auch in anderer Hinsicht noch durchaus unvollständig. So fehlt in ihr die projektive Intelligenz, nämlich die Fähigkeit, neue Sachverhalte zu entdecken und Schwierigkeiten in einer neuen Situation zu überwinden. Dazu gibt es ein besonders illustratives Beispiel, nämlich Patienten mit bestimmten anatomischen Gehirnläsionen am Vorderlappen (postoperativ nach Tumorentfernung): Ihnen ist die projektive Intelligenz völlig abhanden gekommen, obwohl ihr getesteter IQ unverändert hoch bleibt.

Weiters angeführt werden müssen: Gedächtnis, Aufmerksamkeit und Entscheidungsfindung. So hat man festgestellt, daß typische Eigenschaften eines erfolgreichen Managers, etwa das Durchschauen von Betriebsstrukturen und der menschlichen Interaktion, nur wenig mit dem IQ korrelieren.

In seinem soeben erschienenen Buch „The language instinct" unterscheidet Steven Pinker sogar 15 modulare Komponenten des Denkens. (In der Tradition Chomskys ist Sprache ein eigenes solches mentales Subsystem). Die Eigenschaften dieser Subsysteme sind nach Meinung anderer Autoren allerdings kulturell adaptiert und dynamisch. Für Annette Karmiloff-Smith beschränken sich instinktive Muster, etwa im Fall der Sprache, auf die frühkindliche Phase und werden im Alter von etwa 5 Jahren durch veränderte und weiterentwickelte Strukturen abgelöst. Dabei handelt es sich um Entwicklungsprozesse, die vom umgebenden kulturellen System zumindest mitbeeinflußt werden. (Ein Versuch, die Positionen von Chomsky und Piaget zu vereinbaren.)

Viele moderne Forscher bezweifeln deshalb die Existenz des g-Faktors, ohne den eine einzige Maßzahl für die Intelligenz, nämlich der IQ, überhaupt allen Sinn verliert. Sie halten den g-Faktor für ein Artefakt der Faktorenanalyse, einer mathematischen Methode zum Vergleich verschiedener Tests, mit deren Hilfe noch ganz andersartige Systeme mit bis zu 120 Faktoren entwickelt wurden. So läßt sich obiges Schema weiter aufteilen, zum Beispiel in separate Faktoren für Logik und für Rechnen, der Fähigkeit, zu unterscheiden oder Analogien herzustellen, oder Faktoren für verbale gegenüber schriftlichen Leistungen etc. Ob diese Unterscheidungen in jedem Fall eine eigene mentale Systemorganisation widerspiegeln, ist fraglich. Jedenfalls korrelieren diese unzähligen Faktoren mehrdimensional, das heißt es gibt verschiedene Gruppenfaktoren, nicht bloß einen einzigen gemeinsamen g-Faktor.

Manche der neueren Intelligenztests haben deshalb bereits darauf verzichtet, den Postulaten des IQ genüge zu tun. Einer der häufigsten heute eingesetzten Tests, der Raven Progressive Matrizen Test etwa, ergibt keine Glockenkurvenverteilung.

Der Untergang des Abendlandes

Wenn es so schwierig ist, Intelligenz zu messen, warum werden dann noch immer Tausende von Kindern und Erwachsenen solchen Tests unterzogen. Zum einen, weil Kinder Lernprobleme in der Schule haben und die weiteren zu erwartenden Schul- oder Berufsleistungen vorhergesagt werden sollen; dazu wird eine Vielfalt von Tests eingesetzt (keinesfalls geht es immer nur darum, den IQ zu messen). Zum anderen, weil es noch immer viele Leute gibt, die an den IQ glauben.

So hört man immer wieder, der IQ eines einzelnen Menschen bleibe sein Leben lang relativ konstant. Das heißt, er bleibt im Durchschnitt immer in derselben Position innerhalb der Hackordnung (die Leistungen selbst ändern sich hingegen mit dem Alter, wie anfangs erläutert wurde). Doch „relativ" heißt mathematisch gesprochen innerhalb einer Veränderbarkeit von 30 IQ-Punkten, soviel streuen nämlich sogar die Testresultate kurzfristig wiederholter Messungen an derselben Person (interessanterweise ist die Schwankung im mittleren und unteren IQ Bereich geringer). Wenn erzieherische und soziale Maßnahmen auch nur eine Verbesserung des IQ in diesem Umfang zu bewirken vermögen, wer würde den Sinn solcher finanzieller Aufwendungen noch bestreiten.

Die Argumentationslinie der Anhänger von Herrnstein und Murray ist in diesem Punkt besonders durchsichtig: Dumme und arme Menschen bekommen in der Regel mehr Kinder. Weil aber der IQ genetisch bedingt sei, bedeute das, daß unser Volk immer dümmer wird. Platonische Maßnahmen der Eugenik wären da gefordert, nicht noch weitere Unterstützung eben dieser Unterschichtenmenschen. Die Wahrheit hingegen ist, daß der durchschnittliche IQ im Land ständig steigt, obwohl die Kinderzahl in der Oberschicht tatsächlich deutlich geringer ist! So sehr steigt der IQ, daß die IQ-Tests immer schwieriger werden müssen und alle paar Jahre neu normiert werden. Zwischen US-Soldaten des Ersten und Zweiten Weltkriegs betrug die Steigerung etwa 12 IQ Punkte, fast soviel wie der heutige „Unterschied" zwischen Afroamerikanern und Weißen. Diese Steigerung des IQ wird aber wieder einmal weg„normalisiert" und tritt gar nicht in den Zahlen in Erscheinung.

Ein weiterer Grund, warum IQ-Tests häufig geändert werden müssen, ist das Design unserer Alltagsgegenstände, das sich laufend ändert. Gerade das oberflächliche Aussehen ist aber bei Kindern zur Identifizierung wichtig. Veraltete Abbildungen eines Gasherds etc. werden nicht mehr als solche erkannt und können dadurch fallende Intelligenzwerte vortäuschen.

Während es statistisch wahr ist, daß der IQ der Oberschicht deutlich höher ist, kann die behauptete Erblichkeit der Intelligenz gerade nicht bewiesen werden. Im Gegenteil. Einerseits assimiliert ein demokratisches System begabte Kinder der Unterschicht erfolgreich in künftige Führungsaufgaben, sodaß sich diese Oberschicht stets aus Personen von überdurchschnittlichem IQ rekrutiert. Andererseits achtet die Oberschicht auch mehr darauf, daß ihre Kinder eine entsprechende Erziehung bekommen, damit sie in der Oberschicht verbleiben. Das Milieu, in dem Kinder aufwachsen, mag da sogar entscheidender sein als die höhere Schulbildung; bis zum 5. Lebensjahr ist der individuelle IQ ziemlich unstabil, erst ab dem 9. Lebensjahr verbleiben die Personen – was den IQ betrifft – weitgehend auf ihrem Platz in der Hackordnung. Es sind also nicht genetische, sondern gesellschaftliche Mechanismen, die bewirken, daß Klasse und IQ so gut korrelieren, wie sie das nun einmal tun. Dennoch: Das Intelligenzniveau der Gesamtbevölkerung steigt, wohl nicht zuletzt aufgrund der vielfältigen pädagogischen und sozialen Maßnahmen.

Wenn sich Herrnstein und Murray Sorgen über die Entwicklung der amerikanischen Gesellschaft machen, wäre zunächst also eine Verbesserung des Schulsystems und sozialer Maßnahmen anzuraten und nicht das Gegenteil, nämlich die völlige Abschaffung staatlicher Intervention in diesem Bereich. Wenn es nach Herrnstein und Murray ginge, würde sich bald niemand mehr eine angemessene Erziehung für seine Kinder leisten können. Sie hätten dann aber wenigstens recht damit, daß der IQ sinkt.

Das Paradoxe ist, daß Herrnstein und Murray an einer Stelle ihres Buches die erwähnte Steigerung des nationalen IQ durchaus zugeben, ihre Botschaft aber davon unberührt bleibt. Dieses Übergehen und Zurechtbiegen ist nur ein Beispiel für viele. Es macht die Rezension ihres Buches allerdings mühsam, weil sie sich mit dieser Strategie gegen Kritik immunisieren. Überhaupt sollte man ihnen weniger das Verschweigen von Fakten vorwerfen, als vielmehr, wie sie damit umgehen. Obwohl das Buch das IQ-Testen in den Vordergrund rückt, ist ihre gesellschaftspolitische Botschaft in Wirklichkeit nicht davon abgeleitet, sondern beruht auf anderen Zusammenhängen und Aspekten ihres Weltbildes, die nicht selbst zum Gegenstand des Buches gemacht werden. Überdies wirkt ihre am Wissensstand des frühen 20. Jahrhunderts orientierte wissenschaftliche Diskussion oft anachronistisch.

Wird Intelligenz genetisch vererbt?

Für Herrnstein und Murray steht fest, daß Intelligenz erblich ist. Die vermeintliche Minderwertigkeit der afrikanischen Rasse dient aber als Argument von ungleich weitreichenderer Bedeutung, gibt es doch in den USA absolut gesehen weit mehr Weiße mit niedrigem IQ, vergleichbar dem der Afroamerikaner. Für Herrnstein und Murray sind diese Schichten unterprivilegiert, weil sie genetisch so veranlagt sind. Sie sind dort, wo sie hingehören – kurz: Klassengenetik.

Ein besonders deutlicher Hinweis darauf, daß Intelligenz allerdings anerzogen werden kann und nicht genetisch festgeschrieben ist, wird von Herrnstein und Murray verschwiegen: Die rückständigen, Anfang des 20. Jahrhunderts aus Rußland nach Amerika emigrierenden Juden hatten damals katastrophal schlechte IQ-Ergebnisse. Bereits ihre Kinder hingegen lagen über dem nationalen Durchschnitt. Vielleicht beruht die heutige Krise der amerikanischen Gesellschaft schlicht darauf, daß nicht einmal die weiße Durchschnittsbevölkerung besonders bildungsfreundlich eingestellt ist (im Gegensatz etwa zur hochmotivierten jüdischen Bevölkerungsgruppe oder den asiatischen Einwanderern), und die schwarze Bevölkerung ist es erst recht nicht. Dies ist ein sozio-kulturelles Problem ersten Ranges.

Die Idee, daß Intelligenz vererbt sei, ist hingegen nicht neu. Ende des 19. Jahrhunderts vertrat Galton diese Ansicht und danach viele seiner Schüler. Es war die Zeit neuer Paradigmen: Darwinismus, Genetik, Statistik, die psychologische Wissenschaft. Heute, ein Jahrhundert später stellen sich die Probleme wesentlich differenzierter dar; vor allem auf dem Gebiet der Molekularbiologie sind unsere heutigen Kenntnisse mit damals überhaupt nicht vergleichbar. Darüber hinaus trugen die Kulturwissenschaften in den letzten Jahrzehnten erheblich dazu bei, daß rassengenetische Ansichten eine Ausnahme blieben. 1969 behauptete der Amerikaner Arthur Jensen, daß Afroamerikaner deshalb einen höheren IQ (nämlich 85) besitzen als die Bevölkerung in Afrika selbst (75), weil sie bereits mit der weißen Rasse genetisch vermischt seien. Herrnstein und Murray führen diesbezüglich an, daß südafrikanische Mischlinge einen höheren IQ aufweisen als Schwarze. Die von Jensen postulierten Intelligenzgene hat man allerdings bis heute nicht molekularbiologisch gefunden. Herausfinden kann man hingegen leicht, daß jedes in den USA lebende Kind afrikanischen Ursprungs schon einmal ein Bild eines Tennisplatzes gesehen hat.

Schon Galton hatte gezeigt, daß die „Erblichkeit" der Intelligenz nicht den ansonst gefundenen Regeln der genetischen Vererbung folgt. Vielmehr tendiert im statistischen Durchschnitt der IQ von Kindern – verglichen zu dem der Eltern – in Richtung Mittelwert der Gesamtbevölkerung. Deshalb ist es eher unwahrscheinlich, daß die in der DNA kodierte Erbinformation unmittelbar die Intelligenz bestimmt. Intelligenz ist eher die Beschreibung mentaler Konfigurationen. Im Gegensatz zum amerikanischen Vater der Eugenik, Charles B. Davenport, der als erster die Hypothese vertrat, daß komplexe Verhaltensweisen von jeweils einem einzigen Gen determiniert werden, war Galton der Meinung, daß Erbanlagen jeweils von einer Vielzahl unabhängiger Gene kontrolliert werden. Neueste Ergebnisse des Neurobiologen Ralph J. Greenspan geben ihm recht. Nur die allereinfachsten Merkmale werden von einem einzigen Gen reguliert. Die einzelnen Gene eines komplexen Merkmals treten darüberhinaus zugleich in verschiedensten anderen Merkmalen in Erscheinung. Der Verhaltensgenetiker Douglas Wahlsten meint im Hinblick auf Intelligenz, daß viele Gene mit jeweils kleinem Einfluß zusammenwirken müssen, um sinnvollerweise eine glockenkurvenförmige Verteilung des IQ überhaupt erwarten zu lassen. Nicht die materiellen Bausteine, sondern die entstehenden komplexen dynamischen Regelsysteme werden dann das Entscheidende. Ein einfaches Beispiel zur Illustration: Die chemischen Eigenschaften von Adrenalin, einem Hormon, beruhen zwar auf der in der DNA verschlüsselten Information, aber die aktuelle Menge, die im Körper wirksam wird, hängt vom Streß, also von der Umwelt ab. Howard Gardner schätzt, daß der Einfluß der genetischen Disposition auf die Intelligenz weniger als 10 Prozent beträgt.

In einem haben Herrnstein und Murray zweifellos recht, daß nämlich Status, Einkommen und IQ eng korrelieren. Sie verwechseln allerding Korrelation mit Kausalität. Ihre Manie, dies auf genetische Veranlagung zurückzuführen, ist in keiner Weise stichhaltig. Das ändert aber sicher nichts daran, daß ihnen viele Leser recht geben werden. Man könnte ihr Buch zusammenfassen mit „Viel Lärm um Nichts“ – wenn nicht Umwahrheiten fatale gesellschaftliche Auswirkungen anzurichten vermöchten.

Literatur:

Fraser, Steven (Ed.): The Bell Curve Wars.– New York: Basic Books 1995.

Gardner, Howard: Frames of Mind. The Theory of Multiple Intelligences.– New York: Basic Books 1985.

Greenspan, Ralph J.: Understanding the Genetic Construction of Behavior.– In: »Scientific American« April 1995, S.74-79.

Herrnstein, Richard J.; Charles Murray: The Bell Curve: Intelligence and Class Structure in American Life.– Free Press 1994.

Jacoby, Russel; Naomi Glauberman (Eds.): The Bell Curve Debate.– New York: Times Book – Random House 1995.

Karmiloff-Smith, Annette: Beyond Modularity: A Developmental Perspective on Cognitive Science.– MIT Press 1995.

Pinker, Steven: The Language Instinct: How the Mind Creates Language.– Harper Collins 1995.

SUSANNE SCHULTZ

Bevölkerungspolitik
Hegemoniale Diskurse im Umfeld der Weltbevölkerungskonferenz

„Es steht außer Zweifel, daß die rasant anwachsende Weltbevölkerung sich immer mehr zu einem bedrohlichen Problem entwickelt."

„Hohes Bevölkerungswachstum führt zu Umweltzerstörung, sozialen Konflikten und Krieg."

Sätze wie diese gelten heute als objektive Tatsache. Niemand muß mehr für die These von der Überbevölkerung als Ursache für Armut und Elend den Beweis erbringen.

So spielte auf der „Internationalen Konferenz über Bevölkerung und Entwicklung" (ICPD 1994) die Entwicklung kaum eine Rolle. Gesprochen wurde in Kairo über Familienplanung, Kondome und Abtreibung. Am Rande über bessere Bildung und Erziehungsfragen.

Zu unbequem wäre eine Diskussion über Strukturanpassung, Schuldenlast und unfaire Weltmarktpreise. Eine Diskussion über die ungerechte Weltwirtschaftsordnung, die das Elend der unterentwickelt gehaltenen Kontinente durch dauernde Entwertung und Brachlegung von Kapital und Arbeitskräften entstehen ließ. Weil billige Weltmarktprodukte heimische vom Markt drängten oder bäuerliche Arbeit durch großräumige Plantagenwirtschaft ersetzt wurde.

Die Abermillionen freigesetzter und einkommensloser Arbeiterinnen und Arbeiter sind – weil sie arm gemacht wurden – zum Niemand geworden, weil man sie tatsächlich nicht mal mehr ausnutzen kann. Weil sie nichts mehr anzubieten haben, werden sie überzählig und überflüssig. Um so gefährlicher erscheint ihr aus Armut geborenes Wachstum.

Wenn man die Armut aus der Armut und den Reichtum aus dem Reichtum erklärt, ist man niemandem etwas schuldig. Solche Vertauschung von Ursache und Wirkung entläßt nicht nur aus den Fängen der Logik und erleichtert das Gewissen, sie wird auch in extremer Weise fortgesetzt in der Auffassung, daß die Armut am besten dadurch zu beseitigen ist, indem man die Armen abschafft – zum Beispiel durch bevölkerungspolitische Maßnahmen.

„Wer bremst die Menschheit? Die Bevölkerung wächst zu schnell – zentrales Problem der armen Länder“, so der Titel eines dramatischen Appells des Journalisten Ulli Kulke in der linksliberalen »Wochenpost« für ein „Tempolimit beim Bevölkerungswachstum“. Kulke nahm damit an einer umfangreichen Mobilisierung der „Zivilgesellschaft“ teil, die die Vorbereitungen zur Weltbevölkerungskonferenz im September 1994 in Kairo prägte. Wie üblich hat diese alle zehn Jahre von der UNO veranstaltete Konferenz darauf abgezielt, die Regierungen der „Entwicklungsländer“ auf die Drosselung des Wachstums ihrer Bevölkerung zu verpflichten.

Die sich in den neunziger Jahren in der BRD formierende bevölkerungspolitische Lobby besteht sowohl aus Bevölkerungswissenschaftlern, die einen günstigen Moment für eine öffentliche Rehabilitierung ihrer Wissenschaft wittern, als auch aus Gruppen engagierter Menschen, die von einer ökologisch gegebenen Obergrenze für die Masse Mensch überzeugt sind.

Die Lobbyisten geben sich in der Öffentlichkeit frauenfreundlich und humanitär. Sie argumentieren mit multikausalen Modellen und grenzen sich von rassistischen Medienkampagnen gegen die „drohenden Horden der Elenden“ (»Der Spiegel«) ab. Zahlreiche in der Öffentlichkeitskampagne „Eine Welt für alle“ zusammengeschlossene entwicklungspolitische Gruppierungen, aber auch die 1991 von Unternehmern gegründete Deutsche Stiftung Weltbevölkerung (DSW) führen ihren Kampf gegen das „Weltbevölkerungsproblem“ im Namen von Frauenrechten, Umweltschutz und Fluchtursachenbekämpfung.

„Nichtregierungsorganisationen“ (NROs) waren 1994 erstmals integraler Bestandteil der UNO-Konferenz, über 400 haben an der Konferenz teilgenommen. Auch das Bundesinnenministerium hat verschiedene NROs der bevölkerungspolitischen Lobby in eine Nationale Kommission berufen. Mittlerweile liegt ein Regierungsbericht über die bevölkerungspolitische Situation in der Bundesrepublik und über ihre entwicklungspolitischen Vorstellungen vor. Darin wird in deutlicher Sprache klargemacht, wie der internationale Schwerpunkt bevölkerungspolitischer Bemühungen in den neunziger Jahren aussehen soll: Das Thema Migration steht heute im Vordergrund. Wie zuvor schon Umweltzerstörung und „Unterentwicklung“ werden nun verstärkt „weltweite Wanderungsbewegungen“ aus dem Bevölkerungswachstum abgeleitet.

Obwohl der „Bevölkerungsschwund“ in der BRD inzwischen Objekt allgemeiner Besorgnis der Bevölkerungsforscher ist, stellt der Regierungsbericht fest, daß Deutschland kein Einwanderungsland sei. Eine Abschottungspolitik der BRD kombiniert mit Maßnahmen der Bevölkerungskontrolle in den Ländern des Südens seien die richtigen Mittel, um auf die „Menschen in den Krisengebieten“ zu reagieren.

Auch wenn sich manche innerhalb der bevölkerungspolitischen Lobby von solchen Politikvorschlägen distanzieren und sich auch über den Einsatz von bevölkerungspolitischen Zwangsmaßnahmen in der „Dritten Welt" nicht einig sind: Alle beteiligten Gruppen tragen zu der hegemonialen Konstruktion eines als objektiv betrachteten Menschheitsproblem bei – der „Überbevölkerung", oder, projiziert in die Zukunft, des „Bevölkerungswachstums".

Die Konstruktion der Überbevölkerung

Die Vorstellung von „Bevölkerung" als einer jenseits von Gesellschaft und Individuen existierenden Biomasse ist seit dem 17. Jahrhundert Bestandteil der Wissenschaft und historisch an die Entstehung moderner Staaten gekoppelt.

Für Michel Foucault ist diese Konstruktion ein entscheidendes Merkmal der sich damals herausbildenden Machttechniken. Deren Schwerpunkt lag nicht mehr nur auf der Verfügung des Souveräns über Leben und Tod seiner Untertanen, sie richteten sich nun auch auf eine Optimierung des Lebens durch demographische Eingriffe.

Die Bevölkerungswissenschaft (Demographie) zielte in ihrer Entstehungsphase zunächst darauf ab, die Stärke durch ein Mehr an Untertanen zu vergrößern. Der Topos „Überbevölkerung" tauchte erstmals bei dem englischen Geistlichen Thomas R. Malthus Ende des 18. Jahrhunderts auf. Er erklärte das Elend der städtischen Arbeiter und Arbeiterinnen während der frühen Industrialisierung aus einem gottgegebenen Ungleichgewicht zwischen Bevölkerungswachstum und Nahrungsmittelproduktion.

Malthus repräsentiert die katastrophistische Version in der Demographie. Er prognostizierte eine Dezimierung des Zuviel an Menschen durch Kriege, Hungerepidemien und Seuchen, falls die Arbeiterschaft nicht durch Heiratsverbote und die Abschaffung sozialer Unterstützung zur Enthaltsamkeit gezwungen würde. Seit Ende des 19. Jahrhunderts geben sich „neomalthusianische" Strömungen dagegen fortschrittsoptimistisch, indem sie die staatliche Regulierbarkeit der Bevölkerungsanzahl durch Verhütungsmittelprogramme in einer modernen, nach wissenschaftlichen Kriterien gelenkten Gesellschaft behaupten.

Ob katastrophisch oder technokratisch, gemeinsam sind quantitativen demographischen Erwägungen zwei, hier nur analytisch zu trennende Argumentationsschritte. Erstens setzt der Begriff „Überbevölkerung" die Existenz eines optimalen Gleichgewichtszustandes zwischen Bevölkerungszahl und Ressourcen voraus, die je nach ideologischem und historischem Kontext definiert werden (Nahrungsmittel, Rohstoffe, Bruttosozialprodukt oder „nachhaltig" nutzbare Agrarflächen). Beide Größen werden als voneinander getrennte Daten betrachtet und in ein quantitatives Verhältnis gebracht, das in der bevölkerungspolitischen Argumentation dann als Ursache-Wirkung-Verhältnis erscheint. Jedes gesellschaftliche Problem ist als Bevölkerungsproblem definierbar, wenn die der Bevölkerungszahl gegenübergestellten Daten als statische Gegebenheiten gesetzt werden. Beispielsweise läßt sich ein niedriges Bruttosozialprodukt pro Kopf als ein Zuwenig an Produktivität oder als ein Zuviel an Menschen interpretieren. Existenzberechtigt im Sinne des Allgemeinwohls und gesellschaftlicher Planung ist nur die Menge an Menschen, die effizient einsetzbar ist. Indem Bevölkerung als Biomasse Mensch und Objekt gesellschaftlicher Planung von dem sie manipulierenden Subjekt Menschheit getrennt wird, erscheint Bevölkerungspolitik als Allgemeininteresse und entgeht mit der Mengenberechnung dem Image einer offensichtlichen Selektionspolitik, wie sie qualitative, also eugenische bevölkerungspolitische Modelle explizit vertreten.

Aus der zunächst rein mathematisch quantitativen und in diesem Sinne verteilungsneutralen Formel „Überbevölkerung" läßt sich noch nicht ableiten, wer denn von der abstrakten Menge zu viel sei. In den bevölkerungspolitischen Argumentationen wird deshalb, zweitens, regelmäßig die Ebene der Rechenmodelle verlassen und selektiert. Es geht dann nicht mehr darum, die Menge der Köpfe zu verteilen, sondern eine bestimmte Gruppe als die errechnete Überbevölkerung zu identifizieren. Seit der Internationalisierung der Bevölkerungspolitik in den vierziger Jahren ist es immer die arme und/oder in ökologisch sensiblen Gebieten der „Entwicklungsländer" lebende Bevölkerung, die dieses Zuviel repräsentiert und die abstrakte Überbevölkerung zu einer konkreten macht. Dabei werden sozialdarwinistischen Prinzipien entsprechend eben die Gruppen zum Problem erklärt, die aufgrund der bestehenden gesellschaftlichen Strukturen sowieso vom Zugang zu den Ressourcen ausgeschlossen sind.

Das derzeit vorherrschende Modell, das die Berechenbarkeit einer Überbevölkerung behauptet, ist das Konzept der Tragfähigkeit der Erde. Mit diesem in Anlehnung an die Populationsbiologie von Tieren entwickelten Modell soll das Verhältnis zwischen einem bestimmten Territorium und der Zahl von Menschen, die darauf nachhaltig wirtschaften können, errechnet werden. Die notwendigen Daten zur Fütterung dieser Rechenmodelle stellen heute Institutionen wie die „Food and Agriculture Organization" (FAO) der UNO oder die Weltbank zur Verfügung. Die Tragfähigkeit eines bestimmten Gebietes wird berechnet (und ist nur berechenbar), indem von den sozialen Bedingungen eines bestimmten Produktionssystems abstrahiert und eine vom Weltmarkt getrennte, geldlose und autarke Ökonomie angenommen wird. Die FAO beispielsweise kombiniert in ihren vielzitierten Tragfähigkeitsstudien Daten über Klima- und Bodenbeschaffenheit mit den Ertragspotentialen bei landwirtschaftlicher Modernisierung und dem Einsatz der nährstoffreichsten Nutzpflanzen. Dabei finden weder die jeweiligen Formen der Arbeitsorganisation, die technischen Möglichkeiten oder die Eßgewohnheiten, noch die Cash-Crop-Produktion für den Weltmarkt Berücksichtigung.

Solche Tragfähigkeitsberechnungen, die sich zu Aussagen über den Planeten Erde insgesamt addieren lassen, werden auch gerne von Kritikern der Bevölkerungspolitik politisch genutzt, um sie mit der Forderung nach einer gerechteren Ressourcenverteilung zu verbinden. Sie begeben sich damit jedoch auf jene Ebene globaler Berechnungsmodelle, die seit der technokratischen Verallgemeinerung ökologischer Diskurse hegemonial ist und von der „seriösen" bevölkerungspolitischen Lobby bestens beherrscht wird.

Dieser fällt es zumeist nicht schwer, die Argumente der Kritiker als einzelne Datenbausteine in ihre Rechenexempel zu integrieren, ohne von der These einer berechenbaren Obergrenze für die Masse Weltbevölkerung abzukommen. Damit lassen sich die Kritiker auf Denkmodelle ein, die eine naturwissenschaftliche Berechenbarkeit von Gesellschaft behaupten und die Existenzberechtigung von Menschen bei errechnetem „Menschenüberschuß" in Frage stellen.

Überbevölkerung als Umweltschutz

Ökologen und Ökologinnen müssen heute kaum mehr begründen, wieso das Bevölkerungswachstum ursächlich mit Umweltzerstörung verknüpft sei – bestätigt doch inzwischen fast jedes Umwelthandbuch diese Formel unter dem Stichwort „Bevölkerung".

Wird dennoch argumentiert, erscheint die Biomasse Bevölkerung als ein Faktor, der innerhalb kybernetischer Weltmodelle zu berücksichtigen und im Sinne einer ökologischen Erhaltung des Planeten zu steuern sei. Sogenannte Familienplanungsprogramme, also antinatalistische Maßnahmen in den „Drittweltländern", werden lediglich als ein Instrument des weltweiten Ökomanagements neben anderen präsentiert, allerdings als das von der Bevölkerungslobby bevorzugte.

Herwig Birg, Vorstandsmitglied der Deutschen Stiftung Weltbevölkerung und Inhaber eines Lehrstuhles für Bevölkerungswissenschaft in Bielefeld, bringt diese Argumentation in einem von Terre des Hommes veröffentlichten Artikel auf den Begriff. Er spricht von einer humanitären „Raumschiffethik", die von einer internationalen „Zwangs-Interessensgemeinschaft" zur Rettung des Raumschiffs Erde ausgehe. Birg entkräftet Befürchtungen der zu mobilisierenden liberalen Öffentlichkeit, seine Lobby könne rassistischen Vorstellungen verfallen, indem er einen zentralen Gegensatz zu Positionen wie etwa der des Hardliners Garret Hardin konstruiert. Laut Hardin, der mit einer „Rettungsbootethik" argumentiere, müsse die Bevölkerung der Industrieländer aus eigenem Überlebensinteresse ihre Rettungsboote gegen Schiffbrüchige des Südens verteidigen, „solange es keine wirkliche Weltregierung gibt, die die Reproduktion überall kontrolliert".

Bei genauer Betrachtung der von Birg vorgelegten und in der aktuellen Medienkampagne überall wiederzufindenden Argumentation fällt auf, daß auch die „Raumschiffethik" zwei klar voneinander getrennte homogene Bevölkerungen konstruiert – die der Industrieländer und die der Entwicklungsländer.

So führte Birg beispielsweise im Funkkolleg unter dem Titel „Humanökologie" der öffentlichen Rundfunkanstalten 1992 aus, daß die Industrieländer zwar für die meisten Umweltschädigungen, etwa für 80 Prozent der weltweiten CO_2-Emissionen verantwortlich seien, diese „qualitative Komponente" der Bevölkerungsentwicklung jedoch zusätzlich durch die „quantitative Komponente" der Bevölkerungsmenge multipliziert werde. Deswegen müßten gleichzeitig die Schadstoffemissionen im Norden und das Bevölkerungswachstum im Süden reduziert werden. In dieser gängigen, „gerechten" Argumentation (beide Seiten müssen verzichten) werden CO_2-Ausstoß im Norden und Menschen im Süden zu kompatiblen Größen, die sich an eine fiktive Belastbarkeitsgrenze des Planeten Erde anpassen müssen.

Neben den globalen Computersimulationen ermöglicht es vor allem die vom ökologischen Mainstream propagierte Moral des alltäglichen individuellen Verzichts, Gesellschaft aus ihren Überlegungen auszublenden. Der „Faktor Mensch" erscheint nur differenziert nach Größen wie der Zahl der Autos oder des Energieverbrauchs pro Kopf, die dann als Multiplikatoren für umweltschädlichere oder umweltfreundlichere Versionen der Spezies Mensch eingesetzt werden können. Ein »GEO«-Schwerpunktheft mit dem Titel „Sprengstoff Mensch – die Bevölkerungsexplosion" etwa erklärt: „Ein Bangladeschi funktioniert fast wie ein Solarmobil – mit Sonnenkraft und schadstofffrei".

Folgt man der Argumentation der Raumschiffethiker, geht die Gefahr für den Globus dabei dennoch von den „Entwicklungsländern" aus. Zum einen gingen sie mit den wenigen ihnen belassenen Ressourcen besonders brutal um: „Die Mehrzahl der Menschen in den Entwicklungsländern kann sich unsere Ethik nicht leisten [...] Ein Armer hat keine andere Wahl, als den spärlichen Baumbestand als Brennmaterial abzuholzen. Was kurzfristig das Überleben ermöglicht, beschwört langfristig die Katastrophe herauf" (Birg). Zum anderen strebten sie den westlichen Konsumstandard erst noch an und könnten so ihr Potential an Umweltzerstörung im Gegensatz zu den Menschen in den Industrieländern noch vervielfältigen. „Schließlich wollen die nicht nur Ernährung, sondern unser Wohlstandsmodell", so der in Bevölkerungsfragen engagierte Egon Bahr in der NDR-Sendung mit dem Titel: „Kinder, Kinder ... drei neue Erdenbürger pro Sekunde" (14. Dezember 1993). Bahr fordert „einen ziemlichen Zwang zur Veränderung kultureller Verhaltensweisen" und einen „Ausstoß aus der Völkergemeinschaft" für den Fall, daß eine bestimmte Rate des Bevölkerungswachstums in einem Land überschritten werde.

In diesem Rahmen ist es einfach, das Thema Migration mit Ökologie zu verknüpfen. Die Ableitung des Phänomens „Umweltflüchtlinge" aus einem Zuviel an Menschen in ökologisch sensiblen Regionen hat Hochkonjunktur. So erscheint zum Beispiel Manfred Wöhlke, bisher bekannt als Kritiker des Weltwirtschaftssystems aus dependenztheoretischer Perspektive, „eine Kontrolle des globalen Bevölkerungswachstums als dringlich, um die Zahl der Umweltflüchtlinge zu verringern." Wölke begründet dies damit, daß „große Populationen (bei gleichen

Lebensbedingungen) mehr Flüchtlinge erzeugen als kleine Populationen" und „größere Populationen" (bei gleichen ökologischen Standards) einen größeren Druck auf die Natur, die Landschaft und die Rohstoffe ausüben als kleine Populationen". Die Welt erscheint so als ein Puzzle aus verschiedenen Landschaften mit verschiedenen Populationen, die ihre Fruchtbarkeit unterschiedlich effizient an ihre natürlichen Lebensbedingungen anpassen und – wenn ihnen dies nicht gelingt – als Umweltflüchtlinge den Weltfrieden gefährden. Das Autarkiemodell des Tragfähigkeitsgedankens leistet dieser Lebensraumideologie Vorschub; es blendet die weltwirtschaftlichen Ausbeutungsverhältnisse, etwa die ungleiche internationale Ressourcennutzung, ebenso aus wie die Gründe dafür, warum arme Bevölkerungsschichten historisch immer in die ökologisch sensibelsten Gebiete abgedrängt wurden.

Die „Raumschiffethik" gibt sich also bei genauerem Betrachten der wissenschaftlichen Argumentation als „Rettungsbootethik" zu erkennen. Und so ist es kein Wunder, daß Zeitungen wie »GEO«, die »Zeit«, die »Süddeutsche Zeitung« oder »Der Spiegel« sich in den letzten Jahren bei der populären Darstellung des „Weltbevölkerungsproblems" mit rassistischer Methaphorik gegenseitig überbieten. Die »Süddeutsche Zeitung« etwa vergleicht in ihrer Serie „Zeitbombe Mensch" 1992 die Bevölkerung Bangladeschs mit Krebsmetastasen, »Der Spiegel« zitiert 1993 Politologieprofessor Kernig: „Die werden uns in den nächsten 10 bis 15 Jahren zu den Schornsteinen, Dachluken und Kellergeschossen hereinsteigen." Auch die Berichte der „Seriösen" können nur mit aberwitzigen zynischen Argumenten den Vernichtungsgedanken bannen, der sich aus ihrer eigenen Argumentation ergibt. So versucht zum Beispiel der Weltbevölkerungsbericht der UNFPA 1993 die Vorstellung, AIDS könne das Bevölkerungswachstum reduzieren, folgendermaßen zu entkräften: „Afrika (hätte) – in einem hypothetischen Extremfall, in dem ganz Afrika in demselben Maße infiziert wäre wie die heute dort am schlimmsten betroffenen Gebiete – gegen Ende des Jahrhunderts immer noch eine Bevölkerungswachstumsrate von etwa 1,8 Prozent [...]. Andererseits trägt AIDS zu sozialer Instabilität, zu Unsicherheit und Armut bei. Die wiederum sind typischerweise Begleiterscheinungen hoher Geburtenziffern."

Bisher haben diese in der massenmedialen Vorbereitung der Weltbevölkerungskonferenz hegemonialen Diskurse kaum Widerspruch erfahren. Das Desinteresse und das Ausbleiben von Kritik sind nicht zuletzt auch darauf zurückzuführen, daß sich die Kritiker der Bevölkerungspolitik bisher wenig mit deren theoretischen Prämissen beschäftigt haben. Der Einbeziehung ihrer Argumente in die kybernetischen Modelle der bevölkerungspolitischen Lobby vermögen sie nun nichts mehr entgegenzusetzen.

Die vor allem in den siebziger Jahren vertretenen antiimperialistischen Positionen bezogen sich oft positiv auf die Variable Bevölkerung, indem sie Bevölkerungswachstum als funktional für revolutionäre Entwicklungen oder wirtschaftliches

Wachstum erklärten. Außerdem bestätigten sie das „Bevölkerungsproblem“ implizit, indem sie entgegneten, mehr Wohlstand führe automatisch zu einem Bevölkerungsrückgang. Die feministische Kritik der achtziger Jahre tendierte dazu, ihr Augenmerk auf die weltweite Verteidigung des reproduktiven Selbstbestimmungsrechtes aller Frauen zu richten und dabei die Logik demographischer Modelle aus den Augen zu verlieren. Die heute international von Frauengruppen aufgeworfene Frage nach einer „feministischen Bevölkerungspolitik“ zeugt davon.

Eine genauere Beachtung der demographischen Diskurse ist nicht nur angebracht, weil sie mit dem Allheilmittel „Familienplanung“ von den gesellschaftlichen Ursachen der Umweltzerstörung und der Verarmung ablenken. Die Logik der Variable Bevölkerung führt zu rassistischen Berechnungen über den Wert des Lebens, die auch als Katalysator für die Legitimation einer Abschottungspolitik der Industrieländer und einer weltweiten Interventionspolitik für die Umwelt wirken.

Das als Gattungsproblem präsentierte Bevölkerungswachstum fördert ein Weltbild, das jedes Wissen über Gesellschaftsstrukturen und regional unterschiedliche Auswirkungen des herrschenden Modells der Naturaneignung beiseite schiebt. Statt dessen werden die Menschen Afrikas, Asiens und Lateinamerikas zu einer mit Computersimulationen berechenbaren Naturkatastrophe homogenisiert.

Teil 3

Nationale Frage

Hannes Hofbauer

Nationalismus als Ideologie der Moderne

Die Kontrolle über den Prozeß der Akkumulation, und damit über das wirtschaftlich Akkumulierte schlechthin, ist der Schlüssel jeder Herrschaft, jeder Macht. Dieser Akkumulationsprozeß muß aber nicht nur politisch kontrolliert und militärisch gesichert werden, er braucht auch eine kulturelle, sprich: eine ideologische Begleitung. Um eine typisch europäische Form dieser ideologischen Begleitung – den Nationalismus – geht es im Folgenden.

Mit dem Erstarken bürgerlicher Interessen im Gefolge des Raub- und Plünderungskolonialismus[1], der einer neuen Dimension von weltweiter Akkumulation – nicht zuletzt mit dem drei Kontinente umfassenden Dreieckshandel (Waffen nach Afrika/Sklaven nach Amerika/Gold und Baumwolle nach Europa) – den Weg wies, tritt die Welt in eine neue Epoche. Bis dato feudal verwaltetes und verbrauchtes wirtschaftliches Surplus beginnt nun, in ein von neuen, divergierenden Klasseninteressen geprägtes gesellschaftliches Interesse zu rücken. Schritt für Schritt findet eine Demokratisierung der Akkumulation, also der Verwandlung des Mehrwerts in neue Produktivkräfte, statt. Nach dem griechischen Muster wird Demokratie in der Renaissance mit „Herrschaft der Sklavenhalter" übersetzt und auch als solche verstanden. Die bürgerlichen Sklavenhalter sind es in der Folge, die den Kreislauf der Akkumulation territorial bestimmen und kontrollieren wollen. Räubereien und Plünderungen werden damit in geregelte, rechtlich gesicherte Bahnen gelenkt und überschaubar gemacht.

Das weithin als Mutterland dieser Art moderner Demokratie bekannte England entwickelte als erstes wirtschaftliche und kulturelle Homogenisierung innerhalb seiner Grenzen. Aufgrund seiner Insellage war England prädestiniert dafür, einen einheitlichen Markt auf dem Territorium seiner Grafschaften zu schaffen – der freilich wesentlich durch die Beutezüge der britischen Seefahrt stimuliert und angetrieben war. Entscheidende Vorarbeit für diese Homogenisierung leistete Warlord Oliver Cromwell, der seine blutigen Feldzüge gegen die Schotten (1648) und Iren (1649) im Inneren sowie seine siegreichen Kämpfe gegen die holländischen Handelskompagnien und seinen Flottenaufmarsch gegen die spanische Armada im Äußeren protestantisch-religiösem Eiferertum und englisch-nationalem Fanatismus unterstellte. „Das englische Volk ist das auserwählte Volk Gottes", meinte der Gründer des „Commonwealth of England", der wahrhaftigen ersten europäischen Republik. Die Voraussetzungen für einen einheitlichen Wirtschaftsraum waren damit nicht mehr nur territorial, sondern auch national im ethnischen Sinn bestimmt. „Der Engländer“ hatte – laut Selbstdefinition – das Zeug zu dieser Großtat, die zweifellos als Emanzipation verstanden wurde – übrigens bis in die heutige Historiografie.

Die auf der Insel bereits im ausgehenden Mittelalter teilweise abgebauten Binnenzölle[2] verschwanden in der ersten Hälfte des 18. Jahrhunderts völlig. „Der Zoll ist an die Grenze des Königreiches verbannt, wo man ein für allemal kontrolliert wird“, schreibt ein französischer Handelsreisender im Jahre 1749 seinem Freund erstaunt nach Paris.[3] Ein nationaler Markt, der ab 1707 durch die endgültige Unterwerfung Schottlands auch den Norden der Insel umfaßte, hatte sich damit herausgebildet.

An diesem englischen Vorbild, dem damaligen Zentrum der Weltwirtschaft, arbeiteten sich die Bourgeoisien nachfolgender Staatlichkeiten ab. Nachfolgend insofern, als daß es ab diesem Zeitpunkt englisch-britischer Hegemonie, die sowohl innen- als auch außenpolitisch hergestellt war, galt, den dadurch entstandenen Entwicklungsvorsprung der Insel einzuholen. Deshalb sprechen wir von nachholenden Entwicklungsmodellen, wenn wir die verschiedensten nationalen und internationalen Modernisierungsanstrengungen betrachten. Merkantilismus hieß bis ins 19. Jahrhundert hinein das Zauberwort zur Herstellung eines großräumiger funktionierenden Akkumulationsmodells. Damit war in erster Linie die Übertragung der politischen Potentiale zur Wirtschaftslenkung von Feudalherren, städtischen Kommunen oder Provinzen auf den Staat gemeint. Diese „nationale Aufgabe“ konnte in aller Regel nur gegen die Interessen der Fürsten und Städte angegangen und durchgesetzt werden.

Bis heute gibt das revolutionäre Frankreich in der Durchsetzung dieser „nationalen Aufgabe“ ein Vorbild für die meisten Modernisierer dieser Welt, jedenfalls für die europäischen, ab. „La grande nation“ nennen sich seit damals die im Namen der Revolution homogenisierten, französisch in vielerlei Dialekten, okzitanisch, katalanisch, italienisch, bretonisch, baskisch, flämisch oder deutsch Sprechenden. Sprachlich war freilich bereits im Zeitalter des Absolutismus Vorarbeit zur Vereinheitlichung getroffen worden. Nach dem Tode Ludwig des XIV. im Jahre 1715 geriet die frankophone Nationalisierung allerdings ins Stocken. Die bürgerlichen Revolutionäre der Jahre 1789 bis 1792/99 stellten die nationale Frage dann groß heraus. Einer ihrer Theoretiker, der aus einer südfranzösischen Adelsfamilie stammende Abbé Sieyès, definierte die revolutionäre Nationalversammlung zu Beginn des Aufstandes des dritten Standes, am 15. Juni 1789, folgendermaßen: „Die Versammlung hält dafür, daß das gemeinsame Werk der nationalen Wiederherstellung unverzüglich von den anwesenden Abgeordneten begonnen werden muß. Die Benennung ‚Versammlung der anerkannten und beglaubigten Vertreter der französischen Nation‘ ist die einzige Benennung, die der Versammlung beim gegenwärtigen Stand der Dinge zukommt."[4] Die Begriffe „nationale Wiederherstellung" und „nationale Wiedergeburt", modernstes ideologisches Beiwerk der französischen Revolution, werden seitdem in vielen Mündern geführt. Gemeint ist damit meist die Überwindung blockierender, traditionell regionaler wirtschaftlicher und provinzieller politischer Strukturen im Namen der Nation. Napoléon hat wenig später dieses als europäische Idee bis knapp vor Moskau getragen. Schon Danton wies ihm diesbezüglich den Weg: „Rettet das Vaterland!", schrie er am 10. März 1793 im Konvent, „was kümmert es mich, daß man meinen Namen besudelt, wenn nur Frankreich frei ist! [...] Trinken wir, wenn es nötig ist, das Blut der Feinde der Menschheit, aber Europa muß endlich frei sein."[5] So sehr sich auch französische (und deutsche) Historiker in den letzten Jahren abmühen, den Nationsbegriff der französischen Revolution als ein mit sozialen Elementen gefülltes humanistisches Ideal zu interpretieren, so wenig war davon nach der spontanen Euphorie in der Praxis übriggeblieben. Denn das zweifellos vorhandene soziale Engagement der ersten französischen Revolutionsgeneration ging nicht auf, die Unterklassen verharrten im Elend, ja wurden in der Folge in ihrem Elend industriell produktiv gemacht, zu ihrem physischen und geistigen Schaden. Das Bürgertum trotzte der feudalen Adelsklasse partiell Privilegien ab. Die nationale Frage jedoch schien gelöst, Frankreich als einheitliches, auch ethnisch homogenisiertes Territorium hergestellt.

Die Herausforderung, es in deutschen Landen den nationalen Idealen Frankreichs gleich zu tun, griff unmittelbar nach den Niederlagen Napoléons. „Vor der französischen Revolution bestand Deutschland in der brüchigen Verfassung des Heiligen römischen Reiches deutscher Nation aus ebenso vielen Staaten, Herrschaften, freien Städten und geistlichen Besitztümern wie ein Jahr Tage hat."[6] So umschreibt der Politologe Horst Günther treffend den territorialen Zustand der mehrheitlich deutschsprachigen Gebiete zwischen Nord-/Ostsee und den Alpen, ohne zu vergessen, die beiden „deutschen" Großmächte europäischen Formats – Preußen und Österreich – zu erwähnen. Groß- oder kleindeutsche Lösung, hieß die Alternative bis zur Etablierung des Deutschen Zollvereins im Jahre 1834 und auch wieder von der Stunde der 1848er-Revolution an. Die Revolutionäre dieses denkwürdigen Jahres, die am Bundestag in Frankfurt am Main erstmals die einheitlichen deutschen Farben der schwarz-rot-goldenen Trikolore durchsetzten – indem sie das Tragen aller anderen, regionalen Traditionen verhafteten Farben schlicht verboten –, erstrebten eine sozialnationale Emanzipation vom hemmenden Reichsgedanken hin zu einer ethnisch einheitlichen Republik. Das soziale sollte sich nur äußerst selektiv – für manche Privilegien des Bürgertums – erfüllen, das nationale Element der Revolution hingegen wurde – was die Deutschen außerhalb Österreich-Ungarns betraf – zwei Jahrzehnte später durch Otto von Bismark umgesetzt. Ab diesem Zeitpunkt gab es zwischen Königsberg und Bodensee nur noch Deutsche. Seiner preußisch-deutschen Reichsverfassung von 1871 folgte nur acht Jahre später die

Bildung eines einheitlichen deutschen Marktes mit Schutzzollbestimmungen für den Aufbau einer konkurrenzfähigen deutschen Industrie. Diese wirtschaftspolitische Wende war die Grundlage für die Herstellung nationaler Interessen, ein Modellversuch nachholender Entwicklung im europäischen Kontext.[7]

Die brutalste, weltweit erfolgreichste Vereinheitlichung zu einem „nationalen Territorium" fand jenseits des Atlantiks statt. Dort, in Nordamerika, rotteten weiße Europäer die Bevölkerung eines ganzen Kontinentes aus und setzten mit Hilfe ihrer schwarzen Sklaven die Ressourcen des Landes in Wert, kapitalisierten und nationalisierten die Prärie. Der verlorene Sezessionskrieg des Südens sowie die Okkupation Kaliforniens Mitte des 19. Jahrhunderts machten den Weg frei für den bis dato größten einheitlichen Markt. Die begleitende Erfindung des „Amerikaners" wirkt zwar für europäische Augen bis heute künstlich und unpraktikabel, erfüllt jedoch weitgehend den Zweck nationaler Identitätsbildung. Die nationale Selbstdefinition der Siedlergesellschaft war modernsten Typs. Nicht mehr das völkische Prinzip bildete die Grundlage der amerikanischen Identität, sondern das territoriale. Rassisch, ethnisch oder religiös bestimmten sezessionistischen Ansätzen begegnet die (weiße) Staatsgewalt bereits im Ansatz mit Vehemenz; Gefährdungen der „amerikanischen Nation" – beispielsweise durch die „Nation of Islam" – haben im internen Abwehrkampf höchste Priorität.

Ethnische Säuberung – Vorbild „Amerika"

Frankreich, Deutschland und „Amerika" haben heute Vorbildwirkung für alle peripheren modernisierungswilligen Länder und Regionen, insbesondere auch in Osteuropa. Und weil der wirtschaftliche Erfolg der Zentren auf der Fähigkeit beruht, einen national akkumulationsfähigen Kreislauf hergestellt zu haben, der in der Folge auch weltweit konkurrenzfähig ist, orientieren sich nachholende Modelle ökonomischer Entwicklung an demselben Muster. Umso mehr, als daß das unter internationalistischer und sozialistischer Fahne gesegelte Sowjetmodell, welches bis Mitte der 1970er Jahre herzeigbare wirtschaftliche Wachstumsraten und soziale Indikatoren besaß, mit dem Stichjahr 1989 jede Attraktivität verloren hat. Das Ende des deformierten Sowjetsozialismus hat die soziale Frage als Triebkraft für Entwicklung diskreditiert; die Moderne nach der gescheiterten sowjetischen Modernisierung trägt nun auch im Osten eine ausschließlich nationale Punze.

Zum Beispiel Jugoslawien: Protagonisten aus Kroatien, Slowenien, Serbien und sogar Bosnien entdecken ihre nationale Geschichte, die – wie zum Beispiel in der neuesten kroatischen Historiografie beschrieben – im Jahre 1102 „unterbrochen" wurde, als ungarische Truppen das dereinst selbständige kroatische Königreich in eine von Budapest dominierte Union zwangen. Die slowenische „Wiedergeburt" des Jahres 1991 sucht ihre Wurzeln im 7. Jahrhundert. Ein bestimmtes Großherzogtum

„Karantija“ wird für die Identität der Laibacher Modernisierer reklamiert. Spuren einer bosnischen Nation sind auch durch den modernsten nationalen Geschichtsinterpreten nicht auszumachen, also muß man sich – mangels abhandengekommener jugoslawischer Identität – mit der Religionsgeschichte der Bogomilen auseinandersetzen. Einzig die Serben können auf eine der französischen und deutschen Revolution folgende „nationale Wiedergeburt“ im 19. Jahrhundert zurückblicken und tun dies dementsprechend voll Stolz.

In Ex-Jugoslawien, wo die aktuell ablaufende nationale Homogenisierung am konsequentesten stattfindet, wird auch der ökonomische Sinn dahinter deutlich. Der Bürgerkrieg dient als Motor der Zerstörung von sozialen Beziehungen[8], wie sie für das selbstverwaltete jugoslawische Modernisierungsmodell unter Tito charakteristisch waren. Die industriellen Kernstücke dieses „sozialistischen Akkumulationskreislaufes“ werden durch Sezession und Krieg deindustrialisiert, unbenützbar gemacht; desgleichen die darin verankerten Arbeitskräfte. Ihre Vernichtung findet im Krieg die konsequenteste Form. Ethnische Vertreibung mit dem Ziel ethnischer Homogenisierung – nach westeuropäischem Vorbild, wohlgemerkt – beinhaltet eine flächendeckende Inwertsetzung[9] von Regionen und ihrer Bevölkerung, allein schon dadurch, daß bäuerliche, auch unter Tito teil-subsistent produzierende Familien zwangsweise mobil gemacht werden und damit für eine folgende, der peripheren kapitalistischen Akkumulationsrationalität gehorchende selektive Modernisierung verfügbar wären. Die ihrer Fabrikshallen beraubten Proletarier und die ihres Bodens beraubten Bauern werden durch Krieg und Vertreibung neu inwertgesetzt, neu brauchbar gemacht. Daß dies nur selektiv geschieht, den Interessen des Zentrums unterworfen, ist die Tragödie hinter der Tragödie des Balkans – seiner peripheren Lage entsprechend.

Serbiens Milošević war wohl der einzige, der sich, gestützt auf eine für eine Peripherie überausgestattete Armee, gegen den drohenden Kolonialstatus zur Wehr setzte, indem er die IWF-Maßnahmen der letzten gesamtjugoslawischen Regierung Marković boykottierte. Folgerichtig wurde sein nationalistisches Gehabe vom Zentrum als bösartig und gefährlich interpretiert. Für die selektiv und IWF-kontrollierte Modernisierung Sloweniens und Kroatiens hingegen fand der Westen lobende Worte, die dort stattfindende ethnische Homogenisierung gilt dementsprechend als identitätsbildend.[10]

Ethnische Vereinheitlichung für eine Transformation vom gescheiterten „sozialistischen Akkumulationsmodell“ zum peripher-nationalen findet überall in Osteuropa statt, wenngleich nirgendwo so viel Blut dafür fließt wie in Jugoslawien. So geraten von Tschechien bis Rumänien die Zigeuner unter Druck. Die Prager Staatsbürgerschaftsgesetze im Anschluß an die Teilung der Tschechoslowakei beispielsweise zwingen viele Roma zur Abwanderung in Richtung Slowakei. Langfristig gesicherte Wohnverhältnisse und makellose polizeiliche Führungszeugnisse, die für einen tschechischen Staatsbürgerschaftsnachweis erbracht werden müssen, werden Menschen zigeunerischer Herkunft, die seit zwei, drei Generationen in Böhmen und Mähren leben, zum Verhängnis. Mietenexplosionen, Kündigungen und darauf antwortende Kleinkriminalität machen Tausende dieser Volksgruppe, die anschließend an die Aussiedlung der Deutschen von den Beneš- und später KP-Behörden angeworben wurden, zu Staatenlosen. Die moderne tschechische Nation sieht sich auf dem Weg nach Westeuropa, dabei sind die fünf Millionen Slowaken ebenso hinderlich wie die hunderttausenden Zigeuner.

Homogeniserungsbestrebungen überall. Mancherorts nehmen sie auch expansiven Charakter an. Wenn beispielsweise die postkommunistischen ungarischen Regierungen – ob christlich-konservativ oder sozialdemokratisch – ungarische Minderheiten in den Nachbarländern für zu Hause benötigte Nationalgefühle instrumentalisieren, wird gleichzeitig an den Pariser Verträgen von 1919/20 gerüttelt. Die mittel- und osteuropäische territoriale Ordnung könnte dabei leicht aus den Fugen geraten. Nur zehn der 15 Millionen Ungarn leben in der ungarischen Republik, betonte Regierungschef Jószef Antall des öfteren – und stieß damit indirekt Drohungen gegen Bukarest, Bratislava und Belgrad aus. Auch die sozialdemokratische Regierung bläst ins selbe Horn. Der mit nationalen Argumenten geführte internationale Verteilungskampf – um Kredite und Marktzugänge – erfordert von allen, die sich darauf einlassen, die selbe Logik.

Diese Ethnisierung gesellschaftlicher Konflikte erfolgt nicht zufällig in Zeiten der schwersten wirtschaftlichen Krise. Sie ist Ausdruck eines härter werdenden Verteilungskampfes um knappe Mittel.[11] Gerade innerhalb ehemals multiethnischer Staaten wird durch die Diskreditierung der „sozialen Frage“ im Zuge des Zusammenbruches der sozial argumentierten Modernisierung der Verteilungskampf nun mit nationalen Parolen geführt. Alle drei per definitionem multiethnischen Staatsgebilde im Osten – Jugoslawien, die Tschechoslowakei und die UdSSR – sind auf diese Weise gesprengt worden.

In der mitteleuropäischen ČSSR/ČSFR entledigte sich der ökonomisch entwickeltere Zentralraum Böhmen/Mähren seiner östlichen Peripherie, der Slowakei, zwar ohne Kampfhandlungen, jedoch mit destruktivem Kalkül. Der liberal auftretende tschechische Ministerpräsidenten Václav Klaus fand in der populistischen HZDS (Bewegung für eine demokratische Slowakei) des Vladimír Mečiar einen ungleichen Gesinnungsgenossen. Freilich nur in der nationalen Frage. Wirtschaftlich betrachteten sich die beiden Landesteile und ihre Regierungsmehrheiten bereits bald nach der Wende als Konkurrenten um einen Platz an der westeuropäischen Sonne. Die Föderalregierung in Prag setzte alles daran, den böhmisch-mährischen Standortvorteil und seinen historischen Vorsprung in eine neue Zeit zu retten.

Hintergrund der nach innen ausgetragenen Neuordnung zur Verteilung ökonomischer Ressourcen bildet das Bestreben osteuropäischer Regierungen, Anschluß an westeuropäische Märkte zu finden. Nach den Sezessionen in Jugoslawien, der

Sowjetunion und der ČSFR sind die Bewerber um diese selektive, nach westeuropäischer Rationalität gestrickten Modernisierung nun zahlreicher. Ein gemeinsames Minimalziel ist jedoch allen eigen: Peripherisierung und Abstieg von der „Zweiten" in die „Dritte Welt" soll verhindert werden. Dieser Kampf ums Andokken, wie er zur Zeit von den neuen Osteliten betrieben wird, hat sich in den sogenannten Reformstaaten nicht zuletzt wegen der westeuropäischen Blockbildung verschärft. Um näher an die Europäische Union heranzurücken, fordern Politiker in allen Reformländern, sich der ökonomisch schwächer entwickelten Regionen und den noch ärmeren Massen (im Osten und Süden) zu entledigen. So hielten es die Balten mit Rußland, die Tschechen mit der Slowakei, die Slowenen und die Kroaten mit Serbien. Bewerkstelligt wird eine solche Modernisierung mit der Ideologisierung von religiösen, nationalen und „rassischen" Unterschieden. Die Balten formulierten während der Wende ihre rassische Überlegenheit gegenüber den als „asiatisch" bezeichneten Russen, die Westukrainer, von wo die ukrainische Sezessionsbewegung ausging, führten ihr Anderssein auf den mit Rom unierten Glauben zurück, die Slowenen und Kroaten fühlten sich aus historischen Gründen „europäischer" als die orthodoxen und islamisierten Slawen im Lande.

Die Moderne – erfolgreich nur im Zentrum

Der kleinräumig agierende Nationalismus ist es aber gerade, der einen eigenständigen Akkumulationskreislauf nicht zuläßt. Die laut hinausposaunte Ideologie vom nationalen Weg, von der „nationalen Wiedergeburt" scheitert an der ökonomischen Wirklichkeit. Ein nationaler Akkumulationskreislauf mit einer ebensolchen Trägerschaft, einer nationalen Bourgeoisie, hätte eine politische Kontrolle über wirtschaftliche Vorgänge im Inneren des Landes zur Voraussetzung. Gerade dieses politische Primat ist jedoch in der Transformationszeit – meistens von den früheren Parteieliten – aufgegeben worden. So wird die eine gewünschte Modernisierung begleitende nationalistische Propaganda meist zum abstrakten Beiwerk einer nationalliberalen Verwalterschicht, die mit der Destruktion der wirtschaftlichen Kapazitäten und der gleichzeitigen Öffnung der Märkte für westeuropäische, südasiatische oder türkische Produkte das Gegenteil dessen bewirkt, was zu einer auf das jeweilige Land bezogenen Modernisierung notwendig wäre. Dergestalt inwertgesetzte Regionen und Menschen verkümmern als Kolonien und Kolonialisierte. EU-Zollrichtlinien verhindern zudem die internationale Konkurrenzfähigkeit selbst solcher Produkte, die unter krudesten sozialen Bedingungen hergestellt werden. Ab 1. Juni 1995 gibt es strikte, sogenannte Anti-Dumping-Bestimmungen aus Brüssel, um den supranationalen Markt der Europäischen Union zu schützen.

Dort, wo wie in Tschechien, Ungarn oder Slowenien die Illusion zum Aufbau eines Produktionsmittel besitzenden Mittelstandes noch nicht ad acta gelegt ist, wird ihr genau dieser westeuropäische Protektionismus den Garaus machen. Dem „europäischen Markt" der EU soll nun die Herstellung des „Europäers" folgen, einer dem großräumig homogenisierten Markt entsprechenden neuen Rasse. Das EU-Vorbild einer (supra-)nationalen, protektionistischen Politik könnte in Zukunft für Nationalliberale aus der östlichen Peripherie des Kontinents prägend sein. Solange diese jedoch nicht in der Lage sind, im Zuge einer Ost-Ost-Kooperation politische Kontrolle über einen Akkumulationskreislauf außerhalb der EU zu erlangen, dürften alle Modernisierungsbemühungen selektiv und damit im Dienste der Zentrumsinteressen bleiben. Nationalismus als Ideologie der Moderne entpuppte sich einmal mehr nur für das Zentrum praktikabel. Das vergrößerte Deutschland in einem vergrößerten „Europa" gibt dafür das beste Beispiel ab.

Anmerkungen

1 Vgl. Alfred Bergmiller; Peter Feldbauer (Hg.): Kolonialismus, Imperialismus, Dritte Welt. Geschichte und Sozialkunde. Bd. 2/1.– Salzburg 1977, S.25f.
2 Fernand Braudel: Aufbruch zur Weltwirtschaft.– München 1986, S.318.
3 Ebd., S.318.
4 Zit. aus: Reden der französischen Revolution.– München 1974, S.66.
5 Zit. aus ebd.: S.275.
6 Horst Günther: Versuche, europäisch zu denken.– Frankfurt / Main 1990, S.33.
7 Vgl. Friedrich List: Das nationale System der politischen Ökonomie.– Berlin 1930 (1841).
8 Die Ethnisierung des Sozialen. Materialien für einen neuen Antiimperialismus. Nr.6.– Berlin 1993, S.91.
9 Zum Begriff „Inwertsetzung" siehe Elmar Altvater: Die Zukunft des Marktes. Ein Essay über die Regulation von Geld und Natur nach dem Scheitern des „real existierenden Sozialismus".– Münster 1991, S.320f.
10 Pál (Paul) Lendvai spricht in diesem Zusammenhang von der „einigenden und mobilisierenden Idee der Nation". Siehe Paul Lendvai: Zwischen Hoffnung und Enttäuschung. Reflexionen zum Wandel in Osteuropa.– Wien 1994, S.122.
11 Zur ökonomischen Krise vgl. Hannes Hofbauer: Peripherer Kapitalismus in Osteuropa.– In: Alte Ordnung – neue Blöcke? Polarisierung in der kapitalistischen Weltwirtschaft.– Wien 1994, S.91f.

GERO FISCHER

Die Abschaffung der Nation

Nationen – eine unausweichliche Notwendigkeit?

„Daß Nationen als eine natürliche, gottgegebene Art der Klassifizierung von Menschen gelten – als [...] ein politisches Geschick – ist ein Mythos. Der Nationalismus, der manchmal bereits bestehende Kulturen in Nationen umwandelt, erfindet manchmal Kulturen und vernichtet häufig tatsächlich bestehende Kulturen: Das ist eine Realität" (Gellner 1991, S.77).

„Eine Gesellschaftsformation reproduziert sich nur in dem Maße als Nation, wie das Individuum von seiner Geburt bis zu seinem Tod durch ein Netz von Apparaten und täglichen Praktiken den Status des homo nationalis, homo oeconomicus, politicus, religiosus [...] erhält" (Balibar 1990, S.114).

Die Bestimmung dessen, was eine Nation bzw. das Besondere einer Nation ausmacht – etwa im Gegensatz zu einer anderen Nation, oder zu einer anderen beliebigen Gruppe –, ist vor allem deshalb so kompliziert, weil die Größen – gemeinsame Geschichte, gemeinsames Territorium, ethnische Zugehörigkeit, Kultur, Sprache, kulturelle Eigenartigkeiten, Mentalität und dergleichen –, die eine Nation bestimmen, allesamt überaus vage bzw. im Sinne objektiver Kriterien kaum zu fassen sind.

Dazu kommt noch, daß alle diese die Nation bestimmenden Parameter keineswegs stabil sind, sondern historisch zu verschiedenen Zeiten auch unterschiedliche Bedeutungen haben. Die Nation ist keine ursprüngliche oder unveränderliche soziale Einheit. „Sie ist eine gesellschaftliche Einheit nur insofern, als sie sich auf einen bestimmte Form des modernen Territorialstaates bezieht, auf den ‚Nationalstaat'", und es ist sinnlos „von Nation und Nationalität zu sprechen, wenn diese Beziehung nicht mitgemeint ist" (Hobsbawn 1991, S.20-21).

Man kann auf jeden Fall sagen, daß die Nation als historisch junge und starken semantischen Veränderungen unterworfene Formation auch für einen universalistischen Bezugsrahmen oder für wissenschaftlich deskriptiv exaktes Instrumentarium unbrauchbar ist, daß sich dieser Begriff sehr wohl aber für allerart Legitimationsphilosophien und -theorien eignet. Daher ist der Nationsbegriff offen für allerlei propagandistische Projektionen. Nationalisten versuch(t)en immer wieder, diesen schwammigen Begriff mit „objektiven" Definitionen auszustatten bzw. ihn auf die Basis objektiver Kriterien zu stellen, ein müßiges, von frommen Wünschen getragenes Unterfangen.

Volk und Staat

Bleiben wir einmal bei der Sprache, die ein besonders wichtiges „objektives" Kriterium für die Konstituierung der Nation darstellt. So erfordert es gehörige philologische Akrobatik – nur um beim Aktuellsten zu bleiben – die gegenseitigen Abgrenzungen des Kroatischen vom Serbischen, des Makedonischen vom Bulgarischen, des Slowakischen vom Tschechischen nach linguistischen Kriterien als „eindeutig und unumstößlich" zu untermauern (so zu untermauern, daß sich daraus separatistische Schlußfolgerungen ableiten ließen). Werfen wir einen Blick in die Begriffsgeschichte – etwa in Enzyklopädien des 18. und 19. Jahrhunderts: „Die ursprüngliche Bedeutung von ‚Nation', die außerdem am häufigsten in der Literatur erörtert wurde, war politischer Natur. Sie identifizierte ‚das Volk' mit dem Staat nach dem Vorbild der Amerikanischen und der Französischen Revolution [...]" (Hobsbawn 1991, S.29-30). Der ursprüngliche revolutionäre Nationsbegriff hat nichts mit dem späteren Begriff des 19. Jahrhunderts zu tun, für den nationalistische Theoretiker Kriterien postulierten wie ethnische Zugehörigkeit, gemeinsame Sprache, Religion, gemeinsames Territorium und gemeinsame geschichtliche Erfahrungen. „Es war der Theorie nach nicht der Gebrauch des Französischen als Muttersprache, der jemanden zu einem Franzosen machte – wie konnte er das, wenn die Revolution selbst so viel Zeit auf den Beweis verwendete, wie gering die Zahl derer in Frankreich war, die sie tatsächlich benutzten –, sondern die Bereitschaft, die französische Sprache (neben den übrigen Freiheiten, Gesetzen und gemeinsamen Merkmalen des freien französischen Volkes) zu erwerben. In gewisser Hinsicht war dies eine der Voraussetzungen für eine volle französische Staatsbürgerschaft (und damit der Nationalität), sowie das Beherrschen des Englischen die Voraussetzung für die amerikanische Staatsbürgerschaft wurde" (Hobsbawn 1991, S.33).

Vom Untertanen zum Bürger

Selbstverständlich war der Begriff des (souveränen) Volkes nicht ohne Territorium bzw. ohne Staat denkbar, in dem die Errungenschaften der Revolution realisiert werden sollten. Von daher ergab sich die Formel – besser wohl das Postulat – Nation = Staat = Volk, das heißt das souveräne Volk von Staatsbürgern, das im Vergleich zu anderen eine „Nation" bildete. Nationalisten interpretierten diese Formel derart, daß aus einer Gemeinschaft, die sich von Fremden abgrenzt, sich die entsprechenden politischen Einheiten („Staat", „Staatsnation", „Staatsvolk" und dergleichen) ableiten. Der Prozeß der Demokratisierung im Zuge der bürgerlichen Revolution – bildlich gesprochen, der „Aufstieg des Untertanen zum Bürger" – in einem Land bewirkte ein patriotisches Bewußtsein, ein Bewußtsein der Überlegenheit, das schließlich von Nationalismus und Chauvinismus kaum unterscheidbar war.

Staatspolitisch gesehen galt es im 19. Jahrhundert, diese dynamische politische Kraft des Nationalismus in den Staatspatriotismus zu integrieren, also „Bürger zu Deutschen, Franzosen etc." zu machen, alle Staatsbürger auf Fahne und Nation einschwören zu lassen. Aufgabe und Leistung des Bildungswesens, insbesondere der Grundschule war und ist es, das Bild der Nation – das heißt einer ideologischen Konstruktion –, ihrer Traditionen, geschichtlichen Legitimationen etc. zu verbreiten und zu festigen. Daß es dabei zu allerlei Klitterungen kommt und kam, ist keineswegs verwunderlich, sondern ergibt sich fast zwangsläufig. Der Aufbau des modernen Nationalstaates drängte aus pragmatischen Gründen zu einer Lösung des Kommunikationsproblems: in welcher Sprache was veröffentlicht, unterrichtet, verhandelt, in Gesetzen geregelt, verwaltet etc. wird, ist nun selbst Gegenstand staatlicher Regelung.

Die Modernisierung und Effektivierung der Verwaltung macht eine allgemeine Grundschulbildung wünschenswert und den Ausbau sekundärer Bildungseinrichtungen fast unverzichtbar. Spätestens ab diesem Zeitpunkt umfaßt Sprachenpolitik alle gesellschaftlichen Bereiche, und kein Bürger kann sich derselben entziehen. Die geschriebene „Nationalsprache" wird zum primären Instrument der Homogenisierung und Vereinheitlichung seiner Einwohner. Das Sprachenproblem ist jedoch kein rein pragmatisches sondern vielmehr ein überaus emotionsgeladenes – „Sprache als Seele der Nation" –, vor allem nach 1830 nimmt die Brisanz des Sprachenproblems zu. Es geht um den Geltungsbereich, die Anerkennung im öffentlichen Leben, in der Verwaltung, im Schulunterricht etc. „Unter den gegebenen Umständen [wurde] jeder Nationalismus, falls er nicht bereits mit einem Staat verbunden war, notwendig zu einem politischen Nationalismus. Denn nur über den Staatsapparat konnte man aus einer ‚Nationalität' eine ‚Nation' machen oder auch nur ihren gegenwärtigen Status vor einer zukünftigen Erosion oder Assimilation schützen" (Hobsbawn 1991, S.114). Sprache als „ordnungsstiftendes Prinzip" wird nicht nur zum wichtigsten Kriterium der Nation/Nationalität, sondern ein Politikum ersten Ranges innerhalb eines Nationalstaates wie außerhalb, das Minoritätenproblem meldet über territoriale Interessenssphären seinen Platz in der Weltpolitik an.

Sobald Sprache als Kriterium der Nationalität fungierte (spätestens in den siebziger Jahren des 19. Jahrhunderts), wurden auf ihrer Grundlage Volkszählungen durchgeführt, die dem Staat letztendlich die empirischen Daten zur Steuerung der Sprachen- und Nationalitätenpolitik lieferten. Nur: Sprachen sind alles andere als „objektiv" erfaßbar. Die Angabe der Sprache setzte einen politischen Willensakt des befragten Individuums voraus, in Wirklichkeit also ein „Bekenntnis". „Jede Volkszählung wurde zu einem Kampfplatz zwischen den einzelnen Nationalitäten, und alle noch so ausgeklügelten Versuche der Behörden, den Streit zwischen den feindseligen Parteien zu schlichten, blieben erfolglos [...]. In Wirklichkeit zwangen die Volkszählungen mit ihrer Frage nach der Sprache zum erstenmal jedermann, nicht nur eine Nationalität, sondern eine sprachliche Nationalität zu wählen. Die Erfordernisse des modernen Verwaltungsstaates trugen einmal mehr dazu bei, das Aufkommen des Nationalismus zu begünstigen [...]" (Hobsbawn 1991, S.119).

Parallelität von sprachlichem Nationalismus und Rassismus

Sobald im Nationalbegriff allmählich das sprachliche und/oder ethnische Element in den Vordergrund tritt, werden Verbindungen von Rassismus und (Sprach)Nationalismus sichtbar: Beharren die Rassisten ebenso wie ethnische Nationalisten auf der Reinheit der Rasse beziehungsweise der Nation, so verfolgen orthodoxe Vertreter eines sprachlichen Nationalismus, Sprachpuristen, die Säuberung der Nationalsprache von fremden Einflüssen. So stärkten sich im 19. Jahrhundert der sprachliche und ethnische Nationalismus gegenseitig. Verschiedene Wissenschaftsgebiete (insbesondere Biologie, der als Wissenschaft angesehenen „Rasse"kunde, aber auch einige Vertreter der Sprachwissenschaft) bemühten sich im 19. Jahrhundert um die Fundierung von Ausgrenzungstheorien gegenüber anderen Nationen, ethnischen, sprachlichen und kulturellen Gruppen und trugen in der Folge zu einem Klima der wachsenden Intoleranz, des zunehmenden Chauvinismus, Rassismus, Antisemitismus, eines militanten nationalen Größenwahns bei und waren schließlich mitverantwortlich für die Atmosphäre der Kriegsbegeisterung von 1914.

Die Wilsonsche Friedensordnung nach 1918, die bestrebt war, nationale, sprachliche und staatliche Territorien zur Deckung zu bringen, hatte massenhafte Vertreibungen, Umsiedlungen („Bevölkerungstausch") und Unterdrückung von Minderheiten zur Folge. Die neuen Nationalstaaten waren trotz all dieser „Homogenisierungsbestrebungen" multiethnisch, multilingual und multikulturell. Im Nachkriegseuropa „beraubte die Neuordnung der Grenzen nach nationalen Gesichtspunkten den Nationalismus seines befreienden und einigenden Inhalts, da für die meisten der bislang kämpfenden Nationen diese Ziele im wesentlichen erreicht waren [...]. Während allerdings bis 1914 die typische Nationalbewegung gegen Staaten oder politische Zusammenschlüsse gerichtet war, die als multi- oder übernational galten wie das Habsburger- und das Osmanenreich, wandte sie sich nach 1919 in Europa insgesamt gesehen gegen Nationalstaaten. Sie war deshalb fast per definitionem separatistisch und nicht auf eine Einheit bedacht [...].

Was auf dem Feld des Nationalismus im Europa der Zeit zwischen den Kriegen den Ton angab, war somit der Nationalismus etablierter Nationalstaaten und ihrer Irredentas. Bei den ehemals kriegführenden Staaten war der Nationalismus natürlich durch den Krieg stärker geworden, vor allem nachdem die Wogen der revolutionären Hoffnung Anfang der zwanziger Jahre wieder abgeebbt waren. Faschistische und andere rechte Bewegungen machten sich das sehr schnell zunutze“ (Hobsbawn 1991, S.163, S.169). Die national(istisch)e Propaganda konnte sich zu dieser Zeit immer mehr auf die sich rasant entwickelnden Massenmedien – Film, Presse, Rundfunk – stützen, denen es gelang, nationale Identifikation (etwa durch nationale Symbolik und Riten) im Alltag der Menschen zu fixieren und so private und öffentliche Sphäre gewissermaßen aufzuheben. In diesem Zusammenhang ist der Sport zu erwähnen, der sich zu einem wichtigen Instrument der Festigung nationalen Selbstverständnisses auf hochemotionaler Ebene entwikkelte. Die Vollendung und den Höhepunkt erreichte der bürgerliche Nationsbegriff gewissermaßen in der Zwischenkriegszeit in der Verbindung von „Nation“ und „Wirtschaft“, wo Nation als „Volkswirtschaft“, als „nationale Ökonomie“ verstanden wurde.

Nach dem Muster des in Europa herrschenden Nationalitätsprinzips konstituierten bzw. verstanden sich auch die antikolonialen Bewegungen als „nationale Befreiungsbewegungen“ und reproduzierten die daraus resultierenden Widersprüche in der Dritten Welt.

Liegt in der kapitalistischen Logik selbst die Aufhebung der Nation?

Wenn wir davon ausgehen, daß die treibende Kraft zur Entstehung der Nation ökonomische Notwendigkeit war (territoriale Expansion, Kapitalakkumulation etc.), so ist zu erwarten, daß die Nation und der Nationsbegriff unter den Bedingungen der Globalsierung der Ökonomie, der „Weltwirtschaft“, dem Gegensatz zwischen transnationaler und nationaler Ökonomie gewissen Veränderungen unterliegen muß. Seit dem Zweiten Weltkrieg haben sich mächtige transnationale Produktionsstrukturen herausgebildet, weil sich kein wichtiger Industriezweig mehr ausschließlich in den nationalen Grenzen entwickeln und entfalten kann. Einerseits sprengt die Transnationalisierung der Ökonomie den Rahmen der Volkswirtschaften, andererseits schränkt sie – insbesondere der globale Geld- und Kreditmarkt – die Möglichkeiten der liberal-demokratisch konstituierten Nationalstaaten in ihrem autonomen Handeln spürbar ein. „Insgesamt gilt: Die nationalstaatliche Souveränität, die immer ein aggressionshaltiger Anspruch nach innen und außen gewesen ist, ist durch die globale Weitung der Nationalökonomie zur Weltökonomie stark relativiert worden. Die Grenzen, die den Staat konstituieren, nehmen in zentralen Bereichen der Wirtschafts-, der Sicherheits-, der Forschungs- und der Umweltpolitik an Bedeutung ab. Die Gleichzeitigkeit von ungleichen

Raumgrößen nimmt zu. Daraus entstehen je nach Perspektive eigenartige Schwierigkeiten“ (Narr; Schubert 1994, S.29). Der Weltmarkt bedingt eine Dauerkonkurrenz, die von oben nach unten dergestalt durchschlägt und sozusagen „neues nationales Bewußtsein“ entstehen läßt, wonach niemand den eigenen nationalen Wirtschaftsstandort gefährden darf. Das heißt, der Nationalstaat paßt sich den globalen Anforderungen der Weltökonomie an, indem er das eigene Territorium für transnationale Konzerne möglichst attraktiv macht. In diesem Bemühen sieht er sich aber in Konkurrenz mit anderen Mitbewerbern. „Die ökonomische Globalisierung hat deswegen eine nationalstaatliche Bornierung zur Folge“ (Narr; Schubert 1994, S.15). Die Struktur der kapitalistischen Weltökonomie produziert Ungleichheit, der Weltmarkt intensiviert die Konkurrenz zwischen den Staaten. Wichtig ist dabei folgende Akzentverschiebung: „Transnationaler Wettbewerb um die Beherrschung von Basistechnologien und deren kommerzielle Anwendung ist ein Wettbewerb zur Erhaltung des Wohlstands nicht mehr von Nationen, sondern von transnational orientierten Minderheiten innerhalb heterogenisierter Nationen. Nicht das Wohl der ‚Nation‘ steht im Vordergrund, sondern das einer sinkenden Anzahl von Beschäftigten in der Hochwertproduktion. Dem steigenden Reichtum dieses Personenkreises steht die zunehmende ‚Clochardisation‘ einer großen Anzahl von Menschen gegenüber“ (Narr; Schubert 1994, S.74). Damit verliert die Nation ganz offensichtlich eines der wichtigsten Bestimmungsmerkmale, nämlich die Souveränität über die Herstellung und Entfaltung einer territorial bestimmten „Volkswirtschaft“.

Zukunft von Nation und Nationalismus

Man kann wohl nicht umhin, Hobsbawns Prognose zuzustimmen: „Es steht keinesfalls fest, daß das klassische Muster des Sprachnationalismus, bei dem sich ein ethnisches Idiom zu einer neuen, universellen, standardisierten ‚nationalen‘ Literatursprache entwickelt, die dann einen offiziellen Status erlangt, auch in der Zukunft so fortbestehen wird oder kann. Aus praktischen Gründen ist eine Mehrsprachigkeit heute in den meisten Staaten unvermeidlich, weil sich entweder in praktisch allen westlichen Großstädten ‚ethnische‘ Kolonien aus immer neuen Einwanderern bilden oder weil in den meisten neuen Staaten heute eine solche Vielzahl wechselseitig unverständlicher Sprachen gesprochen wird, daß Medien einer nationalen (und heute noch mehr einer internationalen) Verständigung unverzichtbar sind, von unbedeutenderen Verkehrssprachen gar nicht zu reden ... In der Zukunft werden ‚Nationalstaaten‘ und ‚Nationen‘ oder ethnisch-sprachliche Gruppen mit der übernationalen Neuordnungen der Welt zu kämpfen haben, sie werden sich vor ihr zurückziehen, ihr Widerstand leisten, sich ihr anpassen, von ihr absorbiert oder erschüttert werden. Nationen und Nationalismen wird es auch in

Zukunft geben, aber in der Geschichte werden sie von untergeordneter und vielfach sehr geringer Bedeutung sein. Allerdings können eine nationale Geschichte und Kultur in den Bildungssystemen und im Kulturleben bestimmter Länder, vor allem der kleineren unter ihnen, eine große und vielleicht größere Rolle spielen als bisher, so wie heute zum Beispiel die katalanische Kultur in Blüte steht, jedoch unter der stillschweigenden Annahme, daß Katalanen mit der übrigen Welt auf Spanisch und Englisch verkehren, da kaum jemand, der nicht in Katalonien lebt, imstande sein wird, sich in der Lokalsprache zu verständigen" (Hobsbawn 1991, S.191, 220).

Was die Möglichkeit für das Aufleben „kleinerer" Sprachgemeinschaften betrifft, so sehe ich sie zwar rein theoretisch gegeben, schätze aber die Situation doch um einiges skeptischer ein als Hobsbawn.

Gegenwärtig sieht es allerdings so aus, als hätte sich der Nationalismus überall in der Welt durchgesetzt. Die gegenwärtigen nationalen Bewegungen bauen auf „ethnische Zugehörigkeit" und sprachliche und kulturelle Differenz, zum Teil auf religiöse Traditionen. Sie sind im wesentlichen als separatistisch zu charakterisieren. Kleinstaaterei, die auf dem falschen Ideal einer ethnisch-sprachlichen Homogenität beruht, ermöglicht keinerlei Lösungsansätze für die anstehenden allgemeinen gesellschaftlichen Probleme, bietet keine Zukunftsorientierung und auch meist keine Garantie für kulturelle Freiheit und Pluralismus. Man muß insbesondere diesen „tertiären Nationalismus" der neuen osteuropäischen Staaten im Kontext des Niederganges staatlicher und ökonomischer Strukturen interpretieren: „Dieser tertiäre Nationalismus (der mit dem europäischen ‚primären Nationalismus' des 19. Jahrhunderts und dem ‚Befreiungsnationalismus' des 20. Jahrhunderts nichts gemein hat) ist also ein völlig gegenläufiger ethnischer Schein-Nationalismus, und er ist ein Produkt der Verzweiflung, von der die Menschen in den Zusammenbruchsökonomien des totalen Weltmarkts heimgesucht werden" (Kurz 1993, S.124).

Schlußfolgerungen

Wenn wir nun zum Schluß kommen und feststellen, daß die Nation – ebenso die Nationalität – eine unnütze, ja schädliche, historisch überholte Kategorie ist, was ergibt sich daraus?

Die Möglichkeiten, „aus der Nation auszusteigen", sind nicht so günstig. Generationen von Menschen sind in nationaler Hinsicht sozialisiert, das Bildungswesen, die Kulturpolitik und Sozialpolitik sind nach nationalen Kriterien organisiert. Was wir tun können, um diese historisch obsolete Kategorie zu überwinden, ist, sie schrittweise zu überwinden, zum Beispiel Mehrsprachigkeit in unseren Gesellschaften als eine Selbstverständlichkeit zu akzeptieren, sich mit dem Nebeneinander unterschiedlicher Alltagskulturen auseinanderzusetzen – in konfliktpädagogischem Sinne, in kritischer Solidarität (das heißt, wer sich für die Rechte der Migranten einsetzt, muß noch lange nicht autoritäre, frauenfeindliche etc. Strukturen und Traditionen innerhalb dieser Gruppen akzeptieren).

Wir stehen insbesondere in den zunehmend multiethnisch und multilingual werdenden Metropolen vor der Aufgabe, Formen demokratischer Integration zu entwickeln, und zwar durchaus konfliktorisch, das heißt nicht in Form der Harmonisierung, der Vertuschung der Unterschiede und Probleme. Faktum ist, daß Konfliktabbau nur erreichbar ist, wenn die unterschiedlichen Identitäten respektiert werden und wenn die Herausbildung der Identität nicht gestört wird. Die Befunde sind empirisch überwältigend, wonach gestörte Identitätsbildung, Unterdrückung von Identitäten, erzwungene Assimilation zu ernsthaften Störungen psychosomatischer Art führen. Man könnte nun sagen, daß nationale Identität falsches Bewußtsein sei und es wäre ein politisches Ziel, dieses zu überwinden und die Menschen zu einem nationsfreien Bewußtsein hinzuführen. Bewußtsein – auch „falsches" (die Unterscheidung zwischen „richtig" und „falsch" setzt wohl höhere Instanzen voraus) – läßt sich nicht durch Zwang so einfach „umpolen", die Betroffenen würden diesbezügliche wie auch immer geartete (Um)Erziehungsprogramme als Entfremdung ihrer Erfahrungen, als Angriff auf ihre Identität, ihr Lebensgefühl und ihre Persönlichkeit empfinden und auch dementsprechend reagieren. Politisch wären derartige Vorstöße nicht nur riskant, sondern auch hinsichtlich ihres Erfolges fragwürdig. Nationale Unterschiede zum Verschwinden zu bringen, ist auch Ziel und Zweck der Assimilation – die immer Ausdruck struktureller oder auch direkter öffentlicher Gewalt ist (siehe restriktive Sprachen-, Bildungs- und Kulturpolitik gegenüber Minderheiten, Migranten etc.).

„Nationslosigkeit" als neue Zwangsbeglückungskategorie? Könnte nicht vom gesellschaftlich erwünschten Ziel der „Nationslosigkeit" verstärkter Druck zur Assimilation ausgehen? Wenn die Aufgabe der nationalen Identität als „fortschrittlicher Akt", die Bewahrung der nationalen Identität hingegen als „reaktionär", gesellschaftlich unerwünscht und dergleichen angesehen wird, welche Möglichkeiten gäbe es dann noch, überhaupt gegen Chauvinismus und Rassismus anzugehen? Der Antisemitismus ist überhaupt nur zu bekämpfen, wenn die Juden als eigenes Volk – das heißt als eigene Identität – akzeptiert werden.

Ausweg Weltbürgertum?

Ist der menschliche Fortschritt in einem globalen Bürgertum und dieses in einer „Weltgesellschaft" besser aufgehoben? „Das ‚kosmopolitische Individuum' ist eine Fiktion. Hin- und hergerissen zwischen den besonderen Bedingungen seiner Existenz und der ihm als Bedrohung und Verheißung zugleich erscheinenden Allgemeinheit der Weltökonomie, verliert es einen wesentlichen Teil der ihn orientierenden gesellschaftlichen Affektwelt. Der einzelne wird zwar herrschaftlich unter das Allgemeine des Weltmarkts subsumiert, als ‚Lebensort‘ bleibt ihm jedoch diese Welt fremd, selbst dann, wenn er volle Mobilität erreichen sollte. Die ‚Weltbürgerschaft‘ bleibt unerreichbar, nicht nur, weil der Weltstaat eine Fiktion darstellt. Der wesentliche Grund liegt darin, daß die Individuen in der vorhandenen Globalität das ‚Allgemeine‘ nur als ein aufgesetztes, niemals als eine von ihnen mitgeschaffene, mitbestimmte und durch konkrete Lebenserfahrungen geformte Welt wahrnehmen können“ (Narr; Schubert 1994, S.34).

Das Neue entsteht aus dem Alten ...

Auch wenn der historische Zeitpunkt für die „Abschaffung“ der Kategorie der Nation, der nationalen Identität zweifellos noch nicht gekommen ist, der Nationalstaat hat seinen historischen Höhepunkt überschritten, er wird in seiner Bedeutung und Funktion abnehmen, die „Nation“ wird aber nicht verschwinden, ohne Spuren zu hinterlassen. Auch wenn sich die Nation in ferner Zukunft auflöst, so bleibt die Zugehörigkeit zu einer bestimmten Sprachgemeinschaft, einem Eingebettetsein in eine regionale Alltagskultur und viele andere Bezugskategorien, die auch für die Nation begriffskonstituierend waren. Auf dieser historischen Grundlage werden sich entsprechend den herrschenden ökonomischen und gesellschaftlichen Bedingungen neue Bezugskategorien herausbilden.

Literatur

Balibar, E.; I. Wallerstein: Rasse, Klasse, Nation. Ambivalente Identitäten.– Hamburg 1990.

Bielefeld, U. (Hg.): Das Eigene und das Fremde. Neuer Rassismus in der Alten Welt?– Hamburg 1991.

Gellner, E.: Nationalismus und Moderne.– Berlin 1991.

Hobsbawn, E.: Nationen und Nationalismus. Mythos und Realität seit 1780.– Frankfurt 1991.

Kurz, R.: Der Letzte macht das Licht aus. Zur Krise von Demokratie und Marktwirtschaft.– Berlin 1993.

Narr, W.-D.; A. Schubert: Weltökonomie. Die Misere der Politik.– Frankfrut 1994.

Friedhelm Kröll

Der Zauber des Nationalen
Notiz zur politischen Mythologie der Moderne

Es verriete eine gehörige Portion ausgesuchter Dummheit des Gescheitseins – nicht weniger wie zivilgesellschaftlicher Borniertheit – zu wähnen, der Nationalismus habe in der Umsphäre der Zivilisationsmetropolen recht eigentlich ausgedient und besitze heute und in Zukunft nur noch in jenen Regionen der Welt eine, wenn auch beträchtliche, Revitalisierungschance, wo es einigen Nachholbedarf an Modernisierung mitsamt Demokratisierung und religiöser Neutralisierung gebe. Wer daran glaubt, und so mancher weltbejahender Prophet der Zivilgesellschaft beiderlei Geschlechts tut dies, daß Empfänglichkeit und Anfälligkeit fürs Nationale wesentlich dort zu verorten sei, wo die materiellen Wohltaten und geistig-kulturellen Segnungen der Westernization nicht mehr oder noch nicht die Menschen erreicht hätten, verkennt zweierlei. Erstens, bislang hat sich alle Modernisierung und Demokratisierung in den Bahnen des Nationalismus vollzogen; zweitens, nachgerade auch die jüngsten postfordistischen Modernisierungsschübe inmitten der techno- und auto-mobilen Zivilisationsmetropolen bewegen sich auf dem Terrain des Nationalen, münzen nach Kräften die politische Metaphorik des modernen Nationalismus aus, dessen Grundlegung während der antinapoleonischen Befreiungskriege auf deutschem Boden statthatte.

„Wirtschaftsstandort Deutschland" oder auch „Wirtschaftsstandort Österreich", die Reihe ließe sich eine kurze Weile fortsetzen, sind nichts anderes als quasireligiöse Anrufungen des Nationalen, zeitgemäße Revitalisierungen des Nationalismus unter den Insignien von Laptop, High Tech und mittelständischem Ferntourismus. Die Dreingabe von moralischen Metaphern rund um die in den Milieus staatlich subventionierter Halbbildung seit geraumer Zeit beliebte „Zivilgesellschaft" reflektiert im Grunde nichts mehr als die Standortvorteile der Metropolen der Westernization gegenüber dem „Rest der Welt", wie die Standortgunst der Bessergestellten gegenüber dem „Rest der Gesellschaft" innerhalb der Metropolen der Zivilisation.

Wäre da noch der Weltoffenheit atmende, zivilgesellschaftliche Europa-Diskurs gleichsam als flagrantes Dementi meiner These von der ungebrochenen Virulenz des Nationalen als Referenzanker politischer Mythologeme inmitten der sich modernisierenden Moderne. Diesseits der politischen Ökonomie einer wachsenden Hegemonie Deutschlands in Europa handelt es sich bei der unablässigen Anrufung der „Europäischen Idee" um die Prämie des Komforts, sich einen *„aufgeklärten Nationalismus"* leisten zu können. „Aufgeklärt" soll ein Nationalimus heißen, der die Privilegien des jeweiligen nationalen Standortes mit der Gunst und den Chancen des europäischen Marktes zu liieren weiß. Demgegenüber erscheinen den europäischen Verkündern eines moralisch aufgeladenen, mit der Toga des Zivilgesellschaftlichen bekleideten „aufgeklärten Nationalismus“ die Rebellionen der Zukurzgekommenen in aller Welt als Revitalisierung eines „*finsteren Nationalismus*“, den jene natürlich längst überwunden und hinter sich gelassen haben. An den globalen Planquadraten des Police bombing der UNO lassen sich denn auch exakt die Grenzen zwischen neuem, aufgeklärtem und altem, finsteren Nationalismus ablesen. Allein am finsteren klebt das Irrationale und mithin Barbarische nicht weniger als am aufgeklärten. Es sei denn, man wollte das Maß der Vernunft und Humanität an der technischen Meisterschaft und Präzision der „chirurgischen“ Bombenangriffe „*multinationaler* Eingreiftruppen“ messen.

Es kennzeichnet die grundlegende Ambivalenz des Fortschritts, daß alle Modernisierung, Emanzipation und Demokratisierung während der letzten zwei Jahrhunderte sich in den Bahnen des Nationalismus vollzogen hat. Mit der Rationalität der kapitalistischen Produktionsweise ist die Un-, zumindest die Schwerkontrollierbarkeit der Weltmarkt-Konkurrenz von Anfang an gesetzt gewesen. Die Konstitutionsweise des Kapitals ist national wie seine Verkehrsform international ist. Die strukturellen Disparitäten und Ungleichzeitigkeiten innerhalb des Gesamts der Kapitalbewegung, vor allem aber die Erfordernisse national-, das heißt machtstaatlicher Sicherheitsgarantien sorgen dafür, daß die internationale Bewegungsform des Kapitals politisch in nationalen Bahnen verläuft. (Variationen dieses Grundmusters in Richtung auf hegemonial bestimmte Großräume müssen hier dahingestellt bleiben; jener aufgeklärte, europäisch imprägnierte Nationalismus darf füglich als Widerschein derartiger Entwicklungstendenzen betrachtet werden.) Entscheidend ist die Setzung von Weltmarkt-Konkurrenz, worin die doppelte Bestimmtheit des ökonomisch Internationalen und politisch Nationalen ihren Ursprung und das Muster ihrer Verlaufsform hat. Hier haben denn auch alle Ambivalenzen des Nationalen, Emanzipation und Unterdrückung, Rationalität und Irrationalität ihre Quelle. Jedenfalls, mit der Umwandlung von „Geschichte in Weltgeschichte“, für Engels und Marx Quintessenz der globalen Expansion der kapitalistischen Produktionsweise, weshalb Marx in seiner ungern zitierten „Rede über die Frage des Freihandels“ von 1848 ganz unumwunden für das „System des Freihandels“ plädiert, weil es die internationale „soziale Revolution“ beschleunige, tritt das Nationale (erst einmal und bis heute fortdauernd) politisch auf den Plan.

Identitätskult als Auftakt des modernen Nationalismus

Wie das Nationale das politische Korrelat zur Weltmarkt-Konkurrenz ist, so tritt das Individuelle als psychokulturelles Korrelat zur Nationalmarkt-Konkurrenz auf. Hieran knüpfen die Plaudereien der freilich inzwischen gealterten Postmoderne,

Klaviatur der kulturellen Differenzen, unentwegt an. Beide Male, beim Nationalismus wie beim Individualismus, gründet die Gesellschaftlichkeit in der Selbstbehauptung. Und so ist denn der Egoismus von allem neuzeitlichen Anfang an mit der Hypothek der Ambivalenz von Selbständigkeit und Rücksichtslosigkeit, von Emanzipation und Barbarei belastet.

Politisch explosiv wird der neuzeitliche Individualismus jeweils dann, wenn die Selbstbehauptungschancen wesentlich geschmälert, die Glücks- und Gewinnerwartungen geringer werden, das heißt, der Halt im Erfolg sich lockert. Dann erwacht das Moment konkurrenzgesteuerter Rücksichtslosigkeit zum Leitorgan inmitten allgemeiner Unsicherheit und Gefährdung, bereit, sich zur illussionären, nichtsdestoweniger wirkmächtigen Gemeinschaftlichkeit des Nationalen erwecken zu lassen. Und zwar dann, wenn die Zusammenballung ein Weniger an Unsicherheit und Enttäuschung bzw. ein Mehr und Schneller an Lebensgewinn verspricht, das heißt, dieses in bekannter ideologischer Vergesellschaftung von oben verheißen wird. Unterm Vorzeichen anhaltender Ohnmacht der „souveränen Konsumindividuen", vom Zeitgeist mit Vorliebe zu Bastelbiographen und Patchwork-Virtuosen verklärt, spricht nichts für den Optimismus, eine Renaissance dieses Mal vornehmlich kulturmythisch aufgeladenem Neo-Tribalismus habe in den zivilisatorischen Zentren der Komfort-Individualisierung keinen Boden mehr. Das Chloroform der Identitäts-Metaphorik ist im übrigen längst auf die Leute verteilt.

Bislang spricht alles für die Diagnosen des „Amusing ourselves to death" (Neil Postman). Aber wo wäre die Bürgschaft dafür, daß ein Umschlag unter den Bann des „Fighting ourselves to death" (Ernst Jünger) ausgeschlossen ist. Mit den „schwarzen Utopien" der „Totalen Mobilisierung" teilt die Topographie der „Schönen neuen Welt" (Aldous Huxley) im vorhinein den „Rückfall von Aufklärung in Mythologie" (Max Horkheimer/Theodor W. Adorno). In erlebnisgesellschaftlicher, besser: erlebnismythischer Perspektive jedenfalls kann man den Messner-Kult riskanten Bergsteigens ebensogut als neuzeitlichen Extremtourismus bezeichnen wie seinerzeit den sportiv-soldatischen Vormarsch der deutschen Wehrmacht hinauf zum Kaukasus. (Fahnen des Erfolgs werden auf dem Gipfel stets gehißt, was von Luis Trenker in Erfahrung zu bringen ist.) Anders, es rechnet zu den inzwischen vertrauter gewordenen Zweideutigkeiten des Fortschritts, hier in Gestalt postfordistischer Individualisierung, daß dieser ein beträchtliches Potential unauflöslich sich reproduzierenden Erlebnishungers birgt, wie ihr zugleich ein erkleckliches Maß an ohnmacht- und unsicherheitsgrundierter Lebensangst, manifest im Gesundheitswahn, innewohnt. Angst, demagogisch mobilisiert, kann in offene Panik umschlagen, die Objekte des Erlebnishungers können dann neu bestimmt werden. Gewiß, die Eigenart postfordistischer Individualisierung, wachsende Deregulierung der Selbstbehauptungschancen, mag einer Formierung zu imaginärer, wiewohl explosiver Gemeinschaftlichkeit einigermaßen im Wege stehen. Gleichwohl, das Nationale hält eine Reihe von Angeboten bereit, die nachgerade auch für den neuesten Individualismus anknüpfungsfähig sind. Als da sind: Naturanbetung, Identitätskult, planer Okkultismus. Die individualisierte Erlebnisgesellschaft ist bestens disponiert für alle Sorten moderner Mythologie, sofern sie nur modisch genug sind. Dem trägt jener „aufgeklärte Nationalismus" längst Rechnung. Bei sonstiger Preisgabe von geschichtlicher Hoffnung erfreut sich „die Natur" nicht erst seit eben „anschwellender Beliebtheit", so als sei der „geheime Sinn des Lebens" der Natur oder sonstwelchen quasi-hinterweltlichen Reichen rund um den Himalaya ablauschbar.

Nachdem auf vernünftige Weise der Geschichte kein Sinn mehr zu entlocken sei, schrieb Leo Lowenthal 1937 vor dem Horizont des Freundesbundes Knut Hamsun, Luis Trenker (auch ein Extremtourist) und Adolf Hitler, stürze sich die „individualistische Gesellschaft" auf den Reigen „von der Anthroposophie bis zur Astrologie über Vegetariertum und die Systeme der naturgemäßen Diät in Nahrung, Kleidung und Atmung". Das Verzückende daran, „auch hier tritt der Mensch der Natur einsam gegenüber", natürlich nur der individualistischen Gefühlsform nach, denn wie weiland beim legendären Tao hat sich der Markt der Dinge und der Sehnsüchte bemächtigt, wobei freilich Tao der Ausdruck Workshop noch nicht geläufig war.

Naturanbetung, Identitätskult und planer Okkultismus, sie gehören zum Auftakt des modernen Nationalismus, verzaubert durch die poetische Philosophie der deutschen Romantik. Der romantische Aufstand gegen die kalte Vernunft feiert das Erleben und mystifiziert das nationale Volks- und Kulturleben. Am Ende des 19. Jahrhunderts feiert die Nietzscheanische Lebensphilosophie das Ausleben; die Gefühlslage, von der aus dann der Ozean der Möglichkeiten des „natürlichen Lebens" geradewegs die Katarakte des aggressiven Nationalismus gespeist hat. Moderner Nationalismus, das ist die politische Reaktion auf die Entzauberung der Welt. Auf dem Trümmergelände der ethischen Religionen, die die Aufklärung zum Einsturz gebracht hat, wächst das Kraut des neuen Okkultismus, das bis heute sprießt. Der Nationalismus ist das politische Seitenstück jener Dialektik der Aufklärung, aus deren Entfaltung die Mythen der Moderne hervorgehen. Der Erosion des religiösen Weltbildes folgt der Triumph des Glaubens ans Nationale auf dem Fuß. Die Idee des Nationalen ist die politische Religion der Moderne, worin die Transzendenz zusammenschrumpft auf plumpen Schicksalsglauben, von allem Anfang mit quasi-religiösem Pathos aufgeladen. Dieser Diesseitsreligion inhäriert von Grund auf die Tendenz zur Renaturalisierung des Gesellschaftlichen, endlich zur Rearchaisierung. Die anethische Naturmagie des Nationalen löst den ethischen Diskurs des Universellen, wie sie in den okzidentalen Kulturreligionen statthat, ab. Verbündet sich die aus dem poetischen Geist der Romantik geborene Idolatrie des Nationalen als Natursubstanz mit der postreligiösen Vergöttlichung des modernen Staates, eminentes Produkt der Neuzeit, ist die politische Mythologie der Moderne geschaffen.

Naturalisierter Nationalglaube

Vor dem Horizont der Weltmarkt-Konkurrenz erscheint der naturalisierte Nationalglaube als diejenige Paßform der politischen Kultur der modernen Nationalstaaten, die im Innern die politische Regulierung bzw. ideologische Vergesellschaftung von oben, bislang jedenfalls, optimal besorgt hat. Gerade in den Perioden, in denen die innergesellschaftlichen und zwischenstaatlichen Beziehungen Zeichen konkreter Anomie aufweisen. In dem Maße, in dem der öffentlich-verbindliche Glauben, repräsentiert in den traditionellen Religionen, an Relevanz verliert und in die Sphäre des Privaten als persönliche Überzeugung („beliefs") abwandert, um endlich auch hier sich zu verflüchtigen, gähnt ein Vakuum, das auf totalisierende Sinnstiftung, Zusammengehörigkeitsbewußtsein, also Identitätskonstruktionen zur Auffüllung wartet. Die durch Aufklärung und namentlich technisch-zivilisatorische Allmachtserfahrungen ausgelaugte Lebensmacht von einst, Religion, ist dazu nicht mehr imstande. Der öffentliche Glaube ans Nationale tritt an deren Stelle, schafft neue Übersichtlichkeit und neue Verbindlichkeit. Es charakterisiert die Dialektik der Aufklärung, daß die politische Mythologie die alte politische Theologie verdrängt. Vom politischen Mythos des Nationalen geht nicht zuletzt deshalb der Zauber des Okkulten aus, weil er zwei Momente optimal in sich vereinigt: die Sehnsucht nach sinnhaftem Zusammenhang und den zeitgemäßen Gestus der aufgeklärten Wissenschaftlichkeit. Es wäre keiner politischen Theologie eingefallen, was die politische Mythologie des Nationalen für sich zwei Jahrhunderte reklamiert hat: ihren Glauben mit rationalistischen Kunstgriffen aus dem Arsenal der positivistischen Kultur-, später vor allem Naturwissenschaften zu unterkellern. Das halbgebildete Geschwätz über das Volkskulturelle ist denn, über die Zwischenstation des Ethnischen, geradewegs auf den mit wissenschaftlicher Metaphorik geschmückten Mythos der Rasse zugesteuert. Heute, nach den Erfahrungen mit Auschwitz, schaltet der Diskurs verschämt einen Gang zurück und bewegt sich auf dem Terrain des Ethno-Kulturellen, jederzeit abrufbar, in den politischen Rassismus zu schnellen.

Wenn die neuere Religionssoziologie davon spricht, daß die Religion gleichsam unsichtbar geworden sei, als Religiosität abgetaucht in die Sphäre privater Beliebig- und Gefühligkeit, dann gilt dies – trotz der Katastrophen im Zeichen der politischen Religion des Nationalen – mitnichten für diese Diesseitsreligion. Mögen auch deren Hornsignale in den Metropolen der „Zivilgesellschaft" nicht so laut tönen, wie schon einmal vernommen, keinen Zweifel kann es daran geben, daß das Inszenieren des Nationalen medial-televisionärer Alltag ist. Kroaten und bosnische Serben hocken in allen Nationalsendern der westlichen Hemisphäre zuhauf. An den Festtagen der politischen Religion des Nationalen erreicht die soziale Sichtbarkeit ihrer Liturgie Millionen. Weltmeisterschaften, Olympische Spiele und Davis-

Pokale sind Stunden ausgelebter Nationalreligion. Wenn Marx und Engels im Kommunistischen Manifest konstatieren, die Proletarier hätten kein Vaterland, so kann man darüber in politischen und feministischen Streit geraten. Unstrittig ist, mögen jene Vaterland haben oder nicht, der Glauben daran herrscht fort, und nichts ist in Sicht beim gegenwärtigen desolaten Zustand der in neue Mythologie umgeschlagenen Aufklärung, was diesen Glauben zersetzen, ersetzen könnte.

Nationalismus als Produkt der Gegenaufklärung

Der Nationalstaat ist ein Produkt der Neuzeit, politische Figur der kapitalistischen Produktionsweise, eine bürgerlich-zivilisatorische Verkehrsform. Der Nationalismus als moderne politische Religion ist das Produkt der Gegenaufklärung, welche die soeben noch progressive Idee des zur Nation sich setzenden revolutionären Bürgertums für ihre Ziele umbiegt und einspannt. Noch während des Grande terreur (Lion Feuchtwanger), so zum Beispiel im Dekret über die Abschaffung der Sklaverei (4. Feber 1794), war die Idee des Nationalen mit der Idee des Universalen verknüpft. Nation als Bewegungsform weltbürgerlicher Humanität, oder in den (noch) optimistischen Worten Heinrich Heines: „das Nationalgefühl ist nur Mittel zum Zweck, es wird wieder erlöschen, sobald dieser erreicht ist", nämlich die soziale Geltung eines „weltbürgerlichen Bewußtseins".

Von Erlöschen freilich kein Spur, im Gegenteil, die entfachte Glut wird sich zu Flächenbränden ausweiten. Mit dem 18. Brumaire des ersten Bonaparte (8./9. November 1799), zum Einstieg ins Zeitalter der entwickelten bürgerlich-kapitalistischen Produktionsweise, beginnt sich die Idee des Nationalen von der weltbürgerlichen Absicht zu lösen, um – zunächst in Gestalt der Grande Nation und im Organ der Grande Armée – von nun ab ihre eigenen Wege zu gehen, meinethalben als politischer Mythos Fortschritt zu besorgen.

Allerspätestens mit dem 18. Brumaire des dritten Bonaparte (2. Dezember 1851), Chauvinismus in nuce, ist die Trennung vollzogen. Der Weg des Nationalen weist unmißverständlich in die politische Zoologie. Dazwischen liegen die antinapoleonischen Befreiungskriege, Geburtsstunde des modernen Nationalismus aus dem Geist der Gegenaufklärung. Das Taufzeugnis weist unmißverständlich die Umformung des alten christlichen Antijudaismus in ethnosbesoffenen, blanken politischen Antisemistismus aus. „Der Sumpf der Nationalselbstsucht" (Heinrich Heine) zieht alles vordem Progressive, Emanzipation und Demokratisierung, in sein trübes Wasser.

Während Heine bis zur Verzweiflung an die Hoffnung, der Gang der Weltgeschichte möge von der „Nationalität zur Fraternität" gehen, sich festklammert, nennt der hellsichtige, die Dialektik der Entzauberung ahnende, als Seismograph weithin unterschätzte, womöglich belächelte Franz Grillparzer, mit direktem

Bezug auf die politischen Turbulenzen in Frankreich, die im Staatsstreich des „18. Brumaire des Louis Bonaparte" enden sollten, 1849 die Dinge beim katastrophischen Namen:

„Der Weg der neuen Bildung geht
Von der Humanität
Durch Nationalität
Zur Bestialität."

Der Anschauungsunterricht, den ihm das patriotische Treiben in Deutschland seit 1806 lieferte, mochte den Propheten der Katastrophe, der um die Abgründe des Biedermeier wußte, schließlich dazu bewogen haben, das Nationale 1849 als moderne Politische Zoologie zu imaginieren.

„Zu Äsops Zeiten sprachen die Tiere,
Die Bildung der Menschen ward so die ihre;
Da fiel ihnen aber mit einmal ein,
Die Stammesart sollte das Höchste sein.
‚Ich will wieder brummen', sprach der Bär,
Zu heulen war des Wolfs Begehr,
‚Mich lüstet's zu blöken', sagte das Schaf,
Nur einer, der bellt, schien dem Hunde brav.
Da wurden allmählich sie wieder Tiere,
Und ihre Bildung der Bestien ihre."

Daran mag sich der Autor der „letzten Tage der Menschheit" erinnert haben, als er Wien einen vortrefflichen Platz für die Beobachtung von Katastrophen nannte.

Für die Geisterbahn das Nationalen, für den fatalen Zauber dieser modernen politischen Mythologie waren die linken Enkel der Aufklärung wenn nicht blind, so der wachsenden Macht dieses Zaubers gegenüber doch eigenartig naiv und sorglos. Das hängt fraglos mit dem Fortschrittsglauben zusammen, was bekanntlich Walter Benjamin ein Jahrhundert später in den immer noch zu wenig registrierten Thesen „Über den Begriff der Geschichte" zum dringlichen Plädoyer einer Revision des Fortschrittsbegriffs veranlaßt hat. Engels und Marx haben (nicht nur in der „Deutschen Ideologie") seinerzeit keinen Zweifel daran gelassen, was ihnen das Nationale ist, namentlich in Bezug auf die deutschen Zustände: „Wenn die nationale Borniertheit überall widerlich ist, so wird sie namentlich in Deutschland ekelhaft." Am Ende dieses Passus freilich findet sich die Grande illusion der Arbeiterbewegung vorformuliert, aus der es dann 1914 ein erstes böses Erwachen gab: „Übrigens findet sich unter allen Völkern das Beharren auf der Nationalität nur noch bei den Bourgeois und ihren Schriftstellern." (Welche Heerscharen von intellektuellen Bourgeois haben sich demnach in der politischen Arbeiterbewegung getummelt?!)

Wie Heine versprachen sich Engels und Marx von der kapitalistischen Weltökonomie die Vorstufe zur Befreiung von dem „ganzen alten Dreck", wozu sie nebst Staat das Nationale ausdrücklich rechneten. (Es wäre an der Zeit, einmal intensiv die komplexe Problematik aufzudröseln, die sich an die Konzession knüpft, die die Enkel der Aufklärung und die Kinder Hegels, von Marx bis Gramsci, nolens volens dem Nationalen als unausweichliche politische Bewegungsform des Klassenkampfes gemacht haben, wobei die spürbaren Vorbehalte selbst dem Nationalen als Modus politischer Emanzipation von „Völkern" gegenüber, die Objekt der Unterdrückung seitens hegemonialer Reiche und Großmächte gewesen sind, keineswegs ausgeblendet werden dürfen.)

Den Enkeln der Aufklärung, den Vertretern der industriellen Zivilisation und weltumspannenden Modernisierung, erschien jedenfalls das Nationale nichts, was politisch-gärtnerisch zu pflegen wäre, sondern als älterer Vergemeinschaftungsrest, der wert ist, daß er zugrunde geht, notwendiges Übel eines politischen Durchgangsstadiums der Entzauberung der Welt. In the long run aber hat sich die von Marx heftig befehdete „Nationale Ökonomie" eines Friedrich List, Vordenker aller Theorien national-ökonomischer Rückständigkeit und Bewegungen ökonomisch-politischer Selbständigkeit, jedenfalls in der *Sphäre des Politischen* gegen die „Politische Ökonomie" des Weltmarktes bis dato behauptet. Genauer: die Nationale Ökonomie ist die *politische* Bewegungsform der kapitalistischen Weltökonomie. (Bekanntlich ist Marx die Inangriffnahme der Punkte „Staat, auswärtiger Handel, Weltmarkt" versagt geblieben. Dilettanten haben sich nach ihm dann, stillschweigend versteht sich, auf den Nationalmarktökonomen List kapriziert.) Und nachgerade in der politischen Nationalmarkt-Praxis des „Sozialismus in einem (Vater-)lande" hat sich die Listsche Konzeption des Aufholens ökonomisch-sozialer Modernisierungsrückstände de facto Geltung verschafft.

Das Auseinanderdriften von sozialistischer Nationalökonomie, die freilich stets der Verwertungslogik des kapitalistischen Weltmarkts verhaftet blieb, und proklamatorischem Inter-Nationalismus wäre ein Kapitel für sich. So gilt es nüchtern zu konstatieren, was der Soziologe Reinhard Kreckel im Kontext der Diskussion um „Ethnische Differenzierung und ‚moderne' Gesellschaft" resümiert hat: „Die nationalstaatliche Segmentierung der Welt [...] ist kein zufälliger, sondern ein systematischer Begleitumstand der einzigen Modernisierung, die wir kennen: der historischen Modernisierung, die nun einmal von Europa ausgegangen ist und sich teils gewaltsam, teils friedlich über die Welt ausgebreitet hat." Im Lichte der eigentümlichen Dialektik kapitalistischer Modernisierung: Globale Vergesellschaftung im Wege nationalstaatlicher Segmentierung bzw. politischer Vergemeinschaftung täte eine theoretische Neubesinnung in Sachen „*Politischer* Ökonomie des Krieges" im Interesse von Desillusionierung not. In der welthistorischen Verlaufsform nationalstaatlicher Segmentierung liegt begründet, daß der Zauber des Nationalen gegenüber den ansonsten durchgreifenden Trends in Richtung auf

Entzauberung der Welt derart resistent sich gezeigt hat. Mehr noch, mit der intellektuellen Formierung dieses Zaubers zur politischen Religion ist der Mythos des Nationalen zur ersten seelischen Lebensmacht aufgestiegen, Statthalter in dem Reich, aus dem die transzendenten Religionen Zug um Zug vertrieben worden sind.

Die technisch-wissenschaftliche Zivilisation deckt bis heute ihren Bedarf an Irrationalität aus dem Reservoir des Mythos des Nationalen wie generell des Okkulten. Theologisch gesprochen: Der Glaube ans Nationale ist Aberglaube par excellence. Bis zum ersten Bonaparte darf die „Religion du Citoyen", deren Glaubensgegenstand „La patrie" ist (vgl. das letzte Kapitel des 1762 erstmals veröffentlichen „Contrat Social", dem Rousseau den bezeichnenden Titel „De la Religion Civil" gegeben hat), *unzweideutig* die Prämie des Fortschritts für sich verbuchen. Das gilt namentlich auch für die politische Zivilreligon des Nationalen, wie sie in den Konstitutionsakten der USA niedergelegt ist. Mit der antinapoleonischen Formierung der Idee des Nationalen in Deutschland fällt auf alle weitere politische Emanzipation das Zwielicht der nunmehr als *Mythos* gehandelten Idee des Nationalen. Von nun ab bestimmt nicht mehr das rationale Gestaltungsprinzip der „Citoyenneté" die Definition der Nationalzugehörigkeit, sondern in den Vordergrund bis hin zur barbarischen Ausschließlichkeit schiebt sich in Zukunft das irrationale Prinzip der vorpolitischen Volkszugehörigkeit.

Mit dem Triumph des Betrugs der Abstammungsgemeinschaft verwandelt sich die einst progressive Idee des Nationalen in eine jener politischen Mythen, die zu den verhängnisvollsten Zweideutigkeiten der Moderne und des politisch-sozialen Fortschritts zählen. Von jetzt ab bis in unsere Tage reimt sich der Mythos „nationaler Identität" als imaginäre Behausung für geistig Obdachlose und politisch Ohnmächtige auf Pogrom. Über die Zweideutigkeit des Nationalen als Form der politischen und sozialen Emanzipation gibt es viel Anschauungsunterricht. Wer's nicht glaubt, dem sei die Erzählprosa von Joseph Roth empfohlen, präzise Schilderungen der nationalen Befreiungen der „Ethnien" der Polen, Balten, Ukrainer aus der k.u.k.-Vormundschaft. Die Massaker an Ostjuden säumen den Weg dieser glorreichen Emanzipation.

Nicht weniger hat der Zauber des Nationalen seit nahezu zweihundert Jahren das Projekt der Zivilisation in den Räumen der Moderne ergriffen. Zwischen den „kalten Skeletthänden rationaler Ordnungen" und vor dem Horizont der „Stumpfheit des Alltages" (Max Weber) sammelt sich bis dato reichlich Potential an Sehnsucht nach falscher Wärme an. Gewiß, die politische Religion des Nationalen hat in Europa für eine Weile und infolge der faschistischen Barbarei einigen Kredit verloren. Noch sind die Skrupulanten dieses Mythos in der Öffentlichkeit in der Vorhand. Wenn aber bereits Honorable men wie Claus Leggewie darüber sich auslassen, daß der „Westen in einer tiefen moralischen Krise stecke" und nun „selbst gestandene Individualisten und eisenharte Liberale" anfingen, „über die (fehlenden) Grundlagen der politischen Vergemeinschaftung nachzudenken", dann ist es eine Frage der Zeit und Umstände, bis die Skrupulanten wieder von den Posaunisten des Nationalen beiseite geschoben werden. Wie bereits ein flüchtiger Blick auf die an Häuserwänden und auf Dächern zuhauf gen Himmel gerichteten Empfangsschüsseln, in Erwartung der televisionären, katastrophisch untermalten Frohen Botschaft, zeigt, ist die allgemeine Bereitschaft zum Okkultismus, fictions for facts zu nehmen, eh gewachsen. Von hier aus ist kein Widerstand gegen eine Revitalisierung des Glaubens ans natürliche Geheimnis des Nationalen zu erwarten. Im Gegenteil, via Kabel und Satellit, den Leibwächtern der Verblendung, gewönne eine renovierte politische Zoologie des Nationalen neue Plausibilität, in jedem Fall leichter faßlich als die politische Soziologie des Staates. Hinterm Rauchvorhang der in den Medien so beliebten Inszenierung einer Bedrohung durch den fundamentalistischen Islam werden bereits die neuen Spielarten des Euro-Nationalismus geprobt. Im Innern der „Zivilgesellschaft" ist das Nationale längst nicht mehr so tabu, daß es nicht wieder zum Totem sich errichten ließe.

Nation ist nichts, außer man glaubt daran

Als politisches Credo eignet sich der Mythos des Nationalen deshalb so vorzüglich, weil er einfach zu handhaben und ohne sonderliche Anstrengung zu verstehen ist. Als Evangelium der Unmittelbarkeit bietet er Evidenzen auf, die die Welt der Neuen Unübersichtlichkeit ansonsten kaum mehr zu bieten vermag. Mag auch der „aufgeklärte Nationalismus" fürderhin nicht mehr die plumpe und dumpfe Metaphorik ungefilterten Rassismus anrufen, da die Weltmarkt-Referenz „Standortinteressen" heute mehr Eleganz verlangt; die Sache wird dennoch nicht besser dadurch, daß man in der Gleichung Bios plus Demos ergibt Nation das verfängliche Bios streicht und durch die zeitgeistkonforme, kulturistisch-folkloristische Metapher des Ethnos ersetzt. Eine derartige „ethnomethodologische Kehre" bleibt in der naturalistischen Mystifikation des Nationalen kaum weniger befangen wie eine vormals schiere Bio-Methodologie.

Was leistet, dies zum Ende meiner Notiz über den „Zauber des Nationalen", dieser politische Mythos, ungeachtet der einen oder anderen Renovierungsmaßnahme in Richtung auf ein zeitgemäßes Remake? Erstens, er spendet der Kälte des Zivilisationsprojektes die bitter notwendigen Wärmestrahlen. Zweitens, wo alles durchs Geld vermittelt ist, versorgt er die gesellschaftlichen Individuen mit der Illusion eines Restes an Unvermitteltem, Substanzhaftem und Echtem. (Kulissen und Requisiten stellt der Heimat-Diskurs.) „Das Geld", vermerkt Marx einmal, „ist das Vaterland der Industriellen". Wer keines oder wenig hat, dem bietet der Mythos die Chance durch den Glauben an die Nation ein solches zu gewinnen. Drittens also eröffnet die Idee des Nationalen die Möglichkeit des Glaubens in einer entgötterten, posttheistischen und postdeistischen Welt. Die Nation ist nämlich nichts, außer man glaubt daran. Viertens, als Glaubensmacht fungiert der Mythos des Nationalen als Lebensmacht ersten Ranges, freilich stets in Korrespondenz und Konkurrenz mit dem „Gott aller Waren“, dem Geld. Die vage Idee des Nationalen sorgt fünftens für eine entschieden stabilere politische Integration als die Gemeinsamkeit von Interessen, die deshalb labiler ist, weil sie Wandlungen unterworfen ist und weil sie der Reflexion bedarf. (Der Konnex von gesellschaftlichen Interessen und politischen Mythen wäre ein eigenes Analysekapitel von einiger Dringlichkeit.) Sechstens, der Mythos des Nationalen bedient die Sehnsucht nach Halt inmitten der durch Modernisierungsschübe und -turbulenzen fortwährend erzeugten Unsicherheit. Gegenüber der Wandlungsdynamik bietet er Halt im Glauben ans Unvergängliche an. Zudem leistet er siebtens vor allem Ortung der eigenen „Identität“ und Ordnung zwischen Eigenem und Fremdem. Im Schema des Hier – Dort, Wir – Ihr liegt der politisch instrumentierbare und mobilisierbare Ansatz zur Dichotomisierung in Feind und Freund. Achtens stiftet der Mythos des Nationalen eine Glaubensgemeinschaft über Interessensdifferenzen der materialen Vergesellschaftung hinweg. Neuntens birgt die Mystifikation des Nationalen ein abstufbares Potential an Stimulantien für voluntaristische Sinnarbeit. Wo alles im Grau der bunten Erlebnisgesellschaft versinkt, offeriert der Mythos auf jeden Fall einen Rest an Originalität,indem er den Glauben an die einzigartige Origo (Abstammung) der Ordo politischer Gemeinschaft füttert.

Wenn man schon nicht recht weiß Wohin, so kann man sich zumindest an ein Woher anlehnen. Gründungsmythen gehören zum Essential des Nationalen und fungieren als Wahrnehmungsfilter in einer überkomplexen, Geschichtsbewußtsein tendenziell nihilierenden Welt. Nation als politische Erinnerungsgemeinschaft zu definieren, charakterisiert den Mythos deshalb so genau, weil diese Definition die Idee des Nationalen dort verortet, wo sie zu Hause ist: im subjektiven Bereich der Unschärfe, was Ernest Renan und im Anschluß daran Max Weber so präzise herausgearbeitet haben. Zehntens, der Schlüssel zum Zauber des Nationalen ist religionssoziologischer Natur. Elftens, in einer entzauberten Welt gehört die Idee des Nationalen zu den wenigen Gefühlszuständen, die noch pathosfähig sind. Darin der Privatform der Ergriffenheit, der Liebe, verwandt. Schließlich zwölftens, der Glaube ans Nationale zeichnet sich dadurch als operabel aus, daß gerade seine voluntaristisch auslegbare Vagheit ihn zu einem eminent politikfähigen Medium macht.

Wie alle Religion steuert auch die politische des Nationalen nicht nur die Wahrnehmung, sondern liefert eine Syntax für Erfahrungen im öffentlichen Raum. Solange Skrupulanten diese Religion auslegen, mag's bei der Definition der nationalen Interessen des „Standorts XY“ einigermaßen zivilgesellschaftlich zugehen. Bemächtigen sich die Posaunisten der „Arbeit am Mythos“, steht eine Verschärfung ins Haus und die Dynamik der je nationalen Nostrifizierung der Welt nimmt ihren verhängisvollen Lauf. Dann werden die Tendenzen zur Heroisierung der Entscheidung, zu deren Ästhetisierung und Moralisierung, endlich Irrationalisierung zum Verhangenen des Schicksals freigesetzt. Was es damit auf sich hat, davon erzählt das 20. Jahrhundert. „Der Mythus", verkündet Mussolini 1922, „ist ein Glaube, ein edler Enthusiasmus, er braucht keine Realität zu sein, er ist ein Antrieb und eine Hoffnung, Glaube und Mut." Ob der Glaube Berge versetzen kann, sei dahingestellt, daß der Nationalmythos die Welt in Schutt und Asche legen kann, ist hinlänglich bekannt.

Nationalismus als Umwertung des Universalismus bestimmt sich durch die Überzeugung, zu einer besonderen Gruppe von Menschen zu gehören, durch die Vorstellung, die Gesellschaft sei mit einem anthropozentrischen Organismus vergleichbar, und durch die fixe Idee, daß die Legimität von politischen Zwecken und Verfahren hinreichend dadurch garantiert sei, daß diese Ziele und Mittel *unsere* sind. Wenn es zutrifft, was Isaiah Berlin in seiner ebenso knappen wie instruktiven Studie „Der Nationalismus" zu Tage fördert, daß nämlich unterm Bann des Nationalzaubers Naturalisierung und Nostrifizierung des Gesellschaftlichen in der Weise vor sich gehen, daß die Werte meiner *Nation* Werte einfach deshalb sind, weil sie Werte *meiner* Nation sind, dann erfüllt der Tatbestand des Nationalismus, romantisch oder aufgeklärt, alle Kriterien der „Eclipse of reason", der Verfinsterung der Vernunft.

Als Glaube ist das Nationale ein soziologisches Faktum und als solches forschungsbedürftig und ernst zu nehmen. Für eine aufklärungsoptimistische Bagatellisierung besteht kein Anlaß. Erhebt sich die Frage, wie mit Glauben und Mythos politisch umgehen. Wer sich in aufklärerischer Absicht auf die „Arbeit am Mythos des Nationalen" einläßt, muß um das Zwielicht wissen, das ihn umgibt. Wie alles Politische – und Ästhetische – so hat auch das Nationale seine Quelle in Magie, Mythos und Kult. Auf absehbare Zeit dürfte sich Marxens Hoffnung, das Nationale möchte zusammen mit dem Politischen vergehen, nicht erfüllen. Bis dahin und einstweilen hat das interessierte Nachdenken und die Diskussion mit der Frage sich zu befassen, ob Walter Benjamins *Politische Theologie* nicht näher beim Kern des Problems des Politischen liegt als jedwede *Politische Mythologie*. Man muß die Botschaft des „Radetzkymarsch" (1932) von Joseph Roth nicht mögen, aber daß der Nationalismus die neue Religon der Moderne ist, kann man dort lernen. Neben dem Kapital ist nichts so international wie das Nationale. Musil hat die Relevanz des Problems mit der ihm eignen Lakonik benannt. Nichts ist riskanter als die Blindheit dem Zauber des Nationalen gegenüber. Die Eröffnung der Debatte über politische Mythen, ihrer möglichen Erzählung gegen den Strich in aufklärerischer, emanzipatorischer Perspektive steht erst noch an.

Literatur

Benjamin, Walter: Theologisch-politisches Fragment.– In: Ders.: Gesammelte Schriften. Bd.II.1.– Frankfurt 1980.

Benjamin, Walter: Über den Begriff der Geschichte.– In: Ders.: Gesammelte Schriften. Bd.I.2.– Frankfurt 1980.

Berlin, Isaiah: Der Nationalismus.– Frankfurt 1990.

Grillparzer, Franz: Werke. Hg.v. R. Franz. Bd.1.– Leipzig, Wien 1903.

Heine, Heinrich: Mein wertvollstes Vermächtnis. Religion. Leben. Dichtung. Hg.v. F. Stössinger.– Zürich 1985 (2. Aufl.).

Horkheimer, Max; Theodor W. Adorno: Dialektik der Aufklärung. Philosophische Fragmente.– Amsterdam 1968.

Johnston, Otto W.: Der deutsche Nationalmythos. Ursprung eines politischen Programms.– Stuttgart 1990.

Kröll, Friedhelm: Politische Schicksalsgemeinschaft. Max Weber und das Nationale.– In: »Weg und Ziel« 51. Jg., 1/1993.

Marx, Karl; Friedrich Engels: Die deutsche Ideologie. MEW 3.– Berlin 1973.

Marx, Karl; Friedrich Engels: Manifest der Kommunistischen Partei.– In: MEW 4.– Berlin 1972.

Münkler, Herfried; Wolfgang Storch: Siegfrieden. Politk mit einem deutschen Mythos.– Berlin 1988.

Franz Schandl

Nation
Überlegungen zur Kategorisierung eines Begriffs

„Wer den Patrioten des anderen Landes
für einen Lumpen hält, dürfte
ein Dummkopf des eigenen sein."[1]
Karl Kraus: Nachts

Der Begriff der Nation

„‚Nation' ist ein Begriff, der, wenn überhaupt eindeutig, dann jedenfalls nicht nach empirischen gemeinsamen Qualitäten der ihr Zugerechneten definiert werden kann. Er besagt, im Sinne derer, die ihn jeweilig brauchen, zunächst unzweifelhaft: daß gewissen Menschengruppen ein spezifisches Solidaritätsempfinden anderen gegenüber zuzumuten sei, gehört also der Wertsphäre an."[2]

Das schreibt Max Weber, und es ist ihm hier uneingeschränkt beizupflichten. Nation ist keine objektive Kategorie. Definitionen, die nach dementsprechenden Kriterien suchen, müssen scheitern.[3] Sinngemäß äußerte sich auch Jean Paul Sartre: Eine Nation ist eine Nation, wenn die Nation meint, eine Nation zu sein. Nation setzt allemal Bekenntnis voraus.

Nationen haben keine ethnische Substanz – auch wenn sie es oft von sich behaupten –, sie sind Folge der Herrschafts- und Kräfteverhältnisse in einem Gebiet zu einer bestimmten Epoche, sind geschichtlich einordenbar, primär zugehörig dem bürgerlichen Staat der aufsteigenden Epoche des Kapitals. „Nation – Terminus wie Sache – sind jungen Datums. Eine prekäre zentralistische Organisationsform sollte die diffusen Naturverbände nach dem Untergang des Feudalismus zum Schutze der bürgerlichen Interessen bändigen. Sie mußte sich zum Fetisch werden, weil sie anders die Menschen nicht hätte integrieren können, die wirtschaftlich ebenso jener Organisationsform bedürfen, wie sie ihnen unablässig Gewalt antut."[4] (Adorno)

Mit dem Begriff Nation reflektieren wir also nur einen kleinen Ausschnitt der Menschheitsgeschichte. Sie ist keine ontologische Kategorie, sie wurzelt weder in eingrenzbaren oder genau bestimmbaren Stämmen und Sippen, noch ist sie für die Zukunft ein gültiges und zuträgliches Konzept menschlicher Kommunikation. Das Nationale verflüchtigt sich in der Zeit, ebenso wie es sich zu Beginn des Kapitalismus verdichtete. Womit wir es heute zu tun haben, sind Ablagerungen vergangener Tage, wenngleich die subjektiven Überträger dieses späten Nationalismus ihren historischen Abgang in ungustiöser und tollwütiger Manier veranstalten.

Für uns ist es hier wichtig, die Nation von allen idealistischen Überfrachtungen zu befreien, ihren Nucleus offenzulegen. Noch Kant wußte: „Diejenige Menge oder auch der Teil derselben, welcher sich durch gemeinschaftliche Abstimmung für vereinigt zu einem bürgerlichen Ganzen erkennt, heißt Nation."[5] Nation ist also nichts anderes als die ideelle Zusammenfassung eines bürgerlichen Ganzen zu einem reellen Staat. Daß dieses bürgerliche Ganze heute zusehends über sich hinauswächst, verdeutlicht nur einmal mehr die historische Beschränktheit von Staat und Nation.

Nationen sind also geworden und können somit auch wieder vergehen. Sie sind nicht eherner Bestandteil der menschlichen Geschichte, sie sind Ausformung, nicht Voraussetzung geschichtlichen Wirkens. Selbst die Namensbezeichnung, die sich für eine bestimmte Gemeinschaft durchgesetzt hat, ist oft bloß Folge regionaler Dominanzen, ja Zufälle: die Franzosen hätten genausogut Burgunder werden können wie die Österreicher zu Steirern. Zu Beginn des Hochmittelalters war da noch nichts entschieden. Keinem Steirer wäre damals eingefallen, ein Österreicher zu sein, kein Burgunder sah sich als Franzose.

Nationen sind historische Gebilde. Die Vorformen der Nationsbildung sind in der embryonalen Staatswerdung im Hochmittelalter (vor allem Frankreich, England) und später im Absolutismus anzusetzen. In Westeuropa wurde die Nationalstaatsbildung im 19. Jahrhundert bzw. mit Ende des Ersten Weltkriegs weitgehend abgeschlossen. Alles, was später kommt, sind nur noch nachholende Versuche unter gänzlich anderen Bedingungen, nämlich jener des durchgesetzten Weltmarktes und des bereits einsetzenden Zerfalls des Nationalstaats. Die internationale Kapitalherrschaft hat heute alle nationalen Schranken relativiert, ja niedergerissen. Das ist auch mit ein Grund, warum Politik sich nicht mehr weiter primär im Nationalstaat gestalten kann, die Internationalisierung, ja Auflösung der national orientierten Innen- und Außenpolitik fortschreitet.

So gesehen sind die Kämpfe in Osteuropa um territoriale Souveränität, aber auch die nationalen Befreiungskriege in der sogenannten Dritten Welt objektiv bloß Karikaturen, späte Persiflagen längst vergangener Tage, so verständlich die Ansprüche der sie tragenden Subjekte auch sein mögen. Sie blamieren sich auch nicht in ihren Absichten, stets aber an ihren Zielen. Sie können nicht mehr, was sie wollen. Selten waren Kämpfe so illusionsbeladen wie diese.

Staat und Nation

Die Nation ist an den Staat gekoppelt oder zumindest an Einen-Staat-Haben-Wollen. Eine Bevölkerung konstituiert sich durch die Staatsunterworfenheit als Nation bzw. als Volk. Staaten schaffen Nationen, haben erstere Bestand, dann auch letztere. Hier wäre auch die Differenz zwischen Nation und Nationalität (bzw. zwischen Volk und Völkerschaft) dingfest zu machen. Nation bedeutet realer Staat, Nationalität imaginärer Staat. Das Wesenskriterium der Nation ist letztendlich der Staat. Alle anderen Kriterien (Sprache, Sitte etc.) bleiben sekundär, das heißt sie halten nicht, was sie empirisch versprechen. Wann immer wir über die Nation nachdenken, stoßen wir auf den Staat. Er ist sie.

Der Staat ist eine Realabstraktion, die Nation eine Gedankenabstraktion. Was aber weiters heißt, daß mit letzterer viel mehr „Staat" zu machen ist als mit ersterem, da dieser in seinen Wirkungen real ist, jene bloß ein Mythos, bei dem einem warm werden soll. Die Nation ist das Vorgeschobene. Wir in allen seinen Deklinationen ist ihr zentrales Fürwort: „Unsere Wirtschaft", „unsere Demokratie", „unsere Schinationalmannschaft" lauten die realen Übersetzungen. Dieses unreflektierte Wir unterstellt eine zwangsfreie und selbstverständliche Schicksalsgemeinschaft. Deren Leistungen können als Substitute persönlichen Glücks gelten. Solch archaischer Glaube an das Gemeinsame hat durchaus religiösen Charakter, was auch erklärt, daß etwa die historischen Deutschnationalen zu den ersten gehörten, die die traditionelle Sinnstifterin Religion als Basisprinzip in Frage stellten und sie durch die Nation ersetzten.

Etienne Balibar schreibt: „Jede soziale Gemeinschaft, die durch das Wirken der Institutionen reproduziert wird, ist imaginär, das heißt, sie beruht auf der Projektion der individuellen Existenz in das Geflecht einer kollektiven Geschichte, auf der Anerkennung eines gemeinsamen Namens und auf den Traditionen, die als Spuren einer unvordenklichen Vergangenheit erlebt werden (selbst wenn sie erst in jüngerer Zeit geschaffen und den Menschen anerzogen wurden). [...] Im Fall der nationalen Formationen ist das Imaginäre, das auf diese Weise realitätsbildend wirkt, das ‚Volk'. Das Imaginäre ist eine Gemeinschaft, die sich von vornherein in der Institution Staat wiederanerkennt, die ihn angesichts der Existenz anderer Staaten als den ‚ihrigen' anerkennt und vor allem ihre politischen Kämpfe in seinen Horizont stellt: indem sie beispielsweise ihr Streben nach Reformen und sozialer Revolution als ein Projekt formuliert, das ‚ihren' Nationalstaat umgestalten soll."[6]

Die Nation, die gibt es nur im Gefühl, sie ist eine Einbildung. Aber dieses Gefühl läßt einen nicht los, es ist so stark, daß es zu einem realen Faktor wird. Nation ist die reale Fiktion, in die der Staat seine Bürger zwingt. Aus dem Müssen der Unterworfenen muß jedoch ein Wollen werden. Nation meint die pathetische Überhöhung des Staates, sie ist dessen außerinstitutioneller Geist. Sie ist das, was den Bürger freiwillig an den Staat binden soll. Das scheint der Vorteil gegenüber anderen Bezügen (Recht, Sitte, Moral) zu sein. Diese üben Druck aus, während die Nation diesbezüglich unschuldig erscheint. Nichts soll ihr angelastet werden, was sie fordert, gleicht einer „natürlichen" Pflicht. In der Nation glaubt man sich zwangsfrei wiederfinden zu können. Das durch sie Aufgeherrschte erscheint selbstverständlich und vorgegeben, ja noch stärker: angeboren.

Der Nationalismus baut auf einem identitären „Wir-Gefühl“, er setzt auf Abgrenzung nach außen. Alles Fremde ist ihm außen, und alles Äußere ist ihm fremd. Der Fremde hat daher draußen zu bleiben: Das Nahe ist einem näher, weil es nahe ist, das Ferne ist einem ferner, weil es ferne ist. Das eine ist da, das andere ist weg. Ist auf einmal da, was normal weg ist, reagiert der Bürger mit Entsetzen, ohne sich freilich zu fragen, warum es auf einmal da ist. Daß die Ferne kommt, erfährt er nicht als objektive Gesetzmäßigkeit, sondern als subjektive Böswilligkeit der Anderen, die es abzuwehren gilt. Sie sollen daher das Weite suchen, und das in einer Epoche, wo das Kapital sie geradezu anzieht.

Der Rassismus, womit die gezielte und bewußte Abwertung anderer Völker gemeint ist, kann nur als eine logische Zuspitzung des Nationalismus verstanden werden. Der Rassismus als besonders aggressive Form des Nationalismus kennt idealtypisch zwei Ausformungen: die defensive Variante der Ausgrenzung und Abschiebung und die offensive Variante der Bekriegung und Ausmerzung.

Durch die Nation kommt der Staat zu uns – wie wir zu ihm –, ohne es bewußt wahrzunehmen. Sie ist seine mythische Rückbezüglichkeit. Am deutlichsten offenbart sich dies im Krieg und seinem bedeutendsten Surrogat, dem Leistungssport unter der jeweiligen Nationalflagge und Nationalhymne. Nicht zufällig heißen die Staatsmannschaften Nationalmannschaften, die Staatsliga Nationalliga und die Staatsmeisterschaften Nationalmeisterschaften.

Was für die Nation gilt, gilt selbstverständlich auch für das Volk. Ein Volk ist eine Bevölkerung zu einer bestimmten Zeit in einem begrenzten Raum unter einer dezidierten Herrschaft. Das Volk ist nur als Staat herstellbar bzw. als eine Gruppe, die einen Staat haben will, vorstellbar. Die allgemeine Ideologie eines Volkes ist die Verkündigung seiner Besonderheit. „Jede nationale Gemeinschaft mußte zu irgendeinem Zeitpunkt als ein ‚auserwähltes Volk‘ dargestellt werden“,[7] schreibt Balibar. Die frühen Wurzeln hievon finden sich übrigens in den grundlegenden jüdisch-christlichen Schriftzeugnissen.[8]

Diese Besonderheit, die sich durch Absonderung, sowohl von den anderen, als auch der anderen, konstituiert und konsolidiert und eben eine neue Einheit, den Nationalstaat zu schaffen hatte, ist historisch notwendig wie sinnvoll gewesen. Das Volk kam durch die Nation als Staat zu sich. Aber Volk, Staat und Nation sind keine Endpunkte, kein Ruhekissen, auf dem die Menschheit ausruhen kann. Wer sich heute zu ihnen bekennt, bekennt sich zur Vergangenheit, nicht zur Zukunft. Wer heute meint, den abgeschmackten Kanon „Wir sind ein Volk!“ mitsingen zu müssen, hat wenig verstanden von den sich abzeichnenden gesellschaftlichen Entwicklungen. Ein abstrakter und enthistorisierter, also positiv affirmierter Volksbegriff ist daher letztendlich völkisch.

Wie das Völkische etwa auch in die etablierte Politik durchschlägt, zeigte in den letzten Jahren das Wahlrecht für sogenannte Auslandsösterreicher. Dieses wird von einer staatsrechtlichen Ebene auf eine nationalistische verschoben. Stamm und Rasse werden zu Kriterien politischer Willensbildung, obwohl die nun Miteinbezogenen nicht der staatlichen Gesetzlichkeit des Landes unterworfen sind. Wahlrecht wird abstammungsmäßig, nicht betroffenheitsbezogen definiert. Der Stamm der Österreicher erfährt dadurch eine gar seltsame republikanische Anerkennung. Während Menschen, sogenannte Ausländer, die hier leben und den staatsbürgerlichen Pflichten, also Gesetzen und Steuern, nachkommen müssen, des Wählens ledig sind, erhalten Personen ob ihrer Herkunft das Recht auf Einflußnahme auf die Zusammensetzung sie nicht betreffender öffentlicher Körperschaften. Rassische Kriterien schaffen so einerseits Menschen mit Pflichten ohne dazugehörige Rechte und andererseits solche mit Rechten ohne dazugehörige Pflichten.

Was ist das nun eigentlich, ein Österreicher? - Nichts anderes als ein österreichischer Staatsbürger oder einer, der es werden will. Der ansässige Sproß eines chinesischen Vaters und einer nigerianischen Mutter ist ein „reinrassiger" Österreicher. Alles andere ist rassistischer Quatsch. Das Wesen des Österreichers liegt in der Staatsbürgerschaft, so sehr die äußere Erscheinung auch abweichen mag. Österreicher sind jene, die im Staatsgebiet herumvölkern, dem Rechts-, Steuer- und Gewaltmonopol unterworfen sind. Um es ganz deutlich zu sagen: Die Menschen sind Ausgeburten, keine Eingeborenen. Die Abstammung ist nichts anderes als ein rassistischer Mythos. Der konkrete Mensch hat Wurzeln, keinen Stamm. Der bornierte Nationalist würde sich wundern, wüßte er, wer durch die Jahrhunderte alles für ihn herumgevögelt hat, damit er in seiner konkreten Existenz überhaupt erst zu sich kommen konnte. Ekeln müßte ihn vor diesem Potpourri der Völker und Stämme, der Nationalitäten und Religionen, die ihn da ganz unabsichtlich genetisch kreierten. Der rassistische Biologismus blamiert sich also schon an seinen Exemplaren.

Identifikation und Identifizierung

Nation meint Abgrenzung politischer Herrschaftsgebiete basierend auf eben nationalökonomischen Einheiten. Sie kennt Identität – sich selbst – und Nichtidentität – die anderen. Diese Identität ist jedoch keine fixe Kategorie, sondern eine labile Konfiguration in Raum und Zeit. Die verschiedentlich sonst vorgebrachten Merkmale (Sprache, Religion, Sitte, Kultur, Psyche) sind bloß Momente, aus denen sich das Abgrenzungs- und Ausgrenzungspotential speist, sie sind nicht a priori vorgegeben, sondern zugegeben. Sie sind der unwesentliche Zusatz, auch wenn sie auf der Ebene des Scheins als konstituierende Größen wahrgenommen werden. Die Nation hat ihr Wesen nicht in sich, sondern außer sich.

Nationalismus ist jene Haltung, mit der es gelingt, die reale Staatsunterworfenheit in eine bejahende Identifizierung umzuwandeln. Nationalismus ist somit sinngemäß das offene Bekenntnis und das entschiedene Eintreten für die Nation. Die

Staatsidentifikation ist etwas Faktisches, Rationales und daher als Mobilisierungsfaktor nur bedingt brauchbar. Der Staat ist zu griffig, in seinen Handlungen zu wirklich, um geliebt zu werden. Die nationale Identifizierung ist hingegen etwas Mythisches und Irrationales. Aus der realen Gehörigkeit versucht der Nationalismus eine bedingungslose Hörigkeit zu formen.

Wir unterscheiden daher zwischen Identifikation und Identifizierung. Identifikation bedeutet Erkenntnis von etwas; Identifizierung bedeutet Bekenntnis zu etwas. „Ich bin Österreicher", „ich bin Deutscher", „ich bin Italiener" kann also verschiedentlich aufgelöst werden. Der gleiche Satz stellt einmal nüchtern fest, was Staatsbürgerschaft ist, im anderen Fall konstruiert und konstituiert er eine Übereinstimmung mit dem Zugehörigen. Aus einem Da-Zu wird ein Ja-Zu! Identifizierung meint Übereinstimmung des Subjekts mit seinen objektiven Rollen, Identifikation meint hingegen nur die krude Einstimmung derselben aufeinander, sie ist als gesellschaftlich aufgeherrschte Bezüglichkeit dechiffrierbar, somit auch ob ihres Charakters der Hinterfragung zugänglich.

Mit der Identifizierung setzt sich eine distanzlose Ideologisierung der Identifikation durch, um sich schlußendlich als Identität behaupten zu können. Identifizierung überführt objektive Identifikation zur subjektiven Identität. Identität ist dann das metaphysische Ziel der Identifizierung, Identifikation bloß die notwendige Vorbedingung. Durch die positiv gesetzte Identifizierung soll jede Relativierung und Kritik der Identität ausgeschlossen werden.

Jede Bestimmung ist Identifikation, aber nicht unbedingt Identifizierung. In diese schlüpft noch ein mächtiger Treibsatz, der eben reflektiertes Erkennen in unreflektiertes Bekennen deformiert, der nicht den Gedanken erleben, sondern die Gesinnung ausleben will. Aus der Gehörigkeit wird eine Hörigkeit.

Seit Freud wissen wir, daß die Sucht nach der Identität stets gepaart ist mit der Verdrängung des Nichtidentischen. So würden wir auch Robert Musil zustimmen, daß „völkische Abneigungen gewöhnlich nichts anderes als die Abneigung gegen sich selbst"[9] sind. Das Beschwören der Identität beinhaltet so vor allem Angst vor der eigenen Nichtidentität. Wer sich freilich fürchtet, nicht bei sich zu sein, wird auch nie zu sich kommen, weil er das Aus-sich-Gehen, die Schritte von sich weg, nicht als Schritte zu sich hin zu erkennen vermag.

Identität und Nichtidentität stehen also vielmehr in einem dialektischen Zusammenhang, können nicht säuberlich voneinander gelöst werden, sondern sind nur Momente ein und derselben Bestimmung. Über diesen unbedingten Zusammenhang von Identität und Nichtidentität schreibt Georg Wilhelm Friedrich Hegel: „Dieser Satz in seinem positiven Ausdrucke A = A ist zunächst nichts weiter als der Ausdruck der leeren Tautologie. Es ist daher richtig bemerkt worden, daß dieses Denkgesetz ohne Inhalt sei und nicht weiterführe. So ist es die leere Identität, an welcher diejenigen festhangen bleiben, welche sie als solche für etwas Wahres nehmen und immer vorzubringen pflegen, die Identität sei nicht die Verschiedenheit, sondern die Identität und die Verschiedenheit seien verschieden. Sie sehen nicht, daß sie schon hierin selbst sagen, die Identität sei verschieden von der Verschiedenheit; indem dies zugleich als die Natur der Identität zugegeben werden muß, so liegt darin, daß die Identität nicht äußerlich, sondern an ihr selbst, in ihrer Natur dies sei, verschieden zu sein."[10] Oder einfacher: Der Fremde ist fremd in der Fremde. Der Fremde ist heimisch in der Fremde. Der Einheimische ist fremd in der Fremde. Jeder Inländer ist ein Ausländer. Jeder Ausheimischer ist ein Einheimischer. – Das sind Aussagen, die weiterführen, uns nicht in der öden Tatsächlichkeit verharren lassen. Schließlich: „Von irgendwo gekommen seien alle, auch die Eingeborenen, irgendwann einmal."[11] (Günther Anders)

Rückschritt und Fortschritt

Wie ein konkreter Nationalismus einzuschätzen ist, ist eine Frage von Zeit und Raum, in denen er sich entfaltet. Die Unterscheidung, ob der Nationalismus progressiv ist oder nicht, läßt sich jedoch nicht ausschließlich daran messen, ob es sich bei ihm um einen Befreiungs- oder einen Beherrschungsnationalismus handelt. Es kann auch kein abstraktes Bekenntnis zu einem Selbstbestimmungsrecht der Völker geben. Die selbstbestimmte Nation ist eine antiquierte Formel. Sie macht Sinn als bürgerliches Etappenziel, aber keinen als sozialistische Forderung. Gerade Lenin, der immer wieder als entschiedener Vertreter des Selbstbestimmungsrechts herhalten muß, hielt explizit wider jedwedem bürgerlichen Nationalismus fest: „Das Ziel des Sozialismus ist nicht nur die Aufhebung der Kleinstaaten, nicht nur Annäherung der Nationen, sondern auch ihre Verschmelzung."[12]

Ausgerechnet in einer Zeit, wo sich nach den Nationalökonomien auch die Nationalstaaten auflösen, ist es unsinnig, vorrangig nationale Politiken einzufordern. Was als taktische Variante natürlich nicht gänzlich ausgeschlossen werden kann, verbietet sich allerdings als strategische Option. Ansteht die Aushöhlung jedweder nationaler Eigenständigkeiten und Spielräume. Unser Standpunkt darf aber nicht mit einem nationalen Nihilismus oder einem antinationalistischen Prinzipialismus verwechselt werden. Gegen Österreich zu sein, erscheint nicht sinnvoller als für Österreich. So stellen nur euphorische und enttäuschte Liebhaber die Frage.

Was für Alfred Klahr und Ernst Fischer vielleicht noch eine sinnvolle Tagesforderung gewesen sein mag – und selbst darüber läßt sich streiten –, ist heute aber völlig daneben: „Eine Grundlage staatlicher Unabhängigkeit kann auf Dauer nichts anderes sein als ein Konsens darüber, daß wir eine selbständige Nation sind und bleiben wollen; also soziale Konfliktaustragung und politische Willensbildung nach wie vor in diesem staatlichen Rahmen betreiben wollen, und daß auf der Grundlage so getroffener Entscheidungen Österreich in der internationalen Arena als Völkerrechtssubjekt gleichberechtigt mit anderen kooperieren sollte",[13] behauptet Walter Baier – Vorsitzender der KPÖ – einer der letzten entschieden national orientierten Linken.

Aber können wir wollen? Und was wollen wir damit können? In einer Zeit, in der die Betriebsformen sich endgültig internationalisieren, die Telekommunikation die Verkehrswege vom Territorium ablöst, ganze Gebiete, dem Weltmarkt unterworfen aus dem Weltmarkt hinausfallen, das Recht immer weniger greift, das Steuermonopol der Nationalstaaten täglich weniger handhabbar, die Politik immer hilfloser und für entscheidende Interventionen gänzlich untauglich wird, in einer Zeit also, in der sich der Verfall nationaler Souveränitäten abzeichnet, staatliche Unabhängigkeit als zentrale Forderung an die Fahne zu heften, ist wahrlich eine masochistische Quichotterie, die die absehbare Niederlage schon miteinschließt. „Dieser Wandel führte schließlich sogar dazu, daß die Nation, obwohl nichts als eine historische Durchsetzungsfunktion des Kapitalismus, also eine synthetische Identität in diesem und keinem anderen Sinne, ideologisch identitär gegen den aus ihr hinauswachsenden Kapitalismus selber ins Feld geführt wurde,"[14] schreibt Robert Kurz über solches Ansinnen. Während sich objektiv die Souveränitäten sukzessive minimieren, sie subjektiv zu proklamieren, zeugt von wenig Einsicht in die Verhältnisse. Als Alternativprogramm zum Bestehenden ist das weder brauchbar noch handhabbar.

Und doch sind Nation und Nationalismus ein Zwischenglied der menschlichen Selbstfindung, eine Art Vorstufe des Internationalismus, Überwindung von Hinterweltlertum und Lokalborniertheit, regionaler Fürstenherrschaft und andauernder Kriegsbereitschaft. Um sich auf diese Zwischenstufe menschlicher Emanzipation zu erheben, mußte man sich sowohl gegenüber den kleineren als auch den äußeren Einheiten abkoppeln. Nur das Glück, das die Nation bescherte, glückt nicht mehr. Der Nationalismus hat als fortschrittliche Kraft endgültig ausgespielt. Er ist Hindernis in vielfacher Hinsicht. Er hat keine positiven Alternativen zur kapitalistischen Modernisierung und Internationalisierung zu bieten, er verkommt zu seiner reaktionären Variante derselben. Wer hier Bündnispartner sucht, wird scheitern. Die Nation ist kein überhistorischer Rahmen. Der Nationalstaat muß und wird fallen.

„Die Zeit der auserwählten Völker ist für immer vorbei!"[15] (Friedrich Engels) Was heute notwendig und erstmals auch wirklich möglich geworden ist, ist ein „intransigenter Internationalismus"[16], den der Reichenberger Marxist Josef Strasser, zuerst Sozialdemokrat, dann Kommunist, dann Linksoppositioneller in seiner lesenswerten Schrift „Der Arbeiter und die Nation" bereits 1912 forderte. Ein Internationalismus, der sich heute freilich letztendlich selbst aufheben muß, da er nicht so sehr von den den Nationen übergeordneten Interessen geprägt ist, sondern von den sie transzendierenden. Der einzige Patriotismus, der heute noch erlaubt sein darf, ist ein planetarischer. Ein Universalismus, der wirklich ernst nimmt, daß wir in bloß einer Welt leben und die gesamten Probleme nur mehr gemeinsam und nicht gegeneinander angehen und lösen können. Nationale Interessen, regionale Absicherungen, Konkurrenzfähigkeiten, optimale Wirtschaftsstandorte, betriebswirtschaftliche Rentabilitäten, das alles ist kontraproduktiv. Emanzipatorische Praxis muß sich gerade aus der nationalen Borniertheit der Politik befreien. Mit Kapitalismus und Marktwirtschaft ist da nichts mehr zu machen.

Die Wege von Nationalstaat und Emanzipation trennen sich. Emanzipation ist heute nur noch wider die Formprinzipien der Kapitalherrschaft möglich. Revolutionäre Praxis hat sich von der bürgerlichen Begrifflichkeiten, die ja nichts anderes sind als übersetzte Kategorien des Werts, abzulösen. Staat und Nation, Freiheit und Gleichheit, Demokratie und Recht, verlieren ihre positive Bedeutung, sie können nicht mehr restauriert werden. Der Sozialismus liegt jenseits davon.

Anmerkungen

1 Karl Kraus: Nachts.– In: »Die Fackel«, Nr.445/453, XVIII. Jahr, 18. Januar 1917, S.14.

2 Max Weber: Wirtschaft und Gesellschaft (1922).– Tübingen 1972 (5. Aufl.), S.528.

3 Als die beiden in der Arbeiterbewegung klassischen Definitionen seien jene von Stalin und Bauer angeführt: „Eine Nation ist eine historisch entstandene stabile Gemeinschaft von Menschen, entstanden auf der Grundlage der Gemeinschaft der Sprache, des Territoriums, des Wirtschaftslebens, und der sich in der Gemeinschaft der Kultur offenbarenden psychischen Wesensart", schreibt Stalin. „Mehr noch: Fehlt nur eines dieser Merkmale, so hört die Nation auf, eine Nation zu sein." (Josef Stalin: Marxismus und nationale Frage (1913). Werke. Bd.2.– Berlin(Ost) 1950, S.272) Das Dilemma der phänomenologischen Aufzählung ist überdeutlich, obwohl diese Charakterisierung sich um mehr Prägnanz bemüht als etwa jene von Otto Bauer, der gar meint: „Die Nation ist eine durch Schicksalsgemeinschaft erwachsene Charaktergemeinschaft." (Otto Bauer: Die Nationalitätenfrage und die Sozialdemokratie (1907). Werkausgabe. Bd.1.– Wien 1979, S.170).

4 Theodor W. Adorno: Negative Dialektik (1966).– Frankfurt / Main 1992 (7. Aufl.), S.332-333.

5 Immanuel Kant: Anthropologie in pragmatischer Hinsicht (1798). Werkausgabe. Bd.XII.– Frankfurt / Main 1986, S.658.

6 Etienne Balibar; Immanuel Wallerstein: Rasse Klasse Nation. Ambivalente Identitäten.– Hamburg-Berlin 1990, S.115.

7 Ebenda, S.117.

8 Vgl. die entsprechenden Textstellen im Alten Testament: Ex 7,4-7; 19,3-6; Lev 18,1-5; Dtn 7,1-8.

9 Robert Musil: Der Mann ohne Eigenschaften I. (1930).– Reinbek bei Hamburg 1987, S.424.

10 Georg Wilhelm Friedrich Hegel: Wissenschaft der Logik II. (1816).– Werke 6.– Frankfurt / Main 1986, S.41.

11 Günther Anders: Erzählungen. Fröhliche Philsosophie.– Frankfurt / Main 1978, S.108.

12 Wladimir I. Lenin: Die sozialistische Revolution und das Selbstbestimmungsrecht der Nationen (Thesen) (1916). Werke. Bd.22.– Berlin (Ost) 1981, S.148.

13 Walter Baier: Neutralität – Nationalität – Identität.– In: Gerold Ecker; Christian Neugebauer: Neutralität oder Euromilitarismus. Das Exempel Österreich.– Wien 1993, S.216.

14 Robert Kurz: Null-Identität.– In: Klaus Bittermann (Hg.): Identität und Wahn. Über einen nationalen Minderwertigkeitskomplex.– Berlin 1994, S.49-50.

15 Friedrich Engels.– Nachwort zu „Soziales aus Rußland" (1894). MEW. Bd.22, S.433.

16 Josef Strasser: Der Arbeiter und die Nation (1912).– Wien 1982, S.67.

IMMANUEL WALLERSTEIN

Die unüberwindlichen Widersprüche des Liberalismus

Menschenrechte und Völkerrechte in der Geokultur des modernen Weltsystems

Die Französische Nationalversammlung verabschiedete am 26. August 1789 die Erklärung der Menschen- und Bürgerrechte *(Déclaration des droits de l'homme et du citoyen).*[1] Seit damals symbolisiert diese Erklärung unser Verständnis dessen, was wir „Menschenrechte" nennen. In der „Allgemeinen Erklärung der Menschenrechte", die von der UNO am 10. Dezember 1948 (bei einigen Stimmenthaltungen und ohne Gegenstimme) verabschiedet wurde, wurde sie bestätigt und auf den aktuellen Stand gebracht.[2] Die Rechte von „Völkern" jedoch sind niemals auf vergleichbare Art und Weise symbolisch festgelegt worden, zumindest nicht vor der von den Vereinten Nationen am 14. Dezember 1960 verabschiedeten „Erklärung über die Unabhängigkeitsgewährung an Kolonialstaaten und -völker".[3]

Der Eröffnungssatz der Präambel zu besagter Erklärung von 1789 lautet, daß „Unkenntnis, Vernachlässigung und Geringschätzung der Menschenrechte die alleinigen Gründe öffentlichen Unglücks und der Korruption der Regierungen sind [...]" Beginnen wir, wie es einem Dokument aus dem Zeitalter der Aufklärung zukommt, mit dem Problem der Unkenntnis, so impliziert diese Aussage unmittelbar, daß eine Überwindung dieser Unkenntnis das Ende öffentlichen Unglücks bedeuten würde.

Warum hat die Französische Revolution nicht ein ähnliches Dokument, die Völkerrechte betreffend, hervorgebracht? Tatsächlich regte Abbé Gregoire 1793 an, der Konvent möge versuchen, Gesetze zu kodifizieren, die Bezug nehmen auf „die Rechte und gegenseitigen Pflichten der Nationen, die Rechte der Völker (*Gens*)". Merlin de Douai argumentierte jedoch, daß „dies ein Vorschlag ist, der nicht dem Konvent des französischen Volkes vorgelegt werden solle, sondern einem allgemeinen Kongreß der Völker Europas",[4] und so wurde die Anregung ad acta gelegt.

De Douais Feststellung hatte Relevanz, nur gab es zu jener Zeit eben keinen derartigen allgemeinen Kongreß. Als dann schließlich ein solcher Formen anzunehmen begann, zuerst als Liga der Nationen und in der Folge als Vereinte Nationen, war eine entsprechende Erklärung nicht sofort auf der Tagesordnung. 1945 hatten die im Kampf um ihre eigene Freiheit siegreichen Kolonialmächte noch immer nicht die Unrechtmäßigkeit des Kolonialismus eingestanden. Erst in der Erklärung von 1960, zu einem Zeitpunkt als bereits ein großer Teil der Kolonien ihre Unabhängigkeit erreicht hatte, bekräftigten die Vereinten Nationen ihren „Glauben an Grundrechte des Menschen, an die Würde und den Wert des einzelnen Menschen, an gleiche Rechte für Männer und Frauen, für große und kleine Nationen" und „beschlossen [daher] feierlich die Notwendigkeit, den Kolonialismus in all seinen Erscheinungsformen zu einem umgehenden und bedingungslosen Ende zu bringen".

Ich habe weder die Absicht, mich mit der Frage auseinanderzusetzen, ob Menschen- oder Völkerrechte im Naturrecht enthalten sind, noch denke ich daran, die Geschichte dieser Konzepte als intellektuelle Konstrukte Revue passieren zu lassen, sondern möchte vor allem ihre Rolle als Schlüsselelemente in der liberalen Ideologie analysieren, insofern, als letztere zur Geokultur des modernen Weltsystems im 19. und 20. Jahrhundert wurde. Ich möchte auch Argumente dafür anführen, daß das geokulturelle Konstrukt nicht nur logisch in Widerspruch zu sich selbst steht, sondern daß der unüberwindliche Widerspruch, den es verkörpert, für sich genommen ein wesentlicher Teil der Geokultur ist.

Allen Weltsystemen sind Geokulturen eigen, wenn auch eine gewisse Zeit dazu notwendig sein kann, bis eine solche sich in einem gegebenen geschichtlichen System etabliert. Das Wort „Kultur" verwende ich hier in dem Sinn, in dem es traditionellerweise von Anthropologen verwendet wird und zwar als ein Set von Werten und Grundregeln, deren Akzeptanz und Befolgung sowohl bewußt wie auch unbewußt Belohnungen innerhalb des Systems nach sich zieht und eine Reihe von Illusionen erzeugt, die darauf abzielen, die Legitimität des Systems zu akzeptieren. Es gibt in jedem Weltsystem Personen und Gruppen, die diese geokulturellen Werte teilweise oder zur Gänze ablehnen und sie sogar bekämpfen. Solange jedoch die Mehrheit der führenden Repräsentanten diese Werte aktiv akzeptiert und die Mehrheit des „gewöhnlichen" Volkes ihnen nicht mit aktiver Skepsis begegnet, kann man sagen, daß die Geokultur existiert und ihre Werte Gültigkeit haben.

Wichtig ist es auch, zwei Dinge auseinanderzuhalten: Einerseits die Grundwerte, die Kosmologie und Teleologie und andererseits die Politik, diese umzusetzen. Die Tatsache, daß Gruppen aktiv eine politische Revolte betreiben, bedeutet nicht notwendigerweise, daß sie nicht doch, vielleicht unbewußt, sich den Grundwerten, der Kosmologie und der Teleologie des Systems verpflichtet fühlen. Es mag einfach nur bedeuten, daß sie das Gefühl haben, diese Werte würden nicht so umgesetzt, wie es sein sollte. Schließlich dürfen wir auch nicht den historischen Prozeß außer acht lassen. Geokulturen entstehen zu einem gewissen Zeitpunkt und können einige Zeit später ihren bestimmenden Einfluß wieder einbüßen. Im Fall des modernen Weltsystems lautet meine Argumentation, daß dessen Geokultur mit der Französischen Revolution entstanden ist, und daß sie ihre weitverbreitete Akzeptabilität mit der weltweit in Erscheinung tretenden Revolution von 1968 zu verlieren begann.

Das moderne Weltsystem – das heißt die kapitalistische Weltwirtschaft – existiert bereits seit dem langen[5] 16. Jahrhundert. Dennoch funktionierte es drei

Jahrhunderte lang, ohne daß sich eine beständige Geokultur etabliert hätte. Das heißt, zwischen dem 16. und dem 18. Jahrhundert gab es kein Set von Grundregeln und Werten innerhalb der kapitalistischen Weltwirtschaft, von denen man sagen könnte, daß die Mehrheit der führenden Repräsentanten sie aktiv und die Mehrheit des „gewöhnlichen" Volkes sie zumindest passiv akzeptiert hätte. Die Französische Revolution, im weitesten Sinn, hat dies verändert. Sie etablierte zwei neue Prinzipien: erstens die Normalität politischen Wandels und zweitens die Souveränität des Volkes.[6] Diese Prinzipien waren im öffentlichen Bewußtsein in kürzester Zeit so tief verwurzelt, daß weder Thermidor noch Waterloo sie daraus vertreiben konnten. Daher war die sogenannte Restauration in Frankreich (und im ganzen Weltsystem) an keinem Punkt und in keinem Sinn eine tatsächliche Restauration des *Ancien Régime.*

Diese beiden Prinzipien, und das ist der Angelpunkt, hatten in und durch sich selbst durchaus eine revolutionäre Auswirkung auf das Weltsystem. Weit davon entfernt, die Legitimation der kapitalistischen Weltwirtschaft zu sichern, drohten sie, ihr auf Dauer diese zu nehmen. In dem Sinn ist meine einstmalige Argumentation zu verstehen, daß „die Französische Revolution die erste der antisystemischen Revolutionen der kapitalistischen Weltwirtschaft darstellte, wobei sie zu einem kleinen Teil erfolgreich, zu einem größeren Teil jedoch ein Mißerfolg war".[7] Um jene Ideen „einzudämmen", ihnen die Gefährlichkeit zu nehmen, indem man sie in einem größeren Ganzen aufgehen ließ, fühlten die Repräsentanten des Weltsystems die dringende Notwendigkeit, eine größere Geokultur zu entwickeln.

Die Entwicklung dieser größeren Geokultur nahm die Form einer Debatte über Ideologien an. Den Begriff „Ideologie" verwende ich hier in einem ganz spezifischen Sinn. Ich meine, daß das, was wir üblicherweise als die Trias der im 19. Jahrhundert entwickelten Ideologien bezeichnen – Konservatismus, Liberalismus und Sozialismus –, eigentlich Antworten auf eine einzige Frage waren: Wenn die beiden Konzepte der Normalität des Wandels und der Volkssouveränität weitgehend Zustimmung fanden, welches politische Programm war dann am besten geeignet, die gute Gesellschaft zu sichern?

Die Antworten darauf waren außerordentlich einfach. Die Konservativen, die grundsätzlich gegen jene Konzepte waren, plädierten für äußerste Vorsicht im öffentlichen Handeln. Ein politischer Wandel sollte nur vollzogen werden, wenn in überwältigender Weise Ansprüche auf einen solchen angemeldet würden. Auch in einem solchen Fall sollten die Veränderungen möglichst nahtlos erfolgen. Was die Volkssouveränität betraf, argumentierten sie, diese werde am vernünftigsten gehandhabt, wenn die tatsächliche Macht de facto in die Hände jener gelegt werde, die sie traditionell ausgeübt haben und die die Weisheit einer kontinuierlichen Tradition repräsentierten.

Den gegenteiligen Standpunkt vertraten die Sozialisten (oder die Radikalen). Diese begrüßten den Wandel und riefen das Volk auf, seine Souveränität voll und ganz direkt auszuüben, um die Geschwindigkeit zu maximieren, mit der eine Veränderung in Richtung einer Gesellschaft mit größerer politischer und sozialer Gleichheit durchgesetzt werden konnte.

Die Positionen der Konservativen und Sozialisten waren klar umrissen und leicht zu verstehen: so langsam wie möglich versus so schnell wie möglich; größtmöglichen Widerstand den Gleichheitstendenzen gegenüber versus eine möglichst vollständige Demontage von Strukturen, die für die Ungleichheit verantwortlich waren; der Glaube, daß ein realer Wandel nur in ganz kleinem Maße möglich wäre versus den Glauben, daß alles machbar wäre, hat man erst einmal die existierenden gesellschaftlichen Hindernisse überwunden. Es sind dies die bekannten Konturen von rechts versus links, einem Begriffspaar, das selbst direkt aus der Französichen Revolution hergeleitet wurde.

Definition: Liberalismus

Was ist aber nun der Liberalismus, der für sich beanspruchte, im Gegensatz zum Konservatismus einerseits und zum Sozialismus andererseits zu stehen? Die Antwort war zwar in formaler Hinsicht eindeutig, nicht jedoch in der Substanz. Formal wurde der Liberalismus als *via media*, als „vitales Zentrum" beschrieben, (um eine Eigendefinition aus dem 20. Jahrhundert zu verwenden).[8] Der Wandel sollte weder zu schnell noch zu langsam, sondern gerade mit der richtigen Geschwindigkeit erfolgen. Was bedeutete dies jedoch konkret? Tatsächlich waren sich Liberale hier untereinander selten einig, nicht einmal solche innerhalb der Grenzen eines gegebenen Ortes und einer gegebenen Zeit und schon gar nicht Liberale, die sich in verschiedenen Zeitepochen an verschiedenen Orten befanden.

Wir können daraus folgern, daß der Liberalismus als Ideologie nicht so sehr durch die Klarheit seines Programms definiert war, sondern eher durch die Tatsache, daß er den Akzent auf den (politischen) Prozeß legte. Natürlich waren Liberale der Meinung, daß politischer Wandel unausweichlich war. Sie glaubten aber auch, daß er nur dann zur guten Gesellschaft führen würde, wenn er rational bestimmt war, das heißt, wenn gesellschaftliche Entscheidungen das Produkt sorgfältiger gesellschaftlicher Analyse waren. Entscheidend war daher, daß die tatsächliche Politik von jenen konzipiert und implementiert wurde, die am besten für solche rationalen Entscheidungen geeignet waren, das heißt Technikern und Spezialisten. Sie waren es, die die notwendigen Reformen zur Perfektionierung des Systems, in dem sie lebten, am besten entwickeln konnten. Liberale waren nämlich *per definitionem* keineswegs radikal. Sie versuchten das System zu perfektionieren und nicht zu transformieren, denn in ihrer Sicht der Dinge stellte die Welt des 19. Jahrhunderts bereits den Gipfelpunkt menschlichen Fortschritts dar; sie war, wie das eine vor kurzem wiederbelebte Wendung ausdrückt, „das Ende der Geschichte".

Für jemand, der in der letzten Epoche der Menschheitsgeschichte lebt, liegt die Hauptaufgabe (ja, die einzig denkbare Aufgabe) darin, das System zu perfektionieren, das heißt, sich einem rationalen Reformismus zu verschreiben.

Die drei Ideologien des modernen Zeitalters beinhalteten also drei Strategien, um die die moderne Welt seit 1789 bestimmenden Vorstellungen und Überzeugungen politisch in den Griff zu bekommen. Zwei Aspekte stechen dabei besonders ins Auge. Erstens wirkten alle drei Ideologien, obwohl sie dem Staat äußerlich ablehnend gegenüberstanden, in der Praxis auf eine Verstärkung der staatlichen Strukturen hin. Zweitens war es der Liberalismus, der sich von den dreien alsbald als eindeutiger Triumphator erwies. Man kann das an zwei politischen Entwicklungen sehen: Sowohl Konservative als auch Sozialisten rückten schrittweise ihre tatsächlichen politischen Programme eher in Richtung liberales Zentrum, als daß sie sich davon entfernten. Und es waren mehr oder minder die unabhängig voneinander, aber auf komplementäre Weise agierenden Konservativen und Sozialisten, die für die Implementierung des liberalen politischen Programms verantwortlich waren – in weit größerem Maße jedenfalls als die Liberalen mit großem „L" selbst. Das ist der Grund, warum liberale politische Parteien zum Verschwinden tendierten, während die liberale Ideologie Triumphe feierte.[9]

Was sind nun, im Rahmen der triumphierenden liberalen Ideologie, Menschenrechte, und wo haben sie ihren Ursprung? Natürlich hat es auf diese Frage verschiedene Antworten gegeben. Für Liberale galt jedoch im allgemeinen die Ansicht, daß Menschenrechte dem Naturrecht inhärent sind. Eine solche Auffassung stellt die Menschenrechte auf ein genügend starkes Fundament, um gegensätzlichen Behauptungen standhalten zu können. Jedoch selbst wenn sich dieser Standpunkt durchgesetzt hat und eine spezifische Auflistung von Menschenrechten erfolgt ist, bleibt immer noch eine große Anzahl von Fragen offen: Wer hat das moralische und gesetzliche Recht, eine solche Auflistung der Rechte zu erstellen? Wenn eine Gruppe von Rechten im Widerspruch zu einer anderen Gruppe steht, welche Gruppe erhält den Vorzug, und wer entscheidet das? Haben Rechte einen Absolutheitscharakter oder sind ihnen durch vernunftbestimmte Einschätzung der Folgen ihrer Anwendung Grenzen gesetzt? (Letzteres Dilemma wird in der berühmten Auslegung von Richter Oliver Wendell Holmes reflektiert, nach der Redefreiheit nicht das Recht einschließt, in einem vollbesetzten Theater „Feuer!" zu rufen.) Und vor allem, wer hat das Recht, Menschenrechte auszuüben?

Die letzte Frage mag überraschend anmuten. Würde sich als naheliegende Antwort nicht „jeder" anbieten? Ganz und gar nicht! Tatsächlich behauptet soetwas auch niemand. Es gibt zum Beispiel einen fast allgemeinen Konsens darüber, daß ein Kleinstkind diese Rechte nicht hat oder zumindest nicht alle von ihnen, da es ihm offensichtlich an der geistigen Fähigkeit mangelt, diese Rechte mit der gegebenen Vernunft und Sicherheit für sich selbst und andere anzuwenden. Wie verhält es sich aber mit den senil gewordenen Alten, den kleinen Kindern, den

Soziopathen, den Verbrechern? Man könnte die Liste *ad infinitum* fortsetzen: Was ist mit den heranwachsenden Menschen, den Neurotikern, den Soldaten, den Fremden, den Ungebildeten, den Armen, den Frauen? Wo gibt es eine selbstverständliche Linie, die Fähigkeit von Unfähigkeit scheidet? Natürlich existiert eine solche nicht und schon gar nicht eine, die vom Naturgesetz abgeleitet werden könnte. Daraus folgt, daß die Klärung der Frage, welchen Personen die Ausübung von Menschenrechten zukommt, eine immer wiederkehrende aktuelle politische Diskussion notwendig macht.

Die Feststellung, wer über Menschenrechte verfügt, ist ihrerseits eng mit der Frage verknüpft, wer den Anspruch stellen darf, die Völkerrechte auszuüben. Hier kommt ein anderes, ebenfalls aus der Französischen Revolution entlehntes Konzept ins Spiel, nämlich das des Staatsbürgers. Denn die Menschen, die klar und eindeutig dazu ermächtigt waren, die Volkssouveränität auszuüben, waren die „Staatsbürger". Wer sind aber nun diese „Staatsbürger"? Fraglos meint man damit eine Gruppe von Menschen, die mehr umfaßt als nur den „König", den „Adel" oder „Menschen, die über einen Besitz verfügen". Andererseits handelt es sich dabei aber auch um eine Gruppe, die kleiner ist als „jedermann" und sogar kleiner als „jedermann, der innerhalb der geographischen Grenzen eines gegebenen souveränen Staates lebt".

Die Frage hat viele Facetten. Wer fällt unter die Autorität eines Souveräns? Innerhalb des Feudalsystems war die Autorität aufgeteilt. Eine Person konnte Untertan verschiedener Oberlehnsherrn sein und war das auch vielfach. Ein Oberlehnsherr konnte sich daher nicht darauf verlassen, gegenüber seinen Untertanen eine Position unangefochtener Autorität zu besitzen. Das moderne Weltsystem schuf eine Gesetz- und Moralstruktur, die sich davon grundsätzlich unterschied. Souveräne Staaten, die innerhalb eines zwischenstaatlichen Systems positioniert waren und von diesem in Schranken gehalten wurden, machten die *ausschließliche* Hoheit über alle Personen, die ihrem Gebiet zugehörten, geltend. Überdies waren alle diese Gebiete geographisch begrenzt, das heißt, ihre Grenzen waren durch Landvermessungen festgelegt, ihr Bereich war gegenüber dem anderer Staatsgebiete genau definiert. Und es gab keinen Bereich innerhalb dieses zwischenstaatlichen Systems, der nicht einem bestimmten Staat zugewiesen war.

Als man die „Untertanen" zu „Staatsbürgern" machte, unterschied man daher sogleich bei den damaligen Bewohnern zwischen „Staatsbürgern" und „Nicht-Staatsbürgern" (oder Fremden). Letztere kamen in vielerlei Gestalt; vom Extrem der Langzeitmigranten, ja Migranten auf Lebenszeit, einerseits bis zu durchreisenden Besuchern reichte das Spektrum. In keinem Fall aber waren solche Fremde Staatsbürger. Da die Staaten andererseits eine Ansammlung von verschiedenartigsten „Regionen" und „Gegenden" waren, waren die eigentlichen Staatsbürger, wie auch immer man sie definierte, normalerweise im frühen 19. Jahrhundert selbst Menschen unterschiedlichster Herkunft: Sie sprachen verschiedene Sprachen, hatten verschiedene Sitten und waren Träger verschiedenartiger geschichtlicher

Erinnerungen. Sobald Untertanen zu Staatsbürgern geworden waren, mußte man daher aus ihnen nationalbewußte Landsleute machen, das heißt Menschen, die der Loyalität ihrem Staat gegenüber Vorrang vor anderen Loyalitäten gaben, die das gesellschaftliche Leben verlangt. Das war nicht einfach, war aber notwendig, wenn die Ausübung der Volkssouveränität nicht zu möglichen irrationalen Gruppenkonflikten führen sollte.

Also versuchten Staaten wie Großbritannien, Frankreich und die Vereinigten Staaten von Amerika unter ihren Bürgern ein Nationalgefühl zu fördern,[10] während anderswo, wie in Deutschland und Italien, vor-staatliche Nationalisten bemüht waren, Staaten zu schaffen, die ihrerseits in der Folge ein solches Nationalgefühl fördern würden. In den meisten Staatsgebilden des 19. Jahrhunderts waren zwei Institutionen für die Förderung eines Gefühls nationaler Identität verantwortlich: die Grundschule und die Armee. Länder, die diese Aufgabe am besten meisterten, gediehen am besten. William McNeill bemerkt dazu:

„Unter diesen Umständen schlug die Fiktion ethnischer Einheitlichkeit innerhalb getrennter nationaler Hoheitsbereiche in den letzten Jahrhunderten Wurzeln, als einige der führenden europäischen Nationen sich auf stimmig idealisierte und willkürlich ausgewählte barbarische Vorfahren beriefen. (Zweifelsohne ist es amüsant zu beobachten, daß Franzosen und Briten einerseits die Gallier und andererseits das zur Zeit der römischen Eroberung in Südengland lebende keltische Volk der Briten als vermeintliche nationale Vorfahren wählten und dabei bereitwillig nachfolgende Eroberer und Invasoren ignorierten, von denen sie ihre jeweilige Nationalsprache erbten.) Die Fiktion ethnischer Einheitlichkeit hatte insbesondere nach 1789 Hochkonjunktur, als die praktischen Vorteile eines neo-barbarischen politischen Gefüges, in dem alle erwachsenen Männer, im Waffengebrauch ausgebildet, geeint durch ein Gefühl nationaler Solidarität und auserwählten Führern in bereitwilliger Gehorsamkeit ergeben, ihre Macht gegenüber Regierungen demonstrierten, die die Kriegsmobilisierung auf kleinere Abschnitte der Bevölkerung beschränkten."[11]

Domestizierung der „gefährlichen Klassen"

Eigentlich waren weder Grundschulen noch Armeen jemals in besonderem Maß ob ihrer Menschenrechtspraxis berühmt. Beide sind mehr oder minder autoritär von oben nach unten strukturiert. Aus gewöhnlichen Menschen wählende und die Landesgrenzen verteidigende Staatsbürger zu machen, mag sehr nützlich sein, wenn man den staatlichen Zusammenhalt sowohl gegenüber anderen Staaten als auch im Inneren (indem man innerstaatliche zivile Gewalt oder Klassenkämpfe auf ein Mindestmaß reduziert) sichern will. Was leistet eine solche (Um-)formung aber real für die Förderung und Realisierung von Menschenrechten?

Das politische Projekt für den Liberalismus des 19. Jahrhunderts bestand für die Kernländer der kapitalistischen Weltwirtschaft darin, die „gefährlichen Klassen" zu domestizieren, indem man ihnen ein Programm dreifacher rationaler Reform anbot: das Wahlrecht, den Wohlfahrtsstaat und die nationale Identität. Dabei lag das Kalkül darin, daß das Gros der Menschen mit dieser begrenzten Übertragung von Belohnung einverstanden sein und folglich nicht auf die ganze Fülle ihrer „Menschenrechte" drängen würde. Die Propagierung der Slogans – Menschenrechte oder Freiheit oder Demokratie – war per se ein Teil des Domestizierungsprozesses der „gefährlichen Klassen". Die Dürftigkeit der den „gefährlichen Klassen" gewährten gesellschaftlichen Konzessionen wäre augenfälliger geworden, hätte es nicht zwei Faktoren gegeben: Erstens profitierte der Lebensstandard insgesamt in den Kernländern vom effektiven Transfer des Mehrwertes aus den peripheren Zonen. Und zweitens fanden die lokalen Nationalismen jedes dieser Staaten eine Ergänzung in einem kollektiven Nationalismus der „zivilisierten" Nationen gegenüber den „Barbaren". Heute nennen wir das Rassismus. Es ist eine Doktrin, die gerade in jener Zeit gerade in jenen Staaten ausdrücklich kodifiziert wurde und die in der Folge in alle gesellschaftlichen Institutionen und in jeglichen öffentlichen Diskurs eindrang. Dies traf zumindest bis zu dem Zeitpunkt zu, an dem die Nazis den Rassismus zu seiner logischen Konklusion brachten, zu seiner Extremversion, was zur Folge hatte, daß die westliche Welt aus Beschämung darüber dem Rassismus eine formale, jedoch nur partielle theoretische Absage erteilte.

Wer waren die „Barbaren"? Natürlich die Kolonialvölker. Die Schwarzen und Gelben gegenüber den Weißen. Der „Osten" gegenüber dem „Westen". Die „ungeschichtlichen" Nationen Osteuropas gegenüber den „geschichtlichen" Nationen Westeuropas. Die Juden gegenüber den Christen. Von Beginn an waren die Menschenrechte der „zivilisierten" Nationen auf die Annahme gegründet, daß letztere „zivilisiert" waren. Die Vorderseite der Medaille war der imperialistische Diskurs. Pflicht der Länder, die geltend machten, daß sie Menschenrechte respektierten, war es daher, jene zu „zivilisieren", die Menschenrechte nicht respektierten, die „barbarische" Sitten hatten und die folglich unter Kontrolle gebracht werden und belehrt werden mußten, wie man etwa Kinder belehrt. Daraus folgte, daß jegliche „Völkerrechte" nur wenigen ausgewählten Völkern reserviert waren und keineswegs auch Rechte all der anderen Völker waren. Tatsächlich dachte man, daß, wenn man den „Barbaren" ihre Rechte als Völker garantierte, man ihnen damit praktisch die „Menschenrechte" vorenthielt. Die beiden Gruppen von Rechten standen demnach im 19. Jahrhundert in direktem Widerstreit. Die Option, daß die Welt beide Rechte haben konnte, war nicht gegeben.

Der Liberalismus des 19. Jahrhunderts löste das Problem, das er sich gestellt hatte. Wie konnte in einem Weltsystem, in dem sich die beiden Doktrinen der Normalität des politischen Wandels und der Souveränität des Volkes durchgesetzt hatten, eine Oberschicht von Männern, ausgestattet mit Vernunft, guter Absicht,

Kompetenz und Besitztümern die „gefährlichen Klassen“ daran hindern, die Pferde scheu zu machen? Die Antwort darauf lautete, daß dies gelingen konnte, indem man rationale Reformen in angemessener Dosis durchführte.

In der Praxis bedeutete diese Antwort eine Begrenzung der Gruppe, die ihre Menschenrechte ausüben konnte, auf *nur eine gewisse Anzahl* von Menschen sowie eine *noch* striktere Limitierung der Völker, die in der Lage waren, ihre Souveränität auszuüben. Da jedoch der Logik des Liberalismus gemäß diese Rechte theoretisch universell waren, war eine scheinbar einleuchtende Rechtfertigung der Restriktionen unter Berufung auf Gründe, deren Natur sich nicht kurzerhand entschlüsseln ließ, notwendig. In der Theorie wurde also die universelle Gültigkeit der Rechte bekräftigt, aber das letzte, das Liberale wollten, war, daß diese liberalen Prinzipien wörtlich genommen wurden, das heißt, daß sie wirklich universell angewandt wurden. Um diese Prinzipien nicht wörtlich nehmen zu müssen, brauchte der Liberalismus eine nötigende Kraft. Diese nötigende Kraft war Rassismus kombiniert mit Sexismus. Die Liberalen konnten das jedoch niemals zugeben, da sowohl Rassismus als auch Sexismus per definitionem anti-universell und anti-liberal waren. Edward Said ist es sehr gut gelungen, den Geist dieses zweiten Gesichts des Liberalismus einzufangen:

„Zusammen mit anderen Völkern, die man in mannigfaltig variierender abschätziger Diktion als rückständig, degeneriert, unzivilisiert und retardiert bezeichnete, sah man die Orientalen in einem aus biologischem Determinismus und moralpolitischem Tadel konstruierten Rahmen. Der Orientale wurde so mit Elementen der westlichen Gesellschaft in Verbindung gebracht (mit Kriminellen, Geisteskranken, den Frauen, den Armen), denen eine Identität gemeinsam war, die man am trefflichsten als beklagenswerte Außenstehende, nicht zum akzeptierten Kern der Gesellschaft Gehörende (Aliens) bezeichnen kann. Meistens sah man die Orientalen nicht, man sah sie nicht an, man sah durch sie hindurch. Sie waren Gegenstand von Analysen, aber nicht als Staatsbürger oder auch nur als Menschen, sondern als Problem, das gelöst oder ausgegrenzt oder – da die Kolonialmächte doch offen auf ihr Gebiet erpicht waren – annektiert werden konnte [...].

Ich sehe das Problem in der Umfunktionierung eines relativ unverfänglichen geisteswissenschaftlichen Betätigungsfeldes (des Orientalismus) in eine Formel und einen Vorwand zur Lenkung politischer Bewegungen, zur Verwaltung von Kolonien, zur Berufung auf apokalyptisch anmutende Aussagen über die schwierige Rolle der zivilisierenden Mission des weißen Mannes; all das ist in gewissem Maße operativ innerhalb einer ihrem Verständnis nach liberalen Kultur, die sich ihren erklärten Normen der Katholizität, Pluralität und geistigen Offenheit voll und ganz verpflichtet fühlt. Tatsächlich aber war das, was stattfand, das genaue Gegenteil von liberal: Die Verhärtung von durch das Instrumentarium der ‚Wissenschaft‘ vermittelter Doktrin und Meinung zu ‚Wahrheit‘. Denn wenn eine solche Wahrheit sich selbst das Recht vorbehielt, den Orient in der beschriebenen Weise als unveränderlich orientalisch zu betrachten, dann war Liberalität nichts anderes als eine Form von Unterdrückung und mentalistischem Vorurteil."[12]

Was im 20. Jahrhundert geschah, war, daß jene, die durch Rassismus und Sexismus unterdrückt wurden, nicht davon abließen, die Rechte, die ihnen von den Liberalen theoretisch zugestanden wurden, in der Form der Menschenrechte als auch der Völkerrechte einzufordern. Der Weltkrieg stellte eine politische Zäsur dar. Der Zusammenbruch der Ordnung unter den Kernstaaten, der „dreißigjährige Krieg", der von 1914 bis 1945 dauerte, schuf Raum für neue Bewegungen.

Da das vordringlichste Problem der Weltszene der Kolonialismus/Imperialismus war, das heißt die juridische Kontrolle großer Teile von Asien, Afrika und der Karibik durch europäische Staaten (aber auch durch die USA und Japan), wurden zunächst Völkerrechte und nicht Menschenrechte eingefordert. Die Legitimität dieser Forderung wurde am spektakulärsten von Woodrow Wilson anerkannt, als er das Thema der „Selbstbestimmung der Nationen" zum Kernstück eines globalen Liberalismus machte. Gewiß sollte nach Wilsons Konzept dieses Recht auf Selbstbestimmung sparsam, gezielt und mit Bedacht den Nationen zugestanden werden, wenn sie dazu reif waren. Bis dahin konnten diese Nationen „treuhändisch" verwaltet werden (um es in der Sprache der UN-Charta von 1945 auszudrücken).

Konservative tendierten erwartungsgemäß zu noch größerer Vorsicht und dem Standpunkt, daß eine solche „Reife", wenn überhaupt, dann wahrscheinlich erst in unbestimmter ferner Zukunft gegeben sei. Nicht selten nahmen sie in der ersten Hälfte des 20. Jahrhunderts Zuflucht zu einer Argumentation, die sich unter Berufung auf die Menschenrechte gegen die Völkerrechte aussprach. Sie argumentierten, daß diese kolonisierten Populationen nicht wirkliche Völker waren, sondern lediglich Ansammlungen von Menschen, denen man individuell Menschenrechte zugestehen könne, sobald ein Individuum (meistens handelte es sich dabei um Männer) ein gewisses Maß an Erziehung und Bildung und einen ausreichend westlichen Lebensstil vorweisen konnte, um den Status eines „zivilisierten Menschen" belegen zu können. Dieser Logik verschrieben sich die formal integrationistischen Doktrinen einer Reihe von Kolonialmächten (z.B. Frankreich, Belgien und Portugal), aber auch die anderen Kolonialmächte praktizierten einen ähnlichen, wenn auch informellen Modus der Kategorisierung und vorsichtiger, sparsamer Zuerkennung von Menschenrechten.

Diejenigen Sozialisten, die zur Zeit des Ersten Weltkrieges radikal antisystemisch und antiliberal waren, das heißt die Bolschewiken (oder Leninisten) und die Dritte Internationale, mißtrauten anfänglich dem ganzen Gerede über Völkerrechte, das sie mit europäischen bürgerlichen nationalistischen Bewegungen in Beziehung brachten. Lange Zeit standen sie diesem Konzept in offener Feindschaft gegenüber. Dann, im Jahr 1920, änderten sie abrupt und radikal ihren Kurs. Auf dem Kongreß der Völker des Ostens in Baku[13] wurde die taktische Vorrangigkeit des Klassenkampfes innerhalb Europas und Nordamerikas in aller Stille zu Gunsten der taktischen Vorrangigkeit des Anti-Imperialismus beiseite gelegt, einem Thema, um das herum die Dritte Internationale hoffte, eine politische Allianz zwischen vor allem europäischen kommunistischen Parteien und jedenfalls den radikaleren nationalen Befreiungsbewegungen in Asien (und anderen Teilen der peripheren Zonen) bauen zu können. Indem die Leninisten dergestalt agierten, schlossen sie sich jedoch praktisch den Liberalen bei deren Verfolgung des Wilsonschen Konzeptes einer Selbstbestimmung der Nationen an. Und als die UdSSR nach dem Zweiten Weltkrieg eine aktive Politik „sozialistischen Aufbaus" in einer Reihe von Ländern verfolgte, die mit ihr politisch mehr oder minder eng verbunden waren, beteiligte sie sich de facto am liberalen Weltfahrplan der wirtschaftlichen Entwicklung unterentwickelter Länder.

Der Kalte Krieg

Wir können also sagen, daß der Liberalismus in den Jahren von 1945 bis 1970 eine zweite Apotheose erlebte. Wenn es in den Jahrzehnten vor 1914 den Anschein hatte, er würde in Europa triumphieren, so schien es zwischen 1945 und 1970, daß ihm dies nun auf der ganzen Welt gelingen würde. Die Vereinigten Staaten, Wortführer des Liberalismus, stellten die Hegemonialmacht. Ihr einziger, theoretischer Gegner, die UdSSR, verfolgte einen taktischen Fahrplan, der sich, was den völkerrechtlichen Aspekt betrifft, nicht substantiell von dem der USA unterschied. So gesehen unterstützte sie damit die Vereinigten Staaten bei deren Domestizierung der „gefährlichen Klassen" des Weltsystems. Überdies hatte es den Anschein, daß diese liberale Politik sich für die „gefährlichen Klassen" bezahlt machte. Überall in der Dritten Welt waren nationale Befreiungsbewegungen an die Macht gekommen oder waren im Begriffe dazu. Und es schien auch, daß sie anderswo Macht errungen oder zumindest beträchtlichen Einfluß gewonnen hatten, nicht nur mit Hilfe der kommunistischen Regimes im Sowjetblock, sondern durch die starke Rolle, die die sozialdemokratischen Parteien in Westeuropa und in den weißen Nationen des Commonwealth spielten. Zudem waren als Komponente der unglaublichen weltweiten wirtschaftlichen Expansion von 1945 bis 1970 die Wachstumsraten in fast allen Ländern der Peripherie verhältnismäßig hoch. Es waren dies Jahre des Optimismus, selbst dort, wo (wie in Vietnam) der Kampf heftig und destruktiv schien.

Bei einem Rückblick auf dieses – fast möchte man sagen: goldene – Zeitalter fällt die Quasi-Absenz jeglichen Interesses an der Frage der Menschenrechte auf. Angesichts der Säuberungsprozesse in Osteuropa und verschiedener Formen von Diktatur in den Ländern der Dritten Welt, und, nicht zu vergessen, des McCarthyismus in den Vereinigten Staaten und dem Berufsverbot in der Bundesrepublik Deutschland war dies wohl kaum eine Ära, in der die Menschenrechte triumphierten. Noch signifikanter ist, daß in dieser Zeit die großen politischen Bewegungen kaum rhetorisches Interesse an den Menschenrechte zeigten.

Verfechter von Menschenrechtsanliegen sah man im Kalten Krieg allseits als Bedroher nationaler Einheit. Auch hielt man sich in jenen Ländern der Dritten Welt, die eng mit dem Westen verbunden waren, nicht maßgeblicher an die Menschenrechte als in jenen, die politisch mit dem Ostblock assoziiert waren. Zudem war ein allenfalls von den Vereinigten Staaten oder dem Ostblock artikuliertes Interesse an einer Einhaltung der Menschenrechte im jeweilig anderen Einflußbereich auf Propagandasendungen beschränkt und hatte keinen ernsthaften Einfluß auf die tatsächliche Politik.

Was ist seit damals geschehen? Namentlich zwei Dinge. Es gab die weltweit in Erscheinung tretende, ankündigende und anprangernde Revolution von 1968, die die liberale Geokultur angriff. Und es wurde in der Folge, ab den siebziger Jahren, deutlich, daß das liberale Paket von Zugeständnissen fruchtlos war. Die Studenten und ihre Verbündeten im Jahr 1968 in den westlichen Ländern, dem kommunistischen Block und den Gebieten der Peripherie kritisierten, daß die liberale Ideologie (einschließlich der verbal sich unterscheidenden, in der Substanz jedoch ähnlichen Sowjetvariante) aus einer Reihe betrügerischer Versprechungen bestand, die in der Realität auf die große Mehrheit der Weltbevölkerung negative Auswirkungen zeitigte. Natürlich war der Diskurs der Revolutionäre jeweils von den spezifischen Umständen in ihren Ländern bestimmt – die etwa in den Vereinigten Staaten und Deutschland, der Tschechoslowakei und China, Mexiko und Portugal oder Indien und Japan unterschiedlich waren –, es wurden jedoch allenthalben dieselben Themen diskutiert.[14]

Die Revolution von 1968 hat das Weltsystem nicht demontiert. Davon kann keine Rede sein. Sie hat jedoch dem Liberalismus seinen Stellenwert als bestimmende Ideologie des Weltsystems genommen. Sowohl Konservatismus als auch Radikalismus rückten von der liberalen Mitte ab und mehr oder weniger zurück in ihre topographischen Positionen der ersten Hälfte des 19. Jahrhunderts. Dies beeinträchtigte die heikle Balance, die der Liberalismus herzustellen versucht hatte, indem er die revolutionären Implikationen sowohl der Menschen- als auch der Völkerrechte begrenzte.

Dieses gestörte Gleichgewicht wird ersichtlich, wenn man sich die Auswirkungen des zweiten größeren Wandels, der sozioökonomischen Strukturierung des Weltsystems vor Augen hält. Seit ungefähr 1967/73 befand sich die Weltwirtschaft in einer Kondratieff-B-Phase, einer Phase der Stagnation. Diese Stagnation hat die wirtschaftlichen Gewinne der meisten Gebiete der Peripherie nachhaltig aufgezehrt, mit Ausnahme eines Winkels in Ostasien, der den Ort für eine Art von Produktionsverlagerung in einen begrenzten Bereich der Weltwirtschaft abgab – ein normales Charakteristikum von Kondratieff-B-Phasen. Die Stagnation hatte auch einen (in ungleichmäßigem Tempo stattfindenden) Rückgang des Realeinkommens der Arbeiterklassen des Nordens zur Folge. Die Rose hat ihre Blüten verloren. Es herrscht große Enttäuschung. Die Hoffnung auf in geregelter Beständigkeit sich verbessernde Zukunftsaussichten, wie sie die liberalen politischen Kräfte (und ihre De-facto-Verbündeten, die kommunistische Weltbewegung) in Aussicht gestellt hatten, ist zusammengebrochen. Als sie zusammenbrach wurde die Frage, bis zu welchem Grad die Völkerrechte tatsächlich in signifikanter Weise verwirklicht worden waren, von den vermutlichen Nutznießern selbst gestellt. Diese Frage nach der Signifikanz dessen, was man zuvor als Errungenschaft auf dem Gebiet der Völkerrechte in der Ära nach 1945 gesehen hatte, hatte zwei politische Konsequenzen. Einerseits begann sich eine Reihe von Menschen im Kampf für die Rechte von neuen „Völkern" zu engagieren. Sie dachten, vielleicht waren es die Rechte „unserer Menschen", die nicht anerkannt worden waren. Die Folgen: neue und militantere Volksgruppen, die Tendenz zu Abspaltungen, Forderungen von ethnischen Minderheiten innerhalb existierender Staaten. Gleichzeitig wurden Forderungen für andere Gruppen – wie Frauen, Schwule und Lesben, Behinderte oder alte Menschen – gestellt. Und andererseits: Wenn die Völkerrechte sich nicht bezahlt gemacht hätten, warum sollte man dann das Interesse für Menschenrechte hintanstellen und sich im Kampf um Völkerrechte engagieren? Daher kam es innerhalb des Sowjetblocks oder innerhalb von Einparteienstaaten der Dritten Welt und Militärdiktaturen zu einem plötzlichen Aufwallen von Forderungen nach unmittelbarer Anwendung der Menschenrechte. Das war die Bewegung für die sogenannte Demokratisierung. Aber auch innerhalb der westlichen Welt war dies eine Zeit, in der Strukturen aufgelöst werden konnten, die zuvor den Ausdruck der Menschenrechte ernstlich behindert hatten. Und es war auch eine Zeit der Schaffung neuer Rechte, wie des Rechts auf Privatsphäre in den Vereinigten Staaten.

Es hatte nicht nur den Anschein, daß jedermann im eigenen Land über Menschenrechte zu sprechen begann, man setzte sich auch für die Einhaltung der Menschenrechte in anderen Ländern ein: Carters Proklamation der Menschenrechte als Angelegenheit der US-Außenpolitik, das Abkommen von Helsinki, die Ausbreitung von Bewegungen wie *Amnesty International* und *Médecins du Monde* und die Bereitwilligkeit der Intellektuellen in der Dritten Welt, die Menschenrechte als wichtiges, ja vordringliches Thema auf die Tagesordnung zu setzen.

Die zwei Bewegungen der letzten zehn bis zwanzig Jahre – die Suche nach neuen „Völkern", deren Rechte anerkannt werden sollten und die mit noch mehr Nachdruck betriebene Forderung nach Einhaltung der „Menschenrechte" – stellten beide Reaktionen auf die Enttäuschungen der Ära 1945-1970 dar, die zur weltweiten Revolution von 1968 geführt hatte – einer Revolution, deren zentrale Themen eben das Trügerische der Hoffnungen des globalen Liberalismus und die üblen Intentionen des Weltliberalismus waren, der sein Programm eines rationalen Reformismus angeboten hatte. Auf den ersten Blick schienen diese beiden Reaktionen zwei Aspekte einer einzigen Antwort zu sein. Dieselben Menschen, die sich für die

Rechte der „neuen" Völker einsetzten, verlangten auch weitergehende Menschenrechte.

Während der späten achtziger Jahre und insbesondere mit der durch den Zusammenbruch der kommunistischen Regimes gekennzeichneten geopolitischen Umwälzung des vormals US-hegemonialen Systems begannen die beiden Bewegungen sich in unterschiedliche und sogar gegensätzliche Richtungen zu entwickeln. In den neunziger Jahren benutzten (wieder einmal) ganze Bewegungen das Thema der Menschenrechte, um damit Rechte der „neuen" Völker abzuwehren. Man kann das an der neokonservativen Anti-Political correctness-Kampagne in den Vereinigten Staaten beobachten, aber ebensogut an dem von *Médecins du Monde* und verbündeten französischen Intellektuellen proklamierten *droit d'ingérance*[15] (Recht der Einmischung): Sich einzumischen, das heißt, heute in Bosnien und Serbien, morgen in China und im Iran und warum nicht übermorgen in von Schwarzen dominierten Kommunalverwaltungen in den USA.

Der Liberalismus befindet sich heute in einer Ecke, in die ihn seine eigene Logik getrieben hat. Er wird nicht müde, die Legitimität der Menschenrechte und, etwas zurückhaltender, die der Völkerrechte zu bestätigen. Und noch immer meint er es nicht ernst damit. Er anerkennt die Rechte, damit sie *nicht* in ganzem Umfang eingeräumt werden. Doch dieses Manöver wird immer schwieriger. Liberale, gefangen, wie man sagt, zwischen dem Teufel und dem Fegefeuer, bekennen nun wirklich Farbe, indem sie sich zu einem großen Teil in Konservative und gelegentlich auch in Radikale verwandeln.

Nehmen wir ein einfaches, sehr wichtiges Thema von unmittelbarer Relevanz: die Migration. Die politische Ökonomie der Migrationsfrage ist sehr einfach. Die Weltwirtschaft ist heute in zweifacher Hinsicht stärker polarisiert als sie das jemals zuvor war: sozioökonomisch und demographisch. Zwischen Nord und Süd gähnt eine Kluft und alle Anzeichen signalisieren, daß sich diese in den nächsten Jahrzehnten vergrößern wird. Die Folgen sind eindeutig. Es gibt einen enormen Migrationsdruck vom Süden in den Norden.

Betrachten wir die Situation aus der Perspektive liberaler Ideologie. Das Konzept der Menschenrechte enthält offensichtlich das Recht, sich frei zu bewegen. Wenn man der Logik des Liberalismus folgt, sollte es keine Reisepässe und keine Visa geben. Es sollte jedermann erlaubt sein, zu arbeiten und sich niederzulassen, wo immer er will, wie das beispielsweise heute innerhalb der USA und auch innerhalb der meisten souveränen Staaten möglich ist, jedenfalls innerhalb von Staaten, die für sich beanspruchen, liberal zu sein.

In Wirklichkeit sind natürlich die meisten Menschen im Norden bei dem Gedanken an offene Grenzen buchstäblich entsetzt. Die politische Praxis der letzten 25 Jahre bewegte sich genau in die Gegenrichtung. Großbritannien war ein Vorreiter bei der Errichtung neuer Einwanderungsbarrieren für seine einstigen kolonialen Untertanen. In letzter Zeit wurden in dieser Hinsicht allein im Jahr 1993 drei wesentliche restriktive Maßnahmen gesetzt. Das deutsche Parlament hat, jetzt, wo es den Bewohnern Osteuropas tatsächlich möglich ist, in den Westen zu kommen, die Aufnahme von „Flüchtlingen" wesentlich eingeschränkt. (Es brachte eine gute Optik, die bösen Kommunisten dafür zu tadeln, daß sie der Bevölkerung die Ausreise verweigerten, aber wir sehen heute, was passiert, wenn keine bösen Kommunisten mehr an der Macht sind und die Emigration verhindern.) In Frankreich hat die Regierung Gesetze erlassen, die nicht nur die Einwanderung aus den ehemaligen Kolonien begrenzt, sondern es selbst in Frankreich geborenen Kindern von Migranten erschwert, Staatsbürger zu werden. Und in den Vereinigten Staaten hat im Jahr 1993 der Gouverneur des größten Staates, Kalifornien, verlangt, die US-Verfassung zu ändern, um eine unserer hehrsten Traditionen zu beenden, das *ius soli*, das aus jedem Menschen, der auf amerikanischem Boden geboren wird, einen amerikanischen Staatsbürger macht.[16]

Welches Argument bemühen Großbritannien, Deutschland, Frankreich und die Vereinigten Staaten für ihre Sanktionen? Daß wir (der Norden) nicht die Bürde (das heißt die ökonomische Bürde) der ganzen Welt auf uns nehmen können. Nun, warum eigentlich nicht? Vor nicht länger als hundert Jahren hat derselbe Norden die „Bürde des weißen Mannes", die „Sendung der Zivilisierung" unter den Barbaren auf sich genommen. Nun sagen die Barbaren, die „gefährlichen Klassen": Habt vielen Dank. Ihr braucht uns nicht zu zivilisieren; gewährt uns lediglich einige Menschenrechte, wie zum Beispiel das Recht, uns frei zu bewegen und Jobs zu nehmen, wo wir sie finden können.

Die liberale Ideologie steht in völligem Widerspruch zu sich selbst. Wenn alle Menschen gleiche Rechte haben und alle Völker gleiche Rechte haben, dann ist es nicht möglich, ein derartiges auf Ungleichheit gerichtetes System, wie es die kapitalistische Weltwirtschaft immer gewesen ist und immer sein wird, beizubehalten. Gibt man das jedoch offen zu, dann wird die kapitalistische Weltwirtschaft in den Augen der gefährlichen (das heißt der enteigneten) Klassen ihre Legitimation verlieren. Und wenn dieses System keine Legitimation hat, dann wird es nicht überleben.

Die Krise ist total; das Dilemma ist total. In den nächsten fünf Jahrzehnten werden wir mit den Konsequenzen leben müssen. Wie auch immer wir diese Krise gemeinsam lösen werden, wie immer das neue historische System, das wir errichten werden, aussehen wird, ob es besser oder schlechter sein wird, ob wir mehr oder weniger Menschenrechte und mehr oder weniger Völkerrechte haben werden, eines ist gewiß: Es wird nicht ein System sein, das auf einer liberalen Ideologie basiert, wie wir sie seit zwei Jahrhunderten kennen.

Anmerkungen

1 Eine Diskussion der Debatten um die Annahme dieses Textes findet sich in Marcel Gauchet: Rights of Men.– In: F. Furet; M. Ozouf (Hg.): A Critical Dictionary of the French Revolution.– Cambridge, MA: Belknap Press of Harvard University Press 1989, S.818-828. Der Originaltext ist zu finden in J. Tulard et al.: Histoire et dictionnaire de la Révolution française, 1789-1799.– Paris: Robert Laffont 1987, S.770-771. Siehe auch: G. Jellinek: Die Erklärung der Menschen- und Bürgerrechte.– In R. Schnur (Hg.): Zur Geschichte der Erklärung der Menschenrechte.– Darmstadt 1964.

2 Generalversammlungsbeschluß der Vereinten Nationen Nr.217 A(III).

3 Generalversammlungsbeschluß der Vereinten Nationen Nr.1514(XV). Zur Entwicklung einer „Entkolonisierungsnorm" im Weltsystem der Zeit nach 1945 wird auf die kurzen Kommentare von P. Goertz und P.F. Diehl in „Towards a Theory of International Norms" im »Journal of Conflict Resolution«, XXVI, 4. Dezember 1992, insbes. S.648-651, hingewiesen.

4 Siehe den Beitrag „Droit des gens".– In: Tulard et al. 1987.

5 „Für Fernand Braudel und Lucien Febvre [...] besteht dieses Jahrhundert aus zweien, einem ersten, das um 1450 beginnt und etwa 1550 endet, und einem zweiten, das zu diesem Zeitpunkt anfängt und bis 1620 oder 1640 dauert." [Anm. d. Ü., Text zitiert aus Immanuel Wallerstein: Das moderne Weltsystem.– Frankfurt / Main: Syndikat 1986, S.100].

6 Ich habe dieses Argument bereits früher entwickelt und wiederhole es hier nicht. Zur Normalität politischen Wandels siehe „The French Revolution as a World-Historical Event".– In: Unthinking Social Science.– Cambridge: Polity Press 1991, S.7-22. Zur Souveränität des Volkes siehe „Liberalism and the Legitimation of Nation-States: An Historical Interpretation".– In: »Social Justice« XIX, 1, Frühjahr 1992, S.22-33.

7 The Modern World-System. III: The Second Era of Great Expansion of the Capitalist World-Economy, 1730-1840s.– San Diego: Academic Press 1989, S.52.

8 Siehe das Buch von Arthur Schlesinger Jr.: The Vital Center: The Politics of Freedom.– Boston: Houghton Mifflin 1949.

9 Auch diese beiden Themen habe ich an anderer Stelle ausführlich behandelt. Insbesonders hinweisen möchte ich auf „Trois idéologies ou une seule? La problematique de la modernité".– In: »Genèses« 9/ 1922, S.7-24. Ich habe sie hier nur in äußerster Kürze zusammengefaßt, um mein gegenwärtiges Thema, die Rolle der Menschen- und Völkerrechtsideen in der Politik der modernen Welt, diskutieren zu können.

10 Die Literatur dazu ist umfangreich: z.B. Raphael Samuel (Hg.): Patriotism. The Making and Unmaking of British National Identity. 3 Bde..– London: Routledge 1989. Eugen Weber: Peasants into Frenchmen: The Modernization of Rural France, 1870-1914.– Stanford, CA: Stanford Univ. Press 1976. Seymour Martin Lipset: The First New Nation: The United States in Historical and Comparative Perspective.– New York: Basic Books 1963.

11 William McNeill: Introductory Historical Commentary. [In Kürze erscheinend in: Geir Lundestad (Hg.): The Fall of Great Powers: Peace, Stability, and Legitimacy], S.5 [Xerokopie].

12 Edward Said: Orientalism.– New York: Pantheon 1978, S.207, S.254.

13 Siehe: The Congress of the Peoples of the East. Übersetzt und mit Anmerkungen versehen von Brian Pearce.– London: New Park Publishers 1977.

14 Ich habe sechs Hauptthesen diskutiert, die allen oder fast allen Ereignissen gemeinsam waren, in: 1968, Revolution im Weltsystem.– In: Geopolitics and Geoculture: Essays on the Changing World-System.– Cambridge. Cambridge University Press 1991, S.65-83.

15 Tatsächlich publizieren *Médecins du Monde* seit 1993 ein politisches Journal mit dem Titel »Ingérances: Le Désir d'Humanitaire«.

16 Nicht uninteressant ist in diesem Zusammenhang die Tatsache, daß es sich dabei um einen Staat handelt, der in absehbarer Zeit eine farbige Bevölkerungsmehrheit haben wird.

Ernst Lohoff

Weltmarkt und Nationalstaat

Zur politischen Ökonomie des Neonationalismus

Wer vor einigen Jahren nach der Zukunft des Nationalstaats und nationalistischer Ideologien fragte, bekam für gewöhnlich eine recht eindeutige Antwort: Mit der zunehmenden transnationalen wirtschaftlichen Verflechtung und der damit einhergehenden Verallgemeinerung der westlichen Massenkultur, so die vorherrschende Annahme, wird die Bedeutung politischer Grenzen und nationaler Identitäten immer stärker verblassen. Die Vollendung des Weltmarkts muß den nationalstaatlichen Rahmen schließlich sprengen. Die Bildung internationaler Zusammenschlüsse, insbesondere der EG (aber auch des Comecon), wurde gerne als Beleg für diesen letztlich unaufhaltsamen Trend interpretiert. Die offizielle Nationalismusforschung folgte ebenfalls diesem Grundverständnis. Ihr galt die Nation und der Nationalismus vornehmlich als ein historisches Problem. Für gewöhnlich datierten die Experten das Ende der Epoche des „Nationalismus" zumindest für Europa und Nordamerika auf das Jahr 1945. Nur die Länder der Dritten Welt blieben von dieser Einschätzung ausgenommen. Beim Prozeß „nachholender Modernisierung" würde der Nationalismus als Integrationsideologie noch eine wichtige Rolle spielen; auf dem europäischen Kontinent hingegen, wo einst die Wiege der Nation gestanden hatte, so die allgemeine Erwartung, habe der nationale Gedanke seine Zukunft schon hinter sich.

Die Entwicklung der letzten Jahre hat diese Annahme in vieler Hinsicht gründlich dementiert. Die nationalistische Ideologie hat sich keineswegs ein für allemal in Wohlgefallen aufgelöst; der Nationalismus erlebt heute eine unerwartete Renaissance. Seit dem Zusammenbruch des Realsozialismus schwappt eine Welle des Neonationalismus über die ehemalige Sowjetunion, die übrigen osteuropäischen Länder und den Trikont; und auch im Westen beeinflussen offen oder verdeckt völkische Strömungen zunehmend das gesellschaftliche Klima. Gleichzeitig blamiert sich der Traum von supranationaler Staatlichkeit tagtäglich an der Realität. Der Maastricht-Vertrag bleibt Makulatur, die EU wächst sich zu Tode. Die von der spekulativen Bewegung des globalen Geldkapitals induzierte gegenläufige Wechselkursentwicklung von Pfund, Mark, Franc und Lira verunmöglicht den noch für dieses Jahrhundert anvisierten Übergang zu einer gesamteuropäischen Währung. Das Auseinanderdriften von Inflationsraten, Zinssätzen und anderen ökonomischen Eckdaten blockiert nicht nur den Fortgang der europäischen Einigung, es stellt selbst das schon erreichte wirtschaftspolitische Integrationsniveau in Frage. Die UNO wird in ihren Entscheidungen mittlerweile zwar nicht mehr durch den Ost-West-Konflikt blockiert, ihre Handlungsfähigkeit hat sich deswegen jedoch noch lange nicht erhöht. Im Gegenteil, sie steht, 50 Jahre nach ihrer Gründung, nicht nur finanziell vor dem Bankrott.

Der Vormarsch des Neonationalismus und das Scheitern internationaler Integrationsversuche bringen zum Vorschein, wie unhaltbar die Vorstellung einer friedlich-brüderlichen Weltmarktgesellschaft ist. Es wäre allerdings ein fataler Kurzschluß, wollte man aus diesen Tatsachen die Lebensfähigkeit des alten Nationalstaats ableiten. Wenn die an eine Vollendung der Weltmarktgesellschaft geknüpfte harmonistische Zukunftserwartung nicht eintrifft, so heißt das noch lange nicht, daß deswegen die nationalstaatliche Vergangenheit wiederkehren könnte. Die Lebensuhr des in sich kohärenten Nationalstaats ist tatsächlich abgelaufen. Der neue Nationalismus lehnt sich zwar ideologisch eng an seine Vorgänger im 19. und in der ersten Hälfte des 20. Jahrhunderts an, in einer gründlich veränderten Welt hat er aber einen gänzlich anderen historischen Gehalt. Er steht keineswegs für die Reetablierung einer funktionstüchtigen nationalstaatlichen Ordnung, sondern gehört zu den anomischen Kräften, wie sie aus der Vollendung der Weltmarktgesellschaft selber entspringen. Aus den Bürgerkriegen im Osten und Süden gehen nur immer neue, vom nationalökonomischen Standpunkt allesamt nicht lebensfähige pseudostaatliche Verfallsgebilde hervor. Der Neonationalismus im Westen wiederum lebt vom puren Ausgrenzungswillen und ist außerstande, die Integrationsleistung zu wiederholen, die seine Vorbilder einst vollbrachten.

Weltbürger und „Weltstaat"

Die Vorstellung, daß die Verallgemeinerung der bürgerlichen Gesellschaft letztlich zur Herausbildung supranationaler Einheiten führen müsse, hat sich in den Jahren nach 1989 zwar besonders gründlich, aber keineswegs zum ersten Mal, blamiert. Die Idee, der Vormarsch von Handel und Wandel würde letztlich in Entgrenzungsprozesse einmünden, ist fast so alt wie die bürgerliche Gesellschaft selber, und so oft diese Idee im Schwange war, hat die nächste Etappe in der Durchsetzungsgeschichte des Kapitalismus sie Lügen gestraft.

Bereits durch die Schriften der Aufklärungsphilosophen spukt immer wieder als Zukunftsprojekt so etwas wie ein „Weltstaat". Nicht nur bei Voltaire und Lessing erscheint der Bürger per se als Weltbürger, die ganze vom Glauben an die universellen Menschenrechte beseelte Strömung wird von diesem Gedanken durchzogen. Zwischenstaatliche Konflikte und Kriege galten vornehmlich als Folge von Fürstenwillkür und damit als ein aus dem dunklen Mittelalter überkommener Anachronismus. Noch in der 1797 erschienenen „Metaphysik der Sitten" Kants echot diese Grundhaltung nach. Wohl unter dem Eindruck der Koalitionskriege erklärt Kant zwar einen allgemeinen „Völkerstaat", der einen „ewigen Frieden" garantieren könne, für nicht realisierbar; dennoch bleibt auch für ihn die „kontinuierliche Annäherung" an einen solchen Zustand „eine auf der Pflicht, mithin auch auf dem Recht der Menschen und Staaten gegründete Aufgabe".

Die Vordenker der bürgerlichen Gesellschaft mochten sich noch so selbstverständlich als Weltbürger betrachten, die von ihnen antizipierte neue Ordnung setzte sich in der Form von Nationalstaaten durch. Die Ideale der Aufklärung, der Glaube an das Recht und die Vertragslehre wurden vom amerikanischen Unabhängigkeitskrieg über die französische Revolution bis zu den antikolonialen Bewegungen in den fünfziger und sechziger Jahren unseres Jahrhunderts immer nur in Verbindung mit der Nation massenwirksam und geschichtsmächtig.

Seit der Jahrhundertwende tauchte die Vorstellung, daß die Zukunft größeren supranationalen Gebilden vorbehalten sein werde, erneut auf. Nicht nur für die Protagonisten des klassischen Imperialismus, sondern für die meisten damaligen Zeitgenossen schien eines selbstverständlich: nur große, geschlossene Blöcke werden künftig im wirtschaftlichen und militärischen Kampf der Mächte bestehen können; an die Stelle von vielen Nationalstaaten werden wenige Imperien rücken. Die marxistischen Kritiker teilten diese Erwartung nicht nur, der sozialdemokratische Cheftheoretiker Rudolf Hilferding trieb diese Progonose sogar bis zu ihrem logischen Endpunkt. Aus den blutigen Kämpfen der konkurrierenden imperialistischen Staaten würde schließlich eine weltumspannender „imperialistischer Überstaat" hervorgehen, wenn der Triumph des Sozialismus dem nicht zuvorkäme. Auch den Bolschewiki waren solche Vorstellungen keineswegs fremd. Sie bekannten sich zwar zum „Selbstbestimmungsrecht der Völker", billigten diesem Prinzip allerdings nur im Rahmen der internationalen Arbeiterbewegung Realisierungschancen zu. Bucharin beispielsweise geht in seiner 1921 erschienenen „Ökonomik der Transformationsperiode" davon aus, daß all die im Gefolge des Ersten Weltkriegs entstandenen osteuropäischen Staaten sich nur einen „historischen Augenblick" lang ihrer Unabhängigkeit würden erfreuen können. Mittelfristig stünden sie nur vor der Alternative, sich dem Lager der Weltrevolution anzuschließen oder als leichte Beute von der einen oder anderen imperialistischen Macht verschluckt zu werden.

Ebensowenig wie die reale Entwicklung sich schon um die Hoffnungen der Aufklärer geschert hatte, folgte sie den Extrapolationen der marxistischen Imperialismustheoretiker. Als Hilferding 1910 seine Prognose in die Welt posaunte, zierten zwei Dutzend Nationalstaaten das Anlitz der Erde, 70 Jahre später waren es rund sechsmal so viele. Die baltischen Staaten, Polen, die Tschechoslowakei usw. verschwanden zwar während des Zweiten Weltkriegs vorübergehend von der Landkarte, aber nur um schließlich (spätestens mit dem Zusammenbruch der Sowjetunion) wiedergeboren zu werden.

Die flankierende Rolle des Staates für den Verwertungsprozeß

Die Globalisierung der Warengesellschaft hat die politische Segmentierung keineswegs allmählich überwunden. Im Gegenteil, dieses Jahrhundert brachte die Verallgemeinerung des Nationalstaates und parallel dazu eine wundersame Staatenvermehrung. Als ein säkularer Trend läßt sich dieser Umstand nicht einfach mit den Irrungen und Zufällen der Geschichte erklären. Die merkwürdige Tatsache, daß mit dem Siegeszug des Kapitals einerseits der Weltmarkt zur allgegenwärtigen Bezugsgröße wurde, während andererseits moderne Staatlichkeit nur im Plural, in der Form einer fortpflanzungsfreudigen Staatenwelt existiert, hat vielmehr strukturelle, das heißt der Kapitallogik selber immanente Gründe. Für diese gegenläufige Tendenz ist in erster Linie ein grundlegender Widerspruch verantwortlich: Kapitalistische Entwicklung ist immer ungleichgewichtige Entwicklung. Sie produziert dabei nicht nur individuelle Gewinner und Verlierer, sie schafft auch Verlierer- und Gewinnerregionen. Der moderne Staat dagegen kann nur funktionieren, wenn und indem er auf seinem Territorium mehr oder minder einheitliche Lebens- und Verwertungsbedingungen schafft. Der innere Homogenisierungszwang kollidiert mit der differenzierenden Wirkung der Weltmarktzentrifuge. Dieser unaufhebbare Widerspruch erzwingt die politisch-staatliche Parzellierung der Erdoberfläche und sorgt, solange die Warenproduktion besteht, für die Fortschreibung dieses Zustands.

Unter vormodernen Bedingungen und auf einer niedrigen Entwicklungsstufe der bürgerlichen Gesellschaft stellte sich das Problem noch nicht in dieser Form. Solange die staatlichen Aktivitäten kein integrales Moment des gesellschaftlichen Reproduktionsgefüges bildeten, tat es der Wirksamkeit und Stabilität herrschaftlicher Gewalt keinerlei Abbruch, wenn sie Gebiete unter ihrer Botmäßigkeit vereinte, die weder kulturell noch sprachlich und wirtschaftlich irgendetwas gemeinsam hatten. Das Reich Karls V., „in dem die Sonne nie unterging", war ein Musterbeispiel für ein solches Herrschaftsgebilde. Selbst das wilhelminische Kaiserreich faßte noch Regionen zusammen, die, was Sozialstandards und Produktivitätsniveau angeht, bei seiner Gründung mindestens ebensoweit auseinanderlagen wie heute vielleicht Portugal und Schweden.

Mit steigendem Vergesellschaftungsniveau wird ein solcher Zustand indes unhaltbar. Die heutigen Neoliberalen mögen noch so sehr in Entstaatlichungsphantasien schwelgen, die Reproduktions- und Konkurrenzfähigkeit einer modernen Marktgesellschaft kann dennoch nicht allein auf der Eigendynamik einzelbetrieblicher Verwertung beruhen. Der Verkehr der Warenproduzenten setzt eine Vielzahl von gesellschaftlichen Reproduktionsfunktionen voraus, die sich dem einzelkapitalistischen Profitkalkül sperren. Nicht nur altehrwürdige staatliche

Aufgaben wie die Sicherung des „inneren Friedens“ durch die Repressions- und Fürsorgeapparate fallen unter diese Rubrik. Die Schaffung und die Aufrechterhaltung eines großen Teils der gesellschaftlichen Infrastruktur läßt sich ebenfalls schwerlich in der Form privater Kapitalanlage organisieren. Eine moderne kapitalistische Gesellschaft kommt weder ohne ein umfängliches, tiefgestaffeltes System von Bildungs- und Gesundheitseinrichtungen aus, noch kann sie auf einen entwickelten Verwaltungsapparat und ein ausgebautes Verkehrsnetz verzichten; und doch erscheint die in diesen Bereichen verrichtete Arbeit vom Verwertungsstandpunkt als unproduktiv. Der von vornherein gesamtgesellschaftliche Charakter dieser Sektoren macht sie dabei aber nicht nur zu „Faux frais“ (Marx) der kapitalistischen Produktionsweise; er erzwingt gleichzeitig ihre Ausrichtung auf ein landeseinheitliches Niveau. Je bedeutsamer die flankierende Rolle des Staates für den Verwertungsprozeß daher wird, desto größere Reibungsverluste machen sich bemerkbar, wenn unterschiedlich entwickelte Territorien unter ein gemeinsames politisches Dach gezwungen werden. Eine Region, die nur im Billiglohnbereich auf dem Weltmarkt bestehen kann, gönnt sich einen unfinanzierbaren Luxus und züchtet ein Unruhepotential heran, wenn sie ein ausdifferenziertes Bildungssystem unterhält. Eine Land, für das die Qualifikation des Humankapitals zur Hauptproduktivkraft geworden ist, kann sich wiederum Sparsamkeit in diesem Bereich kaum leisten.

Die gleichen Probleme, die in dem Maße auftauchen, wie der Staat eine wichtige Rolle bei der sozialen und stofflichen Reproduktion der Warengesellschaft übernimmt, stellen sich analog auch auf anderen Gebieten. In einer entwickelten Marktgesellschaft kommt der Staat nicht umhin, steuernd ins makroökonomische Geschehen einzugreifen. Innerhalb eines Staats- und Währungsgebietes kann es aber selbstverständlich keine regional unterschiedliche, sondern nur eine einheitliche Wirtschafts- oder Währungspolitik geben. Im selben Maße, wie der moderne Staat auf seinem Weg zur abstrakten Allgemeinheit sich diese Tätigkeitsfelder sukzessive erschließt, verstärkt sich daher der innere Homogenisierungsdruck. Die wirtschaftspolitischen und infrastrukturellen Maßnahmen der staatlichen Gewalt ziehen ihre Legitimation aus ihrer Funktionalität für den Verwertungsprozeß. Die Stellung der eigenen Volkswirtschaft in der internationalen Arbeitsteilung ist zum Realitätsprinzip geworden, an dem sich staatliches Handeln ausrichten muß. Funktional kann Wirtschaftspolitik jedoch nur sein, wenn sie dem „Standortprofil“ adäquat ist, wie es durch die Position des Landes im System der internationalen Arbeitsteilung gesetzt wurde. Das setzt aber eben das Vorhandensein eines halbwegs vereinheitlichten Profils voraus. Ein Land, das gleichzeitig mit Billigstlöhnen und als High-tech-Schmiede auf dem Weltmarkt reüssieren möchte, wird bei diesem Spagat daran scheitern, daß beide Marktsegmente eines diametral entgegengesetzten infrastrukturellen Bezugsrahmens bedürfen. Eine konsequente Hartwährungspolitik wiederum läßt Fertigungszweigen, die auf Export zu Dumpingpreisen angewiesen sind, keine Chance. Im säkularen Trend wird der staatlich gesetzte Bezugsrahmen also nicht nur zum allgegenwärtigen Filter, der vorsortiert, welche einzelbetrieblichen Verwertungsstrategien und Fertigungszweige an welchem nationalstaatlich organisierten Verwertungsstandort Aussicht auf Weltmarktfähigkeit haben; das wachsende Gewicht des Staates erzwingt außerdem eine beschleunigte Angleichung der Verwertungsbedingungen auf seinem Territorium. Wo sich aber die von der Konkurrenzlogik induzierten Entwicklungsgefälle nicht einebnen lassen, da steht letztlich die Integrität der politischen Einheit in Frage.

Die gegenläufigen Funktionen des Nationalstaates

Strukturell betrachtet verbindet der Nationalstaat zwei gegenläufige Momente. Zum einen wirkt er nach innen integrierend und schließt sein Territorium zu einem kohärenten Funktionsraum zusammen; zum anderen zieht er Grenzen und segregiert sein Territorium gegenüber dem Ausland. Nationalökonomisch gesprochen entzieht der klassische Nationalstaat sein Hoheitsgebiet dem unmittelbaren Zugriff der Weltmarktlogik und modifiziert durch sein administratives Dazwischentreten die Wirkungen der internationalen Konkurrenz. Diese beiden Seiten ergänzen sich dabei nicht nur, sie bedingen einander geradezu.

Besonders klar trat dieser innere Zusammenhang bei den realsozialistischen Modernisierungsregimes zu Tage. Solange Länder an der Weltmarktperipherie im 19. und 20. Jahrhundert dem Weltmarktdiktat ungeschützt ausgeliefert waren, blieb ihnen angesichts der Terms of trade und der Übermacht der westlichen Konkurrenz nur die Rolle subalterner Rohstofflieferanten. Unter solchen Bedingungen wurden in diesen Gebieten überhaupt nur wenige Weltmarktinseln in den kapitalistischen Verwertungszyklus einbezogen, während das Gros der Bevölkerung davon ausgeschlossen blieb und sich weiterhin außerhalb der arbeitsgesellschaftlichen Ordnung im subsistenzwirtschaftlichen Rahmen reproduzierte. Erst die politisch flankierte partielle Abschottung gegenüber dem Weltmarkt ermöglichte es zunächst der Sowjetunion und später Ländern wie der Volksrepublik China oder Jugoslawien, diese Entwicklungsblockade auszuschalten und so etwas wie eine eigene Nationalökonomie auszubilden. Im Windschatten des Außenhandelsmonopols gelang es, gegen das Produktivitätsgefälle gegenüber dem Weltmarkt durch administrative Umverteilung von Ressourcen einen Prozeß der Basisindustrialisierung in Gang zu setzen und auch im bis dahin agrarisch strukturierten Osten moderne Arbeitsgesellschaften zu errichten.

Nicht nur die Anfangserfolge der realsozialistischen Modernisierungsregimes wären nie zustande gekommen, wenn sie den Weltmarkteinfluß nicht durch politisch-administrative Maßnahmen konterkariert hätten; die Dialektik von Abschirmung nach außen und nationalökonomischer Integration nach innen charakterisierte einige Dekaden später – übrigens unabhängig vom jeweiligen ideologischen Vorzeichen – in ganz ähnlicher Weise die mit der Entkolonisierung einsetzende nachholende Entwicklung im Trikont.

Desintegrativer Neonationalismus

Mehr als eineinhalb Jahrhunderte lang fiel die sukzessive Herausbildung des Weltmarkts mit der Formierung von Nationalökonomien, also in sich weitgehend kohärenten wirtschaftlichen Funktionsräumen, zusammen. Im säkularen Trend wurde das anfänglich sehr weitmaschige Netz internationaler Verflechtung zwar allmählich enger, die Funktionsfähigkeit des Nationalstaats stellte dies jedoch nicht in Frage. Die politischen Grenzen setzten die internationale Konkurrenz natürlich nicht einfach außer Kraft, die einzelnen Nationalökonomien behielten aber noch genug Handlungsspielraum, um ihr Wirken so weit zu modifizieren, daß die der Weltmarktkonkurrenz inhärenten zentrifugalen Kräfte unter Kontrolle blieben. Noch im fordistischen Zeitalter war dies zumindest cum grano salis der Fall.

Seit den siebziger Jahren und dem Eintritt in die Ära von Mikroelektronik und Spekulation wurde das Weltmarktdiktat aber immer mehr zu einem unmittelbaren. Die staatliche Filterung und nationalökonomische Parzellierung funktioniert immer weniger. Mit der explosionsartigen Ausdehnung des transnationalen, jeder Zentralbankkontrolle entzogenen Kredits (sein Volumen stieg innerhalb von 20 Jahren von 7 Mrd. Dollar im Jahr 1963 auf 2250 Mrd. Dollar 1983) verlor das Kapital ein für allemal sein nationales Attribut. Selbst die Metropolenländer können sich dem nicht entziehen. Die Währungs- und Zinspolitik degeneriert auch hier zu einer abhängigen Variablen der Beschaffung von Staatskredit, und die politischen Instanzen sind ungefähr genausogut dazu in der Lage, die entnationalisierten Geldströme zu kontrollieren und für ihre Zwecke einzusetzen, wie Drogenabhängige ihre Dealer.

Aber nicht nur auf der monetären Ebene, auch bei der realen Reichtumsproduktion schmilzt die Souveränität der Nationalökonomien dahin wie Schnee in der Frühlingssonne. Vor allem die Nachzügler im Modernisierungswettlauf haben dies auf eine sehr schmerzhafte Weise zu spüren bekommen. Die Ausdifferenzierung des Systems internationaler Arbeitsteilung führte dazu, daß jeder Staat, der an dem Ehrgeiz festhält, nicht nur mit einigen spezifizierten Fertigungssegmenten im Weltmarktspiel zu reüssieren, sondern eine integrale Nationalökonomie zu formieren, im Produktivitätswettlauf hoffnungslos zurückfällt. Für die klassischen Entwicklungsregimes mußte dies aber den Todesstoß bedeuten. Die Terms of trade haben sich für sämtliche Länder, die eine alle Fertigungszweige und alle Regionen übergreifende Breitbandindustrialisierung anstrebten, derart verschlechtert, daß sie schließlich nicht mehr in der Lage waren, die für den Import von Kapitalgütern notwendigen Mittel zu erwirtschaften. Zusammen mit der Modernisierungsperspektive verschwand die nationalökonomische Substanz, und nur die leere nationalstaatliche Hülle blieb übrig.

Auf Dauer kann diese allerdings ohne ihren nationalökonomischen Inhalt kaum überleben. Der Zusammenbruch der Sowjetunion und die Auflösung des jugoslawischen Staatsverbandes ordnen sich näher besehen unschwer in diesen Zusammenhang ein. Als die Integrationskraft dieser nationalökonomisch orientierten Entwicklungsmodelle unter dem übermächtigen Druck des Weltmarkts erlosch, triumphierten die zentrifugalen Kräfte und diese Staatsgebilde fielen in die Bestandteile auseinander, aus denen sie einst zusammengebacken worden waren.

Der Nationalismus wurde vom 19. Jahrhundert ja bis zum Befreiungsnationalismus der sechziger Jahre in der Dritten Welt als Integrationsideologie geschichtsmächtig. Die klassische Epoche des Nationalismus korrelierte mit der Herausbildung staatlich abgesicherter nationalökonomischer Funktionsräume. Die ideologisch oft überhöhte relative Abschottung nach außen war die Voraussetzung für den inneren Einschmelzungsprozeß, der aus einst nebeneinander existierenden Provinzen Nationen formte. Der Neonationalismus unserer Tage dagegen steht für den gnadenlosen Kampf um die Konkursmasse nationalökonomischer Modernisierungsruinen. Er speist sich nur noch aus den laufenden Desintegrationsprozessen und verstärkt sie.

Manfred Wagner

Regionalkultur – Nationalkultur – internationale Kultur

In der politischen Diktion ist der Begriff des Nationalen – in der Regel als nationale Identität ausgedrückt – seit dem Beginn der neunziger Jahre eine immer häufiger gebrauchte Vokabel. Hat es ihn bis zur Mitte der siebziger Jahre gar nicht gegeben bzw. war er maximal durch den Begriff des nationalen Charakters ersetzt gewesen, erzwang der Zusammenbruch des realen Sozialismus und der damit verbundenen starken Herrschaftsstrukturen die Wiederkehr alter Stammesvölker- und Minderheitenfehden, die entweder in zahlreichen Absplitterungen (wie in der vormaligen Sowjetunion) oder im direkten, mit archaischen Mitteln geführten Bruderkampf (wie im vormaligen Jugoslawien) die Lösung der neuen alten Probleme bringen sollten.

Die Wiedervereinigung der beiden getrennten deutschen Staaten legte den Grundstein für die vom deutschen Bundeskanzler Kohl 1991 erstmals wieder neuformulierte deutschnationale Identität. Es ist ein Paradoxon der Geschichte, daß exakt mit der Wende von 1989 jene staatliche Grenzziehung der nationalen Kunstbeschreibung, wie sie in den Disziplinen der Kunstgeschichte, der Literatur und der Musikgeschichte der sozialistischen Länder üblich war, ein abruptes Ende fand und dann wieder von jenen neuen, sich selbstbestimmenden Staaten oder staatenähnlichen Gebilden aufgenommen wurde. Von der Wissenschaft her gesehen ist die Fragestellung, die permanent zwischen Metaphern einer Staatsnation und einer Naturnation schwebte – welches Begriffspaar in der parawissenschaftlichen und vor allem in der politischen Diskussion allerdings munter fortlebt –, obsolet geworden. Stattdessen verwendet die moderne Identitätsforschung eine formale Zugehörigkeit zu Verwaltungsinstanzen und ein Sich-zugehörig-Fühlen zu einer mentalen Gesellschaft als Ersatzparadigmen, wobei zumindest die Sachrealität und die Selbstbestimmung des Einzelnen herausgestellt werden anstelle der fragwürdigen Dichotomie zwischen Staatsbegriff und einem weitaus schwammigeren und letztlich nichtssagenden Kulturbegriff.

Diese formale Zugehörigkeit zu Verwaltungsinstanzen und ein Sich-zugehörig-Fühlen zu einer mentalen Gesellschaft trägt in sich die Formulierung der Region als kleinere überschaubare Einheit, in der Regel von der Natur geographisch vorformuliert, mit einer einheitlichen Sprachkategorie ausgestattet und ein Traditionserbe bewahrend, das sich in seinen spezifischen Ausformungen von den Nachbarregionen unterscheidet. Daß die politische Terminologie die Dimension der Region als Konsequenz des Subsidiaritätsprinzip auch als die kleinste entscheidungsbefähigte Einheit erkannt hat, ist spätestens aus den Maastrichter-Verträgen abzulesen, die darauf hinweisen, daß ein Europa der Zukunft nicht mehr aus Nationalstaaten bestehen sollte, sondern aus Regionen, die sich, wie im Fall Österreich, mit den Bundesländern decken, im Bereich der Großstaaten Frankreich oder Deutschland sich in noch kleinere Einheiten aufsplittern.

Merkwürdigerweise ist in der Diskussion um diese Maastrichter-Verträge die sonst übliche Antinomie zwischen Metropolismus und Region nicht einmal diskutiert worden, aus politologisch vernünftigen Gründen vermutlich, die aber im Bereich der Kulturdiskussion von vielen sofort verlassen wurde und in einer Art Ausspielverfahren zwischen beiden Kategorien endete. Daß bedeutende Geister sich an diesem Spiel beteiligten und polemische Aussagen formulierten, hängt an der Problematik, daß politische Vorstellungen mit realen Gegebenheiten nicht korrelieren und axiomatische Grunderkenntnisse der Kulturwissenschaften mit den neuen Dispositionen kaum in Einklang zu bringen sind.

So ist die weit verbreitete These, daß die Moderne ein Resultat und eine Dimension des Urbanismus sei, ebenso ein Stolperstein, wie die immer wieder zu findende Aussage, die Pflege der Tradition sei ein wesentlicher Baustein für die Entwicklung des Faschismus (Umberto Eco). Tatsächlich sind beide Aussagen zu differenzieren. Wohl ist die Großstadt (ich würde wegen der elektronischen Vernetzung sagen: vorübergehend) die Distributionsmaschine der Moderne gewesen, deren Erfindungen und kreative Potentiale, wie am Beispiel Wien, aber auch Paris eindeutig zu beweisen ist, aus den regionalen Umgebungen resultieren. Andererseits ist das Neue als Transformation des Alten ohne Tradition überhaupt nicht denkbar, sodaß jede menschliche Kreativität und geistesgeschichtliche Entwicklung auf Tradition fußt. Möglicherweise aber auf anderen Strängen, als sie die manipulative Argumentation der Faschisten und auch neuerer mit deren Gedankengut korrelierender Bewegungen vermuten läßt.

Region als überschaubare Einheit

Eine Charakteristik der Region als sinnvolle, überschaubare Einheit ergäbe von heute aus fünf wesentliche politische und kulturelle Faktoren:

- Alternative zum Großverbund,
- Hort des Widerstandes,
- Grenzposten zum Umraum,
- Behältnis von Zuhause,
- Hüter der Tradition und
- Bejahung zivilisationsnormer Alternativen.

Die Maastrichter-Verträge haben die Region als *Alternative zum Großverbund* bewußt in Richtung der Zerschlagung bzw. Auflösung der europäischen Nationalstaaten, die Jahrhunderte lang kriegerische Auseinandersetzungen führten, definiert. Möglicherweise war in dieser Definition aber auch eine Kompensation jener Gefahren enthalten, die die europäische Gemeinschaft als Großverbund darstellen mußte und dessen dirigistisches System durch ein intensiveres Selbstverwaltungssystem ausgeglichen werden sollte. Psychologisch gesehen war demnach klar, daß mit den Einschränkungen einer transnationalen Verwaltungsagentur die gemeinsamen Interessen sicherheitspolitischer wie ökologischer, verkehrspolitischer wie ökonomischer Provenienz, um nur einige der wichtigen Determinanten zu nennen, für einen Großraum, der die Außengrenzen Europas früher oder später bis zum Ural fassen sollte, gewaltige Belastungen für die Selbstbestimmungen brächte, die durch eine verstärkte Selbstbestimmung im kleineren Kontext aufgehoben werden sollte. Diese Dimensionalität des Ausgleichs von Großkontur und Kleinform – nebenbei bemerkt auch ein Problem des Habsburgerreiches, deutlich studierbar an der amerikanischen Politik und zunehmend auch in den südostasiatischen Staatenverbünden Bedeutung gewinnend – ist eine Organisationsherausforderung, die ohne den Gegensatz gar nicht auskommt, die, wenn man so will, positivistisch diese Dialektik zwanghaft in sich trägt. Es ist dieser dialektische Zwang, der vermuten läßt, daß auch im Kräfteparallelogramm mit Steigen oder Sinken der Intensität eines Faktors der andere gleichgewichtig parallel reagiert. Daß diese Reaktion auch kalkulierbar ist, wird beispielsweise aus der Tatsache ersichtlich, daß die EG-Forschungseinheiten die Grundlagenforschung im wesentlichen innerhalb der noch nationalen und zukünftig regionalen Grenzen angesiedelt haben und sich auf eher vernünftige Transferleistungen beschränken.

Diese Alternative zum Großverbund definiert die Region irgendwie auch als *Hort des Widerstandes* gegen Makrostrukturen, gegen Übergroße, gegen Bürokratie, anonymisierte Machtapparate, gegen Sprachvereinheitlichung und gegen Kultursteuerung. Eine realistische Variante stellt diesbezüglich die Schweiz dar, die in ihrem gelebten Sprachenmodell und mit dem Bürgerplebiszit sich bislang erfolgreich gegen Vereinnahmungen gewehrt hat. Möglicherweise in einem Übermaß, das auf die Dauer nicht durchzuhalten sein wird. Es ist einsichtig, daß der Widerstand in der Region mit jedem überschaubaren Entscheidungsmechanismus eher in die Nähe einer regionalen Bürgerinitiative rückt, einem Modell, das demokratiepolitisch wohl am ehesten unserer Zeit entspricht.

Die Region versteht sich auch als *Grenzposten zum Umraum.* Den Faktor der Grenze zu leugnen im Sinne einer Abgrenzung vom anderen, ist zwar pathetisch wirksam, aber kulturhistorisch weder diagnostizierbar, noch wahrscheinlich. Die Bewahrung der Eigenheit, das Bestehen auf der sozialen Übereinstimmung, damit die Prüfung aller einflußnehmenden Faktoren von außen, vor allem wenn sie dominanzverdächtig sind, wohl auch eine gewisse Angst vor dem, was von außen kommt, die nur kollektiv aufgearbeitet werden kann und nichts mit Fremdenfeindlichkeit gemein hat, sind Faktoren die identitätsbildend sind, quasi den Trick im Zusammenhalt darstellen und jenes wirkungsvolle Potential der regionalen Besonderheit zusammenhalten.

Deswegen ist auch Region das *Behältnis des Zuhause*, um den angekreideten Terminus Heimat zu vermeiden. Die Vorstellung, das Zuhause sei aufhebbar, wie sie von manchen Urbanisten geäußert wird, ist naiv. Zuhause ist Kontext der Sozialisation, wobei gleichgültig ist, ob er in der Wüste oder im Gemeindebau wirksam wird. Es ist in der Region zweifellos der stärkere Kontext mit dem Odem der Erde als existentielle Voraussetzung für Leben. Es ist die genetische Dimension im Bewußtsein der Herkunft, es ist die Verwurzelung in eine spezifische Sozialisation, die nicht nur ihre eigenen Sprachzeichen hat, sondern auch eine Oberflächendeskription, für die unsere soziologischen Modelle in der Differenzierung nicht ausreichen. Es ist das Aufwachsmilieu, die Eingebundenheit in die Sozialisation, außerfamiliärer, größerer Einheiten wie Straße, Viertel, Ort, Bezirk. Es ist die Nähe zur Religion oder zu religionsvertretenden Ideologien der Umgebung und es sind die Sitten, der Habitus auch im Sinne des Brauchtums, die im Sinne der Betonung der Eigenheit nicht nur vielfächriger ausformuliert sind, sondern in der Regel mehr gepflegt werden als im urbanen Ballungsgebiet. Hier treffen sich das Risiko der Vereinfachung und der bewußt oder unbewußt vorgenommenen Simplifizierungen mit einer mikrokosmischen Betrachtungsweise, wie sie beispielsweise Adalbert Stifter oder Thomas Bernhard literarisch vorgeführt haben. Dieses Zuhause ist ein wesentlicher Aspekt der Identität und, wie mir scheint, als eine ihrer Dimensionen unverzichtbar.

Region als Hüter der Tradition

Region ist zweifellos auch der *Hüter der Tradition*. Selbstverständlich existiert keine menschliche Gesellschaft – gleichgültig ob in Regionen oder Metropolen oder in Stammeseinheiten beheimatet – ohne Tradition, ohne historische Erfahrung, ohne historische Ausformulierung von Aspekten der Sozialsphäre. Daß die Region hier vermutlich eine stärkere Basis für die Präsentation und oft auch für das Vorhandensein der Traditionen darstellt, ist aus jenen Aspekten naheliegend, die das Zuhause definiert haben. Es sind Faktoren der Genealogie ebenso wie der relativ einheitlichen Religions- und Brauchtumsvarianten. Es hat mit dem Bewußtsein von Landschaft und Natur, von historischem kulturellem Raum zu tun, möglicherweise mit Klima und Lebensgewohnheiten korrelierend, wobei wegen der relativ langsamen Veränderungsgeschwindigkeit die Betonung auf eher konservativeren Modellen lastet. Die Ausbeutung dieser Traditionen durch Kitsch und Übertreibung, wie sie sehr häufig für den Tourismus konstruiert wird, ergibt nicht nur falsche

Bindungen, sondern falsche Vorstellungen und erzeugt erst jene Klischees, die in die Leere des Nichtssagenden oder in die Affirmation des Nicht-Reflektierenden führen.

Region als *Bejahung zivilisationsnormer Alternativen*. Gerade die Moderne mit ihrer aus vielen Gründen wachsenden, urbanen Konzentration hat in einem zweiten Modernisierungsschub die Stadtalternative der Region als Methode des Ausstiegs, des Umstiegs, aber auch einer verstärkten Konzentrationschance, forciert. Bewegungen wie Monte Verità, Künstlerkolonien, wie in Belgien und den Niederlanden üblich, der Rückzug auf einsame Gehöfte, wie sie deutsche und österreichische Künstler bevorzugen, belegen weniger den Freizeitwert der Region als jenes Isolierungspotential zum Zwecke konzentrierter Arbeitsintensität. Daß daraus neue Modelle entstehen können, beispielsweise Deregulationsmuster für Kunstvermittlung, eine verstärkte Ästhetisierung der Alltagswelt und auch neue Kooperationen zwischen den regionalen Orten selbst, ist Realität. Gerade die elektronische Vernetzung mit ihrer Entortung des Arbeitsplatzes wird hier noch ganz neue Chancen auftun. Möglicherweise wird dann die Region als Modell lokalspezifischer Lebensverwirklichung eine neue Bedeutung erlangen und tatsächlich zum Hort jenes kreativen Potentials werden, das aus zivilisatorischen Gründen einen Teil der Arbeitsrealität zumindest in sie verlagert. Möglicherweise wird eine Art topographischer Teilung zwischen urbanem Raum und Region für den Künstler attraktiv, wobei die nationale Eingebundenheit eine eher unbedeutende Rolle spielt.

Tatsächlich scheint ja auch der Begriff der Nationalkultur im wesentlichen ausgedient zu haben. War er, von heute aus gesehen, ein Kind des 19. Jahrhunderts, der im Gefolge der französischen Revolution den Zusammenbruch des Reichs- oder Dynastiegedankens durch partikularistische volksnationale Einheiten aufzuheben trachtete, und wurde er im Nationalsozialismus auf eine Art Rassenzusammenhalt ausgeweitet, der die Ausgrenzung bzw. Vernichtung wesentlicher Potentiale nach sich zog, so nahm seine Bedeutung, abgesehen vom künstlichen Konstrukt der Länder des realen Sozialismus und gewisser Vereinfachungsmetaphern in den westlichen Industrieländern, ab. Diese Vereinfachungsmetaphern umschrieben mit nationalen Attributen transnationale Gegebenheiten innerhalb nationaler Grenzen, beispielsweise „französische“ Kunst oder „englische“ Kunst, die immer „Kunst in Frankreich“ oder „Kunst in England“ meinte. Daß die Einteilung nach nationalen Gesichtspunkten überhaupt noch realisiert wurde, lag eher am Wettbewerbsgedanken der Marktkategorien, die bei internationalen Vermittlungsfestivals in der Art eines Sportmarketings ausgetragen wurden. Der nationale Pavillon in Venedig, bestimmte Nationalzuschreibungen bei der Documenta und nationale Repräsentationsausstellungen oder Festivals bedienen sich noch der Terminologie. Gerade die Geschichtsschreibung der ästhetischen Disziplinen, gleichgültig ob Literatur, Musik, bildende Kunst oder Architektur bzw. Film, zeigt die zunehmende Veränderung des Attributs zum Aufenthaltsbegriff, also: statt „österreichischer“ Musik

„Musik in Österreich“, die Erkenntnis der Abnahme nationaler Bedeutung. Daß im wesentlichen der Kulturbegriff immer mit dem Kunstbegriff ersetzt wird, hängt mit der Unschärfe der Begrifflichkeit zusammen. „Kunst“, in der deutschen Sprache gewöhnlich als Substrat der Hochkultur definiert, was kunsttheoretisch längst kritisiert wurde, wäre anstelle jenes meistens verwendeten Kulturbegriffes angebracht, der ohnehin nur Kunst meint, aber aus Scheu vor der Repräsentanz diesen Begriff mit dem eher allgemeineren der Kultur austauscht. Da unter Kultur, zumindest seit Sigmund Freud, im wesentlichen aber seit ihrer etymologischen Fassung, das zentrale menschliche Anderssein gegenüber der floralen und faunalen Welt beschrieben wird, sind entsprechende Zuschreibungen als Gesamtes nur mentalgeschichtlich oder flächengeschichtlich legitim und alle anderen Verwendungen pars pro toto-Projektionen.

International rezipierte Kunst

Das gilt selbstverständlich auch für den internationalen Kontext, wo im Sprachgebrauch unter Kultur in der Regel Kommunikationsformen subsummiert werden bzw. Repräsentationsfaktoren, die wegen der Häufigkeit innerhalb der Kommunikation als relevant angesehen werden. Tatsächlich verhält sich das Spannungsfeld Internationalität zur Regionalität ähnlich der Dialektik von Großverbund zu Kleinverband unter relativer Mißachtung der nationalen Zwischenposition. Internationalität heißt demnach „international rezipierte Kunst“, und international rezipiert heißt, „den internationalen Kommunikationsmechanismen entsprechend“. Diese werden wesentlich vom Kunstmarkt gesteuert, andererseits aber auch von jenen Kunstfachleuten, die aus ihrer Professionalität heraus, in einer Art Sachverständigenweise, sich über qualitative Parameter wenn schon nicht einigen, dann nähern und damit ein Informationsfeld abstecken, das aufgrund der Vernetzung, gleichgültig, ob verkehrsmäßig oder elektronisch erzeugt, strukturell im wesentlichen der regionalen Vernetzung verblüffend ähnlich erscheint.

Es scheint aber nahezu unmöglich, von internationaler Kunst als regionsunabhängigem Substrat zu reden. Die Vermutung einiger Kunsttheoretiker und auch prominenter Künstler, daß jene „internationale Kunst“ ein Produkt der großen Metropolen sei und durch den Austausch ihrer Informationen entstünde, trifft für den Kommunikations- und Distributionsbereich zu und auch wohl für die Architektur, deren Wirkungsfeld allein wegen der Dimensionen der Bausubstanz eher metropolenorientiert ist. Für die anderen Kunstsparten ist sie falsch, was sich anhand der Künstlerbiographien, die eher nachwirkende Inputs der regionalen Herkunft belegen als nationaltypische Kategorien oder auf Metropolen zurückweisende Dispositionen, nachweisen läßt. Eine Ausnahme stellen zweifellos jene Kunstformen dar, deren Substanz aus Betriebsgründen metropolistisch oder nationalistisch definiert ist. Der Film beispielsweise ist eine solche Kunstform, die Architektur in vielen Fällen, jene Medienbereiche, die einen hohen Aufwand an Hardware erfordern. Letztere aber belegen, vielleicht deutlicher als konventionelle Kunstformen, die Realität der Verhältnisse zwischen dem topographisch fixierten, mehr oder weniger an den Wohnplatz gebundenen Ort und internationaler, beliebig weitreichender und beliebige Rezipientenschichten erreichender Vernetzung.

Dieses Spannungsfeld zwischen Regionalität und Internationalität, zwischen menschlich vertretbarer, weil überschaubarer kleinen Einheit und Megastruktur, wird in der Schärfe der Herausforderungen immer deutlicher werden und damit jene Doppelexistenz im Bewußtsein möglich machen, die real von außen her gesehen ohnehin schon eingetreten ist. Wie immer in der Kulturgeschichte eignet sich die Kunst als Interpret der gesellschaftlichen Verhältnisse durch Symbolisierung. Quod erat demonstrandum.

KARL STUHLPFARRER

Nation – Identität – Multikulturalität

Nations-Theorien gehen gewöhnlich vom Formierungsprozeß der Nation aus, weil sich Nationen in Europa weitestgehend in der zweiten Hälfte des 19. Jahrhunderts ausgebildet haben und geschichtsmächtig geworden sind. Eine wirklich umfassende Nations-Theorie muß aber auch den Deformationsprozeß vorher bestandener gesellschaftlicher Organisationen im Formierungsprozeß von Nation und zudem die Wirklichkeit und die Bedingungen der Möglichkeit des Deformationsprozesses bestehender und künftiger Nationen einbeziehen, wenn sie das Wesen von Nation zureichend erfassen will.

Nation ist eine Organisationsform der Gesellschaft, die bestehende kleinere gesellschaftliche Einheiten integriert und tendentiell aufhebt, sowie die gleichwertige Integration in eine größere Einheit abwehrt, solange diese nicht durch die der Nation eigenen Herrschaftsverhältnisse und Machtbeziehungen bestimmt wird. Nation entsteht daher und kann vergehen. Sie existiert jedenfalls nicht in statischer Qualität, sondern in einem permanenten Prozeß, der durch die externen Beziehungen ihrer internationalen Beziehungen und transnationalen Verhältnisse und die internen Verhältnisse der zu integrierenden Teileinheiten zueinander bestimmt ist. Das bedeutet: Nation ist kein naturwüchsiges, sondern ein historisches Phänomen. Die Menschen erzeugen und verändern es, indem sie die natürlichen Voraussetzungen in deren historischer Bearbeitung aufnehmen und zum Gegenstand ihrer eigenen Verarbeitung machen.

Von Nation als gesellschaftlicher Organisationsform ist Nationalbewußtsein oder Nationalgefühl zu unterscheiden. Dieses umfaßt den bewußten und unbewußten Bereich menschlicher Existenz in der Nation. Nationalbewußtsein/Nationalgefühl kann und muß der Nation als Ziel beabsichtigter gesellschaftlicher Organisierung vorangehen. Es begleitet unter unterschiedlichen Bedingungen die formierte Nation und bleibt im Deformationsprozeß der Nation hinter ihr zurück.

Nationalbewußtsein oder Nationalgefühl erfaßt die gesellschaftlichen Gruppen zu unterschiedlichen Zeiten des Formations- oder Deformationsprozesses von Nation in ungleicher Intensität. Die gesellschaftlichen Gruppen (Schichten/Klassen) sind aber auch in spezifischer Weise vom Integrations- oder Desintegrationsprozeß der Nation erfaßt oder dessen sie bewegende, fortschreitende Kraft.

Diese differenzierte Position der sozialen Klassen im konsensual-fortschreitenden, indifferent-vereinnahmten und dissensual-erzwungenen Nationsprozeß gilt auch für das Geschlechter- und für das Generationenverhältnis.

Es gibt daher klassen-, geschlechter- und generationsspezifische Weisen des Nationalbewußtseins oder der Nationalgefühle und ebenso differenzierte Positionierungen im Nationsprozeß, die nicht nur allein gesamtgesellschaftlich bestimmt sind, sondern sich auch in der Lebensgeschichte der einzelnen Personen verändern können und auch verändern.

Die Wissenschaften, die sich mit dem Phänomen der Nation beschäftigen, haben es hauptsächlich in einer integrativ-ausgrenzenden Perspektive untersucht, die im Formierungs- und Stabilisierungsprozeß von Nation selbst immer operationalisierbar blieb. Das Erkenntnisinteresse beschränkte sich daher auf die Feststellung bzw. Festlegung von der *einen* Nation, dem *einen* Nationalgefühl und der *einen* Loyalität, weil die Nation selbst und die sie bestimmende politische Klasse die Moral der Einheitlichkeit und Einzigkeit einfordert.

Wenn aber Nation historisch und prozeßhaft ist, das heißt, in einem ständigen Verhältnis zu den von ihr deformierten und sie deformierenden gesellschaftlichen Organisationsformen steht, und wenn sie gleichzeitig klassen-, geschlechter- und generationsspezifisch ist, dann ist das historische – nicht das projektiv-politische – Hauptphänomen von Nation nicht die Einheitlichkeit oder Einzigkeit, sondern die aus der beabsichtigten Einheitlichkeit ausgegrenzte Vielfältigkeit; das heißt nicht die einfachen, sondern die doppelten, oder mehr noch die mehrfachen Loyalitäten, von denen allerdings die die Nation bestimmende politische Klasse gemeinsam mit den ihr konsensualen Nationsangehörigen *eine* als dominierende einfordern oder aber – unter den Bedingungen eines weniger totalitären Gesellschafts- und Wirtschaftssystem – andere bis zu einer bestimmten Grenze zulassen kann und wird, wenn diese die nationale Einheitlichkeit nicht prinzipiell gefährden wollen oder können, oder wenn diese auch von dem der Nation immanenten Wandlungsprozeß nicht zu weit abweichen.

Die Bestimmung der Einheitlichkeit und die Richtung eines solchen Wandlungsprozesses liegen aber nicht allein im Ermessen der politischen Klasse der Nation, wenngleich diese – je nach wirtschaftsgesellschaftlicher Organisationsform – ihn unterschiedlich stark bestimmen kann. Sie liegt vielmehr ebensosehr in den durch das Nationalbewußtsein oder Nationalgefühl bestimmten Praktiken der Angehörigen der Nation, die aus der Vielfältigkeit in einer Frage der gesellschaftlichen Organisationsform der Einheitlichkeit als Nation den Vorrang geben.

Nation muß also in diesem Sinne tatsächlich permanent konsensual sein. Ob sich dieser Konsens auch in unterschiedlichen Öffentlichkeiten (im Inland oder im Ausland; im Freundeskreis oder auf Massendemonstrationen) manifestiert, kann ebenso Stärke wie Schwäche des Konsenses angeben. Fehlt aber der Nation dieser permanente Konsens, so kann zwar die staatliche Einheit noch weiterbestehen, aber sie besteht eben unter veränderten gesellschaftlichen Bedingungen.

Wenn der Nationsprozeß ein wesentlich konsensualer ist, dann wird er durch den Entwicklungsstand der Kommunikationsformen bestimmt. Die Kommunikation erzeugt nicht die Nation, sondern bestimmt die Größe und die Art der Nation, die vom Entwicklungsstand der Kommunikationsformen abhängt. Das betrifft die Sprache, die sich über den Sprech-Markt und über den Schreib-Markt zur National-Sprache/-Schreibe entwickelt, gleichermaßen wie die Kommunikation über den Waren-Markt, dem Austausch von symbolischen und materiellen Gütern.

Aber auch die Kommunikationsformen selber sind einem historischen Wandel unterworfen, der durch die Organisationsformen der Gesellschaft bestimmt wird. Verschiedene Kommunikationsformen bestehen ungleichzeitig nebeneinander und sind klassen-, geschlechter- und generationsspezifisch unterschiedlich dominierend, weil die Prozesse permanenter Sozialisation – und diese schließen in unseren bestehenden Nationalgesellschaften einen Prozeß permanenter Nationalisierung/Denationalisierung ein – gleichermaßen divergent ablaufen und lebensgeschichtliche Wandlungen in der Einstellung der Personen erzeugen.

Eine historische Analyse des Entwicklungsprozesses der österreichischen Nation hat daher die Relationen mehrerer Forschungsfelder zu berücksichtigen und deren sich wandelnde Interdependenzen zu erklären. Das erfordert nicht nur die Analyse klassen-, geschlechter- und generationenspezifisch unterschiedlicher Rezeptions- und Handlungsweisen seit dem Beginn und besonders seit der Mitte des vorigen Jahrhunderts, sondern auch ihrer Ideen und Praktiken in der Entwicklung der Wirtschaftsgesellschaft und der politischen Systeme Österreichs, wie diese durch internationale und transnationale Prozesse, aber auch durch bestehende politkulturelle Organisationsformen der österreichischen Länder im österreichischen und im Formierungs- und Stabilisierungsprozeß anderer Nationen (Deutsche, Tschechen, Italiener, Slowenen usw.) bestimmt wurden. Dazu sind die Bedingungsfaktoren jener global oder semiglobal ablaufenden Prozesse zu untersuchen, die die gegenwärtige Entwicklung bestimmen, aber durch die Gegenläufigkeit von Regionalbewegungen und Heimatkulten gebremst oder überhöht werden.

Entstehung, Formierung, Werden, Erzeugung einer Nation, Sein, Dauern, Akzeptanz einer Nation und Vergehen, Aufgehen, Untergehen, Teilen und Zerfallen einer Nation sind alles Phänomene von langer Dauer, die über ein Lebensalter, über eine Generation hinausgehen. Sie bedürfen daher eines Instrumentariums permanenter Sozialisation, um überdauern zu können, um nicht den individuellen Tod der einzelnen Nationsangehörigen mitzusterben. Wir müssen daher den Ort aufsuchen, an dem ‚Nation' gelehrt wird, und feststellen, wie dieser Lernprozeß stattfindet und ob, inwieweit und für wen er erfolgreich ist.

So wie persönliche Identität und andere kollektive Identitäten ist auch nationale Identität kein Attribut und keine Qualität, sondern bezeichnet das kognitiv-emotionale Verhältnis, in dem das Individuum/die Kleingruppe zur Großgruppe der Nation steht. Sie unterliegt daher dem geschichtlichen Wandel der Nation und der individuellen Lebensgeschichte, die zueinander in einem wechselhaften, aber aufeinander bezogenen Verhältnis stehen. Nationale Identität bezieht sich jedoch mehr als auf die Geschichte selbst auf vorherrschende Geschichtsbilder, die im öffentlichen realen (Denkmäler usw.) und imaginären (Traditionen usw.) Raum stehen.

Selbst dort, wo die Vorstellung vorherrscht, nationale oder ethnische Identität verdanke sich biologisch-genetischen Prozessen, wirkt diese Vorstellung historisch, aber nicht als Erklärung der Vergangenheit. Der Glaube an die Abstammung als gruppenbildendes Phänomen bedeutet daher nicht die Verbindung mit der Vergangenheit oder die Sicherstellung von biologisch-genetischen Anbindungen, sondern erzeugt in den sozialen Beziehungen kulturell – zum Beispiel in den Rechtsbeziehungen – aktualisierte und Aktualisierbare Verheißungen für die Zukunft.

Sofern die Individuen nicht mit offener oder struktureller Gewalt zur Einheit und Einzigkeit gezwungen werden, bestehen in ihnen daher mehrere ineinander verschränkte Identitätsformationen. Das hängt mit den verschiedenen Formen lokaler und regionaler Identitätsbildungen, mit Zugehörigkeiten zu Klasse, Geschlecht und Generation zusammen, das formiert sich aus ungleichzeitigen Entwicklungsschritten und -geschwindigkeiten transnationaler Prozesse und das wird mit der steigenden Intensität der globalen Verkehrsbeziehungen von Personen, Waren und Informationen noch einmal überformt.

Dabei überdauern Fremdbilder und Eigenbilder gesellschaftliche Wandlungsprozesse und Brüche, weil die Formen der Wahrnehmung, die Konstruktion von Wirklichkeit und die Intensität von Kommunikation weder zwischen den Nationen noch innerhalb der Nationen als gleichförmige Prozesse ablaufen. Wahrnehmungen und Überformungen hängen vielmehr von der Ausbildung und Gestaltung jener gesellschaftlichen Apparate ab, die in den Nationen Kontinuitäten und Distinktionen vorzaubern: die Schule, das Vereinswesen und die großen Massenmedien von den Printmedien über die Television bis zur globalen elektronischen Vernetzung. In diesen Apparaten laufen jene Veränderungen ab, die auch ohne Migration der Körper das Exquisite, das Hierarchische und das gesellschaftlich Wünschbare, das heißt Idole, vorgaukeln, die in permanenten kollektiven Anpassungsprozessen und Verdrängungsaktionen kollektive Identitäten bilden.

Dazu gehören auch im kollektiven Unbewußten tief verankerte Komplexe, von denen in Österreich vor allem drei zu nennen sind: der Komplex des Winzlings, der die Welt steuert oder der Welt viel zu geben oder zu sagen hat; der Komplex der Bewunderung-Furcht des fernen Vater-Beherrschers; der Komplex des Misanthropen in neutraler Gelassenheit.

Für eine vergleichende Suche gleicher, ähnlicher und distinkter nationaler Identifikationsfelder und -objekte wären daher vier Ausdrucksformen gesellschaftlichen Verhaltens und gesellschaftlicher Einstellungen besonders geeignet, weil sie den Identifikationswandel national distinkt in transnationalen Prozessen ausdrücken:

- die Mode (oder der Geschmack)
- der Sport
- die Religion (oder die Magie)
- die Erfindungsweisen nationaler Kunst

Bilder von „Nation"

Jede Generation schafft sich ihr eigenes Bild von ihrem Land, aber diese Bilder setzen sich in der Öffentlichkeit unterschiedlich stark durch. Frauen oder Angehörige von nationalen Minderheiten, soziale Unterschichten oder Ausländer, wenn sie nicht gerade Touristen sind, haben da weniger zu plaudern, auch setzen sich solcher Bilder stärker oder weniger stark außerhalb Österreichs durch. Es ist ein bemerkenswertes Phänomen, wie stereotyp Österreich mit Walzerseligkeit, Habsburgern und Sachertortenschnitzel verbunden wird; aber seine Bewohner sind nicht unschuldig daran.

Lebensalltag und Lebensweisen ihrer Bevölkerung sind in vielen Fällen unvergleichlich anders als vor einem dreiviertel Jahrhundert-Takt. Aber dennoch sind einige Kontinuitäten nicht zu übersehen: Das Patriarchat; die selbstverständliche Anerkennung sozialer Hierarchien und ihre ebenso selbstverständliche Einforderung, das heißt das autoritäre Bewußtsein; der mit einem kaum kämpferischen, eher selbstverständlich verstandenen Antikommunismus verbundene Kapitalismus, der allerdings seinen Übergang zur organisierten Marktwirtschaft als soziale Marktwirtschaft ausgab, obwohl die Hauptsache der Transferzahlungen einer immer kleiner werdenden Gruppe zugutekommt; und ein tief verwurzelter Rassismus, der einmal häufiger als Antisemitismus, einmal als Fremdenfeindlichkeit, häufig in beiden Formen auftritt, weil er mit der Defizienz der sozialen Organisation die Draußengehaltenen belastet. Die Lasten eines immer wieder verzögerten Demokratisierungsprozesses, ja dessen Umkehrung durch den Faschismus haben verhindert, daß Einstellungen und Verhaltensweisen von heute auf morgen entwurzelt worden wären und demokratischen Vorstellungen zumindest westeuropäischer Prägung Platz gemacht hätten.

Die österreichische Republik lebt von der glorreichen Vergangenheit der Monarchie, indem sie sie vermarktet, ihre abgeschnittene Position von der politkulturellen Modernisierung kann durch den Beitritt zu EU kaum aufgehoben werden. Österreich ist ein multikultureller Staat, viele seiner Bewohner wissen es nur nicht und wollen es gar nicht wahrhaben.

Das neue, kleine Österreich war nicht arm, obwohl es seiner Bevölkerung nach den schweren Belastungen des Krieges so erschien und es eine neue Wirtschaftsstruktur aus den Trümmern der Habsburgermonarchie aufbauen mußte. Aber die bisherigen Spitzen der Gesellschaft, Adel, hohe Geistlichkeit, Hochbürokratie und Offizierskorps hatten abtreten müssen, während die regionale Bourgeosie in den Ländern ihre Positionen hatte immer halten können.

Wo sich der Traum der einstigen Größe scheinbar oder tatsächlich verwirklichte, sind wir Österreicher ganz schrecklich auf die Nase gefallen, haben uns dann von den Großmächten das Blut von der Nase wischen, einen Klaps auf den Hintern geben und wieder spielen schicken lassen, was wir ebenso kindhaft ernst betrieben, wie wir vermeinen, für die Welt probezuhandeln.

Es gibt viele Gründe, warum gerade in den letzten Jahren mehr als bis dahin Fragen der österreichischen Identität diskutiert wurden: Die Übernahme des Konzepts der Identität in die Diskussion der nationalen Frage selbst, der äußere Zwang zur Selbstreflexion durch die Affaire Waldheim im Jahre 1986 und später, die Wende in den osteuropäischen Ländern und ihre Auswirkungen auf Mitteleuropa und darüber hinaus, aber auch die energischen Schritte, die die österreichische Bundesregierung gegen das Mißtrauen und die Ablehnung eines beträchtlichen Teils der Bevölkerung zur Eingliederung des Landes in die Europäische Union unternahm.

Wie in einer Archäologie der Erinnerung vermengen sich Gespenster der Vergangenheit, von den einen freudig begrüßt, den anderen paralysiert beklagt. Der eine Teil des österreichischen Faschismus verdankte sich jedoch nicht germanomanischem Sprengstoff, sondern den altösterreichischen Traditionen in der Verselbständigung des Verwaltungs- gegenüber dem Verfassungsstaat.

Alle Menschen sind multikulturell, aber nicht alle nehmen es wahr. Sie wollen oder können es nicht wahrnehmen oder wahrhaben, weil es vermeintlich ihre persönliche Identität bedroht. In der Ablehnung der Interkulturalität steckt daher nicht deren Verweigerung als solche, sondern die Verweigerung der multikulturellen Anerkennung des als eigenes bestimmten und erfahrenen Musters, das verallgemeinert als monokulturell gedeutet wird. Das aber ist Ergebnis eines sozialen Wandels, der für unverfügbar gehalten wird. Wir müssen alles verändern, damit alles gleich bleibt, ist als Ausdruck des Transformismus formuliert worden. Wir müssen uns für gleich halten, damit wir uns verändern können. Das wäre die nur hilflose Antwort auf die aufklärerische These von der nur notwendigen und möglichen Veränderung von oben.

Thesen zum Problem Nationalismus / Nationskonflikte

1. Nationalismus ist ein europäisches Phänomen.

2. Wo Nationalismus außerhalb Europas auftritt, ist er Ergebnis einer Übernahme europäischer Denktraditionen und europäischer politischer Verhaltensweisen.

3. Es gibt zumindest drei Formen des europäischen Nationalismus, die sich auf verschiedene Traditionen berufen:

Erstens, den westeuropäischen in der Tradition des nation/peuple mit einer starken Betonung des Staates und einer Tendenz zur Betonung demokratischer Partizipation;

zweitens, den mittel-, osteuropäischen in der Tradition der nation/langue-culture mit einer starken Betonung eines romantischen Volksbegriffs und einer Tendenz der biologistischen Legitimierung der Integration und der Ausgrenzung; in mittel-, osteuropäischen Ländern existiert er auch in einer Mischung der beiden schon genannten Traditionen.

und drittens eine südliche, eher an der Religion orientierte Variante.

4. Nationskonflikte entstehen durch ungleichzeitige Entwicklungen der Nationen und der Nationalismen, ihrer Legitimationsformen und ihrer Verewigungsansprüche.

5. Nationskonflikte überdauerten in den sozialistischen Ländern Osteuropas wegen ihrer kulturellen und politischen Absperrung. Der Kommunismus fungierte aber nicht als „Gefrierschrank" des Nationalen und der Nationalkonflikte. Diese sind nicht „eingefroren", um nach 1989 gleichsam unverändert weiterzuwirken, sondern sie haben sich auch in der Zwischenzeit unter anderen Bedingungen verändert, weiter entwickelt.

6. Das von außen medial vermittelte Begehren und die negative Realitätsüberprüfung im eigenen Land ließ die Gesellschaften in den sozialistischen Ländern Osteuropas in immer größeren Widerspruch geraten. Das machte es notwendig, die Fiktion der Absperrung sukzessive aufzugeben, den bestehenden Entwicklungsstand der Kommunikationsstrukturen über den Eisernen Vorhang hinweg anzuerkennen, ja selbst auszuweiten, weil die Kosten der Absperrung zu hoch und damit untragbar geworden waren: Rüstungswettlauf, Entwicklungswettlauf, Bewältigung der ökologischen Großkatastrophen usw. Das Wissen um die begehrten Güter und die Lust an ihnen korrespondieren nicht mit der Verweigerung der Migration durch die entwickelten Produzentenstaaten.

7. Innerhalb der sozialistischen Länder manifestieren sich die nationalen Gegensätze im Scheitern der Pan-Ideen: Sowjetismus, Jugoslawismus, Tschechoslowakismus, weil sich dahinter die Dominanz und Subversion jener Nationen verbarg, die – am höchsten entwickelt oder nicht – politisch-militärisch dominierten: Russen, Serben, Tschechen.

8. Die nationalen Konflikte brechen dort am sichtbarsten auf, wo die Distinktionen zwischen den Nationen am schärfsten, das heißt ihre Entwicklungsstufen am weitesten auseinander liegen. Eine mobilisierende Rolle spielen dabei hochentwickelte kleine Nationen mit historischen administrativ-politischen Bezugsfeldern. Denn Nation hat einen hohen Erinnerungswert und der Nationalismus homogenisiert die Erinnerung. Das nationale Gedächtnis ist angefüllt mit heldenhaften

Siegen und heldenhaften Niederlagen der Nation, mit nationalem Freud und Leid. Aber die bewahrenden Orte der Erinnerung enthalten nicht immer die gleichen Helden (vgl. Masaryk im nationalen Pantheon im Nationalmuseum in Prag). Die Auseinanderentwicklung von Tschechen und Slowaken, vom Norden und Süden Italiens, von Osten und Westen Österreich, sowie die neue deutsche Überwältigungsstrategie gegenüber Österreich ist in ähnlicher Weise zu deuten.

9. In diesen Konfliktformationen bilden die Formen nationaler Erinnerung eine Sonderform kollektiver Erinnerung mit ihrem nationalen Eigensinn und ihrer nationalen Verfremdung. Unter Eigensinn ist die Vorstellung von dem zu verstehen, was einem eigen ist, was einem an materiellen und symbolischen Gütern gehört und was sich gehören soll. Nationale Verfremdung meint die Ausstoßung des Fremden bzw. die im Homogenisierungsprozeß der Nation zu Fremden gemachten.

10. Denn in Nationskonflikten manifestieren sich gleichzeitig gegenläufige Prozesse. Den Integrationsprozessen bei der Formierung von Nationen entsprechen gleichzeitige Desintegrationsprozesse bisheriger Gesellschaftsformationen.

11. Nationalismus ist auch eine Form von Selbstvergewisserung gegen globale, scheinbar anonyme Prozesse. Diese Prozesse sind globaler Natur, weil ihre Ursachen und ihre Auswirkungen (Kommunikation, Migration, Ökologie usw.) globale Phänomene ausdrücken. Die globalen Umweltprobleme sind gleichzeitig die radikalsten Infragestellungen nationalstaatlicher Souveränitätskonzepte. Aber sie können Nationalismus als Form der Legitimierung des privilegierten Zugriffs auf begrenzte Weltressourcen (externe Funktion) oder in Form der Mobilisierung ausgewählter Menschengruppen zur ausschließlichen Nutzung dieser begrenzten Ressourcen (interne Funktion) annehmen.

12. Diese quantitative Legitimierung der Nutzung für eine große Zahl für qualitativ begrenzte Interessen manifestiert sich im Diskurs von der „Festung Europa" und formiert sie. Sie bildet den Übergang zu einem großregionalen Nationalismus (Europäismus) mit potentiell zunehmender rassistischer Legitimierung und Identifizierung, sofern diese Tendenz nicht durch die Stärkung lokaler und regionaler Identitätsangebote, gleichzeitig aber durch die Kommunikation und Interaktion mit der nichteuropäischen, vor allem aber der europäischen Außenwelt gebremst oder aufgehoben wird.

Literatur

Dann, Otto (Hg.): Nationalismus und sozialer Wandel.– Hamburg 1978 (= Historische Perspektiven 11).

Deutsch, K. W.; W. J. Foltz (Hg.): Nation-Building.– New York 1963.

Hertz, Friedrich: Nationality in History and Politics. A Study of the Psychology and Sociology of National Sentiment and Character.– London 1944.

Jameson, Fedric: Spätmarxismus. Adorno oder Die Beharrlichkeit der Dialektik.– Berlin 1991.

Kosing, Alfred: Nation in Geschichte und Gegenwart. Studie zur historisch-materialistischen Theorie der Nation.– Berlin (DDR) 1976.

Mouffe, Chantal: Staatsbürgerschaft und politische Identität.– In: Kunstverein München e.V. (Hg.): Die Arena des Privaten.– München o.J., S.62-65.

Petschar, Hans (Hg.): Identität und Kulturtransfer. Semiotische Aspekte von Einheit und Wandel sozialer Körper.– Wien, Köln, Weimar 1993.

Smith, Anthony D.: Theories of Nationalism.– New York 1983 (2.ed.).

Walter Baier

„Sogar Südtirol ..."
Anmerkungen zu Nation und Nationalismus in Österreich

„Verfreundete Nachbarn" nennt Gabriele Holzer ihre Untersuchung des merkwürdig zweideutigen Verhältnisses der Deutschen und Österreicher. Gilt dieser kritische Befund auch für das Verhältnis der Linken beider Länder? Dazu eine Anekdote:

Um die Gefahren des erneuerten Großmachtchauvinismus der deutschen Rechten zu verdeutlichen, zitierte ein von mir geschätzter Historiker auf dem Hamburger »konkret«-Kongreß eine halboffizielle Stellungnahme, die eine bundesdeutsche Schutzfunktion für alle deutschsprechenden Minderheiten in Polen, Rußland, Rumänien und einschließlich Südtirols arrogierte. „Sogar Südtirol..." raunte es im Saal.

Weder dem geschätzten Referenten, noch seiner tausendköpfigen Zuhörerschaft schien ein nennenswertes Problem darin zu bestehen, daß zwischen Deutschland und seinem neuen Protektorat ein etwa fünfzig Kilometer schmaler Landstreifen liegt, in dem deutschsprechende Einheimische – seltsamerweise – „Schilling" zur D-Mark sagen, und dieser Landstreifen in der antinationalistischen Entrüstung quasi durch Stillschweigen annektiert wurde.

Stehen einander also auch auf der Linken mangelnde Sensibilität und nationale „Angerührtheit" gegenüber? Leiden auch linke ÖsterreicherInnen unter einem nationalen Minderwertigkeitskomplex, und neigen auch linke Deutsche zu der für ihren Staat typischen „Distanzlosigkeit" gegenüber den kleinen Nachbarn (Gabriele Holzer)?

Doch tatsächlich sind diese Fragen linker Befindlichkeit relativ irrelevant angesichts der Tatsache, daß das wirkliche Verhältnis der beiden Staaten zueinander heute und auf Sicht nicht von der Linken bestimmt wird. Was dabei Sache zu sein habe, ließ zu Jahresanfang die CDU/CSU-Bundestagsfraktion das frischgebackene, aber noch immer neutrale EU-Mitglied Österreich wissen: „Um den selben sicherheitspolitischen Status für jedes Mitglied der Union zu gewährleisten, ist anzustreben, daß alle EU-Mitglieder auch NATO-Mitglieder werden", heißt es im Schäuble-Papier zur EU-Regierungskonferenz 1996. Denn Deutschland habe, so steht zu lesen, „auf Grund seiner geographischen Lage in der Mitte Europas [!], seiner Größe [!] und seiner Geschichte [!]" ein besonderes Interesse an der Stärkung der Verteidigung der EU und werde dementsprechend „mit gutem Beispiel vorangehen".

Vor solchem Hintergrund sollte nicht verwundern, daß Probleme der nationalen Selbstbestimmung in den kleinen Nachbarstaaten Deutschlands diskutiert und anders diskutiert werden als in Deutschland selbst. Ist dabei jeder Bezug auf den Begriff „Nation" schon „nationalistisch" wie eine das Problem bis ins Absurde banalisierende Sprachkritik behaupten möchte? Oder käme nicht, wie ich meine, eine Entnationalisierung der deutschen Nachbarschaft, wie sie ein Teil der linken Intellektuellen betreibt, der Renationalisierung Deutschlands mehr als zupaß?

Nationalismus

Jeglicher Nationalismus geht von der Unterstellung aus, daß Menschen sich voneinander durch überzeitliche Eigenschaften – ethnische, sprachliche oder kulturelle – unterscheiden und immer unterscheiden werden. Zweck dieser „Konstruktion" ist es, sich die eigene Nation als allen anderen überlegen vorzustellen. Die Argumentationsweise, der Stil des Nationalismus hat sich in den letzten Jahrzehnten vielfach verändert. Die Blut- und Boden-Rethorik der Nazis wich der dem heutigen Zeitalter adäquateren scheinbar „harmlosen" Sprechweise des Kulturalismus. So definiert das aktuelle Parteiprogramm der FPÖ Österreich „nur mehr" als Teil der „deutschen Kulturnation". Aber alle Erfahrungen zeigen an, daß die Zwecksetzung auch der „modernsten" Varianten nationalistischer Ideologie die selbe, nämlich die Konstruktion der eigenen Überlegenheit geblieben ist.

Doch auch diese steht nicht für sich selbst. Als Begleiterscheinung des imperialistischen Zeitalters zielte und zielt der Nationalismus darauf, Vorherrschaft, ökonomische Ausbeutung und Unterdrückung zu rechtfertigen. Nationalismus geht unter imperialistischen Bedingungen immer mit faktischer bzw. beabsichtigter ökonomischer Ausbeutung und politischer Unterdrückung Hand in Hand. (Über den Nationalismus unterdrückter Nationen ist gesondert nachzudenken.)

In diesen Zusammenhängen mußte und muß sich die Linke theoretisch und praktisch bewähren. Der „Sündenfall" der großen sozialdemokratischen Parteien Mittel- und Westeuropas bestand 1914 in ihrer Anpassung an den Nationalismus: In einem Krieg, dessen einziger und als solcher erkennbare Zweck in der Neuaufteilung von Kolonien und wirtschaftlich-politischen Einflußsphären bestand, stellten sie sich auf die Seite ihrer jeweiligen Regierungen. Nicht anders die Haltung der französischen Sozialdemokratie im Algerienkrieg oder der „gesellschaftspolitische Chauvinismus" der westeuropäischen Sozialdemokratie im Kalten Krieg.

Nation

Auch wenn man gar nichts weiß, weiß man, daß Nation ein Begriff der Abgrenzung ist, der eine Gemeinschaft von anderen Gemeinschaften, die ebenfalls als Nationen gelten, trennt. Diese Abgrenzung setzt ein Wir voraus und erzeugt es auch; Nation wirkt also gleichzeitig integrierend. Ihr Begriff bezeichnet eine real bestehende und in den Köpfen der Menschen als solche akzeptierte Gemeinschaft.

So betrachtet könnte man Nationen tatsächlich „soziale Konstruktionen“ nennen und andererseits doch nicht: Spricht man von „sozialer Konstruktion“, um wie Pierre Bourdieu zu verdeutlichen, daß Nationen von Menschen geschaffen und daher von ihnen veränderbar, ja abschaffbar sind, was zutrifft, so halte ich trotz alledem für zutreffender von „gesellschaftlichen Verhältnissen“ (Karl Marx) zu reden.

Will man mit „Konstruktion“ aber ausdrücken, daß Nationen nur eine sprachliche Existenz zukomme, die sich demzufolge durch sprachliche = literarische Aktivität „dekonstruieren“ lasse (Jaques Derida) so ist diese These absurd: Nationen gibt es. Und zwar nicht in erster Linie als sprachliche Phänomene, sondern im praktischen Lebensvollzug, womit Sprache zwar untrennbar verbunden, aber nicht identisch ist.

Nation ist die geschichtlich praktische Form, in der sich die kapitalistische Produktionsweise im 18. und 19. Jahrhundert formiert hat. Sie ist die historische Form der Durchsetzung und staatlichen Konstituierung kapitalistischer Produktionsverhältnisse mit ihren Antagonismen. Nation ist ein historischer Begriff. Seine historische Funktion – untrennbar verbunden mit dem Aufstieg und der Machtergreifung durch das Bürgertum – unterliegt dem historischen Wandel.

Beispielsweise war 1848 die Idee der staatlichen Einheit der Deutschen, der deutsche Nationalgedanke, fortschrittlich und nicht zufällig verbunden mit der Forderung nach Verfassung und Demokratie.

Die krampfhaften Versuche der deutschnationalen Burschenschaften von heute, in ihrem Habitus an diese revolutionäre Tradition anzuschließen, sind ja gerade deswegen nichts weiter als eine reaktionäre Karikatur, weil sich seither die soziale und politische Funktion des Deutschnationalismus – und insbesondere in Österreich – in ihr Gegenteil verkehrt hat.

Aus der deutschen Perspektive war die 1866 erfolgte Ausgrenzung Österreichs aus dem deutschen Reich – der Beginn der Formierung einer eigenen österreichischen Nation – ein historischer Fortschritt. Der 1871 realisierte deutsche Nationalstaat hatte sich jenes Teils zu entledigen verstanden, der zu diesem Zeitpunkt bereits von 75 Prozent der in ihm lebenden Menschen als Völkerkerker abgelehnt wurde.

Die Zerschlagung der Habsburger-Monarchie und das Entstehen der großteils national gegliederten Nachfolgestaaten 1918 entsprach dem Wunsch der weitaus überwiegenden Mehrheit der Bevölkerung Österreich-Ungarns und hätte die Voraussetzung für ein friedliches Nebeneinander der Völker gebildet. Vielleicht hätte auch 1918 noch einmal eine Möglichkeit bestanden, Österreich in die nationale Entwicklung Deutschlands zu integrieren, doch ließ die internationale Konstellation dies nicht zu. In den folgenden Jahrzehnten und insbesondere durch die Machtergreifung Hitlers in Deutschland bzw. die gewaltsame Annexion Österreichs durch das Dritte Reich wurde aber die nationale Entwicklung Österreichs nachhaltig in die heutige Richtung gelenkt.

Nation und Nation

Der Begriff „Nation“ ist so in unsere Umgangssprache eingegangen, daß jeder Mensch, der ihn verwendet, ungefähr zu wissen meint, wovon die Rede ist. Bruno Kreisky verdeutlichte bei Gelegenheit eines Interviews, die dem Nationsbegriff gemeinhin ausreichende Unschärfe: „Wir ham' an Nationalrat, eine Nationalbank und eine Nationalmannschaft, also sama a Nation.“

Betrachtet man die wissenschaftliche Verwendung des Begriffs Nation, so fällt ein Unterschied zwischen dem deutschsprachigen und dem romanischen Raum auf. Die traditionelle deutsche Schule geht davon aus, daß für eine Nation die ethnische und sprachliche Einheit substanziell sei. Das spiegelt zwar die spezielle Bedeutung der Hochsprache bei der Nationswerdung der Deutschen wider, wird aber als allgemeine historische These durch eine Überzahl anders gelagerter Beispiele widerlegt.

Nicht zuletzt hat der Mythos von einer ethnischen bzw. sprachlichen Substanzialität der Nationen bei der Entstehung jener chauvinstischen, rassistischen und antisemitischen Haltungen, wie sie sich im deutschen Faschismus manifestiert haben, eine entscheidende Rolle gespielt.

In Frankreich und Italien gibt es demgegenüber eine andere Traditionslinie der Nations-Theorie, die davon ausgeht, Angehöriger oder Angehörige einer Nation zu sein, setze vor allem ein Bekenntnis zu dem Staat, den diese Nation begründet, voraus. In dieser Theorie des „Verfassungspatriotismus“ lebt der Bezug auf die große Revolution von 1789 und die Idee der Volkssouveränität von J. J. Rousseau, wonach Menschen ein naturgegebenes Recht auf Selbstbestimmung und Mündigkeit haben. Es ist evident, daß diese Traditionslinie zumindest die Möglichkeit einer demokratischen Tendenz öffnet – wobei auch in Frankreich die andere, „christlich-abendländische“ und rassistische existiert.

Es ging die französische Nationsbildung nach 1789 ganz dezidiert nicht von sprachlichen oder ethnischen Kriterien aus. Ausgegrenzt aus der nationalen Gemeinschaft waren nicht die auf dem Territorium Frankreichs lebenden ethnischen bzw. sprachlichen Minderheiten (sie wurden zwangsassimiliert), sondern die Angehörigen des kirchlichen und weltlichen Adels. Aus Ludwig XVI. mußte

Bürger Capet, das heißt ein Angehöriger der Nation werden, ehe ihm der Bürger Marat das Todesurteil aussprechen wollte.

Begriffe wie „Nation" und „Volk" reflektieren demnach auch die Geschichte der Nationen und Völker, die sie gebrauchen. Im Deutschen haben beide jeglichen Kredit verloren. Kein Mensch kann fünfzig Jahre nach dem Holocaust das deutsche Wort „Volk" so verwenden, wie der Franzose „Le Peuple". Und ein Lied, das wie die Hymne der italienischen Arbeiterbewegung – „Avanti popolo" – heißt, würde hierzulande und in der BRD ohne viele Umstände der extremen Rechten zugeordnet werden können.

Heißt das nun also, daß man zumindest im Deutschen die Begriffe „Nation" und „Volk" verpönen sollte? Ich kann das nicht so sehen. Denn gemessen an den Verbrechen, die Deutsche, ÖsterreicherInnen und andere Deutschsprechende zwischen 1933 und 1945 begangen haben, wäre dann nur konsequent, den Gebrauch der deutschen Sprache überhaupt abzuschaffen. Und ähnliches hätte auch für das Englische (Genozid an den Indianern Nordamerikas) und alle anderen sogenannten „Weltsprachen" zu gelten, die ihre Ausbreitung dem Kolonialismus zu danken haben. Wir finden uns also wieder an einem Punkt, an dem die Sprachkritik gleichermaßen auf ihre Unentbehrlichkeit wie ihre Relativität in der historischen und politischen Analyse verweist.

Vereinheitlichung oder Identität

Wenn Nation ein historisches Produkt und die Geschichte eine „Geschichte von Klassenkämpfen" ist, so wird man sich auf die Suche der innerhalb der Nationen wirkenden entgegengesetzten Tendenzen machen müssen. Dieser Gedanke geht bei Lenin in die Vorstellung der „Zwei Kulturen" und „Zwei Nationen" ein, die es in jeder Kultur bzw. Nation zu finden gäbe und die kulturelle Orientierungen entgegengesetzter Klassen widerspiegeln. Der Gedanke ist deshalb wertvoll, weil er die Illusion einer „einheitlichen", alle Widersprüche aufhebenden Nation, einer „Schicksals-" oder „Volksgemeinschaft", wie sie sich die Herrschenden aller Zeiten wünschten, begräbt. Er ist aber andererseits auch wieder zu eng und verführt dazu, politische und kulturelle Phänomene auf ökonomische Grundstrukturen, die Vielzahl von komplizierten Wechselwirkungen und in der heutigen Gesellschaft feststellbaren unterschiedlichen Tendenzen dichotomisch auf zwei zu reduzieren. Es trifft zu: Politik tendiert zwanghaft zu einer solchen Vereinfachung, zur Polarisierung; doch allenfalls in revolutionären Situationen und nur für kurze historische Momente vermag sie die tatsächliche Vielfalt politischer und kultureller Motivationen auf die Alternative zweier einander ausschließender Optionen zu reduzieren. Die Zuspitzung auf eine solche Alternativsituation ist dann aber mindestens eben so sehr das Resultat politisch-strategischen Handelns wie seine

Voraussetzung. „Bürgerliche oder proletarische Ideologie – ein Mittelding gibt es nicht“, heißt es apodiktisch bei Lenin. Eine dritte Ideologie habe die Menschheit nicht geschaffen. Einmal abgesehen davon, daß „lebendige“ Ideologien nicht an sich, sondern nur in der gemeinsamen Entwicklung mit den politischen Bewegungen existieren können, deren Anliegen sie verallgemeinern; wer könnte ex-ante das Attest „proletarische Ideologie“ ausstellen und ihr schroffes ausschließendes Verhältnis zu allen anderen Ideologien definieren? Diese in der späteren Theorieentwicklung der kommunistischen Bewegung vorherrschende Verwechslung von Resultat und Voraussetzung, die sie in die Richtung eines unduldsamen Totalitätsanspruches drängte, soll aber hier nicht den Wert des Hauptgedankens schmälern, den Lenin in Konfrontation mit Otto Bauer formuliert: Wenn man von „Einheit“ oder „Identität“ spreche, so sei zu bedenken, daß sie jeweils nur in und durch innere Widersprüchlichkeit bestehe, es sich also um „Einheit und Kampf von Gegensätzen“ handle, jede Identität nur in und durch Differenz bestehe. In seinem „Hegel-Konspekt“ radikalisiert Lenin diesen Gedanken soweit, daß er die Einheit als das Relative und den Kampf als das Absolute bezeichnet. Will man sich begrifflich im Rahmen des Marxismus bewegen und den Begriff einer „Nationalen Identität“ verwenden, muß man sich also die Relativität jeglicher – also auch nationaler – Identität bewußt machen.

Ich möchte nun versuchen, diese Überlegung auf die eingangs dargestellte Historizität des Nations-Begriffs zu beziehen, denn es geht ja um nationale Identität und Integration in einer konkreten Geschichte von Klassenkämpfen. Dabei läßt sich zeigen, daß nationale Vereinheitlichung stets unter der Führung einer bestimmten Klasse stattgefunden hat und nur stattfinden kann. Gramsci verwendet, um die ideelle Komponente dieser Vereinheitlichung auf Grundlage der politischen Herrschaft einer Klasse (respektive ihrer Elite) zu bezeichnen, den Begriff „Hegemonie“.

„Volk“ bezeichnet in diesem Kontext nicht eine unterschiedslose Masse „identischer“ Individuen, sondern die durch „Hegemonie“ (Führung einer Klasse) geschaffene Beziehung der in Klassen organisierten Individuen zum Staat. „Staat“, „Nation“, „Hegemonie“, „Klasse“ (in den Kerkerheften: „Soziale Gruppen“) bezeichnen so bei Gramsci nicht unterschiedliche Konzepte, sondern bilden den begrifflichen Rahmen einer über die Orthododoxie der Kommunistischen Internationale hinausgehende marxistischen Theorie des Politischen.

Hegemonie und Staat

Hegemonie bedeutet ideell-kulturelle, durch Intellektuelle vermittelte Vorherrschaft einer Klasse im Rahmen der Nation. Eine oft nicht beachtete Konsequenz der Interpretation der Geschichte als Geschichte von Klassenkämpfen besteht darin, daß sie den kämpfenden Klassen gemeinsam ist. Walter Benjamin verweist auf den

Gegensatz, der aus der durch politische Gegenwartsbedürfnisse entstehenden Geschichtsschreibung und Interpretation entsteht. Beide stellen sich als eines der Hauptfelder dar, auf dem um Hegemonie gerungen wird.

Doch mit der Hegemonie allein ist es auch nach Gramsci nicht getan. Die andere Seite der Herrschaft ergibt sich daraus, daß sich Produktionsverhältnisse auch auf Zwang und – zumindest strukturelle – Gewalt stützen. Politische Institutionen mit Herrschaftsfunktion spiegeln einerseits diese und andererseits den gegen sie ausgeübten Widerstand wider. Gesatzte Oppostions- und Widerstandsrechte, Stützpunkte von Gegenmacht in den Apparaten zeugen vom notwendigen Kompromißcharakter staatlicher Verfaßtheit. Die Institution der Arbeiterkammern (hervorgegangen aus dem Kompromiß, den die österreichische Bourgeoise 1919 zur Abschaffung der Arbeiterräte schließen mußte) und die Österreichische Hochschülerschaft mit ihrem allgemeinen politischen Mandat (Ergebnis der gewieften Überlegungen einer sozialdemokratischen Hochschulpolitik, die StudentInnen von der Straße in die Gremien zu holen): Nur zwei Beispiele staatlicher Besonderheiten Österreichs und institutioneller Resultate im nationalen Rahmen geführter politischer Auseinandersetzungen, also materieller Ergebnisse der Nationalgeschichte.

Spricht man über Nation, redet man meistens über Überbauphänomene, sei es im Sektor der politischen Macht, im Bereich der Zivilgesellschaft oder im sozialen Bewußtsein, wie es sich in der Sprache ausdrückt. Wer ist sich dessen bewußt, daß man in Wien bis heute synomym dafür, daß etwas bis zum Verdruß betrieben wird, „bis zur Vergasung" sagt. Wenn man auch nicht soweit gehen will, zu unterstellen, daß hier in der Sprache die Völkermordpraxis der Nazi-Diktatur weiterlebt, um als Stereotyp abrufbar zu bleiben, so sagt doch der gedankenlose Gebrauch des Vokabels „Vergasung" in der Alltagssprache etwas über den Umgang der Menschen – gleich welcher Klasse und welchen Geschlechts – mit der Nazi-Vergangenheit.

Nation, „Selbstbestimmung" und Demokratie

Diese drei Begriffe berühren eine Frage, über die in der Arbeiterbewegung seit 1848 und in der kommunistischen Bewegung seit 1914 diskutiert wird.

Nation ist, wie hier zu zeigen versucht wurde, die historisch gewachsene staatliche Form der kapitalistischen Produktionsweise. Sie ist daher mit der bürgerlichen Demokratie wenn schon nicht identisch so doch untrennbar verbunden.

„Selbstbestimmung" steht deshalb so ostentativ unter Anführungszeichen, weil es in der bürgerlichen Gesellschaft keine Selbstbestimmung im umfassenden und konkreten Sinn als individuelles Recht auf Freiheit von Ausbeutung, Entfremdung und jeglicher Form von politischer, rassistischer oder sexistischer Unterdrückung gibt. Wovon hier nur die Rede sein kann, ist „Selbstbestimmung" als Terminus technicus des Völkerrechtes, als Recht nicht der einzelnen Menschen, sondern staatsförmiger „Gemeinschaften“, sich frei von Unterdrückung durch einen anderen Staat als Subjekt des Völkerrechts zu entwickeln.

Im Falle der nationalen Unterdrückung beinhaltet dieses Recht auf „Selbstbestimmung“ das Recht auf Lostrennung und Begründung einer eigenen Staatlichkeit. Darin liegt seine politische Brisanz. Auch die Vorstellung einer Nation als Völkerrechtssubjekt ändert nicht, daß sie gleichzeitig und in jedem Moment Schauplatz von politischen und kulturellen Auseinandersetzungen, von Klassenkämpfen ist, die ihre Subjektivität, also ihre Ziele und Methoden in der internationalen Arena bestimmen. Die tatsächlichen Subjekte der „Selbstbestimmung“ sind daher die innerhalb der Staaten herrschenden Klassen bzw. deren politische Eliten, die, sofern sie hegemonial sind, das heißt auf Konsens gestützt regieren, im Namen des Volkes und der Nation auftreten.

Alle nationalen Streitfälle vom amerikanischen Unabhängigkeitskrieg bis zum Vietnamkrieg, von Ungarn 1956 über die ČSSR 1968 bis Afghanistan, vom irischen Befreiungskampf bis zur jugoslawischen Tragödie – sie alle sind nur in diesem Spannungsfeld von innerer und äußerer Selbstbestimmung zu verstehen.

Nicht zufällig wirft daher auch der Beitritt Österreichs zur EU Fragen nationaler Selbstbestimmung wie der Demokratie gleichzeitig auf. Die Grundidee der EU, die „Europäische Vision“, läuft auf die Schaffung eines supranationalen Staates hinaus. Supranationalität heißt Schaffung einer über den Nationen stehenden Staatsmacht. Sie ist auch dem Verständnis ihrer Architekten nach das Gegenteil einer Internationalität, das heißt einer Zusammenarbeit von – zumindest theoretisch – gleichberechtigten Nationalstaaten. Auch die österreichische Bundesregierung zieht nun offiziell die Supranationalität der Internationalität vor.

Wird aber eine supranationale EU durch mehr demokratische Partizipationsmöglichkeiten der Einzelnen gekennzeichnet sein als die bisherigen Nationalstaaten? Werden ihre sozialen und ökologischen Standards höher sein als in den bisherigen Nationalstaaten? Wird die Absenkung von sozialen und ökologischen Standards auf das vom Binnenmarkt erzwungene Niveau es sozialen und ökologischen Bewegungen zumindest in den Staaten, deren Standards unterhalb des EU-Schnitts liegen, erleichtern, Fortschritte zu erzielen? Wird sich ein (west-)europäischer Superstaat friedlicher und zivilisierter in der Weltpolitik bewegen als seine Komponenten bisher? Inzwischen hat sich auch unter „kritischen EU-Befürwortern“ herumgesprochen, daß keine dieser Fragen positiv zu beantworten ist.

Nicht die Katastrophenszenarios reaktionärer EU-Gegner werden eintreten, sondern die nüchternen Warnungen, die EU verändere das wirtschaftliche und politische Kräfteverhältnis zugunsten des Großkapitals, bewahrheiten sich heute. „Bahn frei, den vom Binnenmarkt freigesetzten Kräften“ heißt letzten Endes: „Weg mit allen sozial- und demokratiepolitischen Schranken“, die historisch durch Arbeiter- und demokratische Bewegungen im Rahmen der Nationalstaaten erkämpft wurden.

Österreich und die Europäische Union

Mit dem Beitritt zur EU hat Österreich einen Wendepunkt in seiner gesellschaftspolitischen Entwicklung erreicht, der seine Zukunft als selbständige Nation in Frage stellt. Deshalb ist es für die Linke unerläßlich, ihr Verhältnis zu dieser Nation zu klären. Eine kritiklose Verwendung des Begriffs „Nationale Identität" taugt nicht, weil, wie zu zeigen versucht wurde, es für Linke in erster Linie darum gehen muß, die Fähigkeit zur Differenzierung und zum Umgang mit Widersprüchen zu entwickeln. Der antiösterreichische Reflex eines Großteils der linksliberalen Intelligenz ist andererseits weit eher der subkutanen Langzeitwirkung deutsch-nationaler Traditionen und ihrer Anpassung an den massenmedial durchgesetzten Mainstream der Politik geschuldet als einer kritischen Auseinandersetzung mit der österreichischen Wirklichkeit.

Im Unterschied zu einer chic gewordenen linken Attitüde, die jeglichen positiven Bezug auf österreichische Traditionen und österreichisches Selbstverständnis untersagen möchte, meine ich, daß für die Zukunft der Linken entscheidend sein wird, jene Widersprüche im Selbstverständnis der Österreicherinnen und Österreicher aufzufinden, die durch ihren Gegensatz zu den herrschenden Verhältnissen ein Veränderungspotential freisetzen können.

Noch immer gilt: Die Grundlage der staatlichen Unabhängigkeit Österreichs besteht im historisch entstandenen Konsens der meisten ÖsterreicherInnen, Angehörige einer selbständigen Nation zu sein und das auch bleiben zu wollen. Man sollte diesen Konsens weder über- noch unterschätzen. Ihn unterschätzen hieße zu übersehen, daß er neben allen Widersprüchen, Geschichtsklitterungen und Verdrängungen zumindest in einer Hinsicht eine rationale Konsequenz aus der schuldhaften und tragischen Verwicklung Österreichs in beide Weltkriege zum Inhalt hat: die Akzeptanz von Kleinstaatlichkeit und Neutralität. Könnte er stabilisiert werden, wäre er das ernstzunehmendste Hindernis dafür, Österreich neuerlich in eine deutsche Großmachtpolitik oder in (west)europäischen Supermachts-Chauvinismus einzubinden.

Ihn zu überschätzen würde nicht nur bedeuten zu übersehen, daß auch Kleinstaatlichkeit und Neutralität unterschiedlichen Interpretationen unterliegen, sondern vor allem auch, daß die Entwicklung Österreichs als Nation weder abgeschlossen noch unwiderruflich ist. Im Gegenteil: die Mitgliedschaft Österreichs in der EU und die immer deutlicher werdenden Pläne, dieser Mitgliedschaft auch die Neutralität, also die Souveränität in außen- und militärpolitischer Hinsicht zu opfern, lassen die Zukunft der österreichischen Nation düster erscheinen. Umfragedaten, die nach wie vor stabil hohe Zustimmungsraten zu Neutralität und Eigenstaatlichkeit signalisieren, können angesichts der nach der Zerstörung des verstaatlichten Sektors ungebremsten Übernahme immer größerer Teile der österreichischen

Wirtschaft einschließlich der Kulturindustrien durch deutsche Konzerne nicht wirklich beruhigen.

Gesellschaftliches Konfliktpotential bisher ungeahnten Ausmaßes reift, weil die Anpassung Österreichs an die neoliberale, an den Verwertungsinteressen des Großkapitals orientierte Wirtschaftspolitik Brüssels für große Teile der Bevölkerung negative Folgen hat. In welche Richtung wird sich aber die Unzufriedenheit wenden? Wer wird sie artikulieren?

Jörg Haiders „Dritte Republik“ kann nahtlos dort anschließen, wo die Zweite angekommen ist: beim sozialen und nationalen Ausverkauf. Sein Rassismus der Tüchtigen, seine Fremdenfeindlichkeit und sein Nationalismus, der ein unverhohlener Deutschnationalismus ist, wurden in den letzten Jahren gezielt aufgebaut. Sie stehen bereit, die wachsende soziale Frustration und Aggression nach rechts und systemkonform zu kanalisieren. Haider ist nicht nur als erster nach Brüssel aufgebrochen, er wird auch als erster dort ankommen.

Egon Matzner, ein sozialdemokratischer Vordenker, sieht angesichts wachsender sozialer Kälte und des ungeklärten Verhältnisses maßgeblicher Teile der Intelligenz zur Nation Österreich am Vorabend einer Staatskrise. Ich halte den Befund für zutreffend. Opposition gegen den Abbau des Sozialstaates mit all den negativen Auswirkungen und Widerstand gegen die weitere Zerstörung österreichischer Eigenstaatlichkeit sind voneinander nicht mehr zu trennen. Gelingt es nicht, ein linkes Politik-Angebot zu entwickeln, das dieser Dialektik gerecht wird, so wird eine andere, nämlich die Dialektik einer Regierung, die den sozialen wie den nationalen Ausverkauf betreibt und einer Pseudoopposition, die beides zu radikalisieren trachtet, der Zweiten Republik ein ebenso unrühmliches Ende bereiten wie der Ersten.

Die Linke, namentlich die sozialistische, wird sich, wie ich zu zeigen versuche, der nationalen Frage Österreichs von neuem stellen müssen. Sie muß es aus internationalistischer Perspektive, gilt es doch, das Risiko neuerlicher deutscher Großmachtpolitik einzudämmen. Doch die Begründung der nationalen Unabhängigkeit Österreichs kann nicht nur in Abgrenzung von Deutschland, quasi als ein „negativer Verfassungspatriotismus“ formuliert werden.

Denn gerade in Zeiten, in denen sich, so wie heute, ein wachsender Teil der Bevölkerung vom politischen System und seinen Repräsentanten abwendet, gewinnen Fragen der geistigen und gefühlsmäßigen Orientierungen eine neue Bedeutung. Nationalismus und Fremdenfeindlichkeit stoßen in ein ideelles und emotionales Vakuum. „Europa“ wird dieses Vakuum nicht füllen. Konservative Österreichbilder, wie die wieder ins Kraut schießende Habsburgerei, eignen sich unter Umständen für die Fremdenverkehrswerbung, zur Entwicklung eines zukunftsfähigen österreichischen Selbstverständnisses sind sie so untauglich, wie sie auf denkende Zeitgenossen aller Alterstufen grotesk und abstoßend wirken. Mit anderen Worten: die Linke ist gefordert. Wenn sie sich aus der Diskussion um

Entwicklung und Weiterentwicklung nationalen Selbstverständnisses heraushält, findet sie sich mehr oder weniger damit ab, daß der Zug nach Brüssel für Österreich im Endeffekt in Berlin ankommt.

Also stellen wir uns den Widersprüchen der österreichischen Verhältnisse, wozu auch die doppeldeutigen und ungeordneten Elemente eines nationalen Selbstverständnisses gehören. Es gilt, die geistige Auseinandersetzung um die Strukturierung dieser Elemente neu aufzunehmen und um die Formulierung dessen mitzustreiten, was „österreichische Identität" heißt. Dabei geht es nicht um die Anpassung an bestehende Stimmungen. Vielmehr müssen Arbeiterbewegung und Linke darum kämpfen, ihre eigenen Zukunftsvorstellungen und Alternativen durchzusetzen – sie vor allem und gerade unter ArbeiterInnen und Angestellten glaubhaft zu machen. Viel spricht dafür, daß es entweder ein erneuertes, gewandeltes österreichisches Selbstverständnis geben wird oder überhaupt keines. Es ist verdienstvoll, die geschichtliche Kontinuität oppositioneller und widerständiger Traditionen in unserem Land immer wieder in Erinnerung zu rufen. Gerecht wird man diesem Erbe aber nur, wenn man es durch den Kampf gegen Sexismus, Fremdenfeindlichkeit, Antisemitismus und wiedererstehenden Nationalismus am Leben erhält und weiterentwickelt. Ein neues österreichisches Selbstverständnis bedarf keiner Verklärung von Vergangenheit und Gegenwart, sondern neuer Vorstellungen über die Zukunft. Angesagt ist kein affirmatives sondern ein kritisches Verhältnis zur österreichischen Wirklichkeit. Nicht der Status quo soll erhalten, sondern die Umgestaltung – als weiterhin selbständiger Staat – erstritten und eingeleitet werden.

Literatur

Balibar, Etienne; Immanuel Wallenstein: Rasse. Klasse. Nation. Ambivalente Identitäten.– Hamburg, Berlin 1992.

Bourdieu, Pierre: Entwurf einer Theorie der Praxis.– Frankfurt / Main 1976.

Buci-Glucksmann, Christiane: Gramsci und der Staat. Für eine materialistische Theorie der Philosophie.– Köln 1981.

CDU/CSU-Bundestagsfraktion: Die Euopäische Union außen- und sicherheitspolitisch handlungsfähiger machen. Diskussionsbeirag des Geschäftsführenden Vorstands der CDU/CSU-Bundesfraktion zur Regierungskonferenz 1996.– Bonn. o.Z..

Derida, Jaques: Gesetzeskraft. Der „mystische Grund der Autorität".– Frankfurt / Main 1991.

Fischer, Ernst: Von Grillparzer bis Kafka.– Wien 1962.

Fischer, Ernst: Kunst und Koexistenz. Beitrag zu einer modernen marxistischen Ästhetik.– Hamburg 1962.

Freiheitliche Partei Österreichs: Parteiprogramm.– Wien 1985.

Fuchs, Albert: Geistige Strömungen in Österreich 1867-1918.– Wien 1949.

Gramsci, Antonio: Gedanken zur Kultur.– Leipzig 1977.

Gramsci, Antonio: Notizen zur Sprache und Kultur.– Leipzig, Weimar 1984.

Hobsbawn, Eric J.: Nation und Nationalismus. Mythos und Realität seit 1780.– Frankfurt / Main, New York 1991.

Hofbauer, Hannes; Andrea Komlosy: Das andere Österreich. Vom Aufbegehren der kleinen Leute. Geschichte aus vier Jahrhunderten.– Wien 1987.

Holzer, Gabriele: Verfreundete Nachbarn.– Wien 1995.

Kebir, Sabine: Die Kulturkonzeption Anton Gramscis.– München 1980.

Klahr, Alfred: Zur österreichischen Nation.– Wien 1994.

Kracauer, Siegfried: Von Calligari zu Hitler. Eine psychologische Geschichte des deutschen Films.– Frankfurt / Main 1984.

Lenin, W. I.: Aus dem politischen Nachlaß. Exzerpte und Randglossen.– Berlin 1954.

Lenin, W. I.: Was tun. Brennende Fragen der Bewegung. LW Bd.5.

Marx, Karl: Vorwort zur Kritik der Politischen Ökonomie.– Berlin 1954.

Matzner, Egon: Vielfalt gegen den Egoismus. Für die Wiederbekräftigung der österreichischen Staatsidee.– In: »Der Standard« 24.12.1994.

Österr. Bundesregierung: Österreichisches Konvergenzprogramm gem. Art. 109 e EG-Vertrag.– Wien 1995.

Österr. Bundesregierung: Leitlinien zu den voraussichtlichen Tehmen der Regierungskonferenz 1996.– Wien 1995.

Priester, Eva: Kurze Geschichte Österreichs. 2 Bände.– Wien 1946 und 1949.

GERHARD SCHEIT

Dekonstruktion des deutsch-österreichischen Volkscharakters

„Austronationalismus" und Kulturbegriff

„Österreich ist kein Staat, keine Heimat, keine Nation. Es ist eine Religion (...). Die Sozialdemokraten haben verkündet, daß Österreich ein Bestandteil der deutschen Republik sei; wie sie überhaupt die widerwärtigen Entdecker der sogenannten Nationalitäten sind. Die christlichen Alpentrottel folgen den Sozialdemokraten."
Joseph Roth: Die Kapuzinergruft[1]

Über Familie, Bildungsinstitutionen und Massenmedien bindet das Nationalbewußtsein die in Tauschwert-Verhältnissen zerstreuten Individuen an den Staat. Das unsichtbare Band in den Köpfen läßt allerdings einigen Spielraum, ja der ethische und politische Wert und Unwert des Nationalbewußtseins entscheidet sich darin, wie dieser Raum genutzt wird; wie eben auch ein patriotischer Widerstandskämpfer gegen den Nationalsozialismus – sei er nun ein deutscher oder ein österreichischer – eine andere Art von Patriotismus pflegt als ein Nationalsozialist.

Geschichte „eines Volkes" kann darum nur heißen: *Geschichte eines Staatsverhältnisses*. Der Begriff der Nation dient nun aber vornehmlich dazu, dieses Verhältnis zu mystifizieren – und zwar im Namen und zur Legitimation eines bestimmten *Produktivitätsniveaus*, das es im Interesse der Mehrheit der „Staatsbevölkerung" zu schützen und nach außen hin zu begrenzen gilt, um im Inneren eine gewisse Homogenität des Wohlstands herzustellen. Welche Bestimmungsstücke auch immer für den Begriff der Nation herangezogen werden – gemeinsame Kultur, Sprache, „Schicksalsgemeinschaft" etc. –, es sind letztlich Indikatoren dieses Produktivitätsniveaus.

Im Falle Österreichs indessen reicht diese allgemeine Bestimmung keineswegs aus: hier lauern noch ganz andere Mystifikationen. Es handelt sich offenbar um eine Nation mit doppeltem Boden – oder gar um ein trojanisches Pferd.

Die Nationalitätenfrage und die Sozialdemokratie

Im Burgenland – dessen historisches Schicksal ein wenig an das Ostdeutschlands erinnert (die „Wiedervereinigung“ des jenseits der Leitha liegenden Gebiets mit „Restösterreich“ erfolgte allerdings nach nur wenigen Monaten der Räterepublik) – an der Grenze zwischen Österreich und Ungarn, dort, wo einstmals die Bürger der DDR in den Westen strömten, patrouillieren heute die Soldaten des österreichischen Bundesheeres, um den illegalen Grenzübertritt nicht-deutscher Flüchtlinge zu verhindern. Seit einiger Zeit tragen sie auf ihren Uniformen und Fahrzeugen besonders deutlich sichtbar das rot-weiß-rote Emblem ihrer Nation. Dem österreichischen Bürger soll dies gewiß Vertrauen einflößen – es ist seine Fahne, die hier getragen wird. Sie soll ihn beruhigen: hier lauert nicht ein Krieg, wie am allzunahen Balkan, hier ist kein Militärstaat, hier ist bloß die Grenze deiner Nation, die von deinesgleichen geschützt wird.

Bald nachdem die Ostdeutschen in volkseigenen Shorts und Shirts via ehemalige Ostmark heim ins Reich gefunden hatten, veranlaßte der Innenminister, die Soldaten an die bewußte Grenze zu schicken, um dem nachsetzenden Flüchtlingsstrom, der eben in kein Reich mehr finden konnte, Einhalt zu gebieten. Dabei folgte der von der Parteilinken ungeliebte Sozialdemokrat durchaus den national-strategischen Überlegungen des Austromarxismus. Otto Bauer betrachtete bereits 1907 den „internationalen Klassenkampf“ als das „*Mittel*, dessen wir uns bedienen müssen, um unser nationales Ideal zu verwirklichen.“[2] In seiner Broschüre „Deutschtum und Sozialdemokratie“ – ein populäres Seitenstück seines zur selben Zeit entstandenen Hauptwerks „Die Nationalitätenfrage und die Sozialdemokratie“ – formuliert Bauer unmißverständlich: „Wir wollen, daß das deutsche Volk groß und mächtig sei, daß seine Volkszahl wachse. Zu diesem Zweck brauchen wir eine energische Sozialpolitik.“[3] Nicht der sozialpolitische Zweck heiligt also die nationalen Mittel, sondern umgekehrt, die sozialpolitischen Mittel heiligen den nationalen Zweck. „Sind wir wirklich Verräter am deutschen Volke?“ fragt darum Otto Bauer. „Sind wir wirklich national unverläßlich?“[4] Nein, sie waren es gewiß nicht mehr, die so beratenen Sozialdemokraten. „Jeder Sieg der Arbeiterklasse“ gilt Bauer als „ein Erfolg der deutschen Nation.“[5] Und diese Siege sollten dazu beitragen, die anderen Nationen innerhalb der Habsburgermonarchie zurückzudrängen, das nationale Ideal zu verwirklichen: „Das Machtverhältnis“ zwischen Deutschen und Tschechen, deren „Einwanderung“ ins deutschsprachige Gebiet man innerhalb der Monarchie leider nicht verhindern könne,[6] „wurde dadurch zugunsten der Deutschen verändert. Diesen Machtzuwachs verdankt die deutsche Nation nicht den Schreiern, die ihren Namen eitel im Munde führen, sondern der internationalen Sozialdemokratie.“[7]

Bauer definiert die Nation als „Schicksalsgemeinschaft“.[8] Die Formel klingt nicht nur romantisch, sie mystifiziert effektiv den Staat, den sie nicht beim Namen nennt. Statt ums Schicksal geht es in Wahrheit um die Funktionen, die der Staat bei der Durchsetzung kapitalistischer Warenproduktion übernimmt; ohne sie läßt sich Nation historisch nicht denken. Darauf scheint es Bauer eben nicht anzukommen, denn er versteht Nation zunächst einmal als „Naturgemeinschaft“[9]: das Ziel, das von den marxistischen Mitteln geheiligt wird, projiziert der romantische Arbeiterführer in die Vergangenheit, wenn er von der „nationalen Kulturgemeinschaft der Germanen im Zeitalter des Sippschaftskommunismus“ phantasiert.[10] Und als Zukunftsutopie schwebt ihm offenbar deren Wiedergeburt auf höherer gesellschaftlicher und technischer Stufe vor: ein friedliches Nebeneinander von Nationen – gereinigt von Staat und Kapital.

„Marx nimmt Turnunterricht bei Vater Jahn“[11] – schrieb Karl Kraus 1932 rückblickend über die deutschnationale Orientierung der österreichischen Sozialdemokratie: „Schicksalsgemeinschaft ist eine nationale Phrase, denn als sozialer Gedanke müßte sie ganz ebenso die österreichische und die französische Arbeiterklasse vereinigen“.[12] Zum Speien fand Kraus, „daß Leute, die immerhin ein paar nationalökonomische Bücher gelesen und vielleicht sogar Marx verstanden haben, sich auf ein Gedankenleben reduzieren können, das in der Inschrift eines Bierkrügels, eines Garblonzer Wandtellers, einer Schlummerrolle Platz hat“, und er staunte stets neu über jenes „Geschick“ der Sozialdemokratie, „mit dem sie sich [...] den Gegebenheiten anzupassen pflegt, die sie herbeigeführt hat“.[13]

„Nun einmal“ lauten die würzenden Partikel dieser nationalen Politik: Das Vaterland zu schützen gegen den Einbruch des äußeren Feindes – das war, schrieb Otto Bauer in einer neuen Broschüre, „da der Krieg nun einmal ausgebrochen war, auch nach unserer Meinung das Recht und die Pflicht der Arbeiter aller Länder.“[14] Während Karl Liebknecht wußte: „Der Hauptfeind steht im eigenen Land“[15] und Rosa Luxemburg (in der Junius-Broschüre) schrieb: „Für das europäische Proletariat im ganzen sind heute von seinem Klassenstandpunkt Sieg oder Niederlage jedes der kriegführenden Lager gleich verhängnisvoll“,[16] proklamierten die österreichischen Genossen, da – nun einmal – Krieg war: Arbeiter aller Länder bekriegt euch (aber nicht zu sehr). Alfred Pfabigan hat das „Umfallen“ der österreichischen Partei ausführlich analysiert: er sieht Victor Adler bei seinem Auftritt in der letzten Sitzung des Internationalen Sozialistischen Büros im Juli 1914 sogar als Pionier des Kriegssozialismus.[17] Karl Renner schrieb 1915 (im theoretischen Organ der Partei »Der Kampf«): „Der fremde Imperialismus ist ein größeres Übel als der eigene Imperialismus“.[18] Und Max Adler versicherte in seinen „Sozialistischen Betrachtungen zum Weltkrieg“, „daß in der Internationale allezeit volles Verständnis dafür vorhanden war, daß das Proletariat mit der Freiheit und Unabhängigkeit seines Landes und seiner Nation unverlierbare Voraussetzungen seines eigenen Emanzipationskampfes zu verteidigen habe [...]“.[19]

Mit der Orientierung auf Großdeutschland knüpfte die Linke in Deutsch-Österreich im Grunde an die Forderungen der 1848er Bewegung an. Victor Adler, der alte Führer der österreichischen Arbeiterbewegung, war ja ursprünglich ein deutschnationaler Liberaler und in der selben Bewegung engagiert wie Schönerer und Lueger – jene zwei Politiker, die später zu den wichtigsten Vorbildern des jungen Adolf Hitler wurden. Wie immer man aber die großdeutsche Bewegung und ihre Ideale um 1848 beurteilen mag – als Deutschland dazu rüstete, neuen Raum zu erobern und alle technischen Mittel dafür gereift waren, nahmen auch die alten Ideale neue Dimensionen an. Die Kunst sozialdemokratischer Politik in Österreich aber bestand unter anderem darin, diese Dimensionen zu verkleinern, sodaß die monströs gewordenen Ideale wieder recht menschlich und selbstverständlich dreinschauten: das gutmütige Gesicht des gesunden Menschenverstandes.

Die Zauberformel zur Verharmlosung der Vaterlandstreue war mit dem Kulturbegriff gefunden: von deutscher Kultur, die es zu verbreiten, zu verteidigen usw. gelte, sprach man, nannte Goethe, Schiller, Beethoven und Marx – und meinte doch nichts anderes als die sozialen Privilegien der deutschsprachigen Bevölkerung. Deutschland, so der besonders idealistisch denkende Max Adler, sei – nun einmal – das Land der „höchsten geistigen Kultur", und darum sei es eine Selbstverständlichkeit dorthin zu gehen, wohin die Deutschen in Österreich „nach Nation, Gefühl und ökonomischer Notwendigkeit gehören, zu ihren Brüdern im Deutschen Reich".[20] Dabei war das Proletariat ursprünglich von dieser Selbstverständlichkeit nicht sosehr überzeugt und offenbar internationalistischer gesinnt als seine Führer; Otto Bauer erinnert sich, daß die deutschösterreichischen Arbeiter zunächst „keinerlei Sympathie für den Anschluß an das ihnen verhaßte imperialistische Deutschland" aufbrachten.[21] Während des Krieges bildete sich auch eine oppositionelle Minderheit (Robert Danneberg, Friedrich Adler), die gegen den Krieg Stellung bezog und die Entwicklung in der Internationalen kritisierte. Friedrich Adler, der sich mutig zum Attentat auf den Kriegsminister Graf Stürgkh entschloß, votierte 1918 wieder für den Anschluß an Deutschland – allerdings weniger um des nationalen Ideales willen, sondern weil dadurch, seiner Meinung nach, die „Bedingungen des Klassenkampfes in Deutschland wesentlich verbessert würden".[22]

Nach dem Zusammenbruch der Monarchie beteuerten die zisleithanischen Sozialdemokraten, für die Deutschösterreicher nur das „gleiche" Recht zu verlangen, das sie auch den anderen Nationen der Habsburgermonarchie zugestanden: das Recht auf nationale Selbstbestimmung. Es sei schreiendes Unrecht, allein die Deutschösterreicher für eine Politik zur Verantwortung zu ziehen, für die in Wahrheit keines der Völker der Habsburgermonarchie verantwortlich gewesen wäre. Die Deutschösterreicher betrachtete man gleich Tschechen, Polen und Italiener als ein von den Habsburgern unterdrücktes Volk und bestritt damit die Stellung des „Herrenvolkes", die sie als staatstragende Kaste der Habsburgermonarchie ökonomisch und kulturell behauptet hatten. Der deutsche Nationalismus gerierte sich nunmehr – in der Ersten österreichischen Republik wie in der Weimarer Republik – als Befreiungsnationalismus: Die Entente-Mächte galten als die herrschenden Nationen, während Deutschland samt Restösterreich zu den unterdrückten gezählt wurde. Es erinnert dabei an manche Positionen des Nationalbolschewismus, wenn Otto Bauer 1929 meinte, das Deutschland der Weimarer Republik müsse sich bewaffnen, um die Sowjetunion schützen zu können. „In absehbarer Zeit können Deutschland und Österreich nicht in die Möglichkeit geraten, einen imperialistischen Krieg zu beginnen, zu entfesseln, zu führen, sondern nur in die Notwendigkeit, ihre Freiheit und Neutralität gegen den fremden Imperialismus zu verteidigen."[23]

Otto Bauer war Jude. In seinem deutschnationalen Engagement liegt ein tragisches Moment, das bei aller Polemik nicht übersehen werden sollte. Der überhitzte Einsatz für die deutsche Nation – „Wenn Herr Otto Bauer warm wird, geht mich ein Frösteln an" (Karl Kraus)[24] – ist auch als ein letzter verzweifelter Assimilationsversuch zu sehen: „Sind wir wirklich Verräter am deutschen Volke? Sind wir wirklich national unverläßlich?"[25] Die Fragen bezog Bauer unbewußt wohl auch auf die Juden – die ewig „vaterlandslosen Gesellen", wie sie von der Propaganda des Nationalstaats in Krisensituationen als Menetekel konstruiert wurden. Auch bei Victor Adler selbst und ebenso bei Friedrich Austerlitz, dem enthusiastischen Kriegsbefürworter von 1914, dürfte ein solcher verzweifelter Assimilationswunsch den Deutschnationalismus nicht unwesentlich befördert haben. Der Begriff der „Schicksalsgemeinschaft", der im nationalen Denken der österreichischen Sozialdemokratie eine so große Rolle spielte, er fand in der Frage des Judentums keine Anwendung, obwohl diese Gemeinschaft nun wirklich ein jahrhundertealtes Schicksal geteilt hat und überdies tatsächlich staatenlos geblieben war. Kraus, der selber nicht frei von „jüdischem Selbsthaß" war, ja ihn bekanntermaßen, wenn es etwa gegen die Presse ging, offener artikulierte, wußte andererseits: die Anbiederung ans Völkische könne nur das bekannte Erlebnis nach sich ziehen, „das jenem Großstädter widerfuhr, der sich in der tiroler Tracht wohl fühlte, einem ihm begegnenden Landmann frohgemut ‚Grüaß Gott!' zurief und die loyale Antwort bekam: ‚Grüaß Gott, Herr Jud!'"[26]

Die Nationalsozialisten beseitigten auch hier jede Möglichkeit eines Mißverständnisses. 1938 erließen sic an alle Juden das Verbot, die Landestracht oder Teile davon zu tragen. Wenn Karl Renner und Otto Bauer nun ihre deutschnationale Tracht anbehielten, dann befand sich der eine im Einklang mit dem Regime, während der andere – welches ideologische Gewand auch immer er trug – mit Vernichtung rechnen mußte. Das „Nun einmal" Karl Renners ließ nach dem Anschluß nicht lange auf sich warten, wenngleich nun immerhin ein „Obschon" hinzugefügt wurde: „Obschon", äußerte Renner 1938 in einem Interview – vermutlich übten die Nationalsozialisten Druck auf ihn aus –, „obschon nicht mit jenen Methoden, zu denen ich mich bekenne, errungen, ist der Anschluß nunmehr doch vollzogen, ist geschichtliche Tatsache, und diese betrachte ich als wahrhafte Genugtuung für die Demütigung von 1918 und 1919, für St. Germain und Versailles. Ich müßte meine ganze Vergangenheit als theoretischer Vorkämpfer des Selbstbestimmungsrechtes der Nationen wie als deutschösterreichischer Staatsmann verleugnen, wenn ich die große geschichtliche Tat des Wiederzusammenschlusses der Deutschen Nation nicht freudigen Herzens begrüßte [...]".[27] Nachdenklicher klang das „Nun einmal", mit dem Otto Bauer, der bereits im Exil war, den „Anschluß" kommentierte. Über die Gegenwart der unmittelbaren Bedrohung half er sich mit historischen Vergleichen und Theorien hinweg: er verglich den „Anschluß" mit der Einigung des Reichs unter Bismarck, um selber die Position von Engels einnehmen zu können, der gemeint hatte, man dürfe sich zum neuen Reich „nicht simplement negativ, das heißt reaktionär, sondern müsse sich kritisch verhalten". Diese Einstellung übertrug Bauer umstandslos auf den Nationalsozialismus und meinte, man dürfe sich heute „der vollzogenen Tatsache der Annexion Österreichs durch das Dritte Reich gegenüber nicht reaktionär, sondern nur revolutionär" verhalten[28]. Reaktionär, das bedeutete: für die Wiederherstellung der Unabhängigkeit Österreichs zu sein. Allerdings begriff Bauer sofort die Lage der österreichischen Juden: Sein letzter Artikel (»News Chronicle«, London, 5.Juni 1938) ist ein dramatischer Appell an die Weltöffentlichkeit zu ihrer Rettung.

Das Konzept einer österreichischen Nation und die *Romantik des Exils*

Die Konzeption einer österreichischen Nation wurde seit 1936 von den Kommunisten vertreten – also von jener politischen Gruppierung, die in diesem Lande den bei weitem bedeutendsten Beitrag zum Widerstand gegen die Nationalsozialisten leistete – mit den meisten Opfern. (Wolfgang Neugebauer spricht von 6300 Festnahmen und von 80 Prozent aller diesbezüglichen Verfahren beim Oberlandesgericht Wien.)[29] Im Zusammenhang mit der Volksfront-Taktik entwickelt, sollte das neue nationale Konzept dazu dienen, ein breites Bündnis gegen den Nationalsozialismus zu schaffen – Schriftsteller, wie etwa Joseph Roth, ein großer Verehrer der Habsburger, und Karl Kraus, der bekanntlich in den letzten Lebensjahren mit dem Austrofaschismus als dem „kleineren Übel" sympathisierte, sollten darin Platz finden. In den Artikeln, die Alfred Klahr – der wenig später von den Nationalsozialisten ermordet wurde – zur nationalen Frage 1937 veröffentlichte, wurde der „Pangermanismus" von Otto Bauer scharf kritisiert; auch die unhistorische Auffassung des Begriffs der Nation wies Klahr zurück. Obwohl aber die mystifizierende Rede von der „Schicksalsgemeinschaft" desavouiert wurde, übernahm man doch deren geheimen Sinn: die stillschweigende Abstraktion vom Staat. Klahr stützte sich auf die nichtssagende Definition, die Stalin 1912 (in „Marxismus und nationale Frage“) gegeben hatte, und die doch nichts anderes war als eine blasse Dublette der Bauerschen „Schicksalsgemeinschaft“: „Die Nation ist eine historisch entstandene, stabile Gemeinschaft der Sprache, des Territoriums, des Wirtschaftslebens und der in der Kulturgemeinschaft zum Ausdruck kommenden Geistesart.“[30]

Nation ist ein eminent teleologischer Begriff: er zielt stets auf einen Staat, der bereits geschaffen oder noch zu schaffen ist; er interpretiert alle Ereignisse in Geschichte, Ökonomie und Kultur in Hinblick auf diesen realen oder imaginären Zielpunkt. Ist es bei Bauer Großdeutschland, unter dessen Maßgabe er etwa die Germanen beschreibt, so ist es bei Alfred Klahr oder Ernst Fischer Kleinösterreich, worauf die Fluchtlinien aller Ereignisse, die jemals auf dem Boden des heutigen Österreichs stattgefunden haben, ausgerichtet werden. Die geographischen Maße des Staats der Gegenwart oder der erhofften Zukunft werden also auf die historischen Landkarten projiziert: Eva Priester eröffnet ihre zweibändige, im englischen Exil begonnene und 1946 bzw. 1949 in Wien erschienene „Kurze Geschichte Österreichs“ mit der Römerzeit; die ersten Österreicher, die sie sich ausmalt, haben in den Provinzen Pannonien, Noricum und Illyrien gelebt – nicht in Germanien, wie Otto Bauer meinte –, und jedes reaktionäre Schulgeschichtsbuch der Zweiten Republik wird der Kommunistin darin folgen.

Da aber die Betrachtung der wirklichen Geschichte eine solche Teleologie ohne phantastische Verzerrungen kaum zuläßt, konzentrierte man sich mit Vorliebe auf die Kultur: Aus Musik (Schuberts „Unvollendete“), Theater (Hofrat Grillparzer und Hanswurst Nestroy) und Architektur (namentlich das Barock) wurden die unentbehrlichen Nippesfiguren für die Ausstattung der Nation geformt. Wir haben, schrieb Alfred Klahr, „die eigene, spezifisch österreichische Kultur, die aus den besonderen österreichischen Lebensverhältnissen erfließt und ihrer Verwurzelung im Volke nach stark ins Gewicht fällt. Es gibt auf allen Gebieten der Kunst eine Reihe von Männern, die auf keinem anderen als österreichischem Boden denkbar sind, die in ihrem Schaffen spezifische österreichische und keine andere Eigenart des nationalen Charakters verkörpern.“[31] Unbewußt der nationalen Eingebung gehorchend, überging man dabei, daß etwa Mozart sich durchaus als Deutscher fühlte, Grillparzer und Nestroy in ihrem Selbstverständnis zwar eher als Wiener denn als Deutsche gelten wollten – als „Östreicher“ aber nur in Bezug auf das habsburgische Herrscherhaus. Mitunter verhalf die Orientierung auf eine österreichische Nation tatsächlich zu einem besseren Verständnis einzelner Perioden und Werke, ja bildete sogar den Anstoß, manches überhaupt erst zu entdecken, das der Ignoranz des Agitprop und des Deutschnationalismus zum Opfer gefallen war; Ernst Fischers Aufsätze über Karl Kraus, Nestroy, Musil, Kafka, Lenau und Grillparzer gehen in diesem Sinn über die nationale Teleologie oftmals hinaus.

Was das Konzept einer österreichischen Nation überdies politisch akzeptabel erscheinen läßt, ist wohl auch, daß es die Rassenideologie gleichsam ausdünnt: die

Abkunft von einer „germanischen, arischen Rasse“ wird konsequent in den Hintergrund gedrängt (dort bleibt sie allerdings präsent) – niemand konnte sich offenbar dazu versteigen, daß die Österreicher eine eigene „Rasse“ wären. Die theoretischen Kalamitäten, in die man sich mit diesem Konzept also verstrickt – „Wenn einen kein Mensch versteht, das ist national“ (Nestroy) –, vermögen immerhin den Blick dorthin zu lenken, wovon die Rassenideologie ihn stets ablenkt: auf die Geschichte.

Vielleicht hat die österreichische Volksfront auch nur einmal wirklich existiert: am Grab Joseph Roths; auf einem Pariser Friedhof versammelten sich im Mai 1939 tatsächlich Monarchisten und Kommunisten, Ostjuden und Katholiken – und es wird berichtet, daß die Begegnung der Delegierten Otto von Habsburgs mit Kommunisten wie Bruno Frei und Egon Erwin Kisch, der hebräisch betenden Juden mit dem das Begräbnis zelebrierenden katholischen Geistlichen nicht ohne Spannungen verlief. Für die ins Exil Getriebenen mußte der Gedanke an eine Nation etwas Tröstliches haben; die Erinnerung an das Verlorene wurde darin, wenn auch ungenau, zusammengefaßt, das Gefühl des Verlustes erhielt einen politischen Namen, der sich bei jeder Gelegenheit aussprechen ließ, der Glaube an eine mögliche Rückkehr und das Vertrauen auf die Anti-Hitler-Koalition wurden gefestigt. Die vom Nationalsozialismus vertriebenen Intellektuellen erträumten sich ihr Volk. Mit welcher Liebe ist doch die Figur des „Bockerer“ (von Ulrich Becher und Peter Preses) gestaltet – ein regelrechter Gegenentwurf zu Horváths Fleischhauer Oskar (aus den „Geschichten aus dem Wienerwald“) –, mit welcher Sehnsucht die Beziehung, Nähe und Ferne, von Bockerer und Rosenblatt, dem jüdischen Tarockpartner.

Es war eine Art *Romantik des Exils*: Sie gab der geliebten verlassenen Stadt, der geliebten verlassenen Landschaft den Namen eines Volkes, das – anders als vielleicht das deutsche – gerettet werden konnte. Da dieses österreichische Volk aber nicht wirklich existierte – abgesehen von einer Bevölkerung, die sich mit wenigen Ausnahmen ziemlich rasch und überaus erfolgreich in die nationalsozialistische Kriegs- und Vernichtungsanstrengung einarbeitete –, wurde es in der Vergangenheit angesiedelt, wo es in Wahrheit wiederum nur habsburgische Untertanen verschiedenster sozialer Herkunft und ein deutschnationales „Volks-Bewußtsein“ gab. Was blieb anderes übrig, als ins Reich der Kultur auszuweichen – hier konnte das österreichische Volk in allen Facetten konstruiert werden. Abgesehen von dieser *Romantik des Exils* ist wohl schwierig zu beurteilen, inwieweit das nationale Konzept den Widerstand tatsächlich unterstützt hat, inwieweit etwa die österreichischen Partisanen, die in Jugoslawien kämpften oder die kommunistischen Zellen, die überall im Land ihre kleinen lebensgefährlichen Aktionen unternahmen, durch den Glauben an die österreichische Nation gleichsam innerlich gestärkt wurden. Jedenfalls war mit dem unklaren Begriff ein klares Ziel gegeben und die organisatorische Eingliederung in den Widerstand der anderen Nationen einfacher gemacht.

Fatal an der Taktik der Nation war zunächst, daß sie einer falschen oder verfälschenden Einschätzung der Lage in Österreich Vorschub leistete: der Widerstand der Bevölkerung gegen den „Anschluß" wurde maßlos überschätzt, die breite aktive Teilnahme am Nationalsozialismus systematisch ignoriert. Als hunderttausende Wiener am Heldenplatz jubelten und viele von ihnen in ausgelassener Stimmung Juden terrorisierten, schrieb der Vorsitzende der KPÖ, Johann Koplenig, in der »Basler Rundschau«: „Das österreichische Volk ist brutal vergewaltigt worden. Das Dritte Reich hat das österreichische Volk nicht gewonnen, sondern es hat ihm durch die Gewalt der Bajonette, Kanonen und Bombenflugzeuge seine Fremdherrschaft aufgezwungen [...]. Niemals hätte sich das österreichische Volk freiwillig unter das Hakenkreuz und unter die Herrschaft des Dritten Reiches begeben."[32]

Statt konkret zu berichten, was wirklich geschieht – wie etwa Otto Bauer in seinem letzten Artikel – ; statt zu versuchen, die Wahrheit über die Taten an den Juden, Roma, Sinti, Homosexuellen, Behinderten, Kommunisten, Sozialdemokraten und einzelnen Katholiken mitzuteilen, ist immer nur vom Freiheitskampf des österreichischen Volks und seinem Selbstbestimmungsrecht die Rede. Daß darin System liegt und nicht Informationsmangel zeigt etwa die gleichzeitige Konstruktion nationaler Vergangenheit: die von Eva Priester verfaßte Geschichte Österreichs beginnt zwar mit den Römern, über das Schicksal der Juden in den „österreichischen" Ländern schweigt sie beharrlich. Weder die Zerstörung des Wiener Ghettos und die Verbrennung der Juden im Jahre 1421, noch die Ausschreitungen von 1619 und die Vertreibung von 1670/71, die alle unter reger Teilnahme der christlichen Wiener Bevölkerung vonstatten gingen, werden erwähnt. All dies hätte die Autorin ohne Schwierigkeiten etwa von dem Emigranten Hans Tietze erfahren können, der die Judenverfolgungen nicht nur in seinem 1931 erschienenen Buch zur Geschichte Wiens behandelt, sondern 1933 sogar ein eigenes Buch über *Die Juden Wiens* publiziert hatte.[33]

Diese unsagbar wohlmeinende Haltung gegenüber dem „österreichischen Volk" änderte sich darum auch kaum nach den sieben Jahren nationalsozialistischer Herrschaft in Österreich: 1945 postulierte Ernst Fischer: „Das österreichische Volk stand Deutschland mit frostiger Gleichgültigkeit gegenüber. Diese Gleichgültigkeit wurde zur leidenschaftlichen Abneigung, als Hitler zur Macht kam. Die Volksmassen waren bis zum Einmarsch der deutschen Panzerarmee bereit, Österreich mit der Waffe in der Hand gegen Hitlerdeutschland zu verteidigen."[34]

Als das Selbstbestimmungsrecht des österreichischen Volkes durch die Fremdherrschaft der Alliierten endlich realisiert werden konnte, wurde zwar bald spürbar, wem die frostige Gleichgültigkeit und schließlich leidenschaftliche Abneigung galt – die Kommunisten erhielten bei der ersten Wahl knappe 5,5 Prozent –, die Verschmähten setzten dennoch weiterhin alles auf die nationale Karte; je weniger Einfluß die Kommunisten hatten, desto blumiger ihre nationale Ausschmückung: „Unser vollkommenstes österreichisches Werk war bisher eine Unvollendete Symphonie. Vollenden wir in Freiheit, Frieden und nationaler Entschlossenheit die

Symphonie des Österreichertums“, so hatte Ernst Fischer in seiner Schrift über den Volkscharakter geschlossen.[35] Vollendet aber wurde vor allem die Verharmlosung des österreichischen Anteils am nationalsozialistischen Massenmord, und zwar durch die Integration der Nazis ins neue Gemeinwesen: „Politik der Rache ist immer schlechte Politik“, schrieb Fischer im „Neuen Österreich“.[36] „Die verbitterten Opfer des Faschismus müssen verstehen, daß es ein Wahnsinn wäre, 500.000 ehemalige Nationalsozialisten aus Österreich zu verjagen oder sie dauernder Verzweiflung preiszugeben.“[37] So entgingen also die österreichischen Nazis der dauernden Verzweiflung und erklommen überall in den Ämtern und Universitäten, an den Dirigentenpulten und auf der Theaterbühne, in den Unternehmen und Parteien die von ihnen angestrebten Positionen. Und die meisten von ihnen fühlten sich ab nun auch als Österreicher, vor allem der Kultur diese Landes waren sie aufs Innigste verbunden, hob sie doch nicht zuletzt den Fremdenverkehr.

Die Leiche im Keller

Einer jener, die dauernder Verzweiflung nur knapp entgangen waren, löste viele Jahre später eine denkwürdige Affäre aus, in deren Fortgang das österreichische und das deutsche Nationalgefühl sich auf gespenstische Weise wieder-vereinigten – zum Schrecken des Auslands, das an die Rolle Österreichs als des ersten Opfers von Nazideutschland fest geglaubt hatte. Die Leiche im Keller begann nun plötzlich herumzugeistern. In den Diskussionen um Kurt Waldheims Wahl zum Bundespräsidenten flog auf, was die Freundschaft des ehemaligen Widerstandskämpfers und damaligen Bundeskanzlers Bruno Kreisky mit dem ehemaligen Waffen-SS-Mann und damaligen FPÖ-Obmann Friedrich Peter noch verbergen hatte können: daß Österreich offenbar immer eine *deutsch*österreichische Nation geblieben ist. Der wahrhafte Österreicher, mit dem die Mehrheit der Wähler sympathisierte, hatte vor 1945 seine Pflicht als Deutscher erfüllt und war sichtlich stolz darauf. Die kommunistischen Patrioten waren nur die Stuntmen im nationalen Filmepos, deren Hauptrollen mit Männern wie Kurt Waldheim besetzt wurden. Mit einem trotzigen „Jetzt erst recht“ warb die ÖVP für ihren Kandidaten, es galt dem „Ausland“ und natürlich – hinter vorgehaltener Hand – der „jüdischen Weltverschwörung“. Kurz vor der EU-Volksabstimmung im Juni 1994 folgte dem „Jetzt erst recht“ das „Österreich zuerst“ von Jörg Haider, der die österreichische Nation immerhin als „Mißgeburt“ bezeichnet hatte und damit die Vaterschaft Stalins brandmarken wollte.

Die besagte Leiche, die inzwischen diskret und mit einem unnachahmlichen Grinsen aus dem österreichischen Haus entfernt wurde, hat begonnen, die Linke in der nationalen Frage zu spalten. Ich nenne nur zwei Extrempositionen: Robert Menasse, der vor kurzem – wenn ich das richtig verstanden habe – für die Angliederung an Deutschland plädierte, mit dem Argument, daß die deutschen

Institutionen antifaschistischer wären (!) – und Karl-Markus Gauß, der seine ganze Verve zur Verteidigung der österreichischen Nation in die Schanze wirft. Doch diese Auseinandersetzungen finden im Feuilleton statt. Die Mehrheit der Österreicher plädiert weder für einen Anschluß an das „fortschrittlichere" Deutschland, noch glaubt sie an eine österreichische Nation, die sich durch den Widerstand gegen den Nationalsozialismus definiert. Die Mehrheit der Wähler wählte Waldheim. Und das Täterprofil der Briefbomben-Bastler deutet ebenfalls auf eine Position hin, für die – im Unterschied zum klassischen Neonazismus – österreichische und deutsche Nation keinen Gegensatz mehr darstellen.

Vielfach erinnert das Verhältnis der Österreicher zu Deutschland an jenes der Bürger der Ex-DDR zu Westdeutschland. Es gibt zwar keine „Gesellschaft Österreich-DDR" mehr, dafür aber rücken offenbar „Ossis" und „Össis" in ihrer Mentalität enger zusammen: diese neue ideelle Gesellschaft Österreich-DDR beruht auf Minderwertigkeitsgefühlen angesichts des mächtigeren, produktiveren westdeutschen Nachbarn. Doch von ihr ist solange kein Widerstand zu erhoffen, solange sich Ossis und Össis gegenüber den noch weiter im Osten – Himmelsrichtung des Produktivitätsgefälles – situierten Nationen abgrenzen, auf eine „tieferliegende" Gemeinsamkeit mit den Westdeutschen sich besinnend. Es handelt sich um eine Art deutsch-„arisches" Unterbewußtsein, mit dem man bei allem lauthals lamentierendem Ressentiment gegenüber Westdeutschland zu rechnen hat, es ist nichts anderes als das verdrängte „Dritte Reich". Diejenigen, die Briefbomben verschicken, jüdische Friedhöfe beschmieren und Roma in die Luft sprengen, sind seine terroristischen Abgesandten.

Den Umfragen über das Österreich-Bewußtsein eine große Bedeutung zu schenken, könnte sich als fataler Irrtum herausstellen. In seiner „Österreichischen Gesellschaftsgeschichte im 20. Jahrundert" begreift Ernst Hanisch die österreichische Identität als eine homogene Substanz, die – abgesehen davon, daß sie sich in den Werken der Kunst verkörpert – an statistischen Daten und simplen Umfragen abgelesen werden kann: „Die Zustimmung zu einer österreichischen Nation stieg in den Umfragen von 49 Prozent im Jahre 1956 auf über 80 Prozent in den 1980er Jahren", konstatiert der Historiker beruhigt und leitet daraus ab, daß sich hierzulande die österreichische Identität gegenüber der deutschen durchgesetzt hätte.[38] Komplexere Umfragemethoden wären notwendig, um herauszufinden, inwieweit sich die Österreicher im geheimen weiterhin vor allem als *Deutsch*österreicher fühlen, inwieweit sie ihre österreichische Republik als deutschstämmig betrachten.

In vielen Fällen dürfte über ein rassistisches Selbstbewußtsein, nämlich dem großen starken deutschen Volk im Innersten zuzugehören, ein nicht sehr vertrauenerweckendes österreichisches Selbstbewußtsein gelagert sein. Und kaum jemand wagt daran zu kratzen, stimmen doch die zwei nationalen Seelen in der österreichischen Brust – bei allem Nörgeln über die „Poli-di-ga" – mit der praktizierten Politik durchaus überein. Denn im schönen Burgenland, an der neuen Grenze der Europäischen Union und der alten Grenze des deutschsprachigen Raumes, findet das praktische Rendezvous von deutscher und österreichischer Nation statt. Einerlei ob die Nation Österreich ideologisch nun als „Mißgeburt" oder als Errungenschaft des antifaschistischen Kampfes betrachtet wird – hier erfüllen die Soldaten eine „nationale" Pflicht, die den Gegensatz zwischen Österreichisch und Deutsch offenbar schon hinter sich gelassen hat. Freilich ist der mächtigere Partner in dieser neuaufgenommenen Nibelungentreue mit den Österreichern – „ulkiches Völkchen" – wiedereinmal nicht restlos zufrieden. Der deutsche Innenminister hat schon im Juli 1994 seinem österreichischen Ressortkollegen eine Schelte erteilt: Deutschland verzeichne einen beachtlichen Zustrom von Asylbewerbern, die über die Alpenrepublik einreisten. Daher werde Bonn seine bayrischen Grenzkontrollen für die nächsten Jahre nicht beseitigen, solange Wien seine Grenzen zu den Nicht-EU-Staaten nur „mangelhaft" absichere. Das österreichische Antlitz, das über solche Anwürfe immer ein wenig „grantig" dreinblickt, wird – dessen sei man versichert – submissest seine Pflicht erfüllen.

Ein selbständiger Staat bietet jedoch immerhin die *Möglichkeit*, solche Pflichten nicht zu erfüllen. Denkbar wäre in Österreich darum eine Art *negativer Verfassungspatriotismus* – ein Staatsvertragspatriotismus, der die Parteinahme für Österreich allein aus der Schwächung Deutschlands ableitet. Auf das Pathos des Nationalen ist angesichts von „Jetzt erst recht" und „Österreich zuerst" zweifellos zu verzichten; die angedrohten 1000-Jahr-Feiern werden ohnehin alles der Lächerlichkeit preisgeben, was nicht mit dem Widerstandskampf gegen den Nationalsozialismus zu tun hat. Man sollte sich aber vor allem keine Illusionen darüber machen, daß – wie die Dinge stehen – die Schwächung Deutschlands, die von dieser Parteinahme für ein selbständiges Österreich noch ausgehen kann, sehr groß sein kann.

Anmerkungen

1 Joseph Roth: Die Kapuzinergruft. Werke. Bd.6.– Köln 1991, S.337.
2 Otto Bauer: Deutschtum und Sozialdemokratie (1907). Otto Bauer Werkausgabe. Bd.1.– Wien 1975, S.47.
3 Ebd., S.46.
4 Ebd., S.45.
5 Ebd., S.30.
6 Ebd., S.41.
7 Ebd., S.30.
8 Otto Bauer: Die Nationalitätenfrage und die Sozialdemokratie (1907). Otto Bauer Werkausgabe. Bd.1.– Wien 1975, S.53.
9 Ebd., S.77.
10 Ebd., S.92.
11 Karl Kraus: Hüben und Drüben.– In: »Die Fackel« Nr.876-884 (1932), S. 11.
12 Ebd,. S.22.
13 Ebd., S.14 u. S.11.

14 Otto Bauer: Die russische Revolution und das europäische Proletariat (1917). Otto Bauer Werkausgabe. Bd.2.– Wien 1976, S.86.
15 Karl Liebknecht: (Flugblatt vom Mai 1915).– In: Ders.: Gesammelte Reden und Schriften. Bd.VIII.– Berlin/DDR 1974 (13. Aufl.), S.225 ff.
16 Rosa Luxemburg (Pseud. Junius): Die Krise der Sozialdemokratie (1916). Rosa Luxemburg: Gesammelte Werke. Bd.4.– Berlin/DDR 1983 (3. Aufl.), S.156.
17 Alfred Pfabigan: Max Adler. Eine politische Biographie.– Frankfurt, New York 1982, S.52ff.
18 Karl Renner (Pseud. Josef Hammer): Was ist Imperialismus?.– In: »Der Kampf« 8. Jg. (1915), S.25.
19 Max Adler: Prinzip oder Romantik! Sozialistische Betrachtungen zum Weltkrieg.– Nürnberg 1915, S.38f.
20 Max Adler: Zum 12. November.– In: »Der Kampf« 12. Jg. (1919), S.745.
21 Otto Bauer (1920). Zit. n.: Julius Braunthal: Statt einer Einleitung. Otto Bauer Werkausgabe. Bd.2, S.19.
22 Friedrich Adler vor dem Ausnahmegericht.– Jena 1923, S.258.
23 Otto Bauer: Antwort an Max Adler.– In: »Der Kampf« 22. Jg. (1929), S.218.
24 Karl Kraus: Die nationale Ehre.– In: »Die Fackel« Nr.857-863 (1931), S.3.
25 Bauer: Deutschtum, S.45.
26 Kraus: Hüben und Drüben, S.15.
27 »Neues Wiener Tagblatt«, 3. April 1938.
28 Otto Bauer: Österreichs Ende.– In: »Der Kampf«, 5. Jg. (1938), S. 121ff.
29 Wolfgang Neugebauer: Widerstand und Opposition.– In: Emmerich Talos; Ernst Hanisch; Wolfgang Neugebauer (Hg.): NS-Herrschaft in Österreich 1938-1945.– Wien 1988, S.541.
30 Alfred Klahr: Zur nationalen Frage in Österreich.– In: »Weg und Ziel« (1937).– Wiederabgedruckt in: Die KPÖ im Kampf für Unabhängigkeit, Demokratie und sozialistische Perspektive.– Wien 1978, S.54.
31 Alfred Klahr: Die nationale Frage und Österreichs Kampf um seine Unabhängigkeit.– In: »Weg und Ziel« (1937).– Wiederabgedruckt in: Die KPÖ im Kampf, S.43.
32 »Basler Rundschau« 24. März 1938.
33 Hans Tietze: Wien. Kultur/Kunst/Geschichte.– Wien 1931. Ders.: Die Juden Wiens. Geschichte – Wirtschaft – Kultur.– Leipzig, Wien 1933.
34 Ernst Fischer: Die Entstehung des österreichischen Volkscharakters.– Wien 1945, S.31.
35 Ebd., S.46.
36 »Neues Österreich« 20. Juni 1945.
37 »Neues Österreich« 27. März 1946.
38 Ernst Hanisch: Der lange Schatten des Staates.– Wien 1994, S.164.

Winfried R. Garscha

Linker Patriotismus
Über kommunistischen Antifaschismus, den österreichischen Opfer-Mythos und mögliche Perspektiven antifaschistischer Politik

Die politische Brauchbarkeit von Theorie wird in der Regel daran gemessen, was ein theoretischer Ansatz für die Beantwortung aktueller Probleme zu leisten vermag. Ich halte es für notwendig, wenn politische Theorie nicht als Selbstzweck, sondern als Handlungshilfe (wenn nicht gar Handlungsanleitung) verstanden wird.

Natürlich ist es auch legitim, Theorieansätze der Vergangenheit an theoretischen Erkenntnissen der Gegenwart zu messen. Über die Sinnhaftigkeit läßt sich freilich streiten. Erst vor wenigen Monaten hat ein Autor in »Weg und Ziel« Alfred Klahr vorgeworfen, weder die Erkenntnisse Balibars noch den postmodernen Diskurs über die Nation als Konstruktion von Wirklichkeit bei der Entwicklung seiner Theorie der österreichischen Nation berücksichtigt zu haben, sondern sich weiterhin auf der von Engels und Stalin vorgegeben rassistischen und sexistischen Diskursebene bewegt zu haben (»Weg und Ziel« 5/1994, S.6-13). Der Autor bezog sich allen Ernstes auf jenen Alfred Klahr, der seine Theorie vor sechzig Jahren im Moskauer Exil entwickelte, unter den Bedingungen, unter denen damals an der Internationalen Lenin-Schule theoretische Erkenntnisse gewonnen werden konnten, als die stalinistische Scholastik noch unangefochten und kaum hinterfragt war und der Konformitätsdruck, sich ihr zu unterwerfen, sich gerade im Übergang zum offenen Terror befand.

Theoriebildung vollzieht sich immer in einem historischen Kontext.

Der Kontext der Herausbildung der kommunistischen Theorie von der österreichischen Nation waren nicht nur die eben skizzierten Bedingungen in Moskau, dem damaligen Wirkungsort Alfred Klahrs, der mit seinen beiden Aufsätzen in »Weg und Ziel« 3/1937 und 4/1937 den Anstoß zu jener Debatte gab, an deren vorläufigem Ende der patriotische Appell der KPÖ in der Nacht zum 12. März 1938 stand – mit den auch von Schuschnigg (*vor* seiner Kapitulation vor Hitler) verwendeten Worten „Rot-weiß-rot bis in den Tod!"

Da die Herausbildung dieser Theorie sich ja nicht nur im Kopf eines einzelnen Theoretikers vollzog, ist als Kontext in erster Linie aber die politisch-ideologische Auseinandersetzung in Österreich selbst in den Jahren zwischen 1935/36 und 1938 mitzudenken, nämlich die politische und ideologische Auseinandersetzung des christlich-deutsch-abendländisch orientierten Austrofaschismus mit dem Nationalsozialismus auf der einen Seite und die Auseinandersetzung der in die Illegalität gedrängten marxistischen Arbeiterbewegung mit *beiden* Faschismen auf der anderen Seite.

Das, was Theorie bewirkt (oder – um auf den eingangs erwähnten Begriff zurückzukommen – die Brauchbarkeit von Theorie), läßt sich wohl am besten daran erkennen, was jene gesellschaftlichen Kräfte, die sich dieser Theorie bedienen, an politischen Zielvorstellungen umsetzen können, wobei selbstverständlich die historischen Rahmenbedingungen mitzuberücksichtigen sind. Eine herrschende Partei ist mit anderen Maßstäben zu messen als eine Partei, die unter den Bedingungen der Illegalität und Verfolgung wirken muß.

Ich möchte daher in meinem Beitrag die von der KPÖ entwickelte Theorie von der österreichischen Nation mit dem antifaschistischen Widerstand der KPÖ in Beziehung setzen.

Antifaschistischer Widerstand richtet sich gegen alle Formen des Faschismus sowie die ihn tragenden rassistischen, chauvinistischen, inhumanen und antidemokratischen Ideologien. In Österreich bedeutet antifaschistischer Widerstand sowohl historisch als auch aktuell in erster Linie Widerstand gegen den Nationalsozialismus. Vor 1938 richtete sich antifaschistischer Widerstand in Österreich daher sowohl gegen die Diktatur des Austrofaschismus im eigenen Lande als auch gegen die vom Deutschen Reich gestützte nationalsozialistische Opposition gegen dieses Regime.

In der Erkenntnis, daß der deutsche Faschismus die größte Bedrohung für den Frieden in Europa darstellte und daß der Austrofaschismus der illegalen Arbeiterbewegung günstigere Kampfbedingungen bot als das auf Gestapo, SS, Konzentrationslager und rassistischen Massenterror gestützte NS-Regime, führte die KPÖ ihren antifaschistischen Kampf damals in erster Linie um die Erhaltung der Unabhängigkeit Österreichs und suchte dafür auch Verbündete außerhalb der Arbeiterbewegung.

Angriff auf den Deutschnationalismus

Die wirksamste Komponente der nationalsozialistischen Ideologie war der – durch antijüdischen und antislawischen Rassismus untermauerte – Deutschnationalismus. Der Kampf kommunistischer und anderer österreichischer Widerstandsgruppen um die Wiederherstellung der Unabhängigkeit Österreichs nach der Annexion im März 1938 bedeutete einen Frontalangriff auf den herrschenden Deutschnationalismus. Weil dieser Kampf weiters zum Ziel hatte, eines der Territorien, die Bestandteil der nationalsozialistischen Eroberungen waren, dem

Reich wieder zu „entreißen“, verfolgte die NS-Justiz diese Widerstandstätigkeit als „Hochverrat“.

Der Angriff auf den Deutschnationalismus war wichtig für die Bündnispolitik innerhalb des Widerstandskampfes *im* Lande, weil er auch solche – vor allem katholische – Kreise in diesen Widerstand einzubeziehen vermochte, die dem Antifaschismus bis dahin ferngestanden waren. Besonders wichtig war die „österreichische“ Komponente der Politik der KPÖ im *Exil*, und zwar insbesondere für die „Politisierung“ all jener, die nicht wegen eigener politischer Aktivitäten, sondern infolge der nationalsozialistischen Judenverfolgung aus Österreich flüchten hatten müssen.

Von anderen österreichisch-patriotischen Gruppierungen unterschied sich die KPÖ vor allem in ihren Vorstellungen über den demokratischen und sozialen Charakter eines zukünftigen Österreich, das gleichberechtigte, freundschaftliche Beziehungen zu allen, insbesondere den slawischen Nachbarvölkern unterhalten sollte.

Kommunistischer Widerstand war aber nicht nur „national“, österreichisch-patriotisch, sondern auch sozial und antikapitalistisch, was unter anderem in der Organisierung von Protesten gegen die sogenannte „Sozialgesetzgebung“ der Nazis und die Antreibereien in den Rüstungsbetrieben, in der Hilfe für ausländische Zwangsarbeiterinnen und -arbeiter sowie in der Hilfe für die Familien Verfolgter zum Ausdruck kam.

Nach 1945 wurde von der KPÖ die österreichisch-patriotische Ausrichtung ihres Widerstands umso mehr hervorgehoben, je mehr sie von den übrigen Parteien aus der „nationalen Gemeinschaft“ der österreichischen Nachkriegsgesellschaft ausgegrenzt und als „Russenpartei“ hingestellt wurde, die ihren Kampf gegen den Nationalsozialismus nur geführt habe, um den Bolschewismus in Österreich an die Macht zu bringen. Die Feststellung der Überbetonung der patriotischen Komponente des Widerstands, auch in der subjektiven Erinnerung der Betroffenen, sollte aber nicht dazu verleiten, diesen linken Patriotismus ausschließlich als ein Produkt der Erinnerung hinzustellen, wie dies heute mitunter geschieht.

Die KPÖ trat im Widerstand und im Exil als einigender Faktor auf, bemühte sich um eine Koalition aller Hitler-Gegner und engagierte sich nach 1945 für ein gemeinsames Gedenken an die Opfer des antifaschistischen Widerstands. Sowohl das Zusammenwirken von Kommunistinnen und Kommunisten mit anderen Antifaschistinnen und Antifaschisten im KZ-Verband in den ersten Jahrzehnten des Bestehens der Zweiten Republik als auch die verschiedenen Formen der Abwehr des sich formierenden Neofaschismus seit den sechziger Jahren waren durch antifaschistische Bündnispolitik gekennzeichnet.

Um möglichst breite Bündnisse im Kampf gegen Neofaschismus und Ausländerhetze geht es auch heute. Es ist meines Erachtens nicht zielführend, Antifaschismus auf die antikapitalistische, antirassistische Linke zu beschränken.

Aktuelle österreichische rassistische Staatspolitik

Die heutige Politik des österreichischen Staates gegenüber Flüchtlingen und Zuwanderern ist in weiten Bereichen der Gesetzgebung und Verwaltung rassistisch. Der rassistische Konsens reicht bis weit in die Sozialdemokratische Partei hinein. Als ein Extrembeispiel für die dieser Politik zugrundeliegende Geisteshaltung seien die Argumente angeführt, mit denen der stellvertretende Wiener SPÖ-Vorsitzenden Johann Hatzl in der Wochenzeitschrift »profil« die Abschiebung von Ausländerkindern rechtfertigte (»profil« 25/1995, S.36-39).

Das Verhältnis des Antifaschismus zum österreichischen Staat kann sich aber nicht im Kampf gegen diese Auswirkungen des Fortlebens rassistischer Vorurteile erschöpfen. Angesichts der Rolle des Deutschnationalismus in der österreichischen Geschichte halte ich auch die Verteidigung der 1945 wiedererrungenen Unabhängigkeit für eine Aufgabe des Antifaschismus in der Gegenwart, ebenso wie das Festhalten an den antifaschistischen Grundlagen der österreichischen Verfassungsgesetzgebung seit 1945. Denn diese Verfassungsbestimmungen sind nicht nur eine politische Errungenschaft im Ergebnis des Sieges über den deutschen Faschismus, sie stellen auch eine Möglichkeit (mehr noch: die Verpflichtung) zur Kriminalisierung der NS-Betätigung dar. Es wäre ein Versäumnis antifaschistischer Politik, diese Möglichkeiten nicht zu nützen und darauf zu verzichten, von der staatlichen Exekutive die Verfolgung neonazistischer Betätigung einzufordern.

Der patriotisch gefärbte linke Antifaschismus in Österreich hat nur ganz selten die Rolle der Mehrheit der Österreicher als Täter, Mittäter und mehr oder weniger zustimmende Zuschauer problematisiert. Umgekehrt bezieht die aggressive Ablehnung alles Österreichischen bei einem Teil der kritischen Intelligenz seit der Waldheim-Diskussion ihre Emotionalität gerade aus dem Versuch der Österreicher, sich dadurch aus ihrer geschichtlichen Verantwortung zu stehlen, daß der Nationalsozialismus zu einer deutschen Angelegenheit erklärt wurde. Ich glaube, daß es, um darüber sinnvoll diskutieren zu können, nützlich ist, zunächst darüber nachzudenken, was im März 1938 passierte.

Der „Anschluß" 1938 bedeutete dreierlei:

1. Die durch die Kapitulation des austrofaschistischen Regimes vor dem diplomatischen und militärischen Druck Deutschlands ermöglichte Machtergreifung der österreichischen Nationalsozialisten am 11. März,

2. die Besetzung (Okkupation) des bereits nationalsozialistisch regierten Österreichs durch die Deutsche Wehrmacht, SS und Polizei am 12. März,

3. die Annexion Österreichs durch Hitler-Deutschland am 13. März, wodurch Österreich als Staat zu bestehen aufhörte, die Österreicherinnen und Österreicher „Deutsche" wurden und somit fortan teilhatten an den Verbrechen des nationalsozialistischen Deutschland. Diese Mitschuld vieler Österreicher an den zahllosen

Verbrechen des NS-Regimes wurde nach 1945 zwar mitunter angesprochen (so in einigen Reden und Broschüren führender KPÖ-Politiker in der unmittelbaren Nachkriegszeit: Koplenig 1945, Marek 1946), doch leisteten gerade antifaschistische Organisationen – unter ihnen auch die KPÖ – jahrzehntelang der Tendenz Vorschub, die große Mehrheit der Österreicherinnen und Österreicher von jeder Mitverantwortung an diesen Verbrechen freizusprechen. Zwar wurde von der sozialdemokratischen und kommunistischen Presse immer wieder auf die Rolle österreichischer NS-Verbrecher hingewiesen, doch findet sich – von wenigen Ausnahmen abgesehen – keine Problematisierung der Tatsache, daß die große Mehrheit der Österreicherinnen und Österreicher ebenso wie die übrigen sogenannten „Deutschen" von der Beraubung ihrer jüdischen Mitbürger, den Raub- und Eroberungszügen der Deutschen Wehrmacht und der Versklavung von Millionen ausländischen Arbeitern und KZ-Häftlingen profitierten.

Österreich als Opfer

Über den für die gesamte Geschichte der Zweiten Republik konstitutiven Mythos von Österreich als „erstem Opfer" Hitler-Deutschlands ist seit 1986 viel geschrieben worden. Die Waldheim-Debatte war eine Erschütterung des Opfer-Mythos. Zerstört hat sie ihn nicht.

Eine der vielen Möglichkeiten, sich damit abzufinden, ist die Ablehnung alles Österreichischen als eine besondere Form der Verlogenheit. Manchmal geschieht dies sogar in einer – wenn auch etwas verqueren – nationalistischen Form, indem der Opfer-Mythos gewissermaßen zu einer Art Negativ-Identität erklärt wird: Wir wollen offensichtlich auf alle Fälle, wenn schon nicht Weltmeister, so doch etwas Besonderes sein, und sei es im Verdrängen und Verleugnen.

Eine der wenigen Möglichkeiten, etwas dagegen zu tun, ist meiner Meinung nach der Versuch einer Einbindung der Rolle auch jener Mehrheit der österreichischen Bevölkerung, die während der Nazi-Zeit weder zu den Opfern noch zu den Widerstandskämpferinnen und Widerstandskämpfern gehörte, in die Weiterentwicklung dessen, was sich in den letzten Jahrzehnten als österreichisches Nationalbewußtsein herausgebildet hat.

Auch ein nicht-aggressives, demokratisches Nationalbewußtsein muß emotional positiv besetzbar sein, um massenwirksam sein zu können. In der linken Tradition in Österreich ist ein vergleichbarer Vorgang in der Pflege des Stolzes auf die Errungenschaften der österreichischen Arbeiterbewegung zu beobachten, wenn beispielsweise der Februar 1934 in Österreich der Kapitulation der deutschen Arbeiterbewegung entgegengehalten wird. Felix Kreissler hat einmal darauf hingewiesen, daß die großdeutsch eingestellte Sozialdemokratie mit den Gemeindebauten des Roten Wien mehr für die positive Identitätsbildung geleistet hat als ganze

Kohorten von katholisch-patriotischen Propagandisten in den zwanziger und dreißiger Jahren.

Wäre es nicht möglich, diese Erfahrung der Arbeiterbewegung auch für den Umgang mit der nationalsozialistischen Vergangenheit zu verwerten? Denn auch hier gibt es nicht nur Beschämendes und Empörendes – wie das große Schweigen über die ermordeten Juden und Roma und die Freisprüche der Massenmörder und ihrer Helfershelfer in den sechziger und siebziger Jahren. Es gab eine, wenn auch kurze Periode in den ersten Nachkriegsjahren, in denen österreichische Behörden und Gerichte Beachtliches bei der Ausforschung der Täter und ihrer Aburteilung leisteten – daß nach wenigen Jahren auch verurteilte Massenmörder wieder freigelassen wurden, steht auf einem anderen Blatt. Aber damals, 1945, 1946, 1947, haben *österreichische* Gerichte tausende österreichische Nazis nach *österreichischen* Gesetzen verurteilt; das war keine Siegerjustiz, die den Österreichern von den Alliierten aufgezwungen werden mußte. Die alliierten Besatzungsmächte griffen erst 1947/48 ein, als die Regierung ihre eigenen Gesetze wieder abschaffen und die sogenannten Volksgerichte auflösen wollte, um den ehemaligen Nazis entgegenzukommen. Sobald die Alliierten abgezogen waren, 1955, wurden die Volksgerichte abgeschafft, das Kriegsverbrechergesetz aufgehoben und die verurteilten Nationalsozialisten amnestiert (NS-Amnestie 1957). Das verstärkte den Irrglauben, die Verfolgung der Nazi-Verbrecher sei den Österreichern durch die Alliierten aufgezwungen worden.

Ich denke, es ist kein Zufall, daß diese immerhin in die zehntausende gehenden Gerichtsverfahren in Österreich völlig in Vergessenheit geraten sind. Wenn man die Verbrechen selbst verdrängt, muß man natürlich auch das Wenige, das zu ihrer Aufklärung und Ahndung getan wurde, vergessen. Man könnte das die „zweite Verdrängung“ nennen, die man braucht, damit die erste funktioniert.

Wenn uns daran gelegen ist, den Opfer-Mythos nicht von einer elitären Position aus, sondern massenwirksam zu zerstören, dann wäre vielleicht die Erinnerung an diese Leistungen der österreichischen Nachkriegsgesellschaft bei der Täterverfolgung eine positive Anknüpfungsmöglichkeit, die uns helfen könnte, die völlig natürliche emotionale Barriere zu überwinden, die immer wirksam ist, wenn man sich mit Ungeheuerlichkeiten der eigenen Geschichte auseinanderzusetzen hat. (In Wirklichkeit war die Überbetonung der Rolle des antifaschistischen Widerstands nach 1945 nichts anderes als ein solcher Versuch, allerdings einer, der den Großteil der Verbrechen aussparte und damit zur Zementierung des Opfer-Mythos beitrug.)

„Patriotische Linke“

Ich möchte abschließend auf die Frage der Aktualität bzw. der Brauchbarkeit der theoretischen Grundlagen des antifaschistischen Widerstandskampfes der „patriotischen Linken“, wenn ich die KPÖ samt ihren paar Verbündeten im Untergrund

und im Exil einmal so bezeichnen darf, für die heutigen politischen Auseinandersetzungen eingehen. Und zwar nicht deshalb, weil ich etwa meine, ohne ein „Apropos EU“ nicht auskommen zu können, sondern weil ich gerade in den Diskussionen von Linken um Österreichs Rolle in der Europäischen Union mitunter den Eindruck habe, daß es bei nicht wenigen schon wieder die Tendenz gibt, eine ganze Epoche unserer Geschichte auszublenden.

Die in jahrzehntelangen politischen Kämpfen herausgebildeten nationalstaatlichen Einrichtungen der Entscheidungsbildung und demokratischen Mitbestimmung sind unter den gegenwärtigen Machtverhältnissen wohl die effizienteste Form, in der eine Einflußnahme der Regierten auf die Regierenden möglich ist – sei es durch die Wahl parlamentarischer Vertretungsorgane, durch außerparlamentarischen Druck auf politische Entscheidungsträger oder durch Formen innerbetrieblicher Mitbestimmung, die wiederum nationalstaatliche Gesetzgebung als Voraussetzung für ihre Durchsetzung haben.

Die Übertragung nationalstaatlicher Hoheitsrechte an supranationale Instanzen bedeutet daher, besonders im Bereich der Sozial- und Wirtschaftspolitik, einen Verlust von politischen Mitbestimmungsmöglichkeiten der Bürgerinnen und Bürger.

Das Ringen um den Erhalt bzw. die Wiedererlangung der nationalen Unabhängigkeit war in der österreichischen Geschichte des 20. Jahrhunderts eng mit dem Kampf um Demokratie verbunden. Es gab und gibt auch einen österreichischen Nationalismus, den fortschrittsfeindliche Borniertheit, ein dumpfer Katholizismus, antislawische Überheblichkeit, Antisemitismus und Haß gegen alles Fremde kennzeichnen. Doch nach wie vor spielt der Deutschnationalismus die Rolle einer antidemokratischen Leitideologie der österreichischen Rechten, auch wenn er sich heute vielfach mit „europäischen“ Schlagwörtern tarnt.

Die Verankerung eines österreichischen Nationalbewußtseins in der Mehrheit der Bevölkerung erfolgte, wie wir aus dutzenden Umfragen wissen, erst in den sechziger und siebziger Jahren – und zwar nicht, wie es Konservative seit den dreißiger Jahren gerne gehabt hätten, unter Bezugnahme auf die „mitteleuropäische“, habsburgische Vergangenheit, sondern auf die Republik Österreich, ihre internationale Stellung und ihre sozialen und politischen Verhältnisse im Inneren. Eine besondere Rolle spielte dabei der Status Österreichs als immerwährend neutrales Land zwischen den Blöcken. Diese Wertschätzung der Neutralität in breiten Kreisen der Bevölkerung hat das Ende der Blockkonfrontation überdauert.

Obwohl eine „ethnische“ Fundierung des österreichischen Nationalbewußtseins nur unter beträchtlichen ideologischen Verrenkungen möglich ist (aber für welche ethnisch-sprachliche „Begründung“ von Nationen gilt dies nicht?), österreichisches Nationalbewußtsein somit also potentiell einen Schritt zur Überwindung „völkischer“ Denkmuster darstellen könnte, müssen wir doch zur Kenntnis nehmen, daß ein österreichbezogener Nationalismus mit dem traditionellen Deutschnationalismus durchaus kompatibel ist. Und wenn ausgerechnet Jörg Haiders

„Freiheitliche" ihr ausländerfeindliches Volksbegehren 1993 unter der Losung „Österreich zuerst" durchführte, so ist das nicht so sehr ein Beweis für die Verdrängung des Deutschnationalismus durch ein österreichisches Nationalbewußtsein, sondern vielmehr für die Möglichkeit der Verschmelzung von Versatzstücken beider zu einer österreichischen Variante des auch anderswo in Europa festzustellenden neuen Rassismus.

Doch auch der Versuch, das österreichische Nationalbewußtsein zu „überwinden", ist keine Garantie gegen Nationalismus und Rassismus. An seine Stelle tritt entweder das historisch ältere nationale Sentiment, der Deutschnationalismus, oder eine Europa-Ideologie, die trotz ihres über-nationalen Anspruchs nationalistische und rassistische Züge trägt (Stichwort: Abschottung der „Festung Europa" gegen Osten und Süden).

Literatur

Ant, Mario: Die Nation als Spannungsfeld. Einem trojanischen Gaul schaut die Linke nicht ins Maul.– In: »Weg und Ziel« (Wien) 52. Jg., 5/1994, S.7-13.

Balibar, Etienne; Immanuel Wallerstein: Rasse – Klasse – Nation. Ambivalente Identitäten.– Hamburg, Berlin 1990.

Dokumentationsarchiv des österreichischen Widerstandes (Hg.): „Anschluß" 1938. Eine Dokumentation.– Wien 1988.

Garscha, Winfried R.: Anpassung und Widerstand in Österreich 1938-1945. Ein Forschungsbericht.– In: »1999. Zeitschrift für Sozialgeschichte des 20. und 21. Jahrhunderts« (Hamburg), 1/1992, S.34-50.

Garscha, Winfried R.: Schwierigkeiten mit der „österreichischen Identität".– In: »Weg und Ziel«, 50. Jg., 5/1992, S.12-15.

Garscha, Winfried R.: Der Umgang der KPÖ mit dem kommunistischen Widerstand. Zur Rolle der antifaschistischen Traditionen in der Politik der KPÖ seit 1945.– In: »Weg und Ziel« 51. Jg., 5/1993, S.13-21.

Garscha, Winfried R.; Claudia Kuretsidis-Haider: Die Verfahren vor dem Volksgericht Wien (1945-1955) als Geschichtsquelle. Projektbeschreibung.– Wien 1993.

Hatzl, Johann: Da hilft keine Tränendrüse. Interview des Wiener Stadtrats Hatzl über das Gute in den Ausländergesetzen, Abschiebung von Kindern und die Möglichkeit von Neuwahlen.– In: »profil« 25/ 19. Juni 1995, S.36-39.

Klahr, Alfred: Zur österreichischen Nation.– Wien 1994.

Die Kommunisten – die treuesten Söhne der Nation.– Wien 1945.

Die Kommunisten im Kampf für die Unabhängigkeit Österreichs. Sammelband.– Wien 1955.

Die Kommunistische Partei Österreichs. Beiträge zu ihrer Geschichte und Politik.– Wien 1989 (2.Aufl.).

Koplenig, Johann: Rede auf der Wiener Stadtkonferenz der Kommunistischen Partei, 13. Mai 1945.– In: Die Kommunistische Partei zur nationalen Frage Österreichs.– Wien 1945, S.22-24.

Kreissler, Felix: Der Österreicher und seine Nation. Ein Lernprozeß mit Hindernissen.– Wien, Köln, Graz 1984.

Kuretsidis-Haider, Claudia: Der Widerstand als Opfer der „2. Verdrängung".– In: »Weg und Ziel«, 51. Jg., 5/1993, S.3-12.

Lyon, Dirk; Joseph Marko; Eduard Staudinger; Franz Christian Weber (Hg.): Österreich,bewußt'sein – bewußt Österreicher sein? Materialien zur Entwicklung des Österreichbewußtseins seit 1945.– Wien 1985.

Marek, Franz: Irrwege der österreichischen Geschichte. Vortrag gehalten im Wiener Konzerthaus am 2. Februar 1946.– Wien 1946.

Schausberger, Manfred: Die Verfolgung von NS-Gewaltverbrechen in Österreich.– In: Nationalsozialismus und Justiz. Die Aufarbeitung von Gewaltverbrechen damals und heute.– Münster 1993 (= Agenda Geschichte. Bd.3).

Georg Wagner: Die Meinungsumfragen über die österreichische Nation 1956-1980.– In: Ders. (Hg.): Österreich. Von der Staatsidee zum Nationalbewußtsein. Studien und Ansprachen.– Wien 1982, S.124-152.

Die Autorinnen und Autoren

Mag. Walter BAIER, geb. 1954, hat Volkswirtschaft studiert. Er ist Vorsitzender der Kommunistischen Partei Österreichs.

Mag. Gert DRESSEL, geb. 1964, ist Historiker. Er arbeitet an verschiedenen Projekten zur Alltagsgeschichte und Anthropologie in Wien.

Univ.-Doz. Dr. Gero FISCHER, geb. 1944, ist Slawist. Er arbeitet am Institut für Slawistik der Universität Wien. Arbeitsschwerpunkte: MigrantInnenforschung und Sprachpolitik. Diverse Veröffentlichungen.

Mag. Brigitte FUCHS, geb. 1964, ist Historikerin in Wien. Arbeitsschwerpunkte: Internationale Arbeitsmigration und Kolonialismus, Rassismus und Sexismus in der anthropologischen Forschung.

Dr. Winfried GARSCHA, geb. 1952, ist Historiker und Archivar. Er arbeitet im Dokumentationsarchiv des österreichischen Widerstands. Arbeitsschwerpunkt: Nationalsozialismus und Nachkriegsgerichtsbarkeit. Diverse Veröffentlichungen zu Arbeiterbewegung, Nationale Frage und Widerstandsforschung.

Univ.-Prof. Dr. Imanuel GEISS, geb. 1931, ist seit 1973 Professor für neuere Geschichte an der Universität Bremen, 1994 emeritiert. Aus seinen zahlreichen Publikationen sei hier nur seine „Geschichte des Rassismus".– Frankfurt / Main 1992 erwähnt.

Gabriele HABINGER, geb. 1961, studiert Völkerkunde und Publizistik. Seit 1990 Herausgeberin der „Edition Frauenfahrten". Arbeitsschwerpunkte/Publikationen zu: Reisende Frauen im 19. Jahrhundert, kulturelle Konstruktion von Geschlechterverhältnissen, Konstruktion des „Fremden" in der Ethnologie.

Dr. Hannes HOFBAUER, geb. 1955, ist Historiker. Er arbeitet als Publizist und Journalist in Wien. Veröffentlichungen zur Wende in Osteuropa.

Univ.-Doz. Dr. Friedhelm KRÖLL, geb. 1945, ist Soziologe. Er arbeitet an der Universität Wien und Nürnberg. Arbeitsschwerpunkt: Religionssoziologie. Publikationen zu Kultursoziologie und politischer Soziologie.

Dr. Hans-Walter LEONHARD, geb. 1948, ist Pädagoge. Er arbeitet am Institut für Pädagogik der Universität Erlangen-Nürnberg. Arbeitsschwerpunkte u.a.: Pädagogische Anthropologie und Verhältnis der Pädagogik zu anderen Humanwissensschaften (Biologie, Psychologie, Psychiatrie). Buchveröffentlichung u.a.: „Die Leugnung des Geistes. Eine pädagogische Streitschrift zur empirischen Psychologie".– Bad Heilbrunn 1989.

Ernst LOHOFF, geb. 1960, hat Soziologie und Politologie studiert (nicht abgeschlossen). Er arbeitet als freischaffender Autor und Redakteur der Theoriezeitschrift »Krisis« in Nürnberg. Arbeitsschwerpunkt u.a.: Rechtsradikalismus; zu diesem Thema verfaßte er gemeinsam mit der »Krisis«-Gruppe das Buch „Rosemaries Babies – Die Demokratie AND ihre Rechtsradikalen".– Unkel am Rhein 1993.

Prof. Dr. Rolf LÖTHER, geb. 1933, ist Wissenschaftsphilosoph. Er arbeitete an der Akademie der Wissenschaften der DDR in Berlin – am Zentralinstitut für Philosophie. Arbeitschwerpunkt: Philosophie und Geschichte der Biologie. Zahlreiche Veröffentlichungen, u.a.: „Der unvollkommene Mensch. Philosophische Anthropologie und biologische Evolutionstheorie".– Berlin 1992.

Dr. Martin POTSCHKA, geb. 1955, hat Chemie – Schwerpunkt Biophysik – studiert. Er arbeitet als freiberuflicher Wissenschaftler in Wien. Arbeitsschwerpunkte: Biotechnologie, Tiefenpsychologie, Wissenschaftstheorie.

Dr. Franz SCHANDL, geb. 1960, hat Geschichte und Politikwissenschaft studiert. Er arbeitet als Publizist in Wien. Zahlreiche Publikationen v.a. in »Weg und Ziel«, »Volksstimme« und »Juridikum«.

Dr. Gerhard SCHEIT, geb. 1959, hat Theaterwissenschaft und Philosophie studiert. Er arbeitet als wissenschaftlicher Autor und Essayist in Wien. Bücher über Brecht und Bronnen, Soyfer, Grillparzer; zuletzt: „Dramaturgie der Geschlechter".– Frankfurt 1995. „Hanswurst und der Staat. Eine kleine Geschichte der Komik: Von Mozart bis Thomas Bernhard".– Wien 1995.

Susanne SCHULTZ, geb. 1964, ist Diplom-Politologin. Sie arbeitet als freie Publizistin in Berlin. Arbeitsschwerpunkte: Bevölkerungspolitik, Solidaritätsbewegung.

Dr. Ralph SICHLER, geb. 1960, ist Diplom-Psychologe und Philosoph. Er ist zur Zeit als freiberuflicher Lehrbeauftragter, Sozialwissenschafter und Publizist in Berlin und München tätig. Arbeitsschwerpunkt: Das moderne menschliche Naturverhältnis aus kulturpsychologischer Sicht. Wichtigste Veröffentlichung zu diesem

Thema: Gemeinsam mit Jürgen Seel und Brigitte Fischerlehner (Hg.): „Mensch – Natur. Zur Psychologie einer problematischen Beziehung“.– Wiesbaden 1993.

Ass.-Prof. Dr. Karl STUHLPFARRER, geb. 1941, arbeitet als Historiker am Institut für Zeitgeschichte der Universität Wien. Arbeitsschwerpunkte: Faschismus, Rassismus, nationale Minderheiten, Zweiter Weltkrieg. Publikationen zum Thema: „Österreich und seine Slowenen“ (gemeinsam mit Hanns Haas), 1977. „Umsiedlung Südtirol“ (2 Bd.), 1985.

Dr. Lisbeth N. TRALLORI hat Soziologie und Politikwissenschaft studiert. Sie arbeitet als Lektorin an der Universität Wien. Arbeitsschwerpunkte: Rassismus, Sexismus und Geschlechterpolitik, insbesondere Frauenforschung und feministische Theoriebildung. Zahlreiche Publikationen, u.a.: Mitherausgabe von „Schöne Neue Männerwelt. Beiträge zu Gen- und Fortpflanzungstechnologien“.– Wien 1989. „Vom Lieben und vom Töten. Zur Geschichte patriarchaler Fortpflanzungskontrolle“.– Wien 1990.

Prof. Dr. Manfred WAGNER, geb. 1944, ist Kunsthistoriker. Er arbeitet an der Hochschule für Angewandte Kunst. Derzeit Präsident des Internationalen Forschungszentrums Kulturwissenschaft. Zahlreiche Publikationen, u.a.: „Kultur und Politik – Politik und Kunst“.– Wien 1991.

Prof. Dr. Immanuel WALLERSTEIN, geb 1930, ist Afrikanist und Sozialwissenschafter, seit 1976 Professor für Soziologie an der State University von New York in Binghampton und Leiter des Fernand Braudel-Centers in Paris. Neben zahlreichen Büchern erschienen bislang drei Bände seines Hauptwerkes „Das moderne Weltsystem“, deutsch: 1. Band.– Frankfurt / Main 1986.

Dr. Maria WÖLFLINGSEDER, geb. 1958, hat Pädagogik und Psychologie studiert. Sie arbeitet als Wissenschafterin und Publizistin in Wien. Arbeitsschwerpunkt: New-Age-, Esoterik- und Biologismus-Kritik; Vortragstätigkeit in Österreich und der BRD. Zahlreiche Veröffentlichungen, u.a.: „Gesellschaftliche Veränderung – von oben oder von unten? Eine Studie über gesellschaftliche Veränderung aus der Sicht Paulo Freires und Fritjof Capras unter besonderer Berücksichtigung gegenwärtiger New-Age-Strömungen“.– Linz 1992.

Quellennachweis

Der Beitrag von Imanuel Geiss erschien zuerst in italienischer Sprache unter dem Titel: „Discriminazione razziale".– In: Enciclopedia delle Scienze Sociali, III, pp.160-168, Istituto della Enciclopedia Italiana, Roma 1993.

Der Beitrag von Susanne Schultz ist erstmals in »Die Beute« Nr.2/1994, Berlin, erschienen.

Der Beitrag von Lisbeth N. Trallori ist erstmals in »Weg und Ziel« Nr.2/1995, Wien, erschienen.

Der Beitrag von Immanuel Wallerstein mit dem Originaltitel „The Insurmountable Contradictions of Liberalism" wurde von Horst Friessner aus dem Englischen übersetzt.

POLITISCHE DISKUSSION im Promedia-Verlag

Franz Schandl/Gerhard Schattauer:
"Die Grünen in Österreich"
Entwicklung und Konsolidierung einer politischen Kraft
620 Seiten, DM 59,90; sFr. 61.-; öS 420.-
ISBN 3-85371-103-0, erscheint: 1996

Christof Parnreiter:
"Migration und Arbeitsteilung"
AusländerInnenbeschäftigung in der Weltwirtschaftskrise
224 Seiten, DM 34.-; sFr. 35.-; öS 240.-
ISBN 3-900478-82-1, erschienen: 1994

Andrea Komlosy/Václav Bůžek/František Svátek (Hg.):
"Kulturen an der Grenze"
Waldviertel – Weinviertel – Südböhmen – Südmähren
350 Seiten, 23x26 cm, reich und teilweise farbig bebildert
DM 52.-; sFr. 54.-; öS 350.-
ISBN 3-900478-93-7, erschienen: 1995

Kritische Geografie (Hg.):
"Alte Ordnung - neue Blöcke?"
Polarisierung in der kapitalistischen Weltwirtschaft
160 Seiten, DM 29,80; sFr. 31.-; öS 198.-
ISBN 3-900478-83-X, erschienen: 1994

Kritische Geografie (Hg.):
"Österreich auf dem Weg zur Dritten Republik"
Zwischen Deutschnationalismus und Habsburgermythos
160 Seiten, DM/sFr. 26.-; öS 180.-
ISBN 3-900478-56-2; erschienen: 1993

Gerold Ecker/Christian Neugebauer (Hg.):
"Neutralität oder Euromilitarismus"
Das Exempel Österreich
288 Seiten, DM 28.-; sFr. 29.-; öS 180.-
ISBN 3-900478-65-1; erschienen 1993